Organização: Andréa Perez Corrêa • Coordenação editorial: Andréia Roma

Prefácio - Marco Callegaro
Presidente da Associação de Psicologia Positiva da América Latina

Psicologia Positiva
TEORIA E PRÁTICA

Conheça e aplique a ciência da felicidade e das qualidades humanas na vida, no trabalho e nas organizações

CB065421

1ª edição

Editora Leader.

São Paulo, 2016

Copyright© 2016 by Editora Leader
Todos os direitos da primeira edição são reservados à **Editora Leader**

Diretora de projetos
Andréia Roma

Diretor executivo
Alessandro Roma

Projeto gráfico e diagramação
Roberta Regato

Capa
Raul Rangel

Revisão
Miriam Franco Novaes

Consultora de projetos
Érica Ribeiro Rodrigues

Gerente Comercial
Liliana Araujo Moraes

Dados Internacionais de Catalogação na Publicação (CIP)
(Câmara Brasileira do Livro, SP, BRASIL)

Psicologia positiva : teoria e prática : conheça e aplique a ciência da felicidade e das qualidades humanas na vida, no trabalho e nas organizações / organização Andréa Perez, coordenação editorial Andréia Roma ; prefácio Marco Callegaro. -- 1. ed. -- São Paulo : Editora Leader, 2016.

Vários autores.
Bibliografia.
ISBN 978-85-66248-51-7

1. Bem-estar 2. Conduta de vida 3. Felicidade 4. Flow (Estado de consciência) 5. Organizações - Administração 6. Psicologia aplicada I. Perez, Andréa. II. Roma, Andréia. III. Callegaro, Marco.

16-04808   CDD-150.192

Índices para catálogo sistemático: 1. Psicologia positiva 150.192

EDITORA LEADER
Rua Nuto Santana, 65, 2º andar, sala 3 - Jardim São José, São Paulo - SP
02970-000 / andreiaroma@editoraleader.com.br
(11) 3991-6136

A Editorea Leader dedica este livro a todos os pesquisadores e profissionais que, acreditando na potencialidade dos seres humanos para a construção de vidas mais felizes, dedicam seus trabalhos para disseminar e aplicar os resultados dos estudos do bem-estar e dos aspectos positivos dos indivíduos.

Agradecimentos

Começar este agradecimento não foi uma tarefa fácil! Isso porque esta é uma parte dos livros – que muitos leitores nem leem - em que os organizadores se reservam apenas a agradecer àqueles que contribuíram para o projeto e ponto final. Queria esclarecer que tentei, de todas as formas, construir um momento de gratidão mais técnico, mas quem disse que consegui? Não foi possível desapegar-me da emoção que nutro por algumas pessoas e momentos dos quais comecei a lembrar em minha trajetória e que, de alguma forma, fizeram com que eu pudesse, hoje, publicar esta obra com todas essas pessoas. Como a emoção bateu mais forte, para variar, deixei de lado a transcrição mais tecnicamente correta e sucumbi a esta gratidão emocionalmente indispensável.

Além disso, este momento de gratidão para alguém que atua com a Psicologia Positiva é muito especial e merece muita dedicação. Olhando para trás, descubro que cada momento, cada pessoa, cada escolha, por mais que eu não tenha tido a exata compreensão às respectivas épocas, construiu este momento do agora. Como nos ensinam os estudiosos sobre gratidão, neste momento, ocorre o reconhecimento da dádiva e do agente dessa concessão, aos quais direcionamos a nossa atitude grata. Neste momento também, ao sermos gratos, nutrimo-nos de muito bem-estar e felicidade, pois concluímos que somos merecedores do que a vida nos oferta.

Por isso, nesta prática de uma intervenção positiva, agradeço.

Ao Prof. Walmírio Macedo, amigo de família, que me deu a mão para prosseguir neste caminho desde pequena pela sua orientação e incentivo em me aprofundar no universo das palavras e que foi meu mentor e incentivador a ingressar no curso de Letras.

Pelas trocas e cumplicidades infinitas nas leituras de textos confidentes e de desabafo de etapas de nossa jornada, agradeço à Mônica Freitas, uma amiga para muitas vidas.

Como não ser grata ao momento de meu discurso como oradora na formatura de Letras, que me mostrou que podemos falar de nós mesmos e de nossas experiências de forma até poética, ao mesmo tempo em que somos sérios e diretivos na abordagem de uma temática, gerando em mim o desejo de, através da comunicação escrita ou oral, tocar as pessoas no que elas têm de melhor.

Esquecer de agradecer aos mestres de formação, de pós-graduação e de mestrado, nem pensar! Esses que mesmo sem saber, com seus trabalhos e resenhas desafiantes, me fizerem aprender a identificar quando ser sucinta, exata ou prolixa, construindo textos com linearidade e clareza, resguardando, acima de tudo, a mensagem a ser transmitida.

Na minha vida profissional no contexto público, devo minha gratidão aos trabalhos e projetos em gestão na área organizacional, que serviram de exercício para uma escrita mais técnica e de jargões de cada área, pois para sensibilizar qualquer público que seja é preciso falar a sua linguagem.

E ao lado desses trabalhos e projetos, sou igualmente grata aos chefes e líderes que me apoiaram e me motivaram nos meus momentos de criatividade com propostas sobre a valorização do trabalho, a felicidade e a potencialização das qualidades humanas, inusitadas em ambientes, às vezes, nem tão propícios.

E, com muita satisfação, agradecer aos meus alunos queridos e dedicados, que em suas palavras e demonstrações de carinho em resposta a meus *feedbacks* a seus trabalhos, me fizeram acreditar que eu estava com a conduta certa, munindo-me de assertividade, generosidade e respeito para sinalizar ao outro o que pode ser melhorado.

Destaco também que sou grata ao momento de elaboração de minhas monografias e dissertação, que me motivaram a desejar o aprofundamento de seus temas, a aprender a linguagem acadêmica e a desenvolver o respeito às obras de autores e estudiosos, os quais admiro profundamente por sua dedicação à construção do conhecimento.

Fora isso, a todas as oportunidades e recursos que a vida me proporcionou, ou que eu busquei para que me aprofundasse nos temas sobre a Psicologia Positiva.

E de uma forma muito especial à minha querida amiga Helma Neves que me apoiou e incentivou neste projeto, compreendendo meus momentos de ausência, sempre com carinho, amizade e generosidade. E à nossa presidente, Renata Livramento, que me enobrece, incentiva, apoia e ilumina, que me ensinou que amigo mesmo é aquele que fica verdadeiramente feliz com nossas conquistas.

E, de forma muito objetiva e funcional, agradeço aos estudiosos que construíram os *assessments* de Psicologia Positiva, por meio dos quais identifiquei as minhas forças de caráter, meus talentos e perfil, dos quais lanço mão em minha vida e que me favoreceram neste projeto e que fazem com que eu viva uma vida mais feliz e plena.

Um momento não poderia ficar de fora da minha gratidão de forma alguma: o da intuição que me fez construir a Biblioteca Positiva. E a essa que me fez ter contato com pessoas maravilhosas de diversos países, por conta do trabalho desenvolvido, sem a qual não teria sido possível conhecer muitos dos coautores que, hoje, junto comigo, constroem esta obra.

E contar também, no dia a dia, com pessoas que traduzem com carinho o que temos de melhor e só nos colocam pra cima é um presente de muito valor e, por isso, agradeço a Christiane Barros, Claudia Napolitano, Rita Amorim, Vanessa Cunha, Mônica Pannain Bonhôte, Ana Clara Gonçalves Bittencourt e Sônia Ramos.

E como não agradecer à Andréia Roma, diretora da Editora Leader, que apostou e confiou neste projeto, alicerçando-me em minhas propostas e ideias, com muito afinco, carinho, respeito e, acima de tudo, humor, nas madrugadas que passamos - e não foram poucas - discutindo sobre esta obra.

Acima e muito acima de tudo ao "sim" aos convites de todos os coautores e do prefaciador, que depositaram em mim a confiança necessária para participarem desta obra, sob a minha organização, fortalecendo a minha autoeficácia às alturas e fazendo-me acreditar que precisamos ousar e ir além do que achamos que podemos.

Destaco também o meu agradecimento à Érika Rangel, que trouxe para todos nós a declaração de Sonja Lyubomirsky para esta obra.

E, com elevadas emoções positivas, preciso honrar um agradecimento especial aos momentos de aprendizado que este projeto me permitiu, com as trocas e *feedbacks* com os coautores, sempre dispostos a oferecer o seu melhor.

E já entrando no âmbito da família, agradecer muito e sempre a Nelson Florentino, companheiro de uma vida, cúmplice de apostas, ombro que conto em todos os momentos, que me nutre com seu apoio para que eu siga sempre em frente em meus projetos, em minha vida, na vida de nossos filhos e de toda a família.

E feliz porque posso ainda agradecer a ela, dedico minha gratidão à minha quase centenária avó Carmelita que, aos seus 99 anos, teve paciência e compreensão na minha ausência em visitas em diversos momentos, sempre dizendo: "Não se preocupa; vai resolver as suas coisas".

E como acredito que cada pessoa tem o tempo exato em sua jornada, agradeço pelo que pude viver com meu pai, Lindoval (*in memoriam*), que sempre me nutriu com seu amor, sua atenção e com seu apoio em todos os momentos em que esteve presente, com quem aprendi sobre a honestidade e responsabilidade por seu exemplo, e que tenho a certeza de que seria um grande incentivador deste projeto.

E a uma preciosidade como minha mãe, Maria Isabel, toda a gratidão seria pouca, pelo quanto que é minha apoiadora e incentivadora, que com seu amor me enche de certezas, me alicerça nas horas em que preciso, me cativa com sua "corujice" eterna e que compreendeu as minhas ausências durante o projeto, sempre acreditando que "tudo vai dar certo".

E aí vem um dos que vivencia mais de perto toda a minha história, principalmente de amor incondicional, meu filho Gabriel, que, com sua independência, me deixou serena e confiante de que tudo estava bem, de que, a qualquer tempo, o seu amor estava ali para o que eu precisasse para prosseguir neste projeto e em todos os outros e isso é muito, muito bom.

E quase concluindo chega a hora de enaltecer alguém que definitivamente é uma de minhas maiores inspirações, meu filho Lucas, que além do imenso amor que me dedica e por quem eu nutro um amor ainda maior, me apoia, me equilibra, me ensina, acima de tudo, e me mostra sempre o caminho mais sensato, as escolhas mais pertinentes e que é um parceiro de inúmeras trocas sobre a vida.

Às entidades de luz que me conduzem com sua energia a Deus, e que me fortalecem na minha fé absoluta de que, nesta jornada material que vivo agora, estou desenvolvendo a vida espiritual eterna e que é preciso acreditar que a bondade absoluta do divino está em tudo que nos acontece e, por isso, agradeço a tudo e a todos em minha vida.

Termino este exercício de gratidão nutrida de felicidade e com a convicção de que, sem todas essas pessoas, sem todos esses momentos, nada disso teria sido possível.

Meu carinho e minha emoção positiva a cada um de vocês.

Andréa Perez Corrêa

Descubro a cada projeto que realizo que o comportamento mais recompensador que existe é fazer sem esperar nada em troca, simplesmente compartilhar.

Agradeço à Organizadora Andréa Perez por aceitar o convite e organizar não só esta obra, mas toda a nossa Coletânea Biblioteca Positiva, da qual este livro fará parte.

Um projeto pioneiro que nasce com foco em possibilitar o aprendizado, a mudança e o desenvolvimento pessoal e profissional para leitores que buscam este conhecimento.

Agradeço a todos os ilustres convidados que amavelmente compartilharam conosco seu tempo e sabedoria, registrando nesta obra algo que ficará marcado para várias gerações.

Andréia Roma
Fundadora e Diretora de Projetos da Editora Leader

Índice

Prefácio - Marco Callegaro 17
Introdução - Andréa Perez Corrêa 21

Parte I - Conhecendo a Psicologia Positiva
Andréa Perez Corrêa 31
Capítulo 1 - Introdução à Psicologia Positiva
Andréa Perez Corrêa 34
Capítulo 2 - Teorias da Psicologia Positiva
Andréa Perez Corrêa 64

Parte II – Cenários da Psicologia Positiva
Andréa Perez Corrêa 75
Capítulo 3 - Psicologia Positiva: Avanços de uma Nova Abordagem
Claudio S. Hutz e Juliana C. Pacico 78
Capítulo 4 - Os Desafios da Psicologia Positiva no Continente mais Feliz do Mundo: Por que Replicamos Modelos de um Continente que é Menos Feliz que o Nosso?
Andrés Cabezas Corcione 86
Capítulo 4 - Los Desafíos de la Psicología Positiva en el Continente más Feliz del Mundo: ¿Por qué Replicamos Modelos de un Continente que es Menos Feliz que el Nuestro?
Andrés Cabezas Corcione 94
Capítulo 5 - O Tempo e a Voz da Diferença: O Caso Português e a Necessidade de uma Psicologia Positiva não Exclusivamente Norte-Americana
Luís Miguel Neto e Helena Águeda Marujo 102

Parte III - Felicidade, Bem-Estar Subjetivo e Emoções Positivas
Andréa Perez Corrêa 111
Capítulo 6 - Bem-Estar: O Caminho para um Emagrecimento Eficaz
Soraya Farias 128

**Capítulo 7 - Comunicação, Autoafirmação e Humildade:
A Tríade de Construção do Bem-Estar**
Érika Rangel 136

Capítulo 8 - Programa Voz Positiva: Emoções Positivas através da Música
Crismarie Hackenberg 145

Parte IV – Qualidades Humanas Positivas
Andréa Perez Corrêa 153

**Capítulo 9 - 'Assessment' das Forças de Caráter - Um Instrumento
para Identificação das Qualidades Humanas**
Ana Kruel 160

**Capítulo 10 - Mulheres na Liderança: Percepção e Práticas do Uso de Forças de
Caráter em Ambiente Organizacional**
Claudia R. G. Valenzuela Vianna 172

**Capítulo 11 - Potencialização Coletiva das Forças de Caráter no
Ambiente Organizacional**
Claudia Napolitano 182

**Capítulo 12 - Talentos Humanos e Pontos Fortes Aplicados ao Processo
de Coaching. Ser Feliz é o que se Quer, mas Será que Sabemos Por Onde
Começar?**
Christiane Barros 190

Parte V - Organizações Positivas
Andréa Perez Corrêa 199

**Capítulo 13 - Encontrando a Carreira Ideal – Uma Teoria para te
Ajudar na Prática**
Mônica Pannain Bonhôte 206

**Capítulo 14 - Foco nas Qualidades Humanas Positivas em
Programas de Capacitação e Desenvolvimento Profissional**
Rita Amorim 214

Capítulo 15 - Investigação Apreciativa Aplicada ao Coaching nas Organizações
Sônia Ramos 222

Capítulo 16 - Liderança Positiva
Livia L. Lucas Carlomagno..232

Capítulo 17 - O Sentido: Construindo Instituições Positivas
Poliana Landin..240

Capítulo 18 – Uma Nova Abordagem no Processo de Recrutamento e Seleção por Forças Pessoais
Helma Paiva Neves..248

Parte VI – Intervenções e Práticas da Psicologia Positiva
Andréa Perez Corrêa..257

Capítulo 19 - Estabeleça Metas para uma Vida em *Flow*
Cláudia Maria Pedroso Dias e Rafael Garcia..266

Capítulo 20 - Gratidão e Generosidade: Uma Abordagem Prática Aplicada ao Bem-Estar
Renata Abreu...274

Capítulo 21 - *Mindfulness* e Psicologia Positiva
Renata Gomes Netto...282

Capítulo 22 - Otimismo – Ajustando as Lentes
Lilian Coelho..290

Capítulo 23 - *Savoring* e a Escrita: A Arte de Apreciar as Experiências Positivas
Gabriele de Oliveira Ribas...298

Parte VII – Psicologia Positiva Aplicada
Andréa Perez Corrêa..307

Capítulo 24 - A Empatia como Recurso Facilitador das Relações Humanas
Fernanda A. Medeiros..312

Capítulo 25 - Coaching de Psicologia Positiva nas Organizações
Daniela Levy..320

Capítulo 26 - Esperança na Psicoterapia
Marcia Cristina Oliveira Fernandes...328

Capítulo 27 - Gratidão - Intervenções e Práticas Clínicas e Terapia Cognitivo-Comportamental
Yone Fonseca 336

Capítulo 28 - O Perdão como Facilitador de Bem-Estar Subjetivo
Adriana Santiago 344

Capítulo 29 - Otimismo, Autoeficácia e Esperança: Uma Tríade Potencializadora de Emoções Positivas nos Portadores do Transtorno do Deficit de Atenção com Hiperatividade
Ana Clara Gonçalves Bittencourt 352

Capítulo 30 - Psicologia Positiva a Serviço dos Educadores
Gilmar Carneiro 360

Capítulo 31 - Resiliência, Psicologia Positiva e Crescimento Pós-Traumático
Renata Livramento 370

Capítulo 32 - Um Projeto Educativo Positivo Familiar
Flavia Villar 378

Capítulo 33 - O Futuro da Psicologia Positiva
Lilian Graziano 386

Conclusão - Andréa Perez Corrêa 396

Sobre os Coautores 400
Referências Bibliográficas 412
Instituições que recebem o nosso apoio nesta obra 448

Prefácio

Marco Callegaro

O livro organizado por Andréa Perez é vibrante e energiza o leitor, refletindo as forças e personalidade da organizadora. Desfilam em minha mente vários adjetivos positivos para qualificar a ambos, criadora e criatura, autora e obra. Organizada, profunda, articulada, cuidadosa, minuciosa, entusiasmada, empolgada, efervescente, reluzente, inspirada, inspiradora, competente, erudita, dedicada, inclusiva, responsável, enérgica, palpitante, assim é a organizadora, e assim, por certo, é a obra. Uma publicação em língua portuguesa que não tem comparativos, de importância histórica e estratégica, na relativamente nova ciência da Psicologia Positiva, que a cada trabalho como este adquire progressivamente maturidade acadêmica.

Com suas características, a organizadora reúne nesta obra tanto acadêmicos como profissionais que atuam no mercado, o que trouxe um equilíbrio importante entre a teoria e a prática, entre o conhecimento acadêmico e pesquisa, de um lado, e aplicações profissionais, de outro. Embora os autores venham das mais diversas trajetórias e usem metodologia variada, partilham o mesmo objetivo em seus escritos: enfocar de forma científica e responsável a Psicologia Positiva em seus aspectos teóricos e, importante, em suas aplicações práticas que promovem o florescimento nas sociedades humanas.

Na primeira parte do livro, oportunamente somos apresentados à Psicologia Positiva, onde o leitor é introduzido aos principais conceitos teóricos, aplicações práticas, marcos históricos e a outros pontos que levam à construção de um panorama global inicial da área. Na segunda parte, conhecemos a história e desenvolvimento desta abordagem no Brasil, com Claudio Hutz e Juliana Pacico, da Associação Brasileira de Psicologia Positiva. No capítulo seguinte, o presidente da Associação Chilena de Psicologia Positiva, Andrés Cabezas Corcione, nos brinda com considerações perspicazes sobre a nossa identidade em construção, ao refletir sobre uma Psicologia Positiva adequada ao contexto cultural da América Latina. Em seguida, o ponto de vista dos colegas de Portugal, Helena Marujo e Luís Miguel Neto, que fazem uma brilhante narrativa histórica da evolução dos conceitos em Psicologia Positiva.

Já os conceitos que ajudaram a consagrar e definir o campo da Psicologia Positiva são enfocados na parte destinada à felicidade, bem-estar subjetivo e emoções positivas. A seguir, temos outras partes que contemplam os alicerces do arcabouço teórico da Psicologia Positiva, o estudo das qualidades humanas positivas, os construtos e aplicações em organizações, as criativas intervenções psicológicas positivas e as práticas voltadas para melhorar o bem-estar humano, bem como as principais vertentes de aplicações destes novos conhecimentos. Finalizando, temos um fechamento da obra com olhar para o futuro, onde os diferentes cenários dos desdobramentos da Psicologia Positiva são descortinados para o leitor, que pode assim vislumbrar o alcance e profundidade da revolução positiva e seus impactos na sociedade.

Quanta riqueza, como fascina adentrar no universo positivo e ver o empenho dos pesquisadores em superar os desafios de uma investigação científica rigorosa, em tópicos de difícil acesso! Somente aqueles que estudam seriamente a nova ciência da Psicologia Positiva podem dimensionar o esforço para avançar na mata densa do continente desconhecido, abrindo novas trilhas e eventualmente se perdendo, mas também descobrindo novos caminhos repletos de beleza. Muitas críticas podem ser levantadas, certamente, pois é natural encontrar falhas e imperfeições em algo novo. No entanto, a vulnerabilidade a contestações é um ônus que todos os desbravadores têm ao se aventurar em territórios intocados, algo que faz parte tanto da caminhada da humanidade como da história da Ciência, e que não poderia ser diferente com a Psicologia Positiva.

Perpassando o livro, nota-se sempre presente uma orientação para a aplicabilidade dos conhecimentos positivos, um viés para ilustrar ao leitor o quanto a Psicologia Positiva contemporânea, com suas intervenções e abordagens em diversos campos, é passível de aplicação por distintos tipos de profissionais, e nos mais variados contextos. O livro é, como um todo, convincente, e fundamenta de modo irrefutável a tese de que Psicologia Positiva tem aplicação na vida cotidiana, e que contribui para mudar o mundo, ao promover o florescimento da humanidade. Uma visão planetária e sustentável, voltada com otimismo e esperança para um futuro melhor.

A obra tem como fio condutor o diálogo interdisciplinar da Psicologia Positiva, que não se conforma em ser uma revolução apenas na Psicologia, um novo sistema teórico em um campo restrito de conhecimento - mas que se eleva à dimensão de uma grande revolução paradigmática que impacta a Psicologia, Psiquiatria, Filosofia e Ética, Antropologia e Sociologia, Economia e Direito, Neurociências e Pedagogia, políticas públicas de saúde, educação, segurança, trabalho e lazer, entre infindáveis impactos na sociedade humana.

Por fim, limitar este vasto continente recém-descoberto apenas aos psicólogos seria uma incompreensão da riqueza e importância desta nova abordagem ao bem-estar humano. O leitor, assim, é privilegiado ao ter contato com uma obra excepcional que alavanca uma visão mais aberta e ampla da revolução paradigmática positiva. Temos diante de nós uma grande contribuição para a literatura científica no Brasil e América Latina, pelo que temos gratidão aos coautores e organizadora, todos merecedores dos mais sinceros parabéns e votos de sucesso!

Introdução
De que é feita esta obra?

Andréa Perez Corrêa

> *Auditório lotado, ansiedade, expectativa, um desejo latente de, ao menos, tornar mais palpável um sentimento há muito sentido de querer favorecer a vida das pessoas, com algo até então sem descrição. E não poderia ser algo muito abstrato ou sem fundamento, precisava ser aquilo que, aos olhos de todos, fosse verossímil, factível, mas, ao mesmo tempo, envolvente, cativante e que mexesse com algo além do que o mundo relativo nos oferece; precisava ser algo que viesse de dentro, que representasse o "daimon" de cada um, que representasse o caminho ou um atalho à felicidade. Claro, felicidade, pois nada hierarquicamente é mais importante na vida que isso; que este desejo inato de cada ser humano e que sempre assolou o turbilhão de pensamentos desde menina. Com uma percepção muito mais emocional que cognitiva, o que nutriu aquele momento foi uma sensação subjetiva, mas absolutamente concreta - dessas coisas que só o sentir nos permite – de que algo começava ali ou ao menos continuava. De que a trajetória de um caminho de muito significado se construía e se estruturava naquele exato momento. E realmente começava e chegava a este momento presente do agora.*

Essa pode ser uma descrição da emoção que envolveu o início da minha história com a Psicologia Positiva.

Outubro de 2011, 1ª Conferência Brasileira de Psicologia Positiva, promovida pela Associação de Psicologia Positiva da América Latina - APPAL, presidida à época por Daniela Levy, a qual cumprimentei, respeitosamente, pelo trabalho nos dias da Conferência e com quem, hoje, nutro uma relação de amizade positiva. Atenta às palestras de Martin Seligman, de James Pawelski, entre outras apresentações de relevância nacional, o que mais me impressionava não eram as falas ou exposições de *cases*, mas a atmosfera, o clima, a energia que, ao menos, eu posso dar em depoimento a você hoje.

Apesar das discussões baseadas em trabalhos e pesquisas devidamente respaldadas academicamente, apesar do ceticismo das perguntas afiadas da plenária, e mesmo com os comentários de conversas paralelas de pura descrença ou crença absoluta, percebi que algo a mais envolvia toda aquela temática. Algo que, até hoje, levo em meus trabalhos, aulas, palestras, cursos e eventos: a Psicologia Positiva não é nem pode ser apenas uma montanha de resultados de pesquisas científicas sobre o estudo da felicidade e das qualidades humanas, ela é, além de

Introdução

tudo, um sentir, uma nova forma de viver nossas vidas com o que temos de melhor, além de, necessariamente, produzir um sentimento genuíno de que todas as pessoas têm algo de especial e valioso, para construção de vidas com florescimento humano.

Com essa sensação, já comecei a minha busca, não por conhecimento, pois essa já havia começado antes, mas de pessoas, de profissionais, de estudiosos, sobre os quais, de alguma forma, eu poderia fazer a mesma leitura da emoção vivida naquele momento. Lá mesmo, agucei minha percepção para sentir que pessoas estariam de forma semelhante envolvidas com toda aquela temática; que pessoas, assim como eu, vislumbravam algo ainda maior e possível além das explanações da conferência.

Nesse momento, no lugar de "caça ao tesouro", iniciou-se a minha "caça a pessoas positivas" que desejassem fazer com que a Psicologia Positiva fosse, no Brasil, ao menos, maior que uma mera palestra, uma mera discussão ou um modismo com tempo determinado e inócuo. Ainda na conferência, iniciei pretensiosamente a formar o exército imaginário dessas pessoas, "minhas listas", como costumo dizer.

E com esse intuito, debruçando-me com intensidade à escuta de uma fala envolvida em metáforas absolutamente pertinentes - as quais davam concretude ao que eu sentia e alinhavava de forma lógica, fácil e convidativa toda aquela temática - conheço Lilian Graziano. Um nome inspirador para iniciar minha lista e envolver as pessoas que fossem surgindo em minha trajetória nutrida de aprender ou ensinar, de receber ou doar, de compartilhar ou trocar, e de tudo que fosse necessário para fazer este estudo se disseminar. Hoje, com Lilian, isso já acontece e contribuímos reciprocamente uma com a outra, com o mesmo entusiasmo e a mesma vontade, como ela costuma dizer, de "mudar o mundo". E conto com ela, com muita alegria, participando desta obra.

Mas a lista só estava começando e, nessa trajetória, principalmente em sala de aula ou em outros eventos, comecei a destacar a importância de vivenciarmos a Psicologia Positiva e seus temas em nossas vidas de forma congruente, verdadeira e madura, pois somente assim, concluí, podemos fazer a diferença com nosso conhecimento e técnica na vida de alguém, seja um cliente, um amigo ou um familiar.

É claro que, ao longo dessa trajetória, percebi, em vários momentos, de uma maneira às vezes bastante incômoda, que para muitas pessoas – por motivos que não saberia especificar – são quase contraditório e antagônico o discurso e a atitude com esta temática. Contudo, saiba você que, em maior número, foram os encontros de identificação e parceria com essa mesma forma de pensar e viver a Psicologia Positiva.

Hoje, muitos de meus ex-alunos, atualmente colegas especialistas em Psicologia Positiva assim como eu, caminham junto comigo e eu com eles nessa trajetória e aprendo muito e usufruo do seu carinho, da sua amizade e dividimos projetos como esta obra. Entre eles: Ana Kruel, Claudia Napolitano, Claudia Valenzuela, Crismarie Hackenberg, Fernanda Medeiros, Gilmar Carneiro, Renata Abreu, Sônia Ramos e Soraya Farias. Todos profissionais sensíveis à importância dessa temática na vida das pessoas que desenvolvem trabalhos com um cuidado próprio de quem vive a Psicologia Positiva de verdade.

E a lista não parou por aí. Construí laços com pessoas que seguiram comigo desde o início, apostando que, reciprocamente, poderíamos contribuir uns com os outros, cada um com as suas peculiaridades, com as suas nuances positivas e com a generosidade que permeiam a vivência com esses temas sobre a felicidade. São essas: Adriana Santiago, Ana Clara Gonçalves Bittencourt, Christiane Barros, Daniela Levy, Érika Rangel, Flávia Villar, Mônica Bonhote e Rita Amorim, e que também construíram esta obra junto comigo.

Continuando essa peregrinação, cada vez mais, conduzi meus trabalhos e projetos com duas vertentes bem delineadas: o compartilhamento do que temos de melhor e a crença de que juntos somos melhores, meu "lema" já há algum tempo. E, seguindo, de alguma forma, o que a intuição me presenteava, num ímpeto do talento da ativação[1], construí a Biblioteca Positiva[2] e, a partir daí, fui contemplada com pessoas raras e que apostam na Psicologia Positiva como uma forma de melhorar a sociedade, assim como eu.

Logo de início, com a Biblioteca Positiva, o presente veio embalado com qualidade e seriedade: Renata Livramento. Hoje, coautora nesta obra, uma amiga para todas as horas, com sua análise crítica aguçada e uma sensibilidade à flor da pele, e uma profissional que, para mim, está entre as grandes figuras ícones da Psicologia Positiva no Brasil por sua dedicação e, principalmente, por nortear sua trajetória pela ética e pela generosidade.

E, por meio de Renata Livramento, fui agraciada com Helma Neves, uma profissional dedicada e alinhada com um trabalho embasado num profissionalismo sério, com a qual faço parte do Instituto Brasileiro de Psicologia Positiva – IBRPP e que também me presenteiam com suas participações nesta obra.

---

1. Um de meus talentos humanos do resultado do StrengthFinder (Gallup) (há capítulo que trata sobre isso com mais detalhes)
2. Grupo criado no Facebook com resenhas críticas sobre publicações da Psicologia Positiva

Introdução

Trilhando a dimensão que a Biblioteca Positiva foi tomando, e mantendo a seriedade da proposta, tive a oportunidade de conhecer grandes ícones do estudo acadêmico do Brasil e de outros países e, com eles, hoje, tenho a honra de escrever este livro, no qual oferecem parte do que têm de melhor: conhecimento e sua experiência em pesquisas científicas. São os meus queridos amigos: Andrés Cabezas Corcione (Chile), Claudio Hutz (Brasil), Helena Marujo (Portugal), Juliana Cerentini (Brasil) e Luis Miguel Neto (Portugal).

Mas ainda não acabou. As oportunidades com pessoas positivas e dedicadas não terminou e as redes sociais ou outras pessoas acabaram nos apresentando e construímos laços e trocas muito importantes e com eles também conto na construção de nosso livro: Claudia Pedroso, Gabriele Ribas, Lilian Coelho, Livia L. Lucas Carlomagno, Márcia Fernandes, Poliana Landin, Rafael Garcia Oliveira, Renata Gomes Netto e Yone Fonseca. Todos elas pessoas envolvidas de corpo, alma e "alegria" em suas propostas inovadoras e sensíveis à doação do seu melhor.

E para celebrar ainda mais os novos encontros positivos, tenho a satisfação de conhecer e instituir projetos com Marco Callegaro, atual Presidente da Associação de Psicologia Positiva da América Latina – APPAL, que nos presenteia com o prefácio desta obra e que tem se comprometido, com total sintonia, em minha aposta para a união das instituições de Psicologia Positiva, não apenas no Brasil, mas também na América Latina, sobre o que já temos construído laços consistentes e pontes confiáveis entre pessoas e instituições.

A partir disso, chego até aqui, com esta obra que é um livro, escrito por estudiosos e profissionais relevantes no contexto nacional e internacional, que compartilham com os leitores, em seus capítulos, o seu conhecimento sobre as temáticas da Psicologia Positiva. Ao mesmo tempo, apresentam em detalhes a sua conduta de trabalho, as suas experiências em contextos acadêmicos, clínicos, educacionais e organizacionais, mostram suas reflexões e análises sobre as temáticas, antecipam o lançamento de projetos, dissecam resultados de pesquisas elaboradas para este livro e, acima de tudo, reservam um imenso respeito ao que fazem, ao que oferecem às pessoas a partir do trabalho que realizam.

Não pensem que o projeto surgiu assim de uma hora para outra. Esta história tem algumas curiosidades. Há mais de dois anos à época, já pesquisava sobre uma forma de publicar uma obra com um formato, semelhante aos *handbooks* muito publicados no Exterior, com a participação de diversos coautores, mas que oferecesse relevância a cada um deles.

Eis que, numa tarde, recebo em meu *smartphone* um convite do diretor-executivo da Editora Leader, Alessandro Roma, para participar de um projeto de livro de Coaching. Olhando para aquele convite inusitado, nutro-me de coragem e num ímpeto, até desconcertante, desencadeio uma gravação – Que abuso! – com a proposta de publicação do livro Psicologia Positiva: Teoria e Prática. Este mesmo. Foi um daqueles momentos em que a gente – acreditando ser coisa dos céus – acha que precisa agarrar a oportunidade e correr atrás do sonho.

Minutos de silêncio, até porque a gravação em nada foi breve.

Dado o tempo de terminar a audiência, em alguns minutos que mais me nutriam de curiosidade que de expectativa sobre a minha atrevida proposta, recebo a resposta de que havia, sim, o interesse da editora, pois simplesmente já intencionavam começar a investir no mercado editorial com o tema da Psicologia Positiva, mas precisavam de um profissional, especialista na área para organizar a obra. Foi uma daquelas horas em que pensamos de forma piegas: momento certo com as pessoas certas.

Nesse momento, iniciei meu relacionamento profissional e, hoje, já de muita amizade, com Andréia Roma, diretora da Editora Leader, uma empresária visionária e extremamente arrojada em tudo a que se dedica. Um encontro que dignificou e abrilhantou este projeto de forma incomparável desde o começo. Iniciadas as conversas com a editora, surge outra curiosidade. Andréia me envia a capa do projeto que já iria lançar sobre a Psicologia Positiva e a imagem da capa – com certeza, já muito conhecida por todos, "batida" como dizem alguns e é verdade - era simplesmente a mesma imagem de um projeto de bem-estar que eu havia criado há pouco mais de um ano, o que nos fez estar convictas de que não deveríamos mudar, tamanho o sincronismo da nossa história.

O acolhimento da minha proposta de projeto foi imenso pela editora. Andréia Roma em todos os momentos não mediu esforços em atender a todas as minhas solicitações, acreditando na qualidade que seria reservada pelos coautores e na repercussão que esta obra traria à disseminação da Psicologia Positiva no Brasil.

Com essa narrativa, desejo dizer a você que, nesta obra, encontrará, com certeza, muito do que procura sobre a Psicologia Positiva, mas, acima de tudo, você irá conhecer nas interjeições, nas metáforas e nos pensamentos a história de dedicação de cada um desses coautores. Pessoas que promovem projetos com muita seriedade e que se dedicaram com muito empenho à construção de cada um dos capítulos, para que chegasse às suas mãos uma obra que ofertasse conteúdos que venham a favorecer a sua vida, os seus trabalhos e os seus estudos.

Por isso tudo, este livro é, ao mesmo tempo, a busca do equilíbrio do que chamo de *continuum* do impessoal e pessoal em sua apresentação textual. Impessoal pois apresentamos a teoria de autores ícones da forma mais direta e limpa quanto possível e pessoal, já que, falando cada um de sua vivência com a Psicologia Positiva, em cada texto você encontrará um pouco de quem são essas pessoas, esses coautores. Em nossas trocas de *feedbacks* sobre os textos ao longo dos últimos quase dez meses, debatíamos sobre uma forma de encontrar a dose certa de nossa abordagem. Acho que chegamos num ponto em que a leitura, sem querer ser intimista, é muito convidativa e permite identificações com esses coautores e seus temas.

Desde que pensei neste projeto, tinha em mente a convicção de que queria produzir nas pessoas a certeza de que os temas da Psicologia Positiva funcionavam. Isso porque a aplicação dos temas em minha vida e em meu trabalho me mostrava isso e queria que o maior número de pessoas soubesse disso. De alguma forma, minha percepção sintonizava-se em dar uma resposta ao questionamento crítico do início do movimento da Psicologia Positiva, conforme aponta Joseph (2014): "Como a Psicologia Positiva poderia ser aplicada em contextos do mundo real". (p. 12) Além disso, com meu viés extremamente consciente da importância do trabalho no contexto acadêmico – sem o qual não chegamos a dados que nos comprovem a credibilidade de resultados aplicáveis e que possam ser generalizados – sabia do quanto seria essencial construir uma obra unindo a teoria e a prática.

Com essas condicionantes essenciais, o projeto do livro foi construído com a intenção de você ter acesso à teoria sobre os temas da Psicologia Positiva, com referencial dos autores mais ícones em cada área, mas apresentando também o "como" colocar em prática todos esses conceitos tão subjetivamente configurados. Os temas da Psicologia Positiva, num primeiro contato, são nutridos de abstração, e, por isso, a importância de fazer com que você entenda que são aplicáveis, produtivos e que funcionam. O livro não pretende, absolutamente, ser uma obra com desenho acadêmico, mas sua teoria é apresentada seguindo todo o respeito ao referencial autoral de cada estudioso, cujo trabalho é apresentado aqui.

Além disso, diversas discussões e debates foram desenvolvidos com os autores, em especial das Partes de 3 a 7, para alinhar cada prática com exatidão à teoria abordada. Fora esse sintonizar entre a teoria e a prática, tivemos a preocupação de, ainda, detalhar e descrever – mesmo que brevemente – conceitos de todos os assuntos abordados, para que o livro seja lido tanto por um público especialista nas diversas aplicabilidades, como por um leitor leigo e curioso sobre a Psicologia Positiva.

O livro que chega às suas mãos é um exemplar que abarca uma imensa quantidade de temas da Psicologia Positiva – mas não todos - e acredito que, ao final da leitura, você terá, ao menos, a condição de discorrer sobre diversos deles com habilidade e entendendo, ao menos, uma maneira de serem aplicados, uma forma de reflexão, um projeto em que pode ser utilizado ou uma pesquisa que pode ser feita.

Em cada uma das partes do livro, você, leitor, terá acesso a uma descrição, em alguns casos umas mais longas que outras, dos temas abordados em seus capítulos, que variam em número, dependendo da parte.

Parte 1 – Conhecendo a Psicologia Positiva – tem como proposta introduzir o leitor ao tema da Psicologia Positiva, abordando um pouco do seu surgimento, apresentando o seu arcabouço teórico e destacando as principais teorias que alicerçam a sua abordagem.

Nesta parte, você encontrará capítulos que se restringem a fazer um apanhado dos pontos principais, para que seja possível saber o que é a Psicologia Positiva. Trata-se de capítulos absolutamente introdutórios, uma vez que cada um dos autores aborda algum de seus pontos em seus artigos.

Para a construção dos capítulos contidos nessa Parte 1, houve o cuidado de não reproduzir, de forma repetitiva, informações ou dados citados pelos demais autores ao longo do livro. Com isso, a cada leitura dos artigos nas demais partes, você aprenderá um pouco mais sobre a Psicologia Positiva, agregando conhecimento por meio de diversas vozes.

Parte 2 – Cenário Atual da Psicologia Positiva – composta por autores que trazem a sua reflexão sobre o momento atual da Psicologia Positiva e um pouco do como se constitui em termos de crescimento.

Já nesta parte, você encontrará autores do Chile, Brasil e Portugal que apresentarão a sua visão, a sua reflexão sobre o momento da Psicologia Positiva, nos respectivos contextos sociais onde se inserem. Nesta parte, o capítulo escrito por Andrés Cabezas Corcione é apresentado em português, mas também em espanhol, para abraçar em nossa obra, por meio de seu texto, o nosso povo latino.

Partes 3 a 7 – você encontrará capítulos estruturados, cada um deles dependendo da expertise do(s) autor(es) com a seguinte proposta:

• abertura do capítulo, trazendo os aspectos teóricos sobre o tema;

• narrativa, considerando as seguintes abordagens: uma sugestão de uso ou prática, ou um protocolo de aplicação, ou uma experiência sobre o tema, ou resultados obtidos com clientes, equipes, alunos, professores ou pacientes, ou um *case*, ou uma pesquisa, ou uma reflexão.

São elas as seguintes:

Parte 3 – Felicidade, Bem-estar Subjetivo e Emoções Positivas

Parte 4 – Qualidades Humanas Positivas

Parte 5 – Organizações Positivas

Parte 6 – Intervenções e Práticas para Melhoria do Bem-estar

Parte 7 – Psicologia Positiva Aplicada

Ao final, com o **capítulo Futuro da Psicologia Positiva**, fechando as partes que compõem o livro, somos apresentados a uma reflexão, não apenas do futuro da Psicologia Positiva, mas uma visão do presente que, hoje, é o futuro idealizado e com os desdobramentos da origem do estudo da Psicologia Positiva.

Além disso, teremos uma seção com os perfis de todos os coautores para que você os possa conhecer melhor, fazer contato e trocar informações se desejar. Encontrarão, ainda, a descrição das instituições que atuam com Psicologia Positiva, que estão representadas por algum coautor:

• Associação Brasileira de Psicologia Positiva – ABP+

• Associação de Psicologia Positiva da América Latina – APPAL

• Centro Latino-Americano de Psicologia Positiva – CELAPPA (Chile)

• Instituto Brasileiro de Psicologia Positiva – IBRPP

• Instituto de Pós-Graduação e Graduação – IPOG

• Instituto de Psicologia Positiva e Comportamento – IPPC

• Instituto Superior de Ciências Sociais e Políticas – Universidade de Lisboa – (Portugal)

Chegando ao fechamento do livro, temos uma breve **Conclusão** que - se tudo correr bem, conforme o planejado - irá responder a você a pergunta que abre esta introdução: **De que é feita esta obra?** Pistas eu já dei muitas. Agora, cabe a você envolver-se nas linhas e no que é percebido na emoção das entrelinhas e ter sua própria resposta.

E como expresso sempre na Biblioteca Positiva:
Se eu indico este livro? Claro! Boas Leituras!

PARTE I

Conhecendo a Psicologia Positiva

Andréa Perez Corrêa

A Psicologia Positiva, campo novo oriundo do âmbito da Psicologia, cujos temas podem ser aplicados em diversos contextos, apesar de toda a condução científica de suas pesquisas, é de fácil assimilação de seus conceitos básicos pelo público em geral.

Um ponto também de extrema relevância e que, segundo Ed Diener (2011), o impressiona muito no campo da Psicologia Positiva, é o interesse de jovens acadêmicos que estão entrando no segmento como pesquisadores e profissionais, sendo ainda a Psicologia Positiva muito popular entre os universitários.

Fredrickson (2012), em entrevista a Aaron Jarden, afirma que uma das maiores conquistas da Psicologia Positiva é estar apenas começando a chamar a atenção do público por ser uma ciência em que vale a pena investir, vale a pena prestar atenção para aplicar. (FREDRICKSON, 2012).

E como você, leitor, de alguma forma acabou, de forma semelhante, se interessando por esta temática, a partir desta **Parte 1 – Conhecendo a Psicologia Positiva** você terá contato, com **dois capítulos**, e conhecerá o arcabouço teórico, definições, formas de aplicação, crescimento, marcos importantes entre outros pontos que o ajudarão a ter um panorama inicial.

A partir das informações contidas nesta parte, a leitura dos capítulos seguintes será mais fácil e melhor compreendida, apesar de, neste primeiro momento, não serem esgotadas todas as informações possíveis.

Diante disso, numa tentativa de apresentar uma visão global, os dois capítulos desta parte são os maiores, já que abarcam inúmeras e diversificadas informações sobre a Psicologia Positiva.

Capítulo 1

Introdução à Psicologia Positiva

Andréa Perez Corrêa

Viver numa época em que se tem a oportunidade de acompanhar o surgimento de um novo campo, como já disseram Snyder e Lopez (2009), é sem dúvida um grande privilégio, uma raridade, em especial, para estudantes. E não uma ciência, cujo tema distancia-se do cotidiano de nossas vidas, como muitas, mas de um campo que abraça uma temática que faz parte de cada um de nós, e que se constitui na primeira de nossas metas, nas palavras de Dean e Biswas-Diener (2007): a felicidade. Só que não apenas essa "tal felicidade", mas também um estudo que se dedica à compreensão e à valorização das qualidades humanas, como componentes que colaboram para que os indivíduos tenham vidas mais plenas e significativas. Isso apenas para começar a trazer para este capítulo um preâmbulo convidativo a uma temática que é para ser de todos nós: a Psicologia Positiva.

De alguma forma, esse talvez seja o ponto mais relevante e mais cativante desse estudo. A Psicologia Positiva traz, de forma cientificamente embasada, a abordagem de assuntos que nos integram a todos como seres humanos, que nos impulsionam a querer seguir em frente com otimismo e esperança para uma vida melhor e que nos aproxima de outras pessoas com emoções positivas e fortalecedoras. A identificação com cada um de seus temas é latente, por mais cético que possa ser o perfil de quem a ela é apresentado.

E este capítulo vem até você exatamente com este propósito: sem pretender esgotar absolutamente nenhuma de suas abordagens, a intenção, aqui, é de apresentar uma introdução ao tema da Psicologia Positiva, nutrindo-o não apenas com informações e dados relevantes, sobre seu surgimento ou concepção, mas, além disso, e talvez principalmente, cativar você a integrar esse movimento científico, acima de tudo, de intenções, ações e emoções positivas que cresce exponencialmente em todo o mundo.

Conheça e aproveite esta nova forma de viver a vida!

O que é a Psicologia Positiva

A Psicologia Positiva é um movimento que surgiu na ciência da Psicologia e sua construção encontra suas influências em diversos estudos. De posse do **Special Issue on Happiness, Excellence, and Optimal Human Functioning** – da **American Psychlogist** (2000) – publicação que apresentou no contexto acadêmico a Psicologia Positiva – apresentam-se reunidos 15 artigos que já vinham sendo desenvolvidos em anos anteriores que coadunam com sua temática, que nas palavras de Csikszentmihalyi e Seligman (2000), "podem ser incluídos sob a rubrica da Psicologia Positiva" (p. 8). Confundida, por vezes, com uma nova linha teórica da Psicologia - assim como o são a Psicanálise ou o Behaviorismo – a Psicologia Positiva diferencia-se à medida que suas temáticas podem ser aplicadas em diversas teorias psicológicas e, ainda, em processos que não apenas os instituídos por processos terapêuticos. (GRAZIANO, 2006).

Considerando a sua base no campo da Psicologia, para começar a entender a Psicologia Positiva é importante entender um "*gap*" que ocorreu com as missões da Psicologia ao longo dos anos e que acabou por "clamar" por um novo direcionamento do estudo da condição e possibilidades humanas positivas.

As missões da Psicologia e o foco da Psicologia Positiva

Anteriormente ao evento da Segunda Guerra Mundial, a Psicologia tinha três missões distintas: curar doenças mentais, tornar a vida das pessoas mais produtiva e cheia de satisfação e identificar e desenvolver talentos. (CSIKSZENTMIHALYI & SELIGMAN, 2000).

Contudo, após a Segunda Guerra Mundial, dois eventos acabaram por redirecionar a atenção da Psicologia:

- A fundação da *Veterans Administration,* em 1946, havendo uma dedicação dos psicólogos no tratamento de doenças mentais, para seu sustento; e

- A fundação, em 1947, do *National Institute of Mental Health*, quando angariar recursos para pesquisas em doenças mentais era mais fácil. (SELIGMAN, 1998; CSIKSZENTMIHALYI & SELIGMAN, 2000).

Apesar de esse foco na reparação dos danos dos transtornos mentais ter trazido inúmeros benefícios para o entendimento e a criação de novas terapias, as duas outras missões da Psicologia foram praticamente esquecidas. (CSIKSZENTMIHALYI & SELIGMAN, 2000). Sem deixar de destacar que a ênfase nas patologias trouxe ganhos significativos, Peterson (2006) aponta que isso teve um custo, pois houve negligência da área acadêmica quanto ao estudo do que está certo com as pessoas e sobre a boa vida. (PETERSON, 2006).

Nesse contexto, emana da concepção da Psicologia Positiva a intenção de mudar o foco da Psicologia: da preocupação única de reparar as piores coisas da vida para a construção de qualidades positivas. (CSIKSZENTMIHALY & SELIGMAN, 2000). E para isso, no delineamento desse novo movimento, Seligman (1998) enfatiza que a Psicologia não pode ser apenas o estudo da fraqueza e do dano, mas, ainda, o das qualidades e das virtudes humanas, considerando que tratar alguém inclui nutrir o que há de melhor no indivíduo e não apenas acertar o está errado.

Apesar de, à primeira vista, parecer que Seligman com sua proposta induz uma forma de descartar ou rivalizar com os estudos de Psicologia voltados aos danos feitos até então, na verdade, o que Seligman (1998) descobre e divulga, em seu artigo **Building Humans Strengths: Psychology's Forgotten Mission**, é que algumas qualidades humanas servem como "para-choque" contra doenças mentais: coragem, otimismo, habilidade interpessoal, ética no trabalho, esperança, honestidade e perseverança. Com essa convicção, afirma que, com uma nova ciência alicerçada nas qualidades e resiliência e por meio de sua prática, haverá a prevenção dos principais transtornos mentais. (SELIGMAN, 1998).

Verifica-se, nesse ponto, o foco inicial de Seligman sobre a Psicologia Positiva: o aspecto da prevenção. Isso fica ainda mais evidente no discurso de posse de Seligman na presidência da APA em 1998 quando afirma: "Eu olho para uma nova ciência social e comportamental que busca entender e nutrir as forças humanas que podem evitar a tragédia da doença mental." (SELIGMAN, 1998).

Mas não apenas a prevenção conduzia todo esse estudo. Como afirma Peterson (2013), um dos pioneiros desse movimento, a Psicologia Positiva é um chamado para que o estudo e a prática da Psicologia sejam tão preocupados com as forças como com as fraquezas, interessados em construir as melhores coisas da vida como em reparar o pior, e preocupados em combater doenças como também fazer da vida das pessoas comuns cheias de significado. (PETERSON, 2013).

Apresentada essa "ambiência" em que se desenvolveu a proposta da Psicologia Positiva – importante para perceber em que ponto se deu o seu surgimento – a compreensão de seu arcabouço teórico fica facilitada e absolutamente simples.

Os Pilares da Psicologia Positiva

A Psicologia Positiva, segundo Seligman e Csikszentmihaly (2000), no **Special Issue on Happiness, Excellence, and Optimal Human Functioning** - da **American Psychlogist**, apresenta-se em três níveis de análise e nesses se constituem cada um dos três pilares desse estudo, a saber:

- No nível SUBJETIVO
- Pilar das **EMOÇÕES POSITIVAS**, que inclui, no passado, o bem-estar, o contentamento e a satisfação; no futuro, a esperança e o otimismo; e, no presente, o engajamento (*flow*) e a felicidade;

- No nível INDIVIDUAL:

- Pilar dos **TRAÇOS INDIVIDUAIS POSITIVOS**, que inclui capacidade para amar, vocação, coragem, habilidade interpessoal, sensibilidade estética, perseverança, perdão, originalidade, mente aberta, espiritualidade, talentos elevados e sabedoria; e

- No nível DE GRUPO:

- Pilar das **INSTITUIÇÕES POSITIVAS** que inclui as virtudes cívicas e as instituições que levam as pessoas a uma melhor cidadania, como: responsabilidade, altruísmo, civilidade, moderação, tolerância e trabalho ético.

Esses são os três pilares que você encontrará praticamente em todos os livros que apresentam a Psicologia Positiva e que estrutura todo o arcabouço teórico de seus temas e teorias.

Contudo, acrescento que, segundo Perugini e Solano (2010; 2014), no *First World Congress on Positive Psychology* em 2009, Seligman propôs em sua apresentação o quarto pilar da Psicologia Positiva: **RELACIONAMENTOS POSITIVOS**, tendo a sua origem nas pesquisas sobre o bem-estar psicológico das pessoas extremamente sociáveis como as mais felizes. (PERUGINI & SOLANO, 2010) (SOLANO & PERUGINI, 2014). Contudo esse pilar ainda tem rara ou quase nenhuma menção, numa tentativa já feita de pesquisa de literatura para esse tema, e não está, pelo apreciado por essa presunçosa revisão, sistematizado como os pilares preliminares.

Nesse ponto, é interessante mencionar que a Psicologia Positiva, como um estudo muito novo, ainda está com desmembramentos e crescimento muito latentes, o que exige daqueles que desejam se aprofundar em seus temas uma busca, quase sempre inesgotável, pelos mais novos trabalhos, pesquisas e estudos acadêmicos e de aplicabilidade.

Entendido esse arcabouço teórico dos pilares da Psicologia Positiva, fica mais consistente a apresentação do como a Psicologia Positiva é definida por alguns autores e instituições.

Definições da Psicologia Positiva

Ao longo desta obra, em alguns capítulos, você será apresentado a diversas definições sobre o que é a Psicologia Positiva, de acordo com estudiosos ícones desse movimento, apresentados por nossos coautores. E cada uma delas traz em si um aspecto ou diversos aspectos que abraçam a sua proposta, não necessitando afirmar que exista apenas uma definição do que é a Psicologia Positiva. O que ocorre é que, conforme esse estudo está evoluindo, muitos estudiosos surgem e captam de formas diferentes a essência desse movimento e o definem de formas distintas. Contudo, encontramos permeados nessas definições aspectos como cientificidade, forças ou qualidade humanas, florescimento, felicidade, funcionamento ótimo, entre outros. Em suas pesquisas, tenha certeza de que irá encontrar inúmeras delas.

> *(...) conforme esse estudo está evoluindo, muitos estudiosos surgem e captam de formas diferentes a essência desse movimento e o definem de formas distintas.*

Eis algumas para apresentar neste início.

Segundo Peterson (2006): "A Psicologia Positiva é o estudo científico do que vai bem à vida do nascimento até a morte e em todas as paradas entre eles" (PETERSON, 2006, p. 4). E, ainda, que a Psicologia Positiva "é uma abordagem recém-batizada dentro da Psicologia que leva a sério as coisas que fazem a vida valer a pena" (PETERSON, 2006, p. 44). Esclarece, ainda, que o valor da Psicologia Positiva está em complementar e ampliar o foco que esteve apenas no problema, durante décadas, e que esteve dominante nos estudos da Psicologia. (PETERSON, 2013).

Para Snyder e Lopez (2009), a Psicologia Positiva "é o enfoque científico e aplicado da descoberta das qualidades das pessoas e da promoção de seu funcionamento positivo" (SNYDER & LOPEZ, 2009, p. 17) e que esta nova "ciência e a sua prática estão direcionadas para a compreensão das qualidades e virtudes humanas, bem como para o auxílio no sentido de que as pessoas tenham vidas mais felizes e produtivas". (SNYDER & LOPEZ, 2009, p. 19).

Gable e Haidt (2005) já afirmam que a "Psicologia Positiva é o estudo das condições e dos processos que contribuem para o florescimento e o funcionamento ótimo das pessoas, grupos e instituições". (GABLE & HAIDT, 2005, p. 104).

De acordo com o site *Authentic Happiness* (2015):

> Psicologia Positiva é o estudo científico das forças que permitem os indivíduos e as comunidades prosperarem." Acrescentam que "o campo se fundamenta na crença de que as pessoas querem conduzir uma vida significativa e de realizações, para cultivar o que há de melhor nelas mesmas e para elevar suas experiências de amor, trabalho e diversão. (AUTHENTIC HAPPINESS, 2013).

Motivada e envolvida com esse estudo, em meu trabalho monográfico também optei por conceber uma definição própria do que entendo como a Psicologia Positiva e a divido com você para finalizarmos este item:

> A Psicologia Positiva é um segmento da Psicologia que foca absolutamente no estudo científico e na comprovação empírica de ações que possibilitem identificar, medir, maximizar e melhorar as qualidades dos seres humanos, incluindo-se aí as virtudes, as forças de caráter, os talentos, a resiliência, a autoeficácia, o otimismo, entre tantas outras, de forma a permitir que suas vidas sejam mais felizes, plenas e significativas. (CORRÊA, 2013).

A origem do estudo e o termo "Psicologia Positiva"

Feitas essas conceituações, destacamos que o leitor será apresentado sobre a origem e o termo da Psicologia Positiva no capítulo de Claudio S. Hutz e Juliana C. Pacico, no qual os autores reservam informações sobre isso.

Contudo, alguns pontos são interessantes de abordar quanto à longevidade da atenção e de foco reservado aos temas abordados pela Psicologia Positiva. Segundo Diener (2011), de alguma maneira, pode-se dizer que a Psicologia Positiva já tem milhares de anos de idade, remontando aos antigos filósofos e líderes religiosos que discutiam virtudes de caráter e a boa sociedade. Similarmente, Peterson (2006), aponta que a Psicologia Positiva já se encontrava presente nos escritos de grandes pensadores na antiguidade, com questionamentos como os dos contemporâneos psicólogos positivos. Além disso, seguindo uns anos atrás, configuram-se pensamentos de personalidades religiosas e teológicas como Jesus, Buddha, Mohammed e Thomás de Aquino acerca de questões sobre o significado de uma boa vida e de sua realização. (PETERSON, 2006).

E isso não para por aí. Como Diener (2011), outros autores como Snyder e Galllagher (2011) destacam a dedicação de pioneiros com olhar no que há de melhor nas pessoas, tais como Donald Clifton, que estudou as forças humanas, Mihaly Csikszentmihalyi, que estudou o *flow* e a criatividade, Albert Bandura que estudou a autoeficácia e Karl Menninger que tentou mudar a forma como se viam os diagnósticos, a prevenção e o tratamento de doenças mentais, destacando ainda o poder da esperança, da fé e o amor. (DIENER, 2011; SNYDER & LOPEZ, 2009; LOPEZ & GALLAGHER, 2011).

Talvez, muito por conta de tudo isso Csikszentmihalyi e Seligman (2000) são mais pontuais ao reconhecerem que, quanto à origem, a "psicologia positiva não é uma ideia nova" (p. 13) e destacam: "não podemos reivindicar originalidade" (p. 13). Nas palavras de Seligman, quando aborda a literatura ampla sobre a temática dos sofrimentos humanos, afirma quanto à Psicologia Humanista: "Na moderna história da psicologia, existe uma notável exceção a isso" (SELIGMAN, 2009, p. 400). Destaca, ainda, temáticas enfatizadas pela Psicologia Positiva que já eram abordadas pela Psicologia Humanista, como determinação, responsabilidade, esperança e emoção positiva. Mas Csikszentmihalyi e Seligman (2000) afirmam que os antecessores - no caso, sendo ressaltados os humanistas – "falharam de alguma forma num corpo atrativo de pesquisa com base empírica para fundamentar suas ideias" (p. 13). Salienta-se que, nesse ponto, recaem diversas críticas que são feitas a esse estudo, a exemplo de Shapiro (2001) que, indicando a própria publicação do *Special Issue on Happiness, Excellence, and Optimal Human Functioning* – da *American Psychlogist*, (2000), destaca que, nas referências bibliográficas dos 16 (aqui ele inclui a Introdução) artigos acadêmicos dessa edição, podem ser encontrados seis trabalhos desenvolvidos por humanistas com investigações de pesquisas quantitativas.

Talvez esse ponto sobre a abordagem dos humanistas seja um dos de maior polêmica sobre a proposta da Psicologia Positiva, o que cabe a cada um avaliar o quanto compromete a legitimidade dos resultados que estão sendo alcançados com suas pesquisas.

No que se refere ao termo "psicologia positiva" – não se prendendo à sua origem – Peterson (2013) reflete que se trata de um termo guarda-chuva que engloba o trabalho de muitos, incluindo ele próprio, que atenderam a recomendação de estudar cientificamente o que faz a vida das pessoas terem importância. (PETERSON, 2013).

Aplicabilidade da Psicologia Positiva

A diversidade de aplicações possíveis dos temas da Psicologia Positiva é uma característica extremamente atraente nesse estudo. Mais adiante, ainda neste capítulo, apresento alguns aspectos que considero que justificam o interesse cada vez maior do público na Psicologia Positiva e, com certeza, a aplicabilidade estaria entre eles. Contudo, optei por dar um destaque a esse ponto neste item específico, mesmo que sem esgotar o tema. Além disso, teremos também uma

> *Conforme avançamos no estudo da Psicologia Positiva, começamos a tomar consciência do quanto suas intervenções, assessments, escalas, teorias e abordagens são aplicáveis em diversos contextos, por diversas práticas e por vários tipos de profissionais.*

parte de livro que aborda diversas aplicabilidades, e, por isso, guarde um pouco da curiosidade para mais à frente; aqui entenda um pouco da importância da aplicabilidade, a qual, na opinião desta autora, configura uma peça marcante e essencial dessa temática.

Conforme avançamos no estudo da Psicologia Positiva, começamos a tomar consciência do quanto suas intervenções, *assessments*, escalas, teorias e abordagens são aplicáveis em diversos contextos, por diversas práticas e por vários tipos de profissionais. Isso pode ser justificado, talvez, em função do propósito da Psicologia Positiva em termos de sua prática, como destacam Linley e colegas (2009). Para eles, a prática da Psicologia Positiva é sobre facilitar a boa vida ou sobre possibilitar que as pessoas sejam o seu melhor. (LINLEY *et al.*, 2009). E isso permite uma aplicabilidade que pode envolver todo e qualquer indivíduo, pois a maioria de nós busca isso a maior parte do tempo, o que nos dá uma demanda de campo fértil.

Deve-se dar importante destaque a quem é delegável o uso dos estudos e intervenções da Psicologia Positiva, que não é restrita, nem deve vir a ser, apenas à Psicologia ou a psicólogos. Tratando-se de uma abordagem de questões relacionadas ao ser humano e ao bem-viver, transpassa por várias instâncias, tais como: sociologia, antropologia, políticas públicas, ética, entre outras. Restringir a Psicologia Positiva apenas à Psicologia seria restringir a condição de poder mudar o mundo e a vida das pessoas (LINLEY *et al.*, 2009). Coadunando com isso, Joseph (2014) afirma que, como a Psicologia Positiva capturou o interesse sobre o que a Psicologia pode oferecer tanto em termos acadêmicos como profissionais, isso promoveu a atenção sobre as aplicações no "mundo real". Para ele: "Ao contrário de muitas áreas tradicionais da Psicologia, a psicologia positiva tem aplicação clara e direta na vida cotidiana". (JOSEPH, 2015, p. 2).

Para Linley e outros (2009), a meta dos psicólogos positivos deve ser a de ampliar a mensagem da Psicologia Positiva o tanto quanto for possível e, para isso, contar com o apoio de contribuições de outras disciplinas pode ser extremamente favorável. E isso, aproveitando para ratificar, significa que as aplicações da Psicologia Positiva não devem se restringir apenas às esferas acadêmicas ou ficar nas mãos dos profissionais da Psicologia. Preferencialmente, os avanços progressivos das suas aplicações virão através da parceria e da colaboração com outras áreas, assim atingindo um maior número de vidas, no trabalho, na educação, tanto quanto através da política e das abordagens populacionais. (LINLEY et al., 2009). Sobre esse ponto, Joseph (2014) destaca que a Psicologia Positiva, com seu crescimento num prazo dos últimos dez anos, tem, hoje, ainda mais maturidade e evidências científicas, encontrando-se melhor equipada para colocar a sua visão na prática.

Essa tem sido, definitivamente, uma de minhas "bandeiras" em prol da ampliação da disseminação da Psicologia Positiva, acreditando que, por meio da união e reconhecimento recíproco da importância de cada vertente – estudo acadêmico e áreas de aplicabilidade – será possível melhorar a condição do bem-estar de um maior número de pessoas. Este livro é uma prova viva de uma dessas iniciativas, com a união em uma única obra de acadêmicos e profissionais atuantes, de diversas áreas, e que utilizam métodos distintos, mas todos com um mesmo foco: abordar a Psicologia Positiva de forma séria e favorecendo a vida das pessoas.

> *Essa tem sido, definitivamente, uma de minhas "bandeiras" em prol da ampliação da disseminação da Psicologia Positiva, acreditando que, por meio da união e reconhecimento recíproco da importância de cada vertente – estudo acadêmico e áreas de aplicabilidade – será possível melhorar a condição do bem-estar de um maior número de pessoas.*

Confirmando essa percepção sobre a prática, verificamos esta diversidade de aplicação da Psicologia Positiva também, desde o início, nas explanações de Seligman em suas publicações. (SELIGMAN, 1998; 2009; 2011) e, ainda, quando analisamos a diversidade do público-alvo do *Master of Applied Positive Psychology*, primeiro curso de mestrado em Psicologia Positiva da Universidade da Pensilvânia, o qual inclui, entre outros, empresários, psicólogos, médicos, cientistas, artistas, treinadores de vida, advogados que estejam em busca de transformar seu local de trabalho ou carreira, ou estão interessados num aprofundamento de estudos de pós-graduação. (PENSYLVANIA UNIVERSITY, 2016).

Grande é a abrangência das aplicações da Psicologia Positiva. Ela contempla quase todas as áreas da Psicologia aplicada e outras. Além do alívio da psicopatologia, a Psicologia Positiva aplicada também tem visto o desenvolvimento de felicidade por meio do aumento de intervenções específicas (LINLEY *et al.* 2009) e em diversas áreas. Inúmeros profissionais podem lançar mão das suas práticas e aplicá-las em domínios diversos: negócios, gestão, conselhamento, psicoterapia, economia, sistema de justiça criminal, contextos médicos, trabalhos e políticas sociais. Isso, considerando que suas intervenções não se limitam à prática "um-a-

-um", mas podem ser desenvolvidas com êxito em grupos, organizações, comunidades, equipes e sociedades. (JOSEPH, 2014). Também veremos isso ao longo dos capítulos, com os exemplos e *cases* apresentados pelos coautores.

Comparando duas edições da obra **Positive Psychology in Practice. Promoting Human Flourishing in Work, Health, Education, and Everyday Life**[1], Joseph (2014) aponta o crescimento e aprofundamento da aplicabilidade da Psicologia Positiva, em especial, em campos como instituições e política, temas que passam a ser mais explorados na edição de 2015. Além disso, apresenta áreas de aplicação como *Coaching*, Psicologia Ocupacional e Autoajuda, ao mesmo tempo em que traz aplicações inovadoras e inesperadas de aplicação da Psicologia Positiva em áreas como trabalho social, planejamento social, reabilitação e recuperação.

Destaca-se, ainda, que as investigações, estudos e pesquisas sobre a aplicabilidade da Psicologia Positiva, apesar de sua origem nos Estados Unidos, vêm crescendo e se popularizando em trabalhos desenvolvidos por acadêmicos e profissionais em países como Austrália, Canadá, França, Alemanha, Israel, Suécia, Suíça e Reino Unido. (JOSEPH, 2014).

Quando se começa a pesquisar os campos onde é possível a aplicação da Psicologia Positiva, esse estudo passa a contagiar ainda mais positivamente, à medida que se constata que quase são inesgotáveis as formas de fazermos com que mais e mais pessoas sejam beneficiadas, quaisquer que sejam os contextos, os interesses, os propósitos e os processos da prática. Com isso, esse tema nem de longe pode ser abordado aqui de forma ampla, cabendo elencar apenas exemplos de forma mais descritiva de algumas dessas possíveis aplicações. Contudo, você, leitor, nutrido com um manancial de práticas e aplicações de cada coautor em seus contextos de trabalho, terá a compreensão da flexibilidade de aplicação da Psicologia Positiva.

Vamos conhecer algumas.

Na educação, tem sido usada para promover o fluxo na sala de aula, bem como o aproveitamento dos pontos fortes das crianças para ajudar a sua aprendizagem e desenvolvimento (LINLEY *et al.*, 2009), além de métodos para processos de aprendizagem e ensino. (JOSEPH, 2015). Aqui, você encontrará, nos capítulos de Gilmar Carneiro e de Flávia Villar, formas de aplicação da Psicologia Positiva na área da educação em iniciativas novas e adaptadas ao nosso contexto cultural.

As **Aplicações Forenses** da Psicologia Positiva são representadas pela gestão de modelo de vida boa do criminoso, que incide sobre a satisfação de adaptação

---

1. A publicação de 2004 é editada por P. Alex Linley & Stephen Joseph, sem o subtítulo indicado, e a de 2015 apenas por Stephan Joseph com o subtítulo.

das necessidades humanas. (LINLEY *et al.*, 2009). Como exemplo, nesse campo forense, já encontramos trabalhos bastante específicos, com terapias em grupo, utilizando a Psicologia Positiva para encarcerados de longas penas. (CHAHINE, 2013).

Em **Psicologia Organizacional e Industrial**, as aplicações da Psicologia Positiva são representadas por meio do trabalho na liderança transformacional, no envolvimento dos funcionários, na bolsa organizacional positiva, no comportamento organizacional positivo, na investigação apreciativa e na administração baseada em pontos fortes. (LINLEY *et al.*, 2009). Nessas vertentes, encontramos os trabalhos sobre a Liderança Positiva de Kim Cameron (2012) – a que você será apresentado no capítulo de Livia Lopes Lucas Carlosmagno; sobre o Comportamento Organizacional Positivo de Luthans (2002), que veio a desenvolver a temática do capital psicológico positivo; sobre Liderança Autêntica de Avolio, Gardner, Walumbwa, Luthans, May (2004); e sobre Inquérito Apreciativo de 1980 de David Cooperrider (COOPERIDER, SORENSEN, WHITNEY, YAEGER, 2000) no capítulo de Sônia Ramos.

Na sociedade, mais amplamente, a Psicologia Positiva aplicada tem mostrado poder influenciar o desenvolvimento de *Coaching*, enquanto abordagens populacionais estão sendo exploradas em relação à epidemiologia e bem-estar e à promoção da coesão social. (LINLEY *et al.*, 2009). Nesse segmento, encontramos o *Coaching* de Psicologia Positiva, abordado, aqui no livro, pela Daniela Levy, que traz a abordagem aos olhos de diversos autores ícones dessa área, além de configurações de *Coaching* com temas da Psicologia Positiva específicos nos capítulos de Christiane Barros, Claudia Pedroso e Rafael Garcia Oliveira e de Soraya Farias.

Já **na clínica, aconselhamento, terapia da saúde e Psicoterapia** existem Práticas com uso da Psicologia Positiva, a saber: (LINLEY *et al.*, 2009)

- **Well-being Therapy:** é uma psicoterapia de curto prazo com aproximadamente oito sessões de 30 a 50 minutos cada uma, que enfatiza a auto-observação, incluindo o uso de uma estrutura diária e a interação entre o cliente e o terapeuta.

- **Mindfulness-Based Cognitive Therapy:** baseada na abordagem da prática dos *mindfulness* em função dos benefícios que promove e há crescente evidência para apoiar a eficácia desta abordagem.

- **Quality of Life Therapy:** fornece uma coleção de técnicas terapêuticas cognitivas que o terapeuta pode usar para ajudar os clientes a moverem-se em direção a uma felicidade maior.

- ***Positive Psycotherapy:*** utiliza os principais dogmas e princípio da Psicologia Positiva. Trabalho preliminar indicou que é ao menos tão eficaz para a depressão como um tratamento farmacológico tradicional.

A aplicabilidade da Psicologia Positiva sempre me cativou e me mobilizou a desejar ampliar o seu campo de repercussão. Reproduzo um pouco dessa mobilização acerca disso, num trabalho apresentado em 2013, para finalizar este item.

> Com certeza, muitos são os avanços, integrações e parcerias pelos quais as aplicações da Psicologia Positiva ainda passarão no futuro, considerando ainda o alicerçamento necessário de sua maturidade. Mas é importante que cada pessoa, acadêmica ou não, profissional ou não, da área, mas conhecedora dos benefícios que as intervençóes de Psicologia Positiva podem produzir, faça a sua parte, não apenas aplicando-se essas intervenções, mas, acima de tudo, vivendo congruentemente com esses princípios, de forma a envolver positivamente nessas práticas outras pessoas pelo mundo afora e gerando benefícios para toda a humanidade. (CORRÊA, 2013).

Marcos relevantes e o crescimento da Psicologia Positiva

Neste item, a intenção é dar destaque a alguns momentos significativos da Psicologia Positiva – aos olhos desta autora – para que o leitor possa conhecer os desmembramentos que temos presenciado, além de refletir sobre o crescimento desse estudo e o que pode justificar tamanho interesse dos indivíduos e organizações.

Marcos relevantes

Antes de iniciarmos esta breve indicação de marcos relevantes, vale ressaltar, contudo, que, para maior aprofundamento em termos de Brasil e América Latina, diversos autores têm se dedicado à elaboração de artigos, cuja leitura propicia uma apresentação ao desenvolvimento da Psicologia Positiva, ficando aqui a sugestão (PALUDO & KOLLER, 2007; PERUGINI & SOLANO, 2010; SOLANO, 2010; SOLANO & PERUGINI, 2013; CABEZAS, 2015).

Além disso, nos capítulos de Claudio S. Hutz e Juliana C. Pacico, Andrés Cabezas Corcione, Luis Miguel Neto e Helena Águeda Marujo e, ainda, Lilian Graziano, muito será colocado sobre diversos fatos marcantes e momentos expressivos. Vamos a eles.

- **Ano 1998 – Eleição de Martin Seligman para presidente da *American Psychology Association* – APA – mandato 1998**

Com o resultado de sua eleição em 1997, Seligman (2009) precisava criar um tema central para a sua missão que atraísse pessoas simpatizantes, mas o máximo que ele conseguia contemplar era um tema sobre "prevenção".

Nesse ponto, como ele mesmo narra como um fato extremamente decisivo, num momento com sua filha Nikki[2] de cinco anos, chegou mais próximo da visão da espinha dorsal de sua missão na APA. E Seligman, indagando-se "Pode haver uma ciência psicológica que se concentre nas melhores coisas da vida?" e ainda "Pode haver uma classificação de forças e virtudes que faça a vida valer a pena?" (SELIGMAN, 2009, p. 57) compreendeu que "Educar filhos... é muito mais que corrigir o que há de errado com eles, é identificar e intensificar suas forças e suas virtudes, ajudar a encontrar o nicho onde possam exercitar ao máximo esses traços positivos" (SELIGMAN, 2009, p. 56). E, com isso em mente, refletiu que a Psicologia como abordada até então, com foco no sofrimento, não era para Nikki, mas sim uma que abordasse aspectos positivos. Seligman conclui que "Nikki tinha encontrado minha missão." (SELIGMAN, 209, p. 57).

Para conduzir seu trabalho com esse foco, nessa época, Seligman, num plano audacioso, começou a reunir pesquisadores, profissionais, estudiosos e cientistas que estavam trabalhando no estudo de forças humanas e em atributos positivos, o que gerou a atenção de tantos outros. (DIENER, 2011). E depois disso, não parou mais. Arregaçou as mangas e dedicou intensamente seus esforços no sentido de promover conferências e campanhas de financiamento para aprofundamento de pesquisas e para as aplicações da Psicologia Positiva. (SNYDER & LOPEZ, 2009).

Essas atitudes em prol de um bem maior, como as dedicadas por Seligman à frente da APA, podem ser identificadas em inúmeros autores e estudiosos sobre as temáticas da Psicologia Positiva, como: Ed Diener que há quase trinta anos dedica-se ao estudo do bem-estar subjetivo; a seu filho Robert Biswas-Diener que se empenha às pesquisas de campo em inúmeras culturas e nas sociedades mais diversificadas em costumes e hábitos; a Mihaly Csikszentmihaly que, ao longo de uma vida, originou e aprofundou a temática do *flow*; a Barbara Fredrickson, teórica, que se aprofunda em pesquisas sobre as emoções positivas; a Sonja Lyubormirsky com suas estratégias e ações intencionais para a promoção da felicidade e do bem-estar, a Christopher Peterson, não mais entre nós, que não só contribuiu para pesquisas em inúmeros temas, como também levou a coordenação do pro-

---
2. Conheça um pouco melhor esse momento no livro Felicidade Autêntica, de Martin Seligman.

jeto sobre as forças de caráter; a tantos e tantos outros, numa lista inesgotável de visionários, contagiados pelos aspectos positivos dos indivíduos, das organizações e das sociedades.

• Ano 2000 – Publicação da edição – *Special Issue on Happiness, Excellence, and Optimal Human Functioning* – da *American Psychlogist*

No ano **2000**, em continuidade aos esforços de Seligman, **é publicada a edição – *Special Issue on Happiness, Excellence, and Optimal Human Functioning – da American Psychlogist***, revista da *American Psychology Association*, tendo como editores convidados, Mihaly Csikszentmihaly e Martin E. P. Seligman e como tema a Psicologia Positiva.

Tendo reunido grandes estudiosos de temas relacionados à Psicologia Positiva, essa edição foi divida em três tópicos principais: Experiência Positiva, Personalidade Positiva e Pessoas e Experiências num Contexto Social (CSIKSZENTMIHALY & SELIGMAN, 2000). Como apontam Paludo e Koller (2007), com grandes contribuições científicas, foram apontadas as lacunas existentes nas pesquisas da Psicologia sobre os aspectos positivos dos seres humanos, como a esperança, a criatividade, coragem, sabedoria e espiritualidade e felicidade.

Algumas coisas na Psicologia Positiva, definitivamente, me cativam significativamente e uma delas é a emoção contida nas entrelinhas de seus artigos. E a leitura desse documento, historicamente considerado como o lançamento da Psicologia Positiva, é um momento que entorpece, considerando a intenção positiva e crédula dos editores quanto à relevância desse momento de mudança do paradigma da Psicologia. Os editores, praticamente, evocam um chamado a psicólogos, alegando a necessidade de serem promovidas, de forma maciça, pesquisas das forças e virtudes humanas e que precisam reconhecer que o melhor a fazer é ampliar as forças, no lugar de reparar as fraquezas de seus clientes em sua prática em consultórios. (CSIKSZENTMIHALY & SELIGMAN, 2000).

• Ano 2000 – Primeira premiação do *Templeton Positive Psychology Prize*

Em **2000**, foi concedido pela primeira vez o **Templeton Positive Psychology Prize**, um prêmio para o melhor trabalho em Psicologia Positiva feito por um cientista com menos de 40 anos, tendo como vencedora Barbara Fredrickson, com sua teoria sobre a função das emoções positivas. Seu trabalho sobre a positividade realmente convenceu Seligman de que as emoções positivas têm uma finalidade muito maior que apenas nos fazer sentir bem, ratificando a sua intenção de seguir no caminho que havia escolhido. (SELIGMAN, 2009).

• **Ano 2000 – Fundação do *The Value in Action (VIA) Institute***

Em 2000, a Mayerson Foundation funda o *The Value in Action (VIA) Institute*, para provar os significados conceituais e empíricos de descrever o desenvolvimento positivo da juventude (PETERSON, 2006). Atualmente, *VIA Institute on Character*, tem como missão avançar tanto a ciência como a prática do caráter, tendo como objetivo encher o mundo com maior virtude, ou seja, mais sabedoria, coragem, humanidade, justiça, temperança e transcendência. (VIA INSTITUTE ON CHARACTER, 2013). Foi esse instituto que desenvolveu o grande projeto do inventário de virtudes e forças de caráter, publicado em 2004.

• **Ano 2002 – Publicação do livro *Authentic Happiness*, com a primeira teoria de Martin Seligman**

Esta teoria compõe tema no Capítulo 2 deste livro.

• **Ano 2004 – Publicação do livro *Character Strengths and Virtues: A Handbook and Classification***

Em **2004**, é publicado o **Character Strengths and Virtues: A Handbook and Classification**, que representa o mais ambicioso projeto empreendido pela Psicologia Positiva e que pretende fazer pelo bem-estar psicológico o que o Manual de Diagnóstico e Estatístico de Transtornos Mentais (DSM) da Associação Americana de Psiquiatria fez pelas desordens psicológicas que descapacitam os seres humanos. (SELIGMAN *et al*, 2005). Aqui, no livro, você será apresentado, em detalhes em alguns capítulos, à construção dessa obra e de seus desmembramentos.

• **Anos 2004 e 2006 – Curso *Happiness 101* – Harvard University**

A *Harvard University* ofereceu o curso "**Happiness 101**" (a disciplina Psicologia 1504, "Psicologia Positiva"), que se tornou o curso com maior número de inscrições e o mais popular da universidade, chamando a atenção da mídia nacional e fora dos Estados Unidos, com tópicos incluindo a felicidade, autoestima, empatia, amizade, amor, realização, criatividade, música, espiritualidade e humor". (DARING TO LIVE FULLY, 2013; LAMBERT, 2007; BEN-SHAHAR, 2008; ACHOR, 2012).

A notoriedade de universidades que já se dedicam aos temas da Psicologia Positiva e que promovem investimentos em pesquisas é e sempre será relevante para favorecer o crescimento desse estudo. Através de suas iniciativas, assim como aconteceu com o curso de Harvard, que chamou a atenção do público em geral também, cada vez mais, a sociedade como um todo terá acesso a esses temas e é preciso fazer isso também, além das fronteiras das universidades, em especial, nas organizações em todo o mundo.

• **Ano 2005** – *Master Applied in Positive Psychology da Pennsylvania University*

Em 2005, a Universidade da Pensilvânia aprovou oficialmente o primeiro curso de mestrado em Psicologia Positiva *Master Applied in Positive Psychology*, existente ainda hoje, com um formato típico da educação executiva, que atraiu para a primeira turma, surpreendentemente, mais de 120 candidatos, cinco vezes mais que o esperado. (SELIGMAN, 2011). O curso presencial continua com turmas abertas, atualmente, com um formato que facilita a participação, inclusive, de participantes de outros países. (PENSYLVANIA UNIVERSITY, 2016).

• **Ano 2006** – Primeira edição do *The Journal of Positive Psychology*

O ***The Journal of Positive Psychology***, criado em 2006, é uma publicação bimestral de trabalhos acadêmicos dedicada ao aprofundamento e à promoção de boas práticas dos temas da Psicologia Positiva, tendo como seu editor-chefe Robert A. Emmons e como distinto consultor sênior ninguém menos que Martin E. P. Seligman. Inclui artigos de pesquisas realizadas sobre disciplinas da Psicologia – social, personalidade, clínica, desenvolvimento, saúde, organizacional – como de outras disciplinas sociais e de comportamento – sociologia, estudos da família, antropologia, neurociências, filosofia, economia, medicina, ciências organizacionais (THE JOURNAL OF POSITIVE PSYCHOLOGY, 2016).

Inúmeros *journals*, de diversas áreas do conhecimento, considerando a multidisciplinaridade dos temas da Psicologia Positiva, também realizam publicações sobre a Psicologia Positiva, contudo, destacamos esse por sua especificidade.

- **Ano 2007 – Fundação da *International Positive Psychology Association* – IPPA**

A fundação da *International Positive Psycology Association* – IPPA (Associação Internacional de Psicologia Positiva) também pode ser considerada como um marco importante da Psicologia Positiva.

A IPPA, segundo o seu site, foi criada:

- "Para promover a ciência da Psicologia Positiva e suas aplicações baseadas em pesquisas.

- Para facilitar a colaboração entre pesquisadores, professores, estudantes e profissionais de Psicologia Positiva em todo o mundo e em todas as disciplinas acadêmicas.

- Para compartilhar as descobertas da Psicologia Positiva com o público mais amplo possível" (IPPA, 2016).

Com milhares de membros e associados de mais de 70 países, a IPPA, entre outras iniciativas, apoia e promove eventos com o tema da Psicologia Positiva, estando entre os de grande repercussão mundial o *World Congress on Positive Psychology*, realizado a cada dois anos, desde 2009 (IPPA, 2016).

Considerando o rápido crescimento que a Psicologia Positiva teve ao longo de poucos anos, a criação das APA é uma demonstração que atesta o desenvolvimento desse estudo em nível global. (WONG, 2011).

- **Ano 2011 – Publicação do livro *Flourish* com a segunda teoria de Martin Seligman**

Esta teoria também compõe tema no Capítulo 2 deste livro.

- **Ano 2016 – Publicação do livro *Second Wave Positive Psychology: Embrancing the Dark Side of Life***

Neste ano de 2016, foi publicado o livro **Second Wave Positive Psychology: Embrancing the Dark Side of Life**, de Itai Ivtzan, Tim Lomas, Kate Hefferson e Piers Worth, que traz uma nova perspectiva sobre a interpretação das noções do positivo - sempre foco central dos temas da Psicologia Positiva até então – e, em especial, do negativo, justificando os autores, em suas abordagens, a necessidade de considerar a dialética das emoções.

Mais que a publicação da obra em si, o que recebe grande notoriedade é a "designação" dada nessa obra pelos autores de que a Psicologia Positiva está em sua Segunda Onda, considerando a nova temática que abordam. Nela, o *"dark side"* (o lado negro) – ao longo dos anos, considerado negativo e sem ênfase alguma diante do foco nos aspectos positivos – incorpora o estudo, com a possibilidade de gerar resultados positivos em nossas vidas.

Considerando outros estudiosos que já vinham concebendo abordagens sobre as noções do "positivo" e do "negativo", os autores consideram que esta pode ser a concepção da "segunda onda", expressão, inclusive, sobre este mesmo aspecto, já cunhada por Barbara S. Held[3] em 2004 no artigo ***The Negative Side of Positive Psychology.*** Nas palavras dos próprios autores: "Nós sentimos que este livro reflete e representa essas recentes correntes neste campo, capturando a dimensão-chave dessa segunda onda emergente, nomeadamente um engajamento com o 'lado negro' da vida." (IVTZAN et al., 2016, p. 2).

Publicações anteriores a essa, com temáticas que recaem sobre os aspectos negativos, confrontados aos aspectos positivos, na concepção dos indivíduos, sem tendência à exclusão de uma ou de outra numa abordagem mais completa da Psicologia Positiva, já vinham surgindo ao longo do tempo. Verifica-se isso no artigo ***Positive Psychology 2.0: Toward a Balanced Interactive Model of the Good Life de Wong*** (2011), que apresenta, inclusive, para a sua abordagem – Psicologia Positiva 2.0 – quatro pilares (virtude, significado, resiliência e bem-estar). Outro exemplo é o ***The Upside of Your Dark Side Why Being Your Whole Self-Not Just Your "Good" Self – Drives Success and Fulfillment***, de Kashdan e Biswas-Diener (2014), que foca uma abordagem acerca de quais contribuições positivas as emoções negativas podem gerar, se deixarmos de negá-las, evitá-las e considerá-las como nocivas Encontramos, ainda, nas palavras de Peterson em 2006, sobre as "necessidades" da Psicologia Positiva, com sua concepção habitualmente visionária, crítica e reflexiva, considerações que coadunam com essa temática:

> Psicologia Positiva clama por maior foco tanto nas forças como nas fraquezas, tanto no interesse em construir as melhores coisas na vida como em reparar o pior, e tanto na atenção para satisfazer a vida de pessoas saudáveis como para curar as feridas das afligidas. (PETERSON, 2006 p. 1).

Essa terminologia Second Wave ainda é, absolutamente, recente para podermos vislumbrar o quanto este momento realmente perpetuará como uma marca divisória na construção da história da Psicologia Positiva, levando-se em consideração, inclusive, abordagens semelhantes anteriores. O que assistimos até agora é uma receptividade positiva quanto à obra e sua abordagem.

---

3. No item Cientificidade neste capítulo, referenciamos esta autora, em função de suas críticas à Psicologia Positiva em 2004.

Crescimento da Psicologia Positiva

Agora, conhecendo um pouco mais sobre as conquistas e momentos relevantes da Psicologia Positiva desde a sua instituição, fica mais fácil começar a entender o seu crescimento cada vez maior.

Considerando o tema da felicidade como uma das vertentes de sua abordagem, nada mais natural que o estudo da Psicologia Positiva tenha crescido de forma significativa e isso tem sido percebido de diversas formas ao longo dos anos desde 1998, e alguns autores já prospectavam isso. Em 2009, Snyder e Lopez já afirmavam que a Psicologia Positiva se encontrava num período de expansão, em especial, quanto à influência das novas ideias que aborda para chamar a atenção do campo da Psicologia e das pessoas como um todo. Já Peterson (2013), de forma similar, já afirmava há alguns anos que, em pouco mais de uma década, a Psicologia Positiva não apenas chamou a atenção da comunidade acadêmica, mas também do público de uma maneira geral.

Pela base Scopus[4], para o termo *"positive psychology"*, numa busca restrita a título, resumo e palavras-chaves, percebe-se um crescimento significativo de publicações acadêmicas. Em 2000, encontramos oito publicações e, em 2015, somavam 296, num crescimento progressivo ao longo dos anos, com exceção dos anos de 2005, 2013 e 2015, que tiveram uma pequena diferença a menor com relação aos respectivos anos anteriores. Atualmente (busca em 14 de abril de 2016), já são 2.208 publicações apenas para essa busca, sem considerar especificamente outras com temas que este estudo envolve. (SCOPUS, 2016).

Numa simples busca no Google (2016) para o mesmo termo *"positive psychology"*, encontramos, aproximadamente, 2.920.000 links, comparados a 419.000 encontrados na mesma busca por Peterson em 2008 em seu artigo **"What is Positive Psychology, and What Is It Not?"**, publicado no *Psychology Today*. Em torno de oito anos depois, houve um crescimento quase da ordem de 700%. Já está dando para compreender como mais e mais pessoas estão se interessando por este estudo?

Outra referência para entendermos, ainda melhor, a importância e o interesse sobre a Psicologia Positiva e seus temas é o aumento de cursos oferecidos em todo o mundo com suas temáticas, e não nos referimos a cursos por instituições privadas de pequeno porte ou cursos breves de pequena duração, pois, considerando esses, é quase impossível contabilizar. Referimo-nos a universidades de reconhecimento relevante que promovem cursos de mestrado ou doutorado. No

---
4. Plataforma de busca de publicações acadêmicas, livros, capítulos, entre outros, mundialmente reconhecida como muito abrangente e com publicações relevantes.

site da **International Positive Psychology Association – IPPA**[5] (2016), são apresentados 11 cursos de mestrado e um curso de doutorado específicos de Psicologia Positiva, que acontecem na América do Sul, América do Norte, Europa, África e Oceania. Isso sem considerar pesquisas com o tema da Psicologia Positiva que são desenvolvidas em outros cursos de mestrado e doutorado. Tenho um testemunho pessoal sobre isso, já que desenvolvo uma pesquisa de mestrado em Sistemas de Gestão da Escola de Engenharia da Universidade Federal Fluminense sobre o tema Capital Psicológico Positivo.

Aqui no Brasil mesmo, quem acompanha esse assunto já há algum tempo tem total percepção do aumento dos cursos e eventos, presenciais e *online*, que surgem com essas temáticas, colocando, no mercado, profissionais de diversas ocupações, que disseminarão em seus trabalhos os temas da Psicologia Positiva.

Além disso, cabe ressaltar um caminho que está possibilitando um campo de crescimento amplo para a Psicologia Positiva, em especial através de suas intervenções.

Vivemos um momento em que grandes investimentos têm sido reservados ao desenvolvimento de novas tecnologias no "mundo virtual" que, cada vez mais, vem se tornando o "mundo real" da maioria de nós, em especial do público jovem. Essa "era digital", cujo crescimento estamos vivenciando, com sua acessibilidade e portabilidade, já vem permitindo novas possibilidades para a divulgação e a aplicação de teorias ou intervenções da Psicologia Positiva. Já existem diversas iniciativas que originaram aplicativos para *tablets* ou *smartphones*, de manuseio facilitado aos usuários a exemplo do **Live Happy™ - A Happy Boosting Positive Psychology Program** (SIGNAL PATTERNS, 2013a), do **Happier** (ITUNES APPLE, 2013a), do **Gratitude Stream Iphone app.** (SIGNAL PATTERNS, 2013b), do **Cheers Celebrate Life & Happiness** (ITUNES APPLE, 2013b) e do **Happify™.** (HAPPIFY Inc., 2016a; ITUNES APPLE, 2016).

E, com certeza, muitos outros continuarão a surgir. Em 2016, resultados de pesquisas acadêmicas já vêm sendo publicados em artigo, contemplando novas iniciativas com esse foco, como exemplo, o artigo **Putting the 'app' in Happiness: A Randomised Controlled Trial of a Smartphone-Based Mindfulness Intervention to Enhance Wellbeing** com proposta para aplicativo com o tema de *mindfulness* (HOWELLS; IVTZAN; EIROA-OROSA, 2016). Esses autores, inclusive, levantam a seguinte reflexão: "Se a maior missão da psicologia positiva é elevar o florescimento global, o potencial das intervenções baseadas em *smartphone* pode desempenhar um papel vital". (HOWELLS; IVTZAN; EIROA-OROSA, 2016, p. 163).

---

5. Citamos a IPPA no item Marcos Relevantes neste mesmo capítulo.

Olhando assim, você pensa: onde está a seriedade científica desse estudo então? Essa é uma forma adequada de lidar com os temas da Psicologia Positiva? Pois saiba que é, e essas iniciativas estão apoiadas por estudiosos de grande credibilidade da área.

Um exemplo é o **Live Happy™ - *A Happy Boosting Positive Psychology Program*** (SIGNAL PATTERNS, 2013a), que traz ao usuário acesso às propostas sugeridas por Sonja Lyubomirsky (2008), pesquisadora ícone do campo da Psicologia Positiva. Outra figura representativa é o caso de Acacia Parks[6], cujas pesquisas focam em métodos de autoajuda para aumento da felicidade através de livros e tecnologias digitais, que é cientista chefe da equipe do ***Happify*™** (HAPPIFY Inc., 2016b). Fazem parte, ainda, desse time ***Happify*™**, como conselheiros científicos, Sonja Lyubomirsky e Orin. C. Davis, primeira pessoa a ter o PhD em Psicologia Positiva. (HAPPIFY Inc, 2016c).

Fora essas representatividades em termos de pesquisadores, esses aplicativos têm como base os estudos e pesquisas da Psicologia Positiva de forma criteriosa, lançando mão de intervenções já credibilizadas academicamente por métodos científicos, para favorecer os seus usuários com o aumento do bem-estar. E os resultados vêm sendo obtidos de forma positiva. No caso do ***Happify*™**, segundo dados do seu site, as emoções positivas dos usuários subiram de 45% para 80% com o uso do aplicativo. Além disso, após oito semanas de uso o número de usuários mais felizes chega à casa dos 86% (HAPPIFY Inc., 2016a). Já segundo a pesquisa de Howells, Ivtzan e Eiroa-Orosa, "*smartphones* são um método efetivo e viável para a disseminação de intervenções que oferece uma forma de fazer candidatos à felicidade significativamente mais felizes". (HOWELLS; IVTZAN; EIROA-OROSA, 2016, p. 181).

Cercar-se de base científica em iniciativas tecnologicamente mais acessíveis, com certeza, propiciará que mais pessoas tenham a oportunidade de potencialização de seu bem-estar de acordo com os estudos da Psicologia Positiva. E isso é ótimo!

No capítulo de Claudio S. Hutz e Juliana C. Pacico, você terá acesso a um panorama atual sobre a dimensão da Psicologia Positiva no Brasil.

Por que se interessar pela Psicologia Positiva?

Devidamente apresentado à Psicologia Positiva, é importante a você, leitor, que começa a desvendar essa temática do florescimento humano, entender o porquê de tantos milhares de pessoas e instituições em todo o globo estarem

---
6. No item Cientificidade deste capítulo você encontrará mais informações sobre a abordagem de Acacia Parks.

> *Cercar-se de base científica em iniciativas tecnologicamente mais acessíveis, com certeza, propiciará que mais pessoas tenham a oportunidade de potencialização de seu bem-estar com base nos estudo da Psicologia Positiva. E isso é ótimo!*

tão interessadas em suas temáticas. E, da mesma forma, se interessar também, se é que isso ainda não tenha acontecido.

Logicamente, cada especialista ou estudioso desse tema irá encontrar diversos aspectos que justificam esse interesse, e, neste item, a proposta é exatamente apresentar aqueles que considero muito pertinentes, o que pode coincidir ou não com algumas opiniões, e até estar suscetível a críticas, mas isso é extremamente salutar, pois faz parte da construção e desenvolvimento dos campos do conhecimento humano.

- **Benefícios da felicidade e intervenções para potencializá-la**

Objetivamente, além de se tratar de um campo novo e promissor que apresenta inúmeras possibilidades de trabalho, estudos e iniciativas, trata-se de um campo que, por suas pesquisas, apresenta resultados sobre os benefícios que podemos ter com uma vida mais feliz e com maior bem-estar.

Isso mesmo! Tratada até como a Psicologia da Felicidade, por Graziano (2006), entre os primeiros critérios que aponto estão os benefícios da felicidade que se avolumam em desdobramentos, a partir do nível individual, e que produzem efeitos positivos em inúmeros contextos e segmentos de nossas vidas e da sociedade como um todo. Entre alguns deles elencamos: relacionamentos mais significativos, maior sucesso no trabalho, melhoria da saúde e longevidade, famílias melhores, melhor atendimento a clientes, melhores negociações, redução de absenteísmo, menos discriminação, mais sociabilidade, melhoria na *performance*; todos apontados por grandes autores como Ed Diener (2009), Fredrickson (2009), Seligman (2009), Biswas-Diener (2007), entre outros.

É tanta a relevância que o tema da felicidade tem tido ao longo dos últimos anos que até mesmo a Organização das Nações Unidas (ONU) realizou, em 2 de abril de 2012, a primeira conferência das Nações Unidas sobre a felicidade e bem-estar. Nomeado o evento de Bem-estar & Felicidade: Definindo um novo Paradigma Econômico, envolveu os líderes e especialistas globais, sendo emitido o Primeiro Relatório de Felicidade Mundial lançado nas Nações Unidas, baseado em uma resolução da Assembleia Geral das Nações Unidas de julho de 2011 de países incentivados a promover a felicidade dos seus cidadãos. O relatório reflete uma demanda mundial por mais atenção para a felicidade e ausência de miséria, como critérios para a política do governo, além de analisar o estado de felicidade no mundo, mostrando como a nova ciência da felicidade explica variações pessoais e nacionais em felicidade. (ACTION FOR HAPPINESS, 2012). E a ONU não parou por aí. Em julho de 2012, a Assembleia Geral das Nações Unidas aprovou a Resolução 66/281, decretando que o Dia Internacional da Felicidade seria observado todos os anos no dia 20 de março. (DAY HAPPINESS, 2013).

E como uma consequência dessa iniciativa da ONU e em função de a felicidade ser considerada uma medida apropriada para medição do progresso social e como meta para as políticas públicas, foi publicado, em 2012, o primeiro *World Happiness Report* (Relatório Mundial de Felicidade), que se trata de um marco divisório de pesquisa sobre o estado da felicidade global. Com publicações em 2013 e 2104, neste ano (2016) foi publicado o quarto relatório que traz o *ranking* sobre os níveis de felicidade de 156 países. O relatório apresenta como medições sobre o bem-estar podem ser usadas efetivamente para igualmente avaliar o progresso dos países. E não é só isso: além de avaliar a situação da felicidade no mundo, demonstra ainda como a ciência sobre a felicidade explica as suas variações nas pessoas e nas nações. (WORLD HAPPINESS REPORT, 2016).

Para finalizar essas informações acerca do crescimento da relevância da felicidade, há poucos dias do fechamento deste livro, mais precisamente no dia 22 de abril de 2016, foi fundado o *The Lee Kum Sheug Center for Health and Happiness* na *The Harvard T.H. Chan School of Public Health*, com uma doação de 21 milhões de dólares, o qual permitirá um avanço científico significativo para o entendimento da correlação existente entre o bem-estar psicológico positivo, os ambientes sociais positivos e a saúde física. Apoiando a identificação de ativos e forças emocionais, sociais e psicológicas, que possam proteger contra algumas doenças e permitir às pessoas usufruir de vidas mais longas, mais felizes e mais saudáveis, o centro tem três propostas nos trabalhos a serem desenvolvidos: pesquisa científica básica (Pesquisa em Saúde Positiva e Índice de Bem-estar), pesquisa translacional e em comunicação (Projeto de Pesquisa de Comunicação) e Pesquisa de Intervenções (Projeto de Pesquisa em *Mindfulness*). (HARVARD T.H. CHAN, 2016).

Considerando esse aspecto dos benefícios da felicidade e do bem-estar agrega-se ainda o fato de que, segundo Stephan (2015), os seres humanos são motivados a preencher seu potencial em altos níveis, além de desejarem alcançar uma vida de prazer e significado, podendo a Psicologia Positiva, nesse sentido, favorecer da melhor forma essas aspirações de forma positiva.

> (...) os benefícios da felicidade somente justificam tamanho interesse se acompanhados, logicamente, da possibilidade de promoção de maior bem-estar, pois, como diz o ditado, "Felicidade não cai do céu".

Mas favorecer como?

Acrescenta-se que os benefícios da felicidade somente justificam tamanho interesse se acompanhados, logicamente, da possibilidade de promoção de maior bem-estar, pois, como diz o ditado, "Felicidade não cai do céu". E essa possibilidade a Psicologia Positiva oferece por meio de inúmeras intervenções, já testadas e com resultados comprovados de eficácia, no que tange à potencialização da felicidade.

Inúmeras pesquisas já foram realizadas sobre as chamadas "*positive psychology interventions*" (intervenções da psicologia positiva), que podem ser aplicadas em diversos contextos, de forma simples e rápida, sobre as quais dedicamos uma parte inteira deste livro com vários artigos para tratar dessa temática.

E atento a esse movimento da Psicologia Positiva, o público em geral, assim como muitas organizações, já se conscientizou da facilitação da aplicação dessas intervenções para o aumento da felicidade, tomando posse dos benefícios que podem obter para a melhoria de suas atividades, relações, resultados, saúde, realizações entre tantos outros. Um exemplo disso é o *assessment VIA Survey*[7] – o qual será abordado no capítulo de Ana Kruel - que permite a identificação das forças de caráter que, quando identificadas ou potencializadas, aumentam o bem-estar, e que já foi feito por números acima de 3.500.000 pessoas em quase 200 países.

Com isso, nos deparamos naquele tipo de jogo ganha x ganha, em que os indivíduos atendem a suas aspirações de uma vida mais feliz e significativa, as organizações obtêm maior efetividade de seus processos com resultados mais competitivos e inovadores e a sociedade amplia o seu nível de realização desenvolvendo-se de forma mais humana e plena.

Ao final deste livro, com certeza, você será mais uma dessas pessoas.

• Multidisciplinaridade

Outro aspecto que considero importante quanto ao interesse em torno da Psicologia Positiva é a sua multidisciplinaridade, a qual permite que suas temáticas sejam aplicadas em diversos contextos e por uma diversidade significativa de profissionais. Não restringindo a sua aplicabilidade apenas ao contexto da Psico-

---

7. PETERSON, C.; PARK, N. (2009). **Classifying and measuring strengths of character.** In S.J. Lopez & C.R. Snyder (Eds.), Oxford handbook of positive psychology, 2nd edition (pp. 25-33). New York: Oxford University Press. www.viacharacter.org
PETERSON, C.; Seligman, M.E.P. (2004). **Character strengths and virtues: A handbook and classification.** New York: Oxford University Press and Washington, DC: American Psychological Association. www.viacharacter.org

logia - abrindo um leque de possibilidades -, a demanda de interesse por profissionais de diversos segmentos amplia o seu campo de expansão.

E é possível perceber isso à medida que Seligman sempre viu, desde bem cedo, que a Psicologia Positiva era muito boa para ficar relegada a teorias acadêmicas arcanas. Um exemplo disso é que, como psicólogo clínico, Seligman era ansioso por achar meios para que as pessoas pudessem usar a Psicologia Positiva e, em função disso, visualizou no *Coaching* uma aplicação natural de suas temáticas. (BISWAS-DIENER, & DEAN, 2007). E como sabemos, com o crescimento do *Coaching* também em proporções amplas, a Psicologia Positiva vislumbra horizontes ainda maiores.

No artigo **Entendimento Necessário – Senso Comum, Multidisciplinaridade e Cientificidade em Psicologia Positiva** (CORRÊA, 2016), na Revista Make it Positive Magazine, publicada pelo Instituto de Psicologia Positiva e Comportamento – IPPC, destaco alguns pontos sobre esse aspecto que considero importante a indicação e os apresento aqui de forma reduzida. Essa multidisciplinaridade é notória no ***Psychology Network Concept Paper 1999 – Positive Psychology for a Network***, relatório do encontro Akumal I[8], onde se encontram inúmeras referências de diversas áreas do conhecimento humano, ao qual os estudiosos recorreram para conceber a Psicologia Positiva. O projeto ***Character Strengths and Virtues: A Handbook and Classification*** (PETERSON & SELIGMAN, 2004) é outro exemplo em que a multidisciplinaridade aparece ao analisar uma diversidade de fontes para compor suas definições e características, que incluíram diversas áreas do conhecimento humano. Além disso, numa pesquisa da *International Positive Psychology Association* – IPPA em 2014, sobre áreas profissionais de sua comunidade, verificou-se representatividade em áreas como: organizações, pesquisa, educação, *coaching*, saúde, terapia, além de fitness e bem-estar, políticas governamentais e tecnologia.

Toda essa abrangência em termos de área de aplicação faz com que a Psicologia Positiva cresça muita além das fronteiras da Psicologia e acabe por cativar públicos diversos, não apenas à procura dos benefícios de suas intervenções na aplicação na vida dos próprios indivíduos, mas como uma opção atraente de conduta de trabalho profissional, além de suscitar interesses de dimensões maiores em nível social e econômico, seja por meio de organizações, comunidades ou governos. Sem a multidisciplinaridade que está em suas bases, a Psicologia Positiva estaria imobilizada nas fronteiras da Psicologia e, provavelmente, não teria tido o crescimento que presenciamos em seus 18 anos de vida.

---

8. Em Akumal, foram realizados vários encontros de estudiosos no início da Psicologia Positiva para reflexões e discussões sobre seu arcabouço teórico, diretrizes e outros estudos.

• **Cientificidade**

Mais um aspecto de extrema importância é a cientificidade que embasa os estudos e as pesquisas do campo da Psicologia Positiva. Fazendo uma revisão na literatura, buscando conceituações acerca do que trata esse estudo, a cientificidade é sempre um indicativo de sua concepção.

Logo de início, é destacado que o carisma e as habilidades organizacionais de Seligman, com certeza, contribuíram significativamente para o crescimento do movimento da Psicologia Positiva. Contudo, um item muito importante foi que, embora Seligman reconhecesse que aplicações positivas eram extremamente necessárias, ele sempre enfatizou a necessidade quanto à fundamentação científica para este campo. (DIENER, 2011).

Sem a multidisciplinaridade que está em suas bases, a Psicologia Positiva estaria imobilizada nas fronteiras da Psicologia e, provavelmente, não teria tido o crescimento que presenciamos em seus 18 anos de vida.

Apesar de encontrarmos críticos que questionam alguns métodos científicos utilizados, a exemplo de pesquisas feitas pela internet como supostamente não convenientes, sobre o funcionamento humano positivo, realizadas por Seligman (TILLIER, 2012), a Psicologia Positiva é reconhecida por seus métodos científicos em suas pesquisas que apresentam como resultados *assessments*, escalas, intervenções, teorias entre outros temas.

Aproveitando a oportunidade, tendo apontado um tipo de crítica à Psicologia Positiva, é importante destacar que, desde a sua concepção, sobre muitos outros pontos recaem críticas sobre ela (LAZARUS, 2003; HELD, 2004; FERNÁNDEZ-RÍOS & CORNES, 2009; WONG, 2011; VAN ZYL, 2013), resvalando em muitos de seus estudiosos, mas, em grande quantidade, direcionadas a Martin Seligman. Algumas, inclusive, apontadas até mesmo como "difamatórias", como definido pelo próprio Seligman (2016), em resposta, por exemplo, a uma crítica bastante recente de Tamsin Shaw (2016) no artigo **The Psychologist Take Power**. Enriquecedoras e interessantes sobre essas críticas, para quem deseja refletir a fundo sobre a Psicologia Positiva, são as discussões geradas com a troca de réplicas e tréplicas entre os estudiosos envolvidos nessas, digamos assim, polêmicas em torno de seus temas.

Retomando nosso foco para a cientificidade. Um dos autores em cujo discurso pode-se identificar a força desse viés científico da Psicologia Positiva é Christopher Peterson (2013), que esclarece que esta não deve ser confundida com autoajuda não testada, com afirmações sem base, ou religião secular, não importando quão bem elas nos façam sentir. Afirma ainda que a Psicologia Positiva não é uma versão reciclada de pensamento positivo.

Quanto a essa observação sobre "autoajuda não testada" apontada por Peterson, é interessante destacar as reflexões que Shueller e Parks (2014) e Parks (2015), grandes estudiosos e pesquisadores no campo da Psicologia Positiva, em temas como bem-estar, felicidade, intervenções, psicoterapia positiva. Os autores apontam a disseminação do foco da autoajuda – voltada para o aumento da felicidade – sobre a aplicação das intervenções baseadas em evidências (por métodos científicos), desenvolvidas pela Psicologia Positiva, destacando inclusive sugestões de como o segmento da autoajuda, com esse uso, poderá dar suporte em contextos no mundo-real, multiplicando a aplicação dessas práticas. Uma ponte entre um campo muito amplo e que atrai grande público de leitores, com os critérios científicos da Psicologia Positiva.

Com essa mesma sintonia, já em 2008, Ben-Shahar afirma que a Psicologia Positiva com sua proposta voltada para o que há de bom nas pessoas e sobre a felicidade acaba ligando a "torre de marfim", o mundo acadêmico, com o rigor de artigos e publicações científicas, ao que as pessoas comuns buscam de uma maneira em geral. Contudo, destaca que isso pode acabar trazendo uma conotação de que esses especialistas de Psicologia Positiva estão, na verdade, apenas fazendo o que gurus de autoajuda já pregam. Mas isso é muito mais complexo e consubstanciado em padrões significativos de comprovação científica do que pode parecer. (BEN-SHARAR, 2008). O artigo de Shueller e Parks, já de 2014, pode trazer uma forma de conciliar os dois campos, favorecendo a meta de florescimento de 51% da população mundial para 2051 indicada por Seligman (2011). Encontrar uma forma séria e comprometida de união da Psicologia Positiva com o campo da autoajuda pode vir a possibilitar, quem sabe, o florescimento de um número ainda maior de pessoas. Que tal pensar numa pesquisa sobre isso no Brasil?

É bem verdade que, de alguma forma, as publicações de autoajuda acabaram chamando a atenção em diversos contextos. Esses se viram, de alguma forma, influenciados em seus estudos, por conta do interesse do público nessas publicações, que trazem "atalhos" e "fórmulas mágicas" para soluções de problemas ou de melhoria das circunstâncias de vida das pessoas.

Uma percepção semelhante sobre isso acabou também ocorrendo na área de estudo do comportamento organizacional, no que diz respeito às publicações milagrosas para o mundo empresarial ou industrial, que começaram a surgir nas

> *Encontrar uma forma séria e comprometida de união da Psicologia Positiva com o campo da autoajuda pode vir a possibilitar, quem sabe, o florescimento de um número ainda maior de pessoas. Que tal pensar numa pesquisa sobre isso no Brasil?*

livrarias, despertando o interesse de um público com um olhar mais voltado a aspectos positivos do mundo do trabalho.

Enquanto a área de comportamento organizacional se detinha em focar os aspectos mais "problemáticos" das organizações e de seus colaboradores, considerando que apenas essas vertentes trariam soluções e caminhos ao sucesso empresarial, Luthans e Churck (2002) verificaram que começaram a surgir literaturas que se tornaram *best-sellers* motivacionais populares – sem dados empiricamente validados, com exceção dos trabalhos desenvolvidos pela Gallup Inc. - que traziam uma conotação positiva para o ambiente organizacional, diferentemente do caminho que a academia estava traçando nesse estudo. (LUTHANS e CHURCK, 2002; LUTHANS, 2002). E assim, nesse ponto, surgiu a necessidade de ser erguida uma ponte entre o campo acadêmico do Comportamento Organizacional e os *best-sellers* populares sobre negócios. Percebeu-se que a condução de uma abordagem positiva, como a "popular", era essencial, mas precisava de uma condução mais teórica e científica, contrapondo-se à deficiência a olhos vistos dessas publicações. (LUTHANS e CHURCK, 2002; LUTHANS, 2002). E nesse momento, esses autores, ícones no tema até hoje, com base nas teorias e pesquisas da Psicologia Positiva, quanto ao olhar mais positivo sobre as pessoas e as organizações, começaram a construção do *Positive Organizational Behavior* – POB (Comportamento Organizacional Positivo) (LUTHANS, 2002) que, após o aprofundamento de novos estudos e pesquisas, gerou o *Positive Psychological Capital* – *PsyCap* (Capital Psicológico Positivo). (LUTHANS; LUTHANS; LUTHANS, 2004).

A atenção sobre o campo da autoajuda não para por aí. É de extrema importância que especialistas ou pretendentes a especialistas em Psicologia Positiva tenham de forma muito clara o entendimento sobre a linha, nada tênue, que separa a Psicologia Positiva da autoajuda, para que seja possível distingui-las de forma muito expressiva em seus contextos de trabalho, em salas de aula e em eventos de disseminação. Contudo, como já estamos percebendo, principalmente no trabalho de Parks (SHUELLER & PARKS, 2014; PARKS, 2015), é preciso mais unir que combater ou repudiar, tentando, com um olhar mais estratégico, identificar uma possível oportunidade para favorecer ainda mais a disseminação da Psicologia Positiva, mas sempre com atenção à sua essencial cientificidade no trato da felicidade e das qualidades humanas, que torna este movimento tão importante, sério e confiável.

Considerações finais

É essencial esclarecer que este capítulo termina, leitor, apenas para convidá-lo a dar continuidade à leitura de toda esta obra, não pretendendo em apenas poucas páginas oferecer informações que esgotem a sua curiosidade. Muito ao contrário, a intenção aqui é outra.

Se pudesse resumir a real intencionalidade dessas primeiras palavras, diria que a ideia é despertar em você o desejo de conhecer mais profundamente os temas dessa ciência do que fala por nós: a felicidade.

A pretensão é fazer com que desperte em você o desejo de compor esta multidão de pessoas que, genuinamente, intencionam favorecer a vida dos indivíduos e que identificam na Psicologia Positiva, um caminho sério, seguro e produtivo para isso.

Mais que isso ainda. A pretensão é fazer com que desperte em você o desejo de compor essa multidão de pessoas que, genuinamente, intencionam favorecer a vida dos indivíduos e que identificam na Psicologia Positiva, um caminho sério, seguro e produtivo para isso.

E, se você já faz parte dessa legião de apaixonados pela Psicologia Positiva, desejo que essas primeiras linhas o incentivem a desenvolver novos projetos que, como este livro, uma mais profissionais comprometidos com uma sociedade melhor e mais feliz, tendo a certeza de que com a Psicologia Positiva isso é possível; e, caso não seja totalmente, que já seja um passo dado à frente nessa trajetória.

Capítulo 2

Teorias da Psicologia Positiva

Andréa Perez Corrêa

Com a leitura do capítulo Introdução à Psicologia Positiva, já foi possível perceber que esse estudo, epistemologicamente, é permeado por arcabouços teóricos bem delineados e estruturados, considerando a preocupação com a credibilidade científica, suportada nas bases dos conhecimentos a que se reporta, conjugada aos métodos e aos resultados que pretende alcançar. Inclusive essa conduta é que diferencia a Psicologia Positiva de temáticas sem comprovações científicas e que acaba sendo um das "bandeiras" que garante a sua notoriedade.

> (...) o termo "teoria" permeia as descrições dos temas da Psicologia Positiva, mas não por ser um mero jargão, mas porque muitos deles apresentam um corpo, um conjunto de princípios fundamentais, que a partir de diversas hipóteses, verificadas de forma empírica, foram testadas como aplicáveis e generalizáveis.

Dessa forma, o termo "teoria" permeia as descrições dos temas da Psicologia Positiva, mas não por ser um mero jargão, mas porque muitos deles apresentam um corpo, um conjunto de princípios fundamentais, que a partir de diversas hipóteses, verificadas de forma empírica, foram testadas como aplicáveis e generalizáveis. Em algumas situações, como já vimos, inúmeras retaliações recaem sobre os "métodos científicos" que produzem tais teorias, o que gera críticas antagônicas em termos de fundamentos normativos sobre o que configura a produção do conhecimento.

Nesse campo, então, deparamo-nos com inúmeras teorias que permeiam a Psicologia Positiva, como a teoria da experiência de fluxo ou *flow* (CSIKSZENTMIHALYI, 1990), a teoria ampliar-e-construir (FREDRICKSON, 1998), a teoria da esperança (SNYDER, 2000), entre tantas outras.

Neste capítulo, serão apresentadas as duas teorias de Martin. E. P. Seligman: Felicidade Autêntica e Bem-Estar, devido à sua importância no contexto da Psicologia Positiva, sem absolutamente desconsiderar as demais em relevância, as quais estão contidas em diversos outros capítulos.

Ambas as teorias são facilmente compreensíveis e, aqui, serão apresentadas de forma que você as conheça em linhas gerais, pois a leitura das obras que as apresentam é indispensável a quem desejar começar seus estudos em Psicologia Positiva. Além disso, apesar de a segunda teoria ter substituído a primeira, a leitura de sua obra é essencial para o conhecimento mais aprofundado dos elementos já apresentados nesse momento, além de trazer inúmeras informações sobre a história e temas da Psicologia Positiva.

• Teoria da Felicidade Autêntica

Divulgada por meio da publicação do livro **Felicidade Autêntica – Usando a Psicologia Positiva para a Realização Permanente**, a teoria da Felicidade Autêntica foi apresentada ao público no ano de 2002, por Martin E. P. Seligman.

Com essa obra, o conceito de felicidade humana foi popularizado tanto no contexto acadêmico como entre as abordagens de autoajuda. (VAN ZYL, 2013). Quanto a sua ambiência na autoajuda, sirvo como testemunha, já que em "peregrinações" em livrarias fora do Brasil na busca de novos títulos pode-se constatar que realmente é uma publicação que ocupa as estantes de *self-help, self improvement, live your best life*, entre outras.

Toda a investigação nessa teoria concentra-se na felicidade que é feita por meio de três elementos:

- Emoções Positivas;

- Engajamento (*flow*); e

- Sentido (SELIGMAN, 2002; SELIGMAN, 2011).

Cada um desses três elementos, segundo o autor, escolhemos por eles mesmos e podem ser definidos e devidamente medidos. A partir deles, Seligman postula um modelo de quatro diferentes formas do que denomina de **"vida boa"** (*good life*) num *continuum*. Parte da que seria a mais simples para a forma mais complexa[1] que é construída com base nas três primeiras. (JORGENSEN & NAFSTAD, 2004).

O **primeiro elemento**, a **emoção positiva**, representa o que sentimos, a saber: prazer, entusiasmo, êxtase, calor, conforto e sensações afins. Uma vida conduzida com êxito acerca desse elemento é o que Seligman chama de **"vida agradável"** (*pleasant life*) (SELIGMAN, 2011).

Essas emoções positivas podem estar ligadas ao presente (prazeres físicos, prazeres maiores, como enlevo e conforto), ao passado (satisfação, contentamento, orgulho e serenidade) e ao futuro (otimismo, esperança, confiança e fé). O autor destaca que esses três sentidos de emoções são diferentes e não são necessariamente ligados. Embora o desejável seja ser feliz em todos os sentidos, nem sempre isso acontece. (SELIGMAN, 2009). Em resumo, para o autor, a vida agradável "é uma vida que consiga alcançar as emoções positivas do presente, do passado e do futuro". (SELIGMAN, 2009, p. 382).

É importante destacar que, em sua obra, Seligman (2009) faz uma distinção

---

1. Seligman postula as quatro formas de vida boa, tendo como ponto de partida o modelo de desenvolvimento contínuo de Aristóteles do mais simples para o mais complexo. (JORGENSEN & NAFSTAD, 2004).

sobre as emoções positivas do presente, dividindo-as em prazeres e gratificações. Os prazeres possíveis são os físicos (emoções positivas momentâneas originadas pelos sentidos) ou os maiores (que da mesma forma são momentâneos, mas promovidos por eventos mais complexos e mais aprendidos que os dos sentidos). Esses prazeres referem-se a esse primeiro elemento.

Já a segunda classe de emoções positivas do presente, as gratificações, geradas pelas atividades que gostamos de realizar, são aquelas que criam a experiência de fluxo, o qual compõe o segundo elemento.

Assim como acontece com o termo felicidade, considerado por Biswas-Diener e Dean (2007) como uma "taquigrafia linguística", de forma semelhante acho que acaba ocorrendo o mesmo com as emoções positivas, o que traz dúvidas à compreensão deste elemento nas duas teorias, contrapondo-se aos demais elementos.

Estou atribuindo certa atenção a esse ponto, pois a minha vivência em sala de aula fez com que eu me deparasse com muitas dúvidas dos alunos sobre as "emoções positivas". Com total pertinência, muitos alunos confundem-se ao tentar entender os três elementos da teoria Felicidade Autêntica, como também os cinco da teoria do Bem-Estar, pois alegam que, a partir de todos eles, sentem emoções positivas quando ocorrem; até mesmo o elemento "realização" da Teoria do Bem-Estar, sobre o qual Seligman afirma que você pode vivenciar com ou sem emoção. Em práticas em sala de aula, quando incentivados a identificar em suas vidas, quais são as circunstâncias, atividades, emoções ou momentos em que podem identificar os elementos, no caso da segunda teoria, a do Bem-Estar, isso sempre ocorre. Dessa forma, é muito importante, e diria que essencial, compreender, com muita clareza, a que cada elemento realmente se refere, para não incorrermos em interpretações equivocadas. Assim como acontece com o termo felicidade, considerado por Biswas-Diener e Dean (2007) como uma "taquigrafia linguística", de forma semelhante acho que acaba ocorrendo o mesmo com as emoções positivas, o que traz dúvidas à compreensão deste elemento nas duas teorias, contrapondo-se aos demais elementos. O público em geral o utiliza para ilustrar diversas experiências, cabendo a nós, como especialistas na área, esclarecer as devidas diferenças no que diz respeito à teoria, o que é cada elemento, concordando ou não. Mas vamos ao segundo elemento.

O **segundo elemento, o engajamento**, está ligado a uma posição de entrega: entregar-se completamente sem se dar conta do tempo transcorrido, e ocorre quando se perde a consciência de si mesmo numa atividade envolvente. Seligman (2011) afirma que no engajamento é como se nos fundíssemos com o objeto.

Para esse engajamento, é essencial utilizarmos nossos talentos e forças pessoais e, diante disso, ele sugere identificarmos quais são eles para podermos viver mais momentos de engajamento. As pessoas que vivem com esse objetivo têm o que o autor chama de "**vida engajada**[2]" (*good life*). (SELIGMAN, 2011).

Enquanto no primeiro elemento as emoções positivas são momentâneas e são sentimentos subjetivos, neste segundo elemento do *flow*, o julgamento não é meramente subjetivo, incluindo aqui a noção de felicidade com a ideia de vida autêntica, na qual a autenticidade descreve o ato de obter gratificação. (SELIGMAN, 2009).

O **terceiro elemento, o sentido**, significa que é essencial vivermos com sentido e propósito com vistas a pertencer e servir a algo maior que nós mesmos. Através de algumas instituições criadas pela humanidade pode-se vivenciar isso: a religião, o partido político, a família, o movimento ecológico, entre outros. (SELIGMAN, 2011). Nesse sentido, Seligman (2009) define a "**vida significativa**" (*meaningful life*) que considera como a "utilização das suas forças e virtudes pessoais a serviço de algo maior". (SELIGMAN, 2009, p. 384).

Indo além, Seligman (2009) define a "**vida plena**" (*full life*) que "consiste em experimentar as emoções positivas acerca do passado e do futuro, saboreando os sentimentos que vêm dos prazeres, buscando gratificação abundante no exercício das forças pessoais e aproveitando essas forças a serviço de algo maior para obter significado". (SELIGMAN, 2009, p. 384).

Nessa teoria, o objetivo da Psicologia Positiva é aumentar a quantidade de felicidade na vida das pessoas e do planeta e o padrão de mensuração é a satisfação com a vida que é feita a partir de um relato subjetivo e, dessa forma, o seu objetivo é aumentar essa satisfação. (SELIGMAN, 2011).

O quadro a seguir resume e finaliza este item sobre a Teoria da Felicidade Autêntica.

---
2. Seligman (2009) também usa para este caso o termo vida boa.

TEMA	Felicidade
ELEMENTOS	Emoção positiva
	Engajamento
	Sentido
OBJETIVO	Aumentar a Satisfação com a Vida
PADRÃO DE MENSURAÇÃO	Satisfação com a Vida

(SELIGMAN, 2009)

• Da Teoria da Felicidade Autêntica para a Teoria do Bem-Estar

Segundo Van Zyl (2013), considerando o período entre 2002 (data da publicação da obra Felicidade Autêntica) e o ano de 2013, foram produzidos mais de 7.600 artigos acadêmicos sobre a conceituação apresentada por Seligman na obra. Contudo, o autor também destaca que muitas críticas foram feitas tanto por profissionais como por pesquisadores, apontando autores como Sheldon, Kashdan e Steger (2011) e Van Zyl e Rothmann (2012).

Supostamente em resposta a algumas dessas críticas, a teoria da Felicidade Autêntica sofreu reformulação depois de 2002, passando por mudanças, e culminou na segunda teoria de Seligman, publicada em 2011, denominada Teoria do Bem-Estar.

No cerne de algumas críticas, encontra-se a argumentação de que uma felicidade duradoura não pode ser atingida apenas focando-se em paradigmas filosóficos (WONG, 2011), além de considerarem que intervenções estruturadas com base na sua abordagem não teriam sustentação (VAN ZYL & DU TOIT, 2013).

Supostamente em resposta a algumas dessas críticas, a Teoria da Felicidade Autêntica sofreu reformulação depois de 2002, passando por mudanças, e culminou na segunda teoria de Seligman, publicada em 2011, denominada Teoria do Bem-Estar.

Nessa transição de uma teoria a outra, Seligman (2011) identificou três deficiências na primeira teoria:

1) Conotação popular da felicidade entrelaçada com um estado de boa disposição. Apontando que a emoção positiva é o sentido mais básico da felicidade, afirma que o engajamento e o sentido não se referem a como nos sentimos, não podendo fazer parte do que chamamos de felicidade;

2) A satisfação com a vida ocupa um lugar privilegiado na mensuração da felicidade, pois sua avaliação não considera os elementos do engajamento e do sentido, à medida que avalia essencialmente o humor; e

3) Os três elementos não esgotam tudo que as pessoas escolhem por elas próprias.

Outro ponto interessante que diferencia as teorias é que a primeira é "uma tentativa de explicar uma coisa real – a felicidade – definida pela satisfação com a vida" e a segunda "nega que o tema da Psicologia Positiva seja uma coisa real", apontando que ele é "um construto – o bem-estar – que tem vários elementos que podem ser mensuráveis". (SELIGMAN, 2011, p. 25).

Além disso, as forças de caráter – tema de extrema importância no campo da Psicologia Positiva que na Felicidade Autêntica são consideradas como suporte no elemento do engajamento - ganham uma importância mais ampla na Teoria do Bem-Estar, já que Seligman (2011) sugere que elas sustentam os seus cinco elementos.

- Teoria do Bem-Estar

A Teoria do Bem-Estar foi divulgada no ano de 2011, com a publicação do livro: **Florescer (*Flourish*) – Uma nova Compreensão sobre a Natureza da Felicidade e do Bem-Estar,** de Martin E. P. Seligman.

Comparando essa obra à que apresenta a teoria da Felicidade Autêntica percebe-se, nesta, apreciações mais diversificadas sobre diversos projetos e iniciativas em Psicologia Positiva, reservando apenas os três primeiros capítulos a consubstanciar a sua nova teoria, e, por isso, indicamos no início do capítulo a leitura de ambas as obras.

Diferentemente do tema **felicidade**, foco de sua primeira teoria, na **Teoria do Bem-Estar**, o tema passou a ser o bem-estar (SELIGMAN, 2011) e esse é considerado um construto, sendo composto por diversos elementos, todos eles mensuráveis. Cada um desses elementos é real e contribui para o bem-estar, mas não o define. (SELIGMAN, 2011). O autor utiliza a sigla **PERMA**, formada pelas iniciais dos nomes dos cinco elementos:

Elementos da Teoria do Bem-Estar	
P	Positive Emotion (Emoção Positiva)
E	Engagement (Engajamento)
R	Relationships (Relacionamentos)
M	Meaning (Significado)
A	Accomplishiment (Realização)

Adaptado do livro **Florescer – Uma nova Compreensão sobre a Natureza da Felicidade e do Bem-Estar**, de Martin E. P. Seligman, de 2011

Segundo Seligman (2011):

> A Teoria do Bem-Estar é essencialmente uma teoria de livre escolha e seus cinco elementos abrangem atividades/situações que as pessoas livres escolherão pelas coisas em si mesmas. (SELIGMAN, 2011, p. 26).

Cada elemento do bem-estar deve possuir as seguintes propriedades:

Contribuição para a formação do bem-estar
Os indivíduos buscam pelo próprio elemento, e não apenas para obter algum dos outros quatro
Define-se e pode ser mensurado independentemente dos outros elementos (exclusividade)

(SELIGMAN, 2011)

O **primeiro elemento, a emoção positiva**, também é a pedra angular, mas há duas mudanças: "a felicidade e a satisfação com a vida, como medidas subjetivas, deixam de ser o objetivo de toda a teoria para ser apenas um dos fatores incluídos sob o elemento da emoção positiva". (SELIGMAN, 2011, p. 27).

O **segundo elemento, o engajamento**, continua a ser avaliado e mensurado subjetivamente. Esse elemento gera um estado que só pode ser avaliado de forma retrospectiva e, quando ocorre, o pensamento e o sentimento estão ausentes.

O **terceiro elemento, o sentido**, da mesma forma, foi mantido nesta teoria e significa servir ou pertencer a algo que se acredita ser maior que o Eu.

O **quarto elemento, a realização**, que é buscada por ela própria, é um elemento que não existia na anterior. Consiste em perseguir o sucesso, a vitória, a conquista e o domínio por eles mesmos, ainda que não gere emoção positiva, sentido ou relacionamentos positivos. Seligman (2011) menciona o termo "**vida**

realizadora" na forma ampliada da realização. O acréscimo desse elemento foi feito para melhor descrever o que as pessoas decidem fazer apenas por fazer.

O **quinto elemento, os relacionamentos**, refere-se ao fato de que as "outras pessoas são o melhor antídoto para os momentos ruins da vida e a fórmula mais confiável de bons momentos". (SELIGMAN, 2011, p. 31).

Cada um dos elementos da **Teoria de Bem-Estar** apresenta uma gama significativa de temas, abordagens e estudos. Similarmente à Teoria da Felicidade Autêntica, essa teoria engloba diversos segmentos de atuação efetiva da Psicologia Positiva e já são várias as pesquisas que legitimam as suas afirmações. (SELIGMAN, 2011).

O quadro a seguir resume este item sobre a Teoria do Bem-Estar.

Teoria do Bem-Estar

TEMA	Bem-estar
ELEMENTOS	Emoção positiva
	Engajamento
	Sentido
	Relacionamentos Positivos
	Realização
OBJETIVO	Aumentar o florescimento pelo aumento da emoção positiva, do sentido, dos relacionamentos positivos e da realização.
PADRÃO DE MENSURAÇÃO	Emoção Positiva
	Engajamento
	Sentido
	Realização
	Relacionamentos Positivos

(SELIGMAN, 2011)

A publicação de Florescer teve uma repercussão imensa e talvez possa ter sido por conta de ser considerada como uma reformulação "exigida", diante das críticas recebidas na primeira teoria.

Para alguns, a exemplo de Van Zyl (2013), a breve apresentação teórica nos três primeiros capítulos da obra acaba por fornecer uma visão muito rasa de sua nova teoria e dos resultados previstos, destacando que: "pouca evidência teórica e empírica é fornecida para comprovação da nova teoria proposta de bem-estar". Em um tom mais crítico ainda, o autor afirma que "Florescer é uma decepção como um manuscrito acadêmico e como um livro *pop* de psicologia", por não trazer contribuições para o corpo de conhecimento sobre o florescimento das pessoas e também por não fornecer uma visão compreensível do conceito. Só você lendo e analisando para tirar suas próprias conclusões, o que é sempre mais pertinente.

A publicação de Florescer teve uma repercussão imensa e talvez possa ter sido por conta de ser considerada como uma reformulação "exigida", diante das críticas recebidas na primeira teoria.

Agora que chegamos ao final da **Parte – Conhecendo a Psicologia Positiva**, aproveite a leitura dos capítulos mais específicos sobre seus temas.

PARTE II

Cenários da Psicologia Positiva

Andréa Perez Corrêa

Em qualquer campo da ciência ou do conhecimento humano, as mudanças e desdobramentos são essenciais e inevitáveis, para que surjam novas temáticas e vertentes, ampliando as dimensões de suas fronteiras.

Com a Psicologia Positiva isso também ocorre. E, a cada momento, e de formas muitas vezes diversificadas em lugares diferentes do mundo, a situação de seu desenvolvimento e a percepção disso por estudiosos podem ser distintas.

Diante disso, neste livro, estamos tendo a oportunidade de trazer ao leitor a percepção e as reflexões de visões de cinco grandes estudiosos da Psicologia Positiva de lugares diferentes do mundo.

Nesta **Parte 2 – Cenários da Psicologia Positiva**, essa análise começa pelo Brasil com Claudio S. Hutz e Juliana C. Pacico, respectivamente, Presidente e Secretária da Associação Brasileira de Psicologia Positiva – ABP+. No capítulo seguinte, vamos um pouco mais longe com o Chile, nas reflexões de Andrés Cabezas Corcione[1], Presidente da Associação Chilena de Psicologia Positiva. E, ao final, chegamos a Portugal, com Helena Águeda Marujo e Luis Miguel Neto, ambos membros do *Board of Directors* da *International Positive Psychology Association* – IPPA, e coordenadores do *Executive Master* em Psicologia Positiva Aplicada da Universidade de Lisboa.

Conheça e desfrute de suas visões e reflexões sobre o que destacam do cenário da Psicologia Positiva no momento.

---

1. O texto de Andrés Cabezas Corcione é publicado, nesta obra, em espanhol, além do português, em consideração ao seu público de leitores de língua espanhola.

Capítulo 3

Psicologia Positiva: Avanços de uma Nova Abordagem

Claudio S. Hutz e
Juliana C. Pacico

A Psicologia Positiva cresceu muito no Brasil, especialmente nos últimos anos. O objetivo deste capítulo é apresentar sucintamente como ela surgiu, seus objetivos, a trajetória nacional, entidades e eventos que visam promovê-la.

Psicologia Positiva (PP) é uma abordagem que estuda as condições e os processos que contribuem para o funcionamento ótimo de pessoas, grupos e instituições. (GABLE & HAIDT, 2005). O conhecimento nessa área é baseado em estudos, pesquisas e não simplesmente na experiência pessoal de um caso único. Não se deve, portanto, confundir PP com autoajuda.

Origens da Psicologia Positiva

Historicamente, a Psicologia tem se dedicado mais ao estudo de patologias e seu tratamento do que às forças e potencialidades humanas. Embora as pesquisas ligadas ao adoecimento sejam uma linha de estudo legítima e importante, outra parte igualmente essencial do que deveria ser considerado pelos psicólogos recebeu pouca atenção. Se patologias e aspectos saudáveis forem considerados como pratos de uma balança, por muito tempo houve um desequilíbrio entre eles, pendendo para o lado da patologia. Possivelmente, isso se deva a aspectos históricos, como as guerras mundiais que levaram à necessidade de tratar pessoas com transtornos associados às terríveis vivências que tiveram. Também é preciso considerar que a Psicologia por muito tempo se baseou no modelo médico, o que influenciou na ênfase em diagnosticar e tratar transtornos.

Maslow (1954) foi o primeiro a utilizar o termo "psicologia positiva" no capítulo **Toward a Positive Psychology** no livro **Motivation and Personality**. Nesse capítulo, Maslow afirmou que a Psicologia havia se limitado voluntariamente a apenas metade de sua jurisdição legítima, a parte mais escura e fraca, e sugeriu a necessidade de examinar aspectos saudáveis para se ter uma visão mais completa do ser humano.

Nos anos seguintes, surgiram algumas tentativas de responder à demanda crescente por dar solução às limitações impostas pelo modelo centrado na doença. Essas tentativas levaram Maslow a retirar o capítulo sobre Psicologia Positiva da terceira edição do livro (1970). Ele justificou essa retirada em função da significativa mudança no cenário da Psicologia. Naquela época, havia uma forte efervescência por buscar um modelo em Psicologia que permitisse uma visão mais completa do ser humano, considerando também o estudo dos aspectos saudáveis. A Psicologia Humanista é um exemplo das tentativas que antecederam a emergência da PP.

Seligman e Csikszentmihalyi (2000) afirmaram que a Psicologia Humanista não poderia ser predecessora da PP por ter pouca base científica e não ter gerado tradição de pesquisa. Taylor (2001) refuta tais argumentos e demonstra que a Psicologia Humanista tem base científica e gerou tradição em pesquisa que pode ser descrita desde William James.

Outros autores, como Froh (2004), esclarecem a conexão. Froh (2004) sugere que a profunda insatisfação com o modelo baseado na doença gerou a busca por preencher as lacunas existentes. A Psicologia Humanista parece ter sido uma das primeiras tentativas. Segundo ele, psicólogos humanistas sustentavam a ideia de que as pessoas têm a tendência natural de buscar crescimento e desenvolvimento. Assim, Psicologia deveria incluir fenômenos positivos como amor, coragem e felicidade. Esse modo de pensar levou psicólogos a se afastarem da visão tradicional, colocando a Psicologia Humanista em contraposição com a Psicanálise e o Behaviorismo. A visão desses psicólogos sobre o ser humano é de que a pessoa é mais que a soma das partes e apenas pode ser estudada e entendida adequadamente como um todo. Essa é a mesma visão da PP: a que traz o equilíbrio e dá igual importância aos aspectos relacionados às doenças e os referentes às potencialidades. (PACICO & BASTIANELLO, 2014).

Embora alguns autores atribuam o surgimento da PP a Seligman (CHRISTOPHER, RICHARDSON & SLIFE, 2008) é inegável que ela surgiu antes e também veio em resposta ao anseio de visualizar a totalidade dos aspectos psicológicos humanos. E isso é o que a relaciona com a Psicologia Humanista e Existencialista, ou seja, a busca por uma visão equilibrada de aspectos psicológicos humanos, ampliando o modelo para que inclua também características saudáveis. (FROH, 2004, TAYLOR, 2001; RICH, 2001). A publicação de Seligman e Csikszentmihalyi (2000) na *American Psychologist* mostrou que já havia ampla produção na área há algum tempo (citam 15 artigos). Essa produção foi organizada na edição especial sob o nome cunhado por Maslow nos anos 50. Assim, o que aconteceu no final da década de 90 foi o aumento da visibilidade de uma abordagem que havia já há muito florescido. Essa visibilidade deu-se em função de Seligman ser presidente da *American Psychological Association*. A produção em PP já acontecia também em outros países na década de 90. No Brasil, por exemplo, Hutz, Koller e Bandeira publicaram o primeiro artigo em PP, intitulado **Resiliência e vulnerabilidade em crianças em situação de risco**, no ano de 1996.

O Contexto Brasileiro

A pesquisa em PP no Brasil tem crescido consideravelmente. O aumento do número de artigos, livros e capítulos mostra o avanço da área. Em 2013, o índice BVS Psi[1] (www.bvs-psi.org.br) apontava 14 artigos em revistas científicas, cinco teses e um livro contendo "psicologia positiva" como termo-chave. (PACICO & BASTIANELLO, 2014). Em janeiro de 2016, a mesma busca gerou 29 artigos. Há muitas produções não identificadas nessas buscas, pois foram publicadas em revistas internacionais ou estão em processo editorial.

Outras revisões sistemáticas também mostram o crescimento da área. (REPPOLD, GURGEL & SCHIAVON, 2015). Os autores dão uma visão qualitativa dos estudos que estão sendo realizados, dividindo-os em quatro grandes categorias. A primeira são estudos teóricos em bem-estar. (*e.g.*, SCORSOLINI-COMIN *et al.*, 2013; PASSARELI & SILVA, 2007; NERI, 2002). Na categoria de estudos transversais, são identificadas dissertações predominantemente sobre bem-estar e resiliência. (*e.g.*, GOTTARDO, 2012; PIERONI, 2012). Já em estudos psicométricos, destacam-se artigos sobre esperança, otimismo e bem-estar. (PACICO, BASTIANELLO, ZANON, REPPOLD & HUTZ, 2013; PACICO *et al.*, 2011, CASAS *et al.*, 2012). E, em estudos qualitativos, há um volume maior de teses e dissertações. (ROCHA, 2011; KLEIN, 2011; GOMES, 2012; SEIBEL, 2012). É preciso considerar que muitas teses e dissertações demoram a ser publicadas. Portanto, muito do que está sendo produzido ainda não aparece nas revisões sistemáticas. Há uma defasagem entre o que foi publicado e o que está sendo feito, o que sugere que a produção na área é maior do que temos notícia.

Além disso, as ferramentas de busca por vezes não fornecem resultados precisos, ou a escolha de palavras-chaves feita pelos autores é específica e assim o trabalho não é localizado por palavras-chaves mais gerais. Por isso, artigos importantes relacionados a construtos como, por exemplo, sentido e satisfação de vida, felicidade e engajamento no trabalho, forças, autoestima, afetos, resiliência, qualidade de vida (DAMÁSIO, MELO, & SILVA, 2013; ZANON, BARDAGI, LAYOUS, & HUTZ, 2013; SILVA, & TOLFO 2012; VAZQUEZ, MAGNAN, PACICO, HUTZ, & SCHAUFELI, 2015; NORONHA, DELLAZANNA-ZANON, & ZANON, 2015; SBICIGO, BANDEIRA, & DEL'AGLIO, 2010; HUTZ, & ZANON, 2011, ZANON, BASTIANELLO, PACICO, & HUTZ, 2013; SEGABINAZI *et al.*, 2012; REPPOLD, MAYER, ALMEIDA, & HUTZ, 2012; FLECK, LOUZADA, XAVIER, CHACHAMOVICH, VIEIRA, SANTOS, & PINZON, 2000, HUTZ, MIDGETT, PACICO, BASTIANELLO, & ZA-

---

1. BVS Psi (Biblioteca virtual em saúde – Psicologia) provê acesso a publicações, nacionais e internacionais, na área da Psicologia.

NON, 2014), entre muitos outros, acabam por não ser incluídos em buscas. Isso leva a concluir que, provavelmente, a produção científica na área é bem maior que o que podemos perceber através de buscas por termos gerais.

Outra importante forma de divulgação das pesquisas tem sido a produção de livros em Psicologia Positiva. Há várias traduções de publicações internacionais, como o livro **Psicologia Positiva - Uma abordagem científica e prática das qualidades humanas** (SNYDER, & LOPEZ, 2009), **A Descoberta do Fluxo** de Csikszentmihalyi (1999), entre outros. Outras publicações destacam a importância da América Latina. Nesse contexto, existem vários artigos, capítulos e livros sobre o avanço da Psicologia Positiva e a produção de pesquisas e intervenções decorrentes de estudos. Como exemplo, é possível citar o artigo de Castro-Solano e Lupano-Peruguini (2013) que relata os progressos da pesquisa e aplicação da Psicologia Positiva. Embora as origens da Psicologia Positiva no Brasil sejam parcialmente relatadas, o artigo traz uma visão geral de como a área tem prosperado principalmente nos últimos anos. O livro *Positive Psychology in America Latina* (CASTRO-SOLANO, 2014) também faz considerações acerca do desenvolvimento dessa abordagem. Autores de diferentes países da America Latina escreveram capítulos em sua área de interesse e pesquisa. Há também livros nacionais, em geral, divulgando resultados de estudos feitos por pesquisadores do país com participantes brasileiros, como, por exemplo, o livro **Avaliação em Psicologia Positiva** (HUTZ, 2014), que traz instrumentos para avaliação dos construtos da Psicologia Positiva no Brasil e normas para interpretação dos resultados com participantes brasileiros. Ou, ainda, os livros **Resiliência e Psicologia Positiva** (DELL'AGLIO, KOLLER & YUNES, 2011) e **Psicologia Positiva: teoria, pesquisa e intervenção** (SEIBEL, POLETTO, & KOLLER, 2016), que também abordam o contexto brasileiro mais especificamente.

Outras publicações mostram o desenvolvimento da Psicologia Positiva na América Latina. Há vários artigos, capítulos e livros sobre pesquisas e intervenções decorrentes dos estudos em Psicologia Positiva. (e.g., CASTRO-SOLANO & LUPANO-PERUGUINI, 2013; CASTRO-SOLANO, 2014). A quantidade de material é tão volumosa que não é possível listar todos aqui. Um recurso útil para localizar essas publicações é a Biblioteca Positiva, organizada por Andréa Perez (http://on.fb.me/1Mejd8T), onde podem ser encontradas resenhas críticas sobre publicações nacionais e internacionais somente sobre Psicologia Positiva.

No Brasil, a produção em Psicologia Positiva tem características acadêmicas fortes. Existem várias universidades (UFRGS, UFCSPA, USF, PUC-Camp, UFPA,

UFRJ, UFSC, entre outras) com grupos de professores que coordenam pesquisas em PP. Professores dessas universidades criaram o grupo de trabalho em Psicologia Positiva e criatividade na Associação Nacional de Pesquisa e Pós-graduação em Psicologia (ANPEPP) com o objetivo de desenvolver redes nacionais e internacionais de pesquisa na área. Em 2015, membros desse GT lançaram um volume especial na revista Psico-USF com nove artigos relacionados ao tema.

A organização do campo no País pode ser observada através da formação de associações científicas. Atualmente, destacam-se a Associação de Psicologia Positiva da América Latina – APPAL, criada em 2010 e presidida por Marco Callegaro, e a Associação Brasileira de Psicologia Positiva – ABP+. A ABP+, criada em 2013 e presidida por Claudio Hutz, também realiza eventos, ao lado do Psi+, que, em 2015, realizou o II Simpósio Latino-Americano de Psicologia Positiva. A primeira diretoria da ABP+ realizou o I Congresso Brasileiro em Psicologia Positiva, em 2014 em Porto Alegre-RS, com mais de 400 participantes de todo o País. O II Congresso Brasileiro em PP será em São Paulo em junho de 2016. O site da ABP+ (www.abp-positiva.org) disponibiliza artigos, capítulos de livro e apresentações dos seus congressos para associados.

O Instituto de Psicologia Positiva e Comportamento – IPPC e o Instituto Brasileiro de Psicologia Positiva – IBRPP também colaboram para a difusão dessa abordagem no Brasil, promovendo cursos, palestras e consultorias. Considerando o crescimento de entidades que apoiam e divulgam o conhecimento nesse campo, é possível concluir que a Psicologia Positiva está em ascensão no Brasil. Não apenas as pesquisas e entidades de apoio têm aumentado, mas também as aplicações são mais numerosas e com diversos focos.

Existem outros indicadores do crescimento da Psicologia Positiva no Brasil, como o número de cursos de especialização e extensão. Vários formatos estão sendo oferecidos para aquisição de conhecimento na área, desde cursos formais, reconhecidos pelo Ministério da Educação e que conferem certificado de especialista, como também aqueles oferecidos com menor carga horária ou à distância. Uma enorme variedade de cursos de *Coaching* também podem ser encontrados, além de palestras e seminários. É compreensível essa ampla proliferação da área e popularidade. Entretanto, é preciso atenção, principalmente das pessoas envolvidas em propagar a Psicologia Positiva, de que os princípios básicos estão sendo transmitidos. A Psicologia Positiva, como nova abordagem, tem apelo principalmente científico (SNYDER & LOPEZ, 2009, LINLEY, HARRIN-

GTON & WOOD, 2006) e é essencial para o seu progresso e sucesso que essas características sejam preservadas, já que é através dos resultados cientificamente obtidos que se pode mensurar o impacto das diferentes características positivas nos indivíduos, instituições e sociedade.

Outros indicadores poderiam ser utilizados para relatar os avanços e o progresso da PP no Brasil. Entretanto, este capítulo apenas inicia a discussão e o relato desses tópicos. É preciso continuar descrevendo o que está sendo feito, e aprofundar, por área, a discussão. A rapidez do avanço provavelmente facilitará a discussão em futuras edições nas quais se terá oportunidade de atualizar a descrição apresentada.

Capítulo 4

Os Desafios da Psicologia Positiva no Continente mais Feliz do Mundo: Por que Replicamos Modelos de um Continente que é menos Feliz que o Nosso?

Andrés Cabezas Corcione

Surgimento da Psicologia Positiva: do desamparo aprendido ao florescer

A Psicologia, como ciência factual, tem reivindicado, durante muitos anos, conhecer e prever o funcionamento psíquico e suas manifestações afetivas e comportamentais e, sem dúvida nenhuma, desde os primeiros experimentos realizados em Leipzig, na Alemanha, até hoje, gerou um frutífero avanço, sobretudo a respeito de intervenções clínicas específicas. Epistemologicamente, a Psicologia avançou na separação das visões dualistas sobre as quais divagou Descartes, para realizar uma inversão pragmática, aproximando-se das propostas surgidas em alguns empiristas ingleses, os quais postulavam que a produção do conhecimento científico deveria originar-se distanciada do filosófico e do metafísico, aproximando o objeto de estudo e os métodos da sua apreensão do questionamento empírico, o qual afirma que todo conhecimento científico deve ser baseado na evidência e posteriormente ser comprovado mediante a experiência. (SERRONI-COPELLO, 2012). Desse modo, a Psicologia reivindica para si o objetivo de estabelecer dimensões nosológicas e etiopatogênicas mais exatas, operacionalizando constructos tais como a depressão, a esquizofrenia, o alcoolismo e traumas dentro de categorias diagnósticas precisas e dignas de serem exploradas no seu tratamento, um trabalho que tem sido, há alguns anos, bem realizado, podendo compreender as causas genéticas, bioquímicas e psíquicas dos transtornos sinalizados anteriormente. Seligman, no ano de 2002, defende que existem tratamentos eficazes para, ao menos, 14 dos principais transtornos mentais, bem como remissão sintomática total do transtorno depressivo mais grave e a distimia sendo a magnitude do processo psicoterapêutico de igual eficácia e eficiência nos testes clínicos bem feitos – do que no tratamento farmacológico.

Pode-se considerar paradoxal apontar que Seligman, Rosenhan e Walkeren, em 1984, publicam o livro **Psicologia Anormal**, o qual reúne centenas de aproximações teóricas designadas ao tratamento de cada transtorno mental, estabelecendo uma interação visionária entre fatores psicológicos e biológicos. Tudo isso um ano depois da primeira edição do livro **Terapia Cognitiva para a Depressão** (1983), no qual Beck já cunha seu constructo da depressão, operacionalizando-o e comprovando a eficácia de seu tratamento com base na evidência, esclarecendo que ambos os desenvolvimentos na área clínica surgem a partir de pesquisas realizadas nos laboratórios pertencentes à Universidade da Pensilvânia.

Resulta necessário esclarecer que, ao realizar uma busca sistemática nos artigos de revisão bibliográfica que tratam do desenvolvimento da Psicologia Positiva, somente encontramos dois momentos-chave nos quais nasce e começa a se desenvolver a Psicologia Positiva, a saber: a) ao *life event* vivido por Seligman quando sua filha o questiona a respeito do seu mau humor, gerando uma introspecção que desencadeia uma postura diferente, evidenciada em b) seu discurso inaugural como presidente da APA no ano de 2000.

Ao realizar uma análise dos estudos científicos que precedem e subjazem este modelo recente, ressalta-se o experimento conduzido por Seligman em 1975, que deriva da operacionalização do constructo cunhado como desamparo, o qual foi traduzido para o japonês, alemão, português, espanhol, e holandês, vertendo, cinco anos mais tarde, para o **Human Helplessness: Theory and Application** (1980), seguido pelo livro **Abnormal Psychology** no ano de 1984. Não foi, claramente, apenas com esses estudos que se avançou; no entanto, estes permitiram pavimentar um vasto campo teórico por meio de testes clínicos que contribuíram com informações sobre quais variáveis estavam relacionadas com a depressão e a infelicidade. Um ano mais tarde, inicia-se uma das grandes contribuições dessa disciplina, ao reivindicar como objetivo determinar um modelo explicativo sobre a depressão denominado CAVE (*Content Analysis of Verbatim Explanations*), o qual teve caminho profícuo e consagrado seguido por Seligman e outros colaboradores (PETERSON, LYUBOMIRSKY & SELIGMAN, 1983; PETERSON, BETTES & SELIGMAN, 1985; SELIGMAN, 1987; KAMEN & SELIGMAN, 1987; SELIGMAN, KAMEN & NOLEN-HOEKSEMA, 1998; PETERSON, SELIGMAN & VAILLANT, 1988; SCHULMAN, CASTELLÓN & SELIGMAN, 1989; SELIGMAN, PETERSON, SCHULMAN & CASTELLÓN, 1992). A partir dos resultados expostos, conseguiu-se determinar a relação que existia entre o estilo atributivo pessimista e otimista na etiologia endógena – cognitiva – da depressão. Mediante isso, os estudos de otimismo recobraram força a partir da ciência, colocando-se como modelo preventivo diante dos transtornos de humor, sendo publicado no ano de 1990 por Seligman sob o título de **Learned Optimism**. Não obstante, o mesmo autor reivindica ser necessário não desmerecer todos os aportes de *background* da terceira força, presididos principalmente por Maslow (1982), Rogers (1997) e Fromm (2007), os quais, na sua prática clínica, posicionavam a felicidade e o florescimento humano acima de todas as coisas, as quais foram perdendo força ao não estarem deliberadas empiricamente (sua intervenção clínica), uma situação distante daquela que renasce nas pesquisas dirigidas pela Faculdade de Psicologia da Universidade da Pensilvânia e que se estende no ano de 2000, quando Seligman aproveita o discurso como presidente eleito da APA para esclarecer a relevância de conduzir esforços científicos na ciência do bem-estar, materializado na publicação do mesmo ano no *American Psychologist*.

A bibliografia compartilha, como um momento de destaque, o encontro realizado em Akumal, lugar onde se discutem e definem finalmente quais serão os três pilares fundamentais da Psicologia Positiva: a) emoções positivas; b) traços positivos; e c) instituições positivas. Esses pilares permitiriam desenvolver uma vida com significado, mediante o reconhecimento e a aplicação das virtudes e forças humanas. (CABEZAS, 2014).

Sete anos depois do seu discurso inaugural na APA, consolida-se a IPPA (*International Positive Psychology Association*) e, no ano de 2009, é realizado o primeiro congresso mundial de Psicologia Positiva, lugar de encontro para mais de 80 países, representados por 1.500 participantes.

Atualmente, a Psicologia Positiva continua realizando esforços que permitam gerar um modelo epistemológico sólido, com aplicações clínicas validadas experimentalmente, que permitam contribuir para o desenvolvimento humano, destacando-se que este modelo ampliou-se não apenas a partir dos Estados Unidos em direção ao velho continente, mas também à Ásia, à África, à América do Sul e ao Caribe.

Aportes para a Psicologia Positiva a partir da América Latina

No ano de 2007, funda-se a Rede Ibero-americana de Psicologia Positiva, em paralelo com muitos programas de pesquisa, treinamento e formação em Psicologia Positiva em torno de toda a América Latina, o que permite compreender a vital importância em se estabelecer um modelo transcultural que permita ajustar as intervenções a cada população-objetivo.

Para poder reunir os diferentes avanços e descobertas na Psicologia Positiva latino-americana, funda-se, no Chile, a **Revista Latino-americana de Psicologia Positiva**, *PsyCap*, de caráter científico, com acesso aberto e avaliada pelos pares.

Cabe destacar que uma revista é apenas uma plataforma que permite entregar e difundir resultados e discussões propostas por pesquisadores não só falantes de espanhol, mas também de português, na qual distintas instituições poderão ofertar produção de conhecimento. Atualmente, não existe nenhuma publicação que atualize as instituições positivas que se estendem pela América Latina, razão pela qual se expõe a tabela a seguir:

Tabela: Instituições Positivas na América Latina

País	Institución Positiva
Chile	Instituto Chileno de Psicología Positiva (2001) Instituto del Bienestar (2011) Asociación Chilena de Psicología Positiva (2012) Instituto Chileno de Psicología y Psicoterapia (2013) División Psicología Positiva Centro Latinoamericano de Psicología Positiva (2014) Inner Project (2013) Instituto de la Felicidad (Coca-Cola)
Peru	Sociedad Peruana de Psicología Positiva (2008) Grupo de Investigación en Bienestar, Cultura y Desarrollo de la Pontificia Universidad Católica del Perú (2006)
Argentina	Universidad Palermo (Programa de Doctorado en Psicología) Centro de Psicología Positiva Aplicada Universidad del Rosario Universidad Lomas de Zamora
Venezuela	Sociedad Venezolana de Psicología Positiva (2009)
Bolívia	Centro Boliviano de Investigación en Psicología Positiva (2011)
Uruguai	Centro Psicología Positiva Uruguay Jóvenes Fuertes
Colômbia	Universidad del Rosario (Líneas de Investigación en PP) Universidad Nacional de Colombia Instituto de Psicología Positiva Asociación Colombiana de Psicología Positiva
Brasil	Instituto Internacional en Psicología Positiva (IIPSI+) Instituto Brasileiro de Psicologia Positiva (IBRPP) Núcleo de Estudos em Psicologia Positiva (UFRGS) Laboratório de Mensuração (UFRGS) Biblioteca Positiva
América Latina	Red Latinoamericana de Psicología Positiva Aplicada (RELAPPA) Associação de Psicologia Positiva da América Latina (APPAL)

Fonte: elaboração própria

É possível avaliar na tabela como cada país tem constituído instituições com e sem fins lucrativos que confluam no sentido do avanço por uma América Latina que floresça mediante os resultados postulados pela Psicologia Positiva aplicada. Não obstante, é relevante destacar que, a fim de evitar a proliferação indiscriminada de cursos e treinamentos que não estejam curricularmente revisados, com falta de idoneidade acadêmica e com insuficiência em pesquisa, foi constituída a *Red Latinoamericana de Psicología Positiva Aplicada* (RELAPPA), a qual reivindica a missão de poder fortalecer a Psicologia Aplicada no Cone Sul, protegendo, com rigor, o avanço científico em suas intervenções com validação empírica.

Desafios da Psicologia Positiva no continente mais feliz do mundo

Agora se chega à parte mais complexa, ou talvez obscura, da Psicologia Positiva. Já podemos ser testemunhas, como pesquisadores e sujeitos, da eficácia da Psicologia Positiva (LOPEZ & SNYDER, 2009; LEE-DUCKWOTH, STEEN & SELIGMAN, 2005; SELIGMAN, STEEN, PARKS & PETERSON, 2005; SELIGMAN, RASHID & ROSENSTEIN, 2005; LUTHANS, YOUSSEF & AVOLIO, 2007; LLORENS, SCHAUFELI, BAKKER & SALANOVA, 2007; SNYDER, LOPEZ & PEDROTTI, 2010), principalmente estudos conduzidos nos Estados Unidos, no Canadá, na Inglaterra, na Espanha e na Holanda. Apesar disso, são poucos – ou melhor, quase inexistentes – os aportes a partir do nosso continente.

Isso nos leva a pensar que não estamos completamente seguros se cada uma das intervenções em gratidão, otimismo, resiliência, capital psicológico, *engagement positive thinking*, forças e virtudes têm o mesmo grau de efetividade, eficácia e eficiência num tratamento ou numa intervenção. Este é o ponto crucial e determinante deste capítulo.

Entendemos como intervenção positiva o manejo das variáveis intrínsecas e extrínsecas que geram um impacto (magnitude de efeito estatístico) sobre o bem-estar subjetivo e objetivo e a qualidade de vida das pessoas ou das comunidades. (CABEZAS, 2016).

Biograficamente, tenho tido a oportunidade de ser convidado para ministrar cursos e conferências no Chile, no Peru, no Brasil, na Argentina, na Bolívia, no Paraguai, na Venezuela, na República Dominicana, em Porto Rico e inclusive na Índia, dos quais pude colher muita gratidão e aprendizagem, mas, acima de tudo, dúvidas. Ao entrar em contato com distintos pesquisadores na linha da felicidade, pude constatar – e, de fato, incluir-me nesta sentença – o fato de que nosso continente, denominado o mais feliz do mundo, está replicando modelos de um velho continente com altos níveis de mal-estar e problemas de saúde mental e políticas públicas dos Estados Unidos. Isso fez com que os pesquisadores latino-americanos foquem, principalmente, adaptar e validar instrumentos, bem como intervenções, que nascem em outro continente, ou seja, com sujeitos que mantêm um nível sociocultural totalmente diferente do nosso, seja pelo fator da hegemonia econômica, seja pela quantidade de imigrantes que recebem. (CABEZAS, 2013). Isso gerou uma falsa visão de *benchmarking* em tratamentos, ou seja, o que funcionou nos Estados Unidos deve funcionar aqui. Claro, de fato, muitos estudos correlacionados com os instrumentos validados em nossos países conseguem concluir que os mesmos fatores que geram bem-estar nos Estados Unidos também o fazem com os nossos habitantes. Isso pode ser explicado simplesmente porque, ao cruzar dois ou mais instrumentos que tenham validade convergente se deve apresentar um nível de associação favorável, como são as correlações interitem em um mesmo instrumento. Contudo, devemos, em breve, compreender que o ser humano se encontra em um contexto e entorno próprio e totalmente diferenciado dos demais; por exemplo, se em países desenvolvidos o sucesso (dentro do PERMA) é um indicador-chave para o bem-estar, em nosso continente ocorre completamente o inverso (YAMAMOTO, 2016; CABEZAS, 2015), uma vez que, ao serem valores motivacionais do individualismo, não se aplicam a nossas culturas totalmente coletivistas, as quais, há alguns anos, encaminham-se para o mal-estar por seguir modelos que não oferecem eficácia em equidade, justiça e políticas públicas. Com isto refiro-me a que cada intervenção e instrumento devem nascer *in situ* – no lugar –, por isso, alguns modelos de pesquisa do tipo quantitativo empobrecem a informação sobre bem-estar sociocultural que precisamos – o que estará explicado no próximo e último tópico.

Propostas para um modelo de bem-estar latino-americano

Conversando com Acacia Parks, reconhecida pesquisadora em desenho de intervenções positivas contextuais e que já trabalhou com Seligman e Rashid, pude entender como cada proposta deve nascer dentro do contexto pessoal e comunitário. Isso significa que não é porque uma intervenção funcione num país que funcionará em outro e tampouco que uma mesma intervenção terá o mesmo efeito em comunidades heterogêneas dentro do mesmo país. Para além deste alcance de discussão, tive a oportunidade de conhecer e de sentir-me identificado com muitos pesquisadores – replicadores de modelos – e, a partir deste ponto, surgiu meu interesse e a minha curiosidade em entender o bem-estar contextualizado. Há alguns anos, trabalhei desenhando propostas de bem-estar e qualidade de vida em povos autóctones do Chile e em comunidades rurais, e o que pude aprender foi que nunca uma mesma intervenção me oferecia os mesmos resultados. Isso me exigiu, primeiro, conhecer, estudar e conviver por um tempo em cada uma, diante do que surgiu a clareza sobre entender que o pesquisador de bem-estar não pode jamais deixar de fora integração de profissionais com o seu objetivo. Por exemplo: para poder incrementar o bem-estar psicológico como causa da felicidade de um grupo, não bastava apenas aplicar PERMA, gratidão, perdão, otimismo, *flow* (fluxo) e forças e virtudes, mas sim, primeiro, era necessário compreender e adentrar-me na realidade objetiva de maneira etnográfica.

Para isso, deve-se realizar uma pesquisa que permita conhecer em profundidade o constructo da felicidade e bem-estar do grupo ou da comunidade específica. Em primeira instância, aproximar-se do grupo, participar das suas atividades e etnograficamente traçar um modelo que permita compreender cada uma das suas variáveis; para isso, o mais indicado é o estudo etnográfico de tipo qualitativo. Posteriormente, é possível elaborar um instrumento e, em seguida, conduzi-lo na amostra para, finalmente, contrastar, mediante a análise de conteúdo e a validade do instrumento, se realmente ele se ajusta às necessidades contextuais.

Finalmente, quero expressar humildemente minha motivação, primeiro, em conhecer, compreender e distinguir o que é o bem-estar e a felicidade em cada país, região, cidade e grupo, para, em seguida, desenhar modelos *ad hoc* de intervenção que, mediante uma metodologia mista, permitam dar conta do que nos identifica como o continente mais feliz do mundo, entendendo que é o mesmo o que nos diferencia dos países desenvolvidos: portanto, não é um paradoxo que tenhamos a melhor bebida no nosso continente, mas bebamos de outros?

Capítulo 4

Los Desafíos de la Psicología Positiva en el Continente más Feliz del Mundo: ¿Por qué Replicamos Modelos de un Continente que es Menos Feliz que el Nuestro?

Andrés Cabezas Corcione

Surgimiento de la Psicología Positiva: desde la indefensión aprendida hasta el florecer

La psicología como ciencia fáctica se ha planteado durante muchos años conocer y predecir el funcionamiento psíquico y sus manifestaciones afectivas y conductuales, y no cabe la menor duda que desde los primeros experimentos realizados en Leipzig Alemania hasta la fecha se ha gestado un fructífero avance, sobre todo en lo que respecta a intervenciones clínicas específicas. Epistemológicamente la psicología avanzó en una separación de las visiones dualistas en las que erró Descartes, para realizar un vuelco paradigmático acercándose a las propuestas surgidas en algunos empiristas ingleses, quienes postulaban que la producción del conocimiento científico debiese originarse alejado de lo filosófico y metafísico, aproximando el objeto de estudio y los métodos de aprehensión de este a un cuestionamiento empírico, el cual afirma que todo conocimiento científico debe ser basado en la evidencia y posteriormente ser comprobado mediante la experiencia. (SERRONI-COPELLO, 2012). De este modo la psicología se plantea como objetivo establecer dimensiones nosológicas y etiopatogénicas más exactas, operacionalizando constructos tales como la depresión, esquizofrenia, alcoholismo y traumas en categorías diagnósticas precisas y dignas de explorar en su tratamiento, labor que bien se ha realizado desde hace unos años pudiendo comprender las causas genéticas, bioquímicas y psíquicas de los trastornos anteriormente señalados. Seligman en el año 2002 sostiene que existen tratamientos eficaces para al menos 14 de los principales trastornos mentales y remisión sintomatológica total el trastorno depresivo mayor y la distimia, siendo el proceso psicoterapéutico igual de eficaz y eficiente-magnitud del efecto en ensayos clínicos bien realizados - que el tratamiento farmacológico.

Puede considerarse paradójico señalar que Seligman, Rosenhan y Walkeren el año 1984 publican el libro Psicología Anormal, el cual reúne cientos de aproximaciones teóricas apuntadas al tratamiento de cada trastorno mental, estableciendo una interacción visionaria entre factores psicológicos y biológicos. Todo esto un año después de la primera edición del libro Terapia Cognitiva para la depresión (1983), en el cual Beck ya acuña su constructo de depresión, operacionalizándolo y comprobando la eficacia de su tratamiento vasado en la evidencia, aclarando que ambos desarrollos en el área clínica surgen desde las investigaciones realizadas en los laboratorios pertenecientes a la Universidad de Pensilvania.

Resulta necesario aclarar que al realizar una búsqueda sistemática en artículos de revisión bibliográfica que traten el desarrollo de la psicología positiva, sólo encontremos dos momentos claves en los cuales nace y se empieza a desarrollar la psicología positiva; en referencia a: a) *life event* vivido por Seligman cuando su hijo le cuestiona su malhumor, generando una introspección, la que gatilla en el postura diferente que se evidencia en b) su discurso inaugural como presidente de la APA en el año 2000.

Al realizar un análisis de los estudios científicos que preceden y subyacen a este reciente modelo, resalta el experimento dirigido por Seligman en el 1975 que deriva en la operacionalización del constructo acuñado como indefensión, el cual se tradujo al Japonés, Suizo, Alemán, Portugués, Español, Italiano y Holandés, decantando 5 años más tarde en **Human Helplessness: Theory and Applications** (1980), seguido por el libro **Abnormal Psychology** en el año 1984. No sólo con estos estudios se avanzó, claramente, sin embargo estos permitieron cimentar un vasto campo teórico a través de ensayos clínicos que aportaban información sobre cuáles variables estaban relacionadas con la depresión e infelicidad. Un año más adelante se inicia uno de los grandes aportes a esta disciplina, al plantearse como objetivo determinar un modelo explicativo sobre la depresión denominado CAVE (*Content Analysis of Verbatim Explanations*), el cual tuvo un fructífero y congraciado camino seguido por Seligman y otros colaboradores (PETERSON, LUBORSKY y SELIGMAN, 1983; PETERSON, BETTES Y SELIGMAN, 1985; SELIGMAN, 1987; KAMEN Y SELIGMAN, 1987; SELIGMAN, KAMEN Y NOLEN-HOEKSEMA, 1998; PETERSON, SELIGMAN Y VAILLANT, 1988; SCHULMAN, CASTELLÓN Y SELIGMAN, 1989; SELIGMAN, PETERSON, SCHULMAN Y CASTELLÓN, 1992). A partir de los resultados expuestos se logró determinar la relación que existía entre el estilo atribucional pesimista y optimista en la etiología endógena – cognitiva – de la depresión. Mediante esto los estudios de optimismo recobran fuerza desde la ciencia planteándose como modelo preventivo frente a los trastornos del ánimo, siendo publicado en el año 1990 por Seligman bajo el título de Learned Optimism. No obstante el mismo autor plantea necesario no desmerecer todos los aportes del background de la tercera fuerza, presididos principalmente por Maslow (1982), Rogers (1997) y Fromm (2007), quienes en su práctica clínica posicionaban la felicidad y el florecimiento humano por sobre todas las cosas, los cuales fueron perdiendo fuerza al no estar intencionadas empíricamente – sus intervenciones clínicas –, situación distante de lo que renace en las investigaciones dirigidas por la Facultad de Psicología de la Universidad de Pensilvania, lo cual se extiende en el año 2000, cuando Seligman aprovecha su discurso como presidente electo de la APA para aclarar la relevancia que reviste dirigir los esfuerzos científicos en una ciencia del bienestar, materializado en una publicación el mismo año en el *American Psychologist*.

La bibliografía comparte como momento destacado el encuentro realizado Akumal, lugar donde se discuten y plantean finalmente cuáles serían los tres pilares fundamentales de la psicología positiva; a) emociones positivas, b) rasgos positivos y c) instituciones positivas. Estos pilares permitirían desarrollar una vida con significado mediante el reconocimiento y puesta en escena de las virtudes y fortalezas humanas. (CABEZAS, 2014).

Siete años después de su discurso inaugural en la APA, se consolida la IPPA *International Positive Psychology Association* y en el año 2009 se realiza el primer congreso mundial de Psicología Positiva, lugar de encuentro para más de 80 países, representados en 1500 participantes.

Actualmente la Psicología Positiva continúa realizando esfuerzos que permitan generar un modelo epistemológico sólido, con aplicaciones clínicas validadas experimentalmente que permitan contribuir al desarrollo humano, destacando que este modelo se ha extendido no sólo desde E.E.U.U. al viejo continente sino que también a Asia, África, América del Sur y el Caribe.

Aportes desde Latinoamérica a la Psicología Positiva

En el año 2007 se funda la Red Iberoamericana de Psicología Positiva, en paralelo a muchos programas de investigación, entrenamiento y formación en psicología positiva a lo largo de toda Latinoamérica, lo cual permite comprender la vital importancia de establecer un modelo transcultural que permita ajustar las intervenciones a cada población objetivo.

Para poder reunir los distintos avances y descubrimientos en la psicología positiva latinoamericana, en Chile se funda la **Revista Latinoamericana de Psicología Positiva "*PsyCap*"**, de carácter científico, acceso abierto y evaluada por pares.

Cabe señalar que una revista es sólo una plataforma que permite entregar y difundir los resultados y discusiones planteadas por investigadores no sólo de habla hispana sino que también portuguesa, en la cual distintas instituciones podrán aportar la producción de su conocimiento. Actualmente no existe alguna publicación que establezca una actualización de las instituciones positivas que se extienden por Latinoamérica razón por la cual se expone la siguiente tabla.

Tabla: Instituciones Positivas en Latinoamérica

País	Institución Positiva
Chile	Instituto Chileno de Psicología Positiva (2001) Instituto del Bienestar (2011) Asociación Chilena de Psicología Positiva (2012) Instituto Chileno de Psicología y Psicoterapia (2013) División Psicología Positiva Centro Latinoamericano de Psicología Positiva (2014) Inner Project (2013) Instituto de la Felicidad (Coca-Cola)
Peru	Sociedad Peruana de Psicología Positiva (2008) Grupo de Investigación en Bienestar, Cultura y Desarrollo de la Pontificia Universidad Católica del Perú (2006)
Argentina	Universidad Palermo (Programa de Doctorado en Psicología) Centro de Psicología Positiva Aplicada Universidad del Rosario Universidad Lomas de Zamora
Venezuela	Sociedad Venezolana de Psicología Positiva (2009)
Bolívia	Centro Boliviano de Investigación en Psicología Positiva (2011)
Uruguai	Centro Psicología Positiva Uruguay Jóvenes Fuertes
Colômbia	Universidad del Rosario (Líneas de Investigación en PP) Universidad Nacional de Colombia Instituto de Psicología Positiva Asociación Colombiana de Psicología Positiva
Brasil	Instituto Internacional en Psicología Positiva (IIPSI+) *Instituto Brasileiro de Psicología Positiva (IBRPP)* *Núcleo de Estudos em Psicologia Positiva (UFRGS)* *Laboratório de Mensuração (UFRGS)* *Biblioteca Positiva*
América Latina	Red Latinoamericana de Psicología Positiva Aplicada (RELAPPA) *Associação de Psicologia Positiva da América Latina (APPAL)*

Fuente: elaboración propia

Es posible apreciar en la tabla cómo cada país ha conformado instituciones con y sin fines de lucro que confluyan en el avance por una Latinoamérica floreciendo mediante los recursos postulados por la Psicología Positiva aplicada, no obstante es relevante señalar que con el fin de evitar la proliferación indiscriminada de cursos y entrenamientos que no se encuentren curricularmente revisados, con falta de idoneidad académica e insuficiencia investigativa, se conforma la Red Latinoamericana de Psicología Positiva Aplicada (RELAPPA), la que plantea como misión poder fortalecer la Psicología Positiva aplicada en el Cono-Sur, protegiendo con rigor el avance científico en sus intervenciones con validación empírica.

Desafíos de la PsiPos en el continente más feliz del mundo

Ahora se viene la parte más compleja o talvez el lado oscuro de la Psicología Positiva. Ya hemos podido ser testigos como investigadores y sujetos de la eficacia de la psicología positiva (LOPEZ Y SNYDER, 2009; LEE-DUCKWOTH, STEEN Y SELIGMAN, 2005; SELIGMAN, STEEN, PARKS Y PETERSON, 2005; SELIGMAN, RASHID Y ROSENSTEIN, 2005; LUTHANS, YOUSSEF Y AVOLIO, 2007; LLORENS, SCHAUFELI, BAKKER, Y SALANOVA, 2007; SNYDER, LOPEZ Y PEDROTTI, 2010), principalmente estudios guiados en los Estados Unidos, Canadá, Inglaterra, España y Holanda, sin embargo pocos o mejor dicho casi inexistentes han sido los aportes desde nuestro continente.

Esto conlleva a pensar que no estamos completamente seguros de si cada una de las intervenciones en: gratitud, optimismo, resiliencia, capital psicológico, *engagement, positive thinking,* fortalezas y virtudes tienen el mismo grado de efectividad, eficacia y eficiencia en un tratamiento o intervención, es este el punto crucial y determinante de este capítulo.

Entendemos como intervención positiva la manipulación de variables intrínsecas y extrínsecas que generan un impacto (magnitud de efecto estadístico) sobre el bienestar subjetivo, objetivo y calidad de vida de las personas o comunidades. (CABEZAS, 2016).

Biográficamente he tenido la oportunidad de ser invitado a dictar cursos y conferencias en Chile, Perú, Brasil, Argentina, Bolivia, Paraguay, Venezuela, República Dominicana, Puerto Rico e inclusive la India, de lo cual pude cosechar mucha gratitud aprendizaje pero por sobre todo dudas. Al entrar en contacto con distintos investigadores en la línea de la felicidad, pude constatar y de hecho incluirme en esta sentencia; el hecho de que nuestro continente denominado el más feliz del mundo está replicando modelos de un viejo continente con amplios niveles de malestar y problemas en salud mental y políticas públicas - Estados Unidos - esto ha conllevado a que los investigadores latinoamericanos se centren principalmente en adaptar y validar instrumentos como así intervenciones las cuales nacen en otro continente, o sea con sujetos que mantienen un nivel sociocultural totalmente distinto a nosotros, ya sea por el factor hegemónico económico como así por la cantidad de inmigrantes que reciben. (CABEZAS, 2013). Esto ha generado una falsa visión de benchmarking en tratamientos, o sea lo que funcionó en USA debe funcionar acá. Y claro, de hecho muchos estudios correlaciónales con instrumentos validados en nuestros países logran concluir que los mismos factores que generan bienestar en USA lo hacen con nuestros habitantes, esto se puede explicar simplemente debido a que al cruzar dos o más instrumentos que posean validez convergente si o si deben presentar un nivel de asociación favorable, como lo son correlaciones inter-item en un mismo instrumento. Sin embargo, debemos a la brevedad comprender que el ser humano se encuentra en un contexto y entorno propio y totalmente diferenciado de otros, por ejemplo si en países desarrollados el logro (dentro del PERMA), es el indicador clave para el bienestar, en nuestro continente es completamente inverso (YAMAMOTO, 2016; CABEZAS, 2015), debido a que al ser valores motivacionales del individualismo no aplican a nuestras culturas totalmente colectivistas las que ya hace unos años van en transición al malestar por seguir modelos que no han dado eficacia en equidad, justicia y políticas públicas. Con esto me refiero a que cada intervención e instrumento debe nacer in situ - en el lugar - por ende algunos modelos de investigación de tipo cuantitativo empobrecen la información que necesitamos sobre bienestar sociocultural, lo que se verá explicado en el próximo y último acápite.

Propuestas para un modelo de bienestar latinoamericano

Conversando con Acacia Parks, reconocida investigadora en diseño de intervenciones positivas contextuales quien ha trabajado con Seligman y Rashid, pude entender cómo cada propuesta debe nacer dentro del contexto personal y comunitario, esto significa que no porque una intervención funcione en un país lo hará en otro, es más no la misma intervención tendrá el mismo efecto en comunidades heterogéneas dentro del mismo país. Posterior a este alcance de discusión, tuve la oportunidad de conocer y sentirme identificado con muchos investigadores – replicadores de modelos - y es en este punto donde surgió mi interés y curiosidad por entender el bienestar contextualizado. Hace algunos años trabajé diseñando propuestas de bienestar y calidad de vida en pueblos originarios de chile y en comunidades rurales y lo que pude aprender fue que nunca la misma intervención me daba los mismos resultados. Lo cual me hizo exigirme primero conocer, estudiar y convivir por un tiempo con cada comunidad, frente a lo cual surgió la claridad de entender que el investigador en bienestar no puede jamás dejar fuera la integración de profesionales en su objetivo, por ejemplo para poder incrementar el bienestar psicológico como causa de la felicidad de un grupo no bastaba sólo con aplicar PERMA, gratitud, perdón, optimismo, flujo y fortalezas y virtudes sino que primero necesitaba comprender y adentrarme en la realidad objetiva de manera etnográfica.

Para esto se debe realizar una investigación que permita conocer en profundidad el constructor de felicidad y bienestar del grupo o comunidad específico, en primera instancia acercarse al grupo, participar de sus actividades y etnográficamente trazar un modelo que permita comprender cada una de sus variables, para esto lo más indicado es un estudio etnográfico de tipo cualitativo, posterior a eso es posible elaborar un instrumento y luego pilotearlo en la muestra para finalmente contrastar mediante el análisis de contenido y la validez del instrumento si realmente se ajusta a las necesidades contextuales.

Finalmente quiero expresar humildemente mi motivación por primero conocer, comprender y distinguir qué es el bienestar y felicidad en cada país, región, ciudad y grupo, para luego diseñar modelos *ad hoc* de intervención que mediante una metodología mixta permitan dar cuenta de que lo que nos identifica como el continente más feliz del mundo, entendiendo que es lo mismo que nos diferencia de países desarrollados; por lo tanto ¿ no es una paradoja tener el mejor brebaje en nuestro continente pero beber el de otros?

Capítulo 5

O Tempo e a Voz da Diferença: O Caso Português e a Necessidade de uma Psicologia Positiva não Exclusivamente Norte-Americana

Luís Miguel Neto e
Helena Águeda Marujo

1. A Psicologia Positiva como 'coisa nova e boa': a breve mas 'densa' história e o surgimento do EMAPP Lisboa

Uma história antiga da academia de Lisboa relata uma avaliação de doutorado em que o examinador – que seria posteriormente chefe de Estado do regime que terminou em abril de 1974 – e o candidato, futuro presidente da Assembleia Geral das Nações Unidas – tendo o primeiro iniciado a sua intervenção do seguinte modo:

"Li com atenção a sua dissertação. Ela contém coisas novas e coisas boas. O problema é que as boas não são novas e as novas não são boas!"

Dará para imaginar o embaraço do jovem doutorando. De que serve esta 'estória', relato do cotidiano individual, que se inscreve na mais ampla História coletiva? Para permitir o enunciado do que julgo ser a primeira condição necessária ao sucesso da Psicologia Positiva (PP):

1.1. Não chega ser nova, terá de ser, parecer e mostrar-se[1] boa!

Naturalmente que a qualificação de 'boa', ou 'positiva', para além do uso comum e corrente da linguagem de todos os dias, requer rigor e conhecimento. Logo aqui resulta a segunda condição para uma PP de sucesso, queremos dizer, com poder transformador e criador (MARUJO, NETO & BALANCHO, 2013).

1.2. O rigor científico da PP, não o rigor *mortis* de muitas das disciplinas alienantes e inconsequentes das ciências sociais e humanas, começa na consciência crítica e analítica do uso da linguagem.

Uma das importantes teses que definem e caracterizam a PP como disciplina científica é que ela possui uma breve história que é, em simultâneo, longa, se atendermos aos antecedentes e às questões que aborda. Por exemplo, a questão do que é uma 'vida boa' tem antecedentes na filosofia clássica grega, particularmente em Aristóteles. A PP torna-se assim a responsável da reintrodução das questões dos valores e da moral dentro das disciplinas científicas humanas e sociais. A vida que vale a pena ser vivida dá título a uma das obras incontornáveis de Mihaly Csikszentmihalyi e de toda a PP. Mas podia ser, num olhar mais desprevenido e menos informado, um título de obra filosófica ou de autoajuda. Abordar de uma maneira cientificamente informada algumas das questões eternas da humanidade não é empreendimento pequeno, claro está. Mas os cientistas sob

---

[1]. Esta notável escalada de verbos (do ser ao parecer e, finalmente, ao mostrar-se) resulta da 'encarnação profissional' do primeiro autor como terapeuta familiar atento aos escritos e à epistemologia do 'grupo de Milão', particularmente de Mara Selvini Palazzoli e da sua 'conotação positiva', na continuidade com a epistemologia de Gregory Bateson.

a liderança do referido Mihaly Csikszentimihalyi e do inevitável Martin Seligman (proeminente investigador e ex-presidente da Associação Americana de Psicólogos), formando um grupo surgido a partir do manifesto de Akumal (SHELDON *et al.*, 2000) e do número de janeiro de 2000 da revista **American Psychologist**, não se atemorizaram.

Este início memorável da PP marca uma singularidade única na história e na sociologia da ciência, na medida em que a emergência de um novo paradigma resulta diretamente da vontade e esforços de um grupo autônomo de cientistas, investigadores e práticos, alguns deles acumulando estes três diferentes papéis profissionais. Devemos assinar esta ocorrência como a 3ª condição necessária da evolução da PP:

1.3. A emergência, desenvolvimento e evolução das disciplinas científicas, humanas e sociais, e das práticas delas decorrentes não são apenas determinadas estruturalmente – cf. noção de 'progresso científico' – mas podem/devem decorrer de decisões informadas de grupos e pessoas individuais em circunstâncias adequadas.

Este contexto de renovação disciplinar da Psicologia tradicional apanhou os autores destas linhas fazendo o seu próprio doutorado na Universidade de Massachusetts, nos EUA, na altura em que o mais relevante dos líderes da PP, o já referido Martin Seligman, publicava uma obra notável – **O Otimismo Aprendido**. Após a leitura deste livro e sem possibilidades de desviar a investigação do doutorado para um novo tema, uma necessidade se tornou imperativa: temos de escrever algo semelhante que se adapte e ajude a transformar a cultura de nosso país, Portugal, onde o tema do otimismo surgia como cada vez mais necessário.

Em 1999, publicávamos em português a obra **Educar para o Optimismo**, que em mais do que um modo antecipa o movimento da PP, e se tornou uma referência de alguma saliência na cultura portuguesa, sobretudo perante o professorado. Como curiosidade, e dados os conhecimentos que já possuíamos da metodologia do Inquérito Apreciativo de David Cooperrider, incluímos esta abordagem conjuntamente com as ideias, investigações e práticas da PP. Este detalhe tornou-se um pormaior, uma vez que antecipamos – mesmo relativamente aos colegas da Universidade da Pensilvânia e seu Master Aplicado – a inclusão das práticas apreciativas e colaborativas e do construcionismo social no movimento da PP.

A criação pelos autores destas linhas do Executive Master em Psicologia Positiva Aplicada (EMAPP) no Instituto Superior de Ciências Sociais e Politicas da Universidade de Lisboa, em 2011, trouxe uma novidade dupla em termos mundiais: colocou a Psicologia Positiva científica e acadêmica no domínio dos estudos das ciências sociais e políticas e, numa perspectiva integrativa e abrangente, assegurou a integração teórico-metodológica das metodologias apreciativas, transformativas, e da Psicologia crítica, a par das abordagens de investigação qualitativa em aplicações nas áreas da saúde, educação, organizações e transformação social e comunitária.

Orgulhamo-nos por isso, saudável e prudentemente, de colaborar no *upgrade* de Lisboa para... Lis-ótima! (Se quiser confirmar empírica e vivencialmente, será bem-vind@!)

2. Aprendendo com a história da Psicologia Social: a necessidade natural de a América do Norte descobrir o resto do mundo

A história da Psicologia Social pode e deve ser considerada como tendo extrema utilidade para uma análise fundamentada do passado e futuro da Psicologia Positiva. É que, depois da II Guerra Mundial, e da necessidade de fuga, a Alemanha nazi dos principais cientistas e investigadores daquela disciplina, a Psicologia Social, como outros ramos da ciência e da tecnologia, floresceu nos EUA. O processo foi de tal forma que, no início dos anos da década de 1960, um célebre discurso de Leon Festinger reclamava a necessidade de voltar a considerar a Europa como objetivo da disciplina: "95% da investigação é feita nos EUA. Temos de inaugurar uma fase de desenvolvimento disciplinar na Europa". Esta tomada de decisão sobre o futuro da disciplina e necessidade de desenvolvimento noutras partes do globo parece voltar a repetir-se. Agora não na Psicologia Social, mas na Psicologia Positiva, e não só relativamente à Europa, mas a todo o mundo.

Será curioso considerar uma área como a Terapia Familiar (TF), cujo desenvolvimento conhecemos bem, e tirar também algumas conclusões. Neste caso disciplinar, o desenvolvimento envolveu ainda outra instância: a disciplina e prática da TF surgem nos anos 60 nos Estados Unidos, impulsionadas por uma equipe internacional que, sobretudo partindo de Palo Alto na Califórnia, inicia a aplicação do modelo da teoria geral dos sistemas de Ludwig von Bertalanfy nos sistemas humanos, em particular nas famílias e organizações. Porém, a um dado momento de crise e estagnação, correspondente aos anos 70, sucede-se um *input* de autores do grupo de Milão, M.S. Palazzoli, G. Prata, G. Cechin e L. Boscolo. Esta fase abre um novo ciclo de evolução da disciplina. A atual situação da PP configura uma necessidade semelhante: o crescimento da PP nos EUA estagnou ou tornou-se redundante, genericamente falando. As críticas de toda a ordem, particularmente de caráter moral, tornam urgente a consideração de outras formas de ver e desenvolver a PP, nomeadamente dos responsáveis das suas investigações e aplicações noutros continentes que não a América do Norte. Os colegas cientistas e práticos norte-americanos só terão a ganhar com a consideração de outras perspectivas.

Vem a este propósito o conceito de "consciencialização", que aparece pela primeira vez através da obra de Paulo Freire. Que seja do nosso conhecimento, este é o único conceito da literatura das ciências sociais e humanas, e da educação, que obrigou a criação de um neologismo de origem na língua portuguesa na literatura científica inglesa. Com efeito, o conceito *conscientization*, utilizado na literatura sobre capacitação (*empowerment*), deriva diretamente da Pedagogia do Oprimido (FREIRE, 1970; BRAITHWAITE, 2000). O que permanece como um desafio para a PP são as possibilidades de gestão da consciência, tendo por base a afirmação de Masicampo e Baumeister (2011, p. 185): "A mudança de consciência é uma condição sine qua non da felicidade".

O "como" concretizar esta consciencialização é parte do conjunto de técnicas e metodologias estudadas e investigadas no EMAPP de Lisboa e inclui, entre muitos outros:

- A utilização gráfica da estratégia V.I.P. (Valores, Influências e Projetos) (MARUJO & NETO, 2008);

- O "dicionário português-positivês" de reenquadramento positivo de termos quotidianos negativos;

- A utilização das Equações Emocionais Positivas (por exemplo: "ALEGRIA = amor-medo"; "SABEDORIA = experiência X reflexão"; "MOTIVAÇÃO = frequência experiências positivas/ frequência experiências negativas)";

- A utilização e apresentação em sessão de formação do 'Currículo Positivo'/estória familiar e profissional num ângulo positivo;

- A análise reflexiva dos episódios repetitivos indesejáveis.

3. A Tese da Destruição Criativa de Shumpeter aplicada na 'tradução' reconstrutiva das aplicações da PP: um estudo de caso

A investigação e ensino da PP não podem descurar as circunstâncias do contexto envolvente, sobre pena de passar do útil ao fútil. No momento histórico de crise financeira e econômica que atravessamos desde 2008, isso que dizer que a PP não pode ignorar a crise. Julgamos ser aliás de particular interesse a consideração da PP como parte do processo econômico e social de "destruição criativa" descrito por Shumpeter, e recentemente colocado na agenda por Alan Greenspan. O que se pretende aqui, com ousadia e coragem suficientes, é posicionar a PP como parte do processo de recriação contínua do sistema capitalista descrito por vários economistas colocando a PP, assim, a fazer parte da renovação criativa e empreendedora do sistema. Nesse contexto, e a título de exemplo do que atrás foi dito sobre a necessidade de adaptação e aplicação local das investigações e resultados da PP com origem nos EUA, procedemos, com um grupo de cerca de 200 alunos portugueses de Gestão de Recursos Humanos a um trabalho de adequação nacional dos 100 processos do Gerador de Estratégias de Liderança Positiva nas organizações de Robert Quinn (2015). Muito sumariamente, concluímos que as estratégias de liderança em organizações positivas com as características identificadas por Quinn (2015) como "não convencionais, e libertadoras de constrangimentos e crenças", são na sua vasta maioria ratificadas pelos estudantes portugueses de GRH na amostra considerada. No entanto, existem 14 das 100 estratégias inicialmente identificadas que, de acordo com os resultados, não devem ser preconizadas pelos líderes e responsáveis de organizações no contexto português, nomeadamente o impedir boatos e rumores, o envio de cartas (positivas) a familiares dos empregados, a utilização de um símbolo cultural central, o encurtamento dos níveis de carreira e o recebimento de um pagamento para abandonar a função (NETO, no prelo).

Com este estudo de caso salienta-se a necessidade imperativa de considerar as sensibilidades culturais locais antes de implementar programas de atuação. Ressalta também a conclusão da possibilidade de transformação de estereótipos e mudanças de atitude, e de processos atribucionais automáticos.

4. 'Futuro mais-do-que-perfeito': gerir a distopia e criar condições de felicidade

No momento presente a PP sofre uma intensa crítica nos EUA (cfr. TAMSIN, 2016), já antecedida por outras, como a que ocorreu na Espanha, levando o nosso colega Carmelo Vázquez a responder com um notável artigo científico intitulado *Positive Psychology and its Enemies*. Estas críticas, inevitáveis e até condição essencial da evolução da PP, levam, contudo, ao esvaziamento de uma tese evocada em particular na América Latina: a da necessidade de dissolução da PP. Agora que o seu contributo foi reconhecido pela Psicologia, a sua missão foi cumprida e o seu desaparecimento seria uma medida do seu próprio sucesso – ver, por exemplo, Alejandro Castro Solano (2010) e Margarita Tarragona Saez (2010). Contrariamente aos colegas (e amigos) latino-americanos citados, julgamos que o rio extravasou tanto as suas margens que, qual Amazonas, Orenoco ou Prata, depois da PP já nada será como dantes. O caudal é agora outro. Como no rio da vida, tudo se modificou, embora tudo permaneça idêntico.

O que permanece, o que mudou e o que deverá, ainda, mudar na PP?

Algumas das ideias da Filosofia Analítica da Linguagem permanecem, agora numa iluminada e transformadora perspectiva positiva. Continua a ser importante considerar a possibilidade de 'fazer coisas com as palavras', premissa já enunciada por John Austin nos anos de 1960. Também de intervir ao nível do ato de fala, com a consciência de que as "condições de felicidade" podem encontrar-se na possibilidade de coordenação comunicacional. (AUSTIN, 1965). A acrescentar a este filão não completamente explorado haverá que adicionar a perspectiva da Psicologia Positiva Comunitária e da Investigação Transformativa e Apreciativa em Psicologia Positiva, enunciadas por Neto e Marujo (2013; 2011). Por sua vez, será também estrategicamente importante retomar as perspectivas sociológicas de Erwing Goffman sobre o episódio como a unidade mínima de análise da vida social. A análise reflexiva de episódios sociais (positivos e negativos) como sugerido por C. Oliver e Fran Edges aguarda também consideração. No horizonte de aplicação e fundamentação das práticas de *Coaching* esta é uma perspectiva aliciante.

Outras tradições teórico-práticas ainda não confluíram com a investigação da PP. Temos trabalhado, ainda que de forma introdutória, sobre a possibilidade de inclusão da Comunicação não Violenta de Marshall Rosenberg com a PP. O mesmo em relação à orientação para as soluções, em particular referidas ao trabalho de Frederick Bannink sobre Resolução Positiva de Conflitos.

Contudo, a maior linha de desenvolvimento para a PP ligar-se-á, pensamos, com as Comunidades (em especial às desfavorecidas e marginalizadas) e a Economia. Incluímos nesta linha de investigação, reflexão e transformação os nossos próprios trabalhos como os publicados em **Positive Nations and Communities** (MARUJO & NETO, 2013a) e os que se debruçam sobre investigação transformativa em comunidades (MARUJO & NETO, 2010; MARUJO & NETO, 2011a; MARUJO & NETO, 2011b; NETO & MARUJO, 2011) e a notável obra do também professor do EMAPP de Lisboa Luigino Bruni. (BRUNI & PORTA, 2007). A ideia de fundo é que haverá necessariamente a considerar formas alternativas de Economia como a Economia Civil e a Economia da Comunhão, em que o Brasil é um dos principais países de prática. De modo paralelo, os estudos da Felicidade encontram um horizonte de desenvolvimento na noção milenar de Felicidade Pública, centrada nos bens relacionais e na construção do sentido coletivo e do bem comum, onde a etimologia latina da palavra *Felicitas* - fertilidade, virtuosidade, geratividade - nos distancia da *happylogia* e do lado externo e meramente hedônico da vivência da felicidade. (MARUJO & NETO, 2014).

Seria suficiente o encontro da PP com a *Publica Felicitas*, para merecer a nossa maior e melhor expectativa e empenho num futuro esperançado e socialmente transformador desta nova e desafiadora área da ciência (MARUJO & NETO, 2014; MARUJO & NETO, no prelo).

PARTE III

Felicidade, Bem-Estar Subjetivo e Emoções Positivas

Andréa Perez Corrêa

Algumas partes do livro estão compostas por uma quantidade maior de conceitos e informações e esta é uma delas. Nesta descrição da **Parte III**, são apresentadas informações acerca dos temas da felicidade, do bem-estar subjetivo e das emoções positivas e outras abordagens, além dos conceitos teóricos de cada um dos capítulos que a compõem, a fim de que o leitor possa compreender, de forma clara, o que são e, principalmente, como são usados no âmbito da Psicologia Positiva.

> *No senso comum, o termo felicidade é usado por todos nós para definir o que sentimos de satisfação, alegrias e emoções boas em nossas vidas.*

Ao longo de todo o livro em todas as partes, os autores permeiam suas temáticas, na maioria dos casos, com uma dessas abordagens e, por isso, não cogitamos esgotar seus detalhes, mas permitir ao leitor que, acima de tudo, possa diferenciá-los, o que não é uma tarefa muitas vezes fácil. Isso porque carregamos, a partir de nossa vivência, a compreensão do que seja a felicidade e nossas conceituações particulares acabam se confundindo com essas concepções mais teóricas.

Felicidade em nossas vidas e na Psicologia Positiva

No nosso cotidiano, o termo felicidade é utilizado para expressar diversas emoções. No senso comum, o termo felicidade é usado por todos nós para definir o que sentimos de satisfação, alegrias e emoções boas em nossas vidas. É nosso desejo maior para nossos filhos e familiares, são nossos votos em confraternizações de aniversários, nascimentos e em novos empreendimentos, enfim, é o jargão que carrega a conotação do que de melhor consideramos que possa viver um indivíduo.

> *De alguma forma, nascemos sabendo que a felicidade será a mais sublime de nossas conquistas e construímos nossos dias embutindo em ações, comportamentos, projetos e atitudes esse desejo maior de ter uma vida feliz.*

De alguma forma, nascemos sabendo que a felicidade será a mais sublime de nossas conquistas e construímos nossos dias embutindo em ações, comportamentos, projetos e atitudes esse desejo maior de ter uma vida feliz. Nas palavras de Peterson (2013), "Felicidade, ou ao menos a busca disso, tornou-se um direito humano" (p. 21).

Nas livrarias, deparamo-nos com milhares de publicações que destacam te-

> *Se fizermos uma pergunta do tipo: "O que é felicidade para você?", com certeza, teremos como resposta infinitas definições, de acordo com a avaliação subjetiva de cada indivíduo...*
>
> *Engessarmo-nos em qualquer modelo de felicidade proposto por outrem, sem nos adequarmos ao que melhor se adequa à nossa própria concepção, é um caminho que não se trilha e que não levará a lugar algum.*

máticas sobre a felicidade, apresentando inúmeras fórmulas de "como ser mais feliz em pouco tempo", além de, a todo instante, sermos literalmente "bombardeados" pela mídia com modelos, por muitas vezes inusitados e inalcançáveis, com os quais muitos de nós não se ajustam ou cogitam como uma escolha para ser mais feliz.

E isso se dá – esse modelo pré-moldado e generalista – por um equívoco imenso de que a felicidade é igual para todos. Se fizermos uma pergunta do tipo: "O que é felicidade para você?", com certeza, teremos como resposta infinitas definições, de acordo com a avaliação subjetiva de cada indivíduo, à medida que ela é "um estado emocional positivo, subjetivamente definido por uma pessoa". (SNYDER & LOPEZ, p. 124, 2009). Nesse sentido, Sonja Lyubomirsky (2008), pesquisadora sobre o tema no campo da Psicologia Positiva, afirma que a felicidade é um estado mental e, dessa forma, manifesta-se como uma maneira de nos percebermos e ao mundo que nos rodeia. E, com certeza, cada um de nós, com suas peculiaridades, se percebe e ao mundo, de formas próprias e independentes. Engessarmo-nos em qualquer modelo de felicidade proposto por outrem, sem nos adequarmos ao que melhor se adequa à nossa própria concepção, é um caminho que não se trilha e que não levará a lugar algum.

Ainda em torno do tema da felicidade e, logicamente, com a preocupação de fazer com que mais pessoas sejam beneficiadas com os efeitos que uma vida mais feliz pode trazer, muito já foi falado sobre mitos e crenças que nutrem, por muitas vezes, a nossa forma de pensar e, acima de tudo, a nossa inação quanto à promoção de experiências que podem potencializar a nossa felicidade. Interpretações de felicidade como algo fácil ou como resultado de sucesso, por exemplo, abrigam a mente de muitos que acabam equivocando-se sobre conduzir uma vivência mais feliz. (LYUBOMIRSKY, 2008; LYUBOMIRSKY, 2013; SELIGMAN, 2009; BEN-SHAHAR, 2008).

Ao longo do tempo, inúmeros foram os enfoques que a Humanidade reservou ao que é a felicidade, às suas influências e aos seus benefícios, mas com a Psicologia Positiva – num momento em que a nossa sociedade clama mais por significado e sentido em suas vidas, e não apenas por emoções passageiras e incipientes - torna-se quase premente dar concretude a essa noção abstrata do que é felicidade. Fora isso, difere, de uma cultura para outra, o que é a felicidade, trazendo, à construção de uma conceituação universal, imensas dificuldades que precisam ser transpassadas, a fim de que possa ser construído um corpo de conhecimento que favoreça a potencialização da felicidade nos indivíduos.

Chegando ao século XXI, com uma visão pós-materialista, acabamos reproduzindo uma perspectiva de felicidade como resultado da frustração de uma expectativa materialista não atendida.

Lyubomirsky (2008) define o termo felicidade como "experiência de alegria, contentamento, ou bem-estar positivo, combinado a uma sensação de que a vida é boa, significativa e valiosa" (p. 21). Já Snyder e Lopez (2009) definem a felicidade como "reflexo espontâneo de sentimentos agradáveis e desagradáveis sobre a experiência imediata da pessoa" (p. 74). A partir de definições como essas, entre tantas outras, começa-se a ter uma noção mais delineada de uma conceituação que pode atender a uma ampla gama de avaliações subjetivas das pessoas sobre o que é a felicidade, mas sem entrar no mérito de como ela se constitui, o que envolve, como acontece, ou o que representa.

Para chegar até aqui, o tema tem merecido atenção desde a Era Clássica, passando a ser foco de estudos e reflexões subsequentes de figuras emblemáticas como Tomás de Aquino, Charles Darwin, Abraham Maslow ao longo dos anos. (BISWAS-DIENER & DEAN, 2007). Tema de discussão de obras religiosas, textos filosóficos e proclamações diversas, reportando-se há mais de 2.500 anos, e incluindo mais alguns ícones, como Confúcio, Buddha e Aristóteles. (CRUM & SALOVEY, 2013).

A mudança de uma felicidade de sorte dos Antigos Gregos para uma felicidade de prazer começou por volta dos séculos XVII ou XVIII, quando se começou a acreditar que a felicidade poderia ser alcançada na vida presente e não apenas após a morte. (MIAO *et al.*, 2013).

Chegando ao século XXI, com uma visão pós-materialista, acabamos reproduzindo uma perspectiva de felicidade como resultado da frustração de uma expectativa materialista não atendida. Com a constatação de que a felicidade não foi instaurada, apesar dos atendimentos das necessidades materiais e do desenvolvimento econômico resultante, chegamos à virada do século, com índices mais altos de depressão, quando socialmente depreendemos dessa situação que a felicidade precisa ser algo maior, como o prazer, a satisfação e o significado da vida. (SYNDER & LOPEZ, 2009; BEN-SHAHAR, 2008). E é neste campo fértil de um novo pensar a felicidade que se consolidam novas temáticas e abordagens sobre o que faz ou pode fazer as pessoas mais felizes.

Segundo David e colegas (2015), as pesquisas e estudos realcionados à felicidade ou ao bem-estar acabam se incluindo em uma de suas duas tradições ou concepções filosóficas: a abordagem do hedonismo, que se define como "a busca das emoções positivas, buscando o máximo de prazer e uma vida agradável em geral com gratificação instantânea" (p. 4) e a "eudaimonia, que olha para além disso, e se preocupa com a mudança, o crescimento e a quebra da homeostase" (p. 4).

Para esclarecer ao leitor ainda mais o que é o conceito de eudaimonia concebido por Aristóteles em Nicomachean Ethics, Waterman (1993), baseando-se nos estudos de Nortan (1976), a define como "uma teoria ética que chama as pessoas a reconhecer e a viver em consonância com seu daimon ou verdadeiro eu". O *daimon*, segundo apresenta o autor, "refere-se às potencialidades de cada pessoa, a realização a qual representa o maior cumprimemto na vida do qual cada um é capaz", o que inclui tanto as potencialidades virtuosas que contemplam todos os seres humanos como aquelas que os distinguem. Com isso, o daimon é "um ideal, no sentido de ser uma excelência, a perfeição para a qual alguém se esforça e, portanto, pode dar sentido e direção à vida desse alguém". Os esforços para a realização desse *daimon* é que configuram a condição determinada como eudaimonia. (WATERMAN, 1993, p. 678).

Já para entender o hedonismo, Peterson (2006) afirma que, nesta perspectiva, busca-se maximizar o prazer e tenta-se ameniza a dor, estando a obrigação moral contida em aumentar tanto quanto possível a experiêcia do prazer, o que é claro na frase de uma música já conhecida: *"Don't worry, be happy"*.

Snyder e Lopez (2009) afirmam que a felicidade é apenas mais um dos aspectos contidos no estudo da Psicologia Positiva, Contudo, se observarmos com mais acuidade, o tema da felicidade permeia todos os demais e percebe-se que, de alguma forma, suas pesquisas, sejam elas relacionadas às qualidades humanas, resiliência, emoções positivas, intervenções, *assessments*, objetivam, como um desdobramento, a possibilidade de favorecer a felicidade humana, atrelada a uma vida com mais significado. E isso coaduna com o que afirmava Aristóteles, filósofo grego (384-322 a.C.): "A felicidade é o sentido e o objetivo da vida, todo o propósito e finalidade da existência humana".

Sobre esse tema, merecem destaque Lyubomirsky, Sheldon e Schkade (2004), Lyubomirsky (2008) e Lyubomirsky e Layous (2013), em cujos trabalhos há um destaque sobre a possibilidade de os indivíduos poderem criar a sua felicidade a partir de suas próprias ações positivas, não aguardando que essa seja concebida a mercê de um golpe de sorte circunstancial ou por uma herança genética unicamente, favorecendo uma felicidade duradoura. Considerando que cada indivíduo apresenta uma concepção a respeito de sua própria felicidade – o que já destacamos antes – essas ações intencionais dependem do perfil de cada um e sua implementação deve respeitar diversos aspectos individuais. Coaduna com essa ideia da necessidade de implementarmos ações o que afirma Peterson (2013) a respeito de uma boa vida: "A boa vida é de trabalho árduo, e não há atalhos para sustentar a felicidade" (p. 5).

Considerando que cada indivíduo apresenta uma concepção a respeito de sua própria felicidade essas ações intencionais dependem do perfil de cada um e sua implementação deve respeitar diversos aspectos individuais.

Em 2005, no artigo **Pursuing Happiness: The Architecture of Sustainable Change**, Sonja Lyubomirsky, Ken M. Sheldon e David Schkade identificaram os fatores mais importantes que determinam a felicidade: as circunstâncias, no caso nossa condição financeira, nosso estado civil, nossa beleza, entre outros, variam nossos níveis de felicidade em apenas 10%; o ponto decisivo, que se refere à nossa carga genética, definirá a felicidade num percentual de 50%, o quanto poderemos ser felizes ou não ao longo de nossas vidas, e ainda, o que destacam como Solução 40%, percentual que diz respeito às ações cotidianas intencionais que podemos implementar em prol de nossa felicidade, que recaem em nosso comportamento, na nossa forma de agir e de pensar.

Na literatura sobre a Psicologia Positiva, de forma intercambiável, a felicidade – considerada como um termo guarda-chuva em muitos casos - poderá se referir a noções de bem-estar, bem-estar subjetivo, hedonismo, eudaimonia, saúde, florescimento e outros mais. (DAVID *et al.*, 2015). Com essas indicações, os autores ainda destacam alguns pontos:

- a felicidade, no senso comum, seria interpretada como bem-estar;

- o sentido de hedonismo refere-se aos aspectos do bem-estar centrados no prazer;

- por outro lado, o florescimento já se reporta ao aspecto do crescimento e da autotranscedência do bem-estar, no sentido da busca do ser humano de ir além de si mesmo em busca de um significado maior em sua vida, consequentemente de suas ações.

- considerando o bem-estar da mesma forma um termo guarda-chuva, seria o aspecto que tem a conotação relacionada ao bem-estar e à saúde física; e – a noção de bem-estar subjetivo – foco do próximo item – os autores apontam como sendo o conceito que domina toda a literatura psicológica em termos do bem-estar.

O campo de estudo da felicidade é extremamente amplo e pretender abordar todos os seus aspectos nestas poucas páginas seria uma meta inverossímil. Ao longo dos capítulos, mais detalhes você poderá conhecer sobre essa faceta de nossas vidas que nos conduz em nossos pensamentos, atitudes e emoções.

Bem-estar Subjetivo – dois aspectos do ser humano

A história do bem-estar subjetivo pode-se dizer que é considerada recente, tendo por volta de um pouco mais de 50 anos, considerando como marco de seu nascimento o ano de 1960, quando seu termo foi estudado pela primeira vez, assim como é conhecido hoje, e que compõe as literaturas que abordam sua temática no campo da Psicologia Positiva. (GALINHA & RIBEIRO, 2005; GIACOMONI, 2004). No lugar do termo "felicidade", a maioria dos autores dessa área utilizam-se do conceito do bem-estar subjetivo, pois fogem do que poderia ser considerado um estudo da *"happiology"*.

Os estudos sobre o tema do bem-estar subjetivo já foram desenvolvidos por inúmeros autores, mas reconhece-se que Ed Diener é o autor ícone sobre essa temática, sendo chamado, segundo Carol Diener (2012), inclusive de Mestre Jedi dos Estudos de Felicidade, considerando o seu pioneirismo no campo, tendo dedicado a sua vida a mais de 30 anos de trabalho em pesquisas nesse campo, publicando mais de 200 artigos acadêmicos, a partir da análise de dados de amostras de centenas de milhares de pessoas de mais de 100 países.

Antes de entrarmos, especificamente, numa definição do que é o bem-estar subjetivo é importante destacar que se trata, antes de qualquer atributo, de uma avaliação estritamente pessoal feita acerca de afetos e da satisfação com a vida. Nesse sentido, compreende-se, portanto, o uso do termo subjetivo, utilizado na sua construção, já que depende da interpretação individual, variável de pessoa para pessoa a partir de cada vivência objetiva.

Diante disso, a literatura sobre o bem-estar subjetivo concentra-se mais especificamente em identificar o como e o porquê de algumas pessoas experimentarem suas vidas de maneiras positivas, incluindo em suas avaliações julgamentos cognitivos e também reações afetivas. (DIENER, 2009).

Bem-estar subjetivo enfatiza os relatos das pessoas a partir de suas experiências de vida, partindo do pressuposto de que as pessoas ficam confortáveis ao fazer avaliações pessoais sobre si mesmas quanto ao seu afeto e à sua satisfação, sendo francas nesta avaliação. Contudo, no momento em que as pessoas são submetidas a medições em relação a isso, algumas condições podem influenciar os resultados, comprometendo a intencionalidade de "ser franco". (ALBUQUERQUE & TROCCOLI, 2004; DIENER, 2009; PAVOT & DIENER, 2013).

> *No lugar do termo "felicidade", a maioria dos autores dessa área utilizam-se do conceito do bem-estar subjetivo, pois fogem do que poderia ser considerado um estudo da "happiology".*

Dessa forma, valores atribuídos ao bem-estar subjetivo podem variar, apesar da suposta convicção de expressar com exatidão o que se sente ou pensa. Algumas dessas variações podem ser ocasionadas pelo tipo de escala utilizada, pela ordem dos itens, pelo estado do humor, pela desejabilidade social, pelas comparações-alvo, pelos tipos de escalas de respostas utilizadas e pelas distorções de memória. (ALBUQUERQUE & TROCCOLI, 2004, HUTZ, 2014). O que venho percebendo na prática com o *Coaching* é uma importância significativa, quanto a deixar claro ao cliente que ele, no preenchimento de uma escala, simples ou mais complexa, seja absolutamente sincero e noto que o que acaba mais chamando a atenção do que pode comprometer o seu apontamento é a desejabilidade social. No momento em que destaco esse possível tipo de interferência, parece um momento em que o cliente "eleva o olhar" e identifica que pode estar, mesmo que sem intenção, deixando-se influenciar por isso.

Segundo Snyder e Lopez (2009), Diener considera que o essencial é que quem faz a avaliação sobre a vida é a própria pessoa e não um especialista, um terapeuta ou um filósofo. A própria pessoa é o especialista nesta hora, escolhendo os padrões para as suas avaliações. Daí, a importância de, como especialistas dessa área, deixarmos nossos clientes livres para suas avaliações, sem nos atermos a nenhum tipo de juízo de valor.

De acordo com Diener (2013), bem-estar subjetivo é o nome científico de como as pessoas avaliam suas vidas, destacando que se trata de avaliações cognitivas e afetivas de alguém sobre a sua vida como um todo. E essas avaliações incluem reações emocionais a eventos, com julgamento cognitivo de satisfação e de realização. (DIENER; OISHI & LUCAS 2009; DIENER 2013). O bem-estar subjetivo é um conceito amplo que inclui a experimentação de níveis altos de emoções e humores prazerosos, baixos níveis de emoções e humores negativos e alta satisfação com a vida. (DIENER, 2013).

Trata-se de um tema aderente aos princípios da Psicologia Positiva, uma vez que não se procura estudar estados psicológicos negativos ou patológicos, mas diferenciar os níveis de bem-estar que as pessoas alcançam em suas vidas. (SIQUEIRA & PADOVAM, 2009).

Segundo Diener (2013), os estudos mostram que, apesar de as pessoas viverem em ambientes objetivamente definidos, é ao mundo subjetivamente definido que elas respondem e, por conta disso, o bem-estar subjetivo tornou-se um importante indicador de Qualidade de Vida, tornando a satisfação com a vida e a felicidade importantes componentes do seu conceito.

Pavot e Diener (2013) afirmam que há diversos investigadores acerca do bem-estar subjetivo e que alguns pontos comuns podem ser verificados, apesar de variarem de alguma forma:

• Destacam que os primeiros investigadores consideravam um aspecto afetivo - que seria um relativo equilíbrio entre sentimentos positivos e negativos que define o nível hedônico - e o aspecto cognitivo - que seriam as avaliações e julgamentos entre a discrepância entre as expectativas e os atingimentos percebidos, a avaliação da vida como um todo, ou seja, a satisfação com a vida.

• Depois disso, afirmam que surge uma teoria tríplice, em que o aspecto afetivo divide-se em afeto positivo e afeto negativo, os quais são sempre experimentados de forma relativamente independente um do outro e mantido o aspecto cognitivo como satisfação com a vida.

• Finalmente, segundo destacam, se chega ao que se considera **atualmente o modelo estrutural de quatro componentes**, em que o aspecto afetivo apresenta o afeto positivo e o afeto positivo que coexistem de forma independente e o aspecto cognitivo que se divide em satisfação com a vida e a satisfação com algum domínio da vida. O aspecto afetivo refere-se a humores e emoções associados à experiência momentânea de eventos e o equilíbrio entre eles configura a felicidade.

Como no campo da ciência, as mensurações são habitualmente essenciais, dependendo do foco de estudo, foram criadas escalas de medições tanto para o aspecto afetivo como para o aspecto cognitivo, como a Escala de Experiência Positiva e Negativa, do inglês *Scale of Positive and Negative Experience* – SPANE de Diener, Wirtz; Tov; Kim-Prieto; Choi; Oishi; Biswas-Diener de 2009 e a escala de Satisfação com a Vida do inglês *Satisfaction with Life Scale* – SWLS de Diener, Emmons, Larsen e Grifin, 1985. No capítulo de Claudio S. Hutz e Juliana C. Pacico, vocês já foram apresentados a indicações de escalas já adaptadas e desenvolvidas no Brasil sobre diversos construtos.

O bem-estar subjetivo apresenta, independentemente do modelo, três características:

- É NATURALMENTE SUBJETIVO: Expressão da Experiência Individual
- FATORES EXTERNOS influenciam, mas não são inerentes ou necessários.
- Não representa apenas a AUSÊNCIA DE FATORES NEGATIVOS, mas também INCLUI EXPERIÊNCIAS POSITIVAS. Inclui uma Avaliação Global, não focando apenas numa avaliação de domínio. (DIENER, 2009; PAVOT & DIENER, 2013).

Com base no trabalho de Diener (2009), destaca-se que são inúmeras as causas que podem influenciar o aumento ou a diminuição do bem-estar subjetivo, cada uma de maneiras diferentes e em diferentes graus, em áreas como personalidade, idade, gênero, renda, educação, religião, casamento, contato social, eventos da vida, saúde, sendo apresentados a seguir alguns exemplos:

- **renda:** depois de atingido determinado patamar não altera o bem-estar; já a pobreza extrema o compromete, enquanto poder e status o influenciam de forma relativa;
- **gênero:** mulheres jovens são mais felizes que homens jovens e na velhice isso é o oposto;
- **trabalho:** os desempregados são os mais infelizes, mesmo com uma renda controlada; tanto homens como mulheres, tendo um efeito devastador, o que não atinge donas de casa.
- **casamento:** pessoas casadas relatam maior felicidade que os não casados, contudo, nos casamentos não muito felizes, o nível de felicidade é mais baixo que entre os solteiros ou divorciados.

Emoções Positivas contribuindo para o florescimento humano

Quanto a uma descrição mais detalhada sobre o que são as emoções positivas, consideramos dispensável nesta descrição.

Como já vimos no Capítulo 1 – Introdução à Psicologia Positiva, quando da concepção teórica do estudo da Psicologia Positiva, as emoções positivas constituem um dos pilares de sua abordagem. (CSIKSZENTMIHALY & SELIGMAN, 2000).

Já no Capítulo 2 – Teorias da Psicologia Positiva, encontramos o tema das emoções positivas em ambas as Teorias de Martin Seligman – Felicidade Autêntica e Bem-estar – o que ratifica a sua importância na Psicologia Positiva.

Nesta parte, vamos nos aprofundar um pouco mais no estudo sobre as emoções positivas daquela que é considerada a maior expert sobre o tema, Barbara Fredrickson, com sua teoria "ampliar-e-construir", que veio a público, em 2009, com o livro Positividade.

Entretanto, esse trabalho de Fredrickson já datava de muito tempo, por meio de pesquisas e com diversos artigos publicados como ***What Good are Positive Emotions?*** de 1998, o ***The Role of Positive Emotion in Positive Psychology: The Broaden-and-Build Theory of Positive Emotions*** de 2001 e o ***The Value of Positive Emotions – The Emerging Science of Positive Psychology Coming to Understand Why it's Good to Feel Good*** de 2003, que trazem muitas informações e dados sobre pesquisas do que foi inserido em seu livro, bem como sobre a própria teoria ampliar-e-construir, criada por Fredrickson no final de 1998.

Sobre a positividade, Fredrickson (2009) apresenta algumas características: **a positividade é boa**, é a centelha de sentir-se bem que desperta a motivação para mudar; **ela muda a forma como a sua mente trabalha**: ela muda o conteúdo de sua mente trocando pensamentos maus por bons e ainda aumenta o raio de alcance ou os limites da sua mente; **a positividade transforma o seu futuro**: enquanto as suas emoções se acumulam, elas constroem reservas; **a positividade coloca um freio na negatividade**: funciona como um botão de "reset" para a negatividade; **a positividade obedece a um ponto de equilíbrio**: com a sucessão de cada momento bom, você sente-se para cima, para fora, não para baixo e para dentro; **você pode aumentar a sua positividade**: você pode pender a sua balança e libertar seu potencial para florescer.

Apesar de todo o respeito reservado ao trabalho de Fredrickson e de sua argumentação teórica sobre as emoções positivas e a positividade, apontado por ícones como Daniel Gilbert, Daniel Goleman e Martin Seligman, por exemplo (BARLETT, 2013), a trajetória desse tema acabou sofrendo críticas (BROWN, SOKAL; FRIEDMAN, 2013), as quais foram consideradas pertinentes, o que fez com que um aspecto de sua teoria, o quociente de positividade de 3 para 1 – já vamos entender isso – fosse excluído, matematicamente, digamos assim, de seu trabalho.

Devido à natureza transitória da positividade, Fredrickson (2009) afirma que o melhor é gerar sempre mais positividade, quando esclarece que o importante é o **quociente de positividade**, o qual define da seguinte forma: "O seu quociente de positividade é a frequência de felicidade em um dado espaço de tempo dividida pela frequência de negatividade durante o mesmo espaço de tempo" (p.23). E esse quociente de positividade está sujeito a um determinado ponto de equilíbrio para cada pessoa. Partindo desse ponto de equilíbrio, Fredrickson (2009) aborda o que chama de espirais: de um lado pode surgir uma **espiral descendente**, quando a negatividade puxa o quociente para baixo e do outro, o defendido em sua teoria, a espiral ascendente, quando decolamos numa espiral energizada pela positividade, o ideal para que se viva uma vida mais feliz.

Em sua abordagem, Fredrickson (2009) afirma que é impossível viver positividade 100% do nosso tempo, pois isso negaria a nossa humanidade, e, por conta disso, apresenta o que chama de receita razoável: desenvolver, ao menos, o quociente de positividade de 3 para 1. Isso quer dizer: para cada emoção negativa que aconteça ou que você tenha em sua vida, produza ao menos três emoções positivas sinceras. É esse o quociente de equilíbrio que descobriu ser o ponto de equilíbrio e que demonstra se as pessoas murcham (espirais descendentes) ou florescem (espirais ascendentes).

Foi exatamente neste ponto que recaiu a crítica de seu trabalho, quando foi argumentado no artigo *The Complex Dynamics of Wishful Thinking: the critical positivity ratios* (BROWN, SOKAL; FRIEDMAN, 2013) que o quociente matemático 3:1 - baseado em trabalhos de Losada (LOSADA, 1999; LOSADA & HEAPHY, 2004), mais especificamente no artigo *Positive Affect and The Complex Dynamics of Human Flourishing*[1] (LOSADA & FREDRICKSON, 2005) - era incorreto, apontando-se que reivindicações matemáticas para um ponto de inflexão de positividade eram infundadas, considerando haver inúmeros erros de fundamentação conceitual e matemática. (BROWN, SOKAL; FRIEDMAN, 2013).

---
1. O artigo sofreu correção pública por Fredrickson e Losada em 2013, publicada no American Psychologist.

Diante disso, ainda em 2013, Fredrickson, por meio do artigo **Updated Thinking on Positive Ratios**, em resposta a Brown, Sokal e Friedman (2013) revisa esse aspecto de sua teoria e conclui:

> Eu aprendi que a evidência empírica mais recente sobre o valor da razão de positividade nos diz pouco. Os dados dizem que considerando emoções positivas, mais é melhor, até um ponto, embora essa última cautela possa ser limitada a emoções positivas autocentradas. Os dados também dizem que quando consideradas as emoções negativas, menos é melhor, um ponto para baixo."..." Evidências empíricas estão em crescimento para apoiar um valor de cálculo para o quociente de positividade. Mesmo assim, considerável trabalho empírico precisa ser feito para entender a dinâmica e propriedades não lineares dos quocientes de positividade, assim como algoritmos mais apropriados para calculá-los. (FREDRICKSON, 2013, p. 7).

Apesar de ter desconsiderado o valor matemático atribuído à razão entre emoções positivas e negativas, Fredrickson (2013) mantém sua concepção sobre os benefícios de mais emoções positivas e menos emoções negativas e aponta que estão em progresso estudos que permitam que seja identificado o quociente de positividade. Sobre isso, na correção (FREDRICKSON & LOSADA, 2013) feita ao artigo original (LOSADA & FREDRICKSON, 2005), apontam que os estudos da pesquisa do artigo evidenciaram que um conjunto geral de princípios matemáticos pode descrever as relações entre afeto positivo e florescimento humano, sobre o que Brown, Sokal e Friedman (2014) voltam a contrapor no artigo **The Persistence of Wishful Thinking: Response to "Updated Thinking on Positive Ratios"**.

Bem, mas a sua teoria não se limita apenas ao quociente de positividade e suas descobertas são amplamente aplicadas em diversos contextos, além de sua produção acadêmica continuar crescendo. Vamos conhecer um pouco mais de sua teoria.

Segundo os cientistas, as emoções negativas desencadeiam uma tendência a ações específicas de ação. Apesar da importância dessa questão para a evolução da raça humana, houve dificuldades para adequar esse mesmo conceito às emoções positivas, tentando-se identificar tendências de ações específicas para cada emoção. Concluindo-se que as emoções positivas não cabem no mesmo molde teórico que tão bem funciona para as emoções negativas, que essas precisariam de um outro. A partir daí, diante de todas essas análises, surge a nova visão: **a positividade amplia e constrói.** (FREDRICKSON, 2009).

Ao contrário das emoções negativas que limitam a ideia de ações possíveis,

Fredrickson (2009) propôs que as emoções positivas **ampliam** o julgamento sobre elas, abrindo nossa consciência para uma ampla gama de pensamentos e ações, surgindo assim o que ela chama de primeira verdade: "**a positividade nos abre**" (p. 28).

Questionando outra hipótese, concluiu que as emoções positivas e negativas eram importantes em momentos diferentes para os nossos antepassados. As atitudes oriundas das emoções negativas eram importantes nas situações ameaçadoras à sobrevivência e as atitudes inovadoras e criativas das emoções positivas eram importantes em longo prazo, por **construir** recursos, encorajando o desenvolvimento da versatilidade, habilidades e características úteis, funcionando esses como o que a autora chama de reservas, equipando nossos ancestrais para futuras ameaças. E aí surge a segunda verdade: "**a positividade nos transforma para melhor**" (p. 31).

Esses dois pressupostos essenciais sobre as emoções positivas é que definem a teoria de "**ampliar-e-construir**" de Fredrickson (2009), que defende que "essas emoções são consequências de nossos ancestrais humanos, porque com o passar do tempo sentir-se bem ampliou suas mentes e construiu suas habilidades para o futuro" (p. 31). A positividade transformou para melhor os seres humanos primitivos, gerando mais recursos físicos, sociais, intelectuais e psicológicos, para favorecerem a sobrevivência.

Dando continuidade ao enriquecimento da sua teoria, a autora discorre sobre as **dez formas de positividade: alegria, gratidão, serenidade, interesse, esperança, orgulho, diversão, inspiração, admiração e amor**, tendo sido identificadas para a abordagem em função da quantidade de pesquisas sobre cada uma delas. (FREDRICKSON, 2009).

Em sua obra, Fredrickson (2009) destaca diversas afirmações sobre a positividade, sobre seus benefícios, acerca das características que as apresentam em suas vidas etc., das quais apresentamos algumas no quadro[2] a seguir:

---

2. Quadro Afirmações sobre Positividade: quadro resumido reproduzido no trabalho monográfico de Corrêa (2013), composto com base conteúdo do livro Positividade de Bárbara Fredrickson (2009).

SOBRE POSITIVIDADE	
Inclui as intenções positivas e as atitudes otimistas que deflagram as emoções positivas.	Possibilita ampliar a sua mente e construir um futuro melhor, já que amplia a sua visão e o seu campo de ações.
Deve ser procurada a cada dia, a cada momento, pois ela pode aumentar diariamente.	É preciso encontrar alavancas para ligar a sua positividade, como formas de pensamento e de ação.
Expande as conexões conceituais que fazemos e passamos a ter melhores ideias.	Aumenta a capacidade de lidar com adversidades de maneira mais racional, pois enxergamos mais soluções.

Finalizadas as explanações acerca da teoria "amplia-e-construir", acrescentamos apenas mais alguns pontos para que você sempre tenha em mente sobre as emoções positivas.

Segundo Ben-Shahar (2008), os estudiosos definem a felicidade, "basicamente, como a experiência de emoções positivas – prazer combinado com um senso profundo de sentido e propósito" (p. 52). Para ele, as emoções positivas, que vem sendo ao lado da positividade o termo mais escolhido entre os estudiosos, são as propulsoras principais da felicidade, e isso é o tipo de informação para não se esquecer.

Diante disso, construa momentos em sua vida para que você possa vivenciar experiências que produzam cada vez mais emoções positivas e, assim, você possa potencializar a sua felicidade. Conforme afirmam Conway e colegas (2015), "muitos dos momentos mais maravilhosos na vida são impregnados por emoções positivas" (p. 17) e tenho certeza de que você não quer abrir mão desses momentos.

Outras abordagens sobre felicidade e bem-estar para pesquisar

Na atualidade, já estão surgindo novas abordagens sobre a felicidade e o bem-estar e precisamos nos manter atualizados neste sentido, já que desejamos presenciar os desdobramentos dos temas da Psicologia Positiva.

Dentre essas novas abordagens, transcrevemos as seguintes:

- *Emotionally Intelligent Happiness* – Alia J. Crum e Peter Salovey (2013)

> Ter a habilidade de experimentar a emoção a serviço de viver com vitalidade, com significado, com sociabilidade e sucesso. É uma felicidade mais proativa, integrada, fundamentada e sustentável (p. 74).

- **Psychological Wealth - Ed Diener e Robert Biswas-Diener** (2012)

    É a experiência de bem-estar e alta qualidade de vida.

    É a experiência de que nossa vida é excelente - de que nós vivemos de uma forma recompensadora, envolvente, significativa e agradável.

    Inclui a satisfação com a vida, o sentimento de que a vida é cheia de significado, um senso de engajamento em atividades interessantes, a busca de metas importantes, a experiência de sentimentos positivos e um senso de espiritualidade que conecta as pessoas a coisas maiores que elas próprias. Tomadas em conjunto... constituem a verdadeira riqueza (p. 6).

Os ingredientes da Riqueza Psicológica são apontados pelos autores como: Satisfação com a vida e Felicidade; Espiritualidade e significado sobre a vida; Atitudes e Emoções Positivas; Relacionamentos sociais amorosos; Atividades e trabalho envolventes; Valores e metas de vida para alcançá-los; e Recursos materiais suficientes para satisfazer nossas necessidades.

- **Functional Well-being Approach** (FWBA) – Joar Vitterso (2013)

    Emoções e avaliações fazem pouco sentido se estão isolados de metas e planos, realizadas por aqueles que experimentam os sentimentos e fazer as avaliações.

    A ideia de pensar sobre a vida deve incluir não apenas as avaliações, mas também um conceito que atenda a uma representação unificada de metas e planos (p. 228).

Feitas essas apresentações, seguem nesta Parte III três capítulos, cujas abordagens enfocam no bem-estar em temáticas peculiares e especiais, para que você possa refletir sobre a versatilidade quando desenvolver projetos e trabalhos que contemplem esse assunto.

Capítulo 6

Bem-Estar: O Caminho para um Emagrecimento Eficaz

Soraya Farias

Emagrecer está presente na resolução de Ano Novo da maioria das pessoas, mas nem todos alcançam tal objetivo. Por que será que isso acontece? É claro que não existe um único motivo. Vários fatores são considerados, inclusive a crença relacionada à existência de fórmulas mágicas. Infelizmente, quando o resultado não aparece, acaba gerando desistência e sensação de fracasso.

> (...) o emagrecimento é consequência de uma série de mudanças relacionadas ao bem-estar.

Ademais, a obesidade é considerada pela OMS (Organização Mundial da Saúde), segundo a ABESO (Associação Brasileira para o estudo da Obesidade e da Síndrome Metabólica), um dos maiores problemas de saúde pública do mundo. De acordo com dados obtidos no Blog da Saúde do Ministério da Saúde, a obesidade no Brasil está estagnada, mas em relação ao sobrepeso o mesmo não acontece. Segundo dados levantados em 2014 pela Vigitel (vigilância de fatores de risco e proteção para doenças crônicas por inquérito telefônico), esse número atingiu 52,5% da população e desde então não para de crescer. Vale ressaltar que o sedentarismo e a má alimentação são fatores de risco para o desenvolvimento de doenças crônicas como: diabetes, hipertensão, depressão, doenças cardiovasculares, problemas na coluna e, até mesmo, o câncer.

Diante desse cenário, o objetivo deste capítulo é apresentar como a Psicologia Positiva pode colaborar para que o indivíduo alcance o emagrecimento através do viés do bem-estar. Para chegar até este ponto de poder explanar acerca desta temática, entre erros e acertos, ao longo de poucos anos, acabei chegando à construção de uma proposta de processo de emagrecimento, com base nos cinco elementos expostos pelo Fator Bem-estar sugerido por Tom Rath e Jim Harter, da Gallup.

Considerando o foco no bem-estar, que ocorreu após a conclusão da minha especialização na área clínica, cujo objetivo era pesquisar como a Psicologia poderia auxiliar no processo de emagrecimento, percebi, de acordo com a ampla literatura analisada, três pontos essenciais a serem trabalhados:

- Reestruturação cognitiva;
- Estilos motivacionais;
- Assertividade.

Porém, inicialmente, aplicando este processo em mim mesma, constatei que ao alcançar o peso desejado algo ainda faltava. Foi nesse momento que me dei conta de que o emagrecimento é consequência de uma série de mudanças relacionadas ao bem-estar. Por conta disso, encontrei na Psicologia Positiva as respostas que procurava e concluí que seus temas, intervenções e estudos poderiam ter um papel fundamental nesse processo.

Elementos do Bem-estar e o Processo de Emagrecimento

Quando o objetivo é apenas o emagrecimento, sem considerar o fator bem-estar e tudo que está relacionado a ele, ocorre o conhecido "efeito sanfona". Com isso, verifiquei que seria adequado desenvolver um trabalho voltado para a modificação do estilo de vida, com o intuito de melhorar o bem-estar e a saúde do indivíduo de acordo com suas forças pessoais, através de um trabalho de psicoeducação positiva, autodescoberta e reflexões voltadas para a mudança de comportamento.

Nesse sentido, a Psicologia Positiva, voltada para o estudo da felicidade, promoção do bem-estar e o florescimento, demonstrou ser uma ciência poderosa no alcance de uma mudança duradoura, orientada para um estilo de vida saudável. De acordo com Baptista (2013), "a ciência da felicidade pretende não só que as pessoas se sintam bem, mas também que funcionem bem e que levem uma vida com significado". Considerando essa afirmação, é possível perceber que para despertar sua melhor versão é necessário trabalhar em prol do bem-estar.

Segundo Rath e Harter (2011), bem-estar não está associado apenas a um estado de felicidade, mas, sim, consiste na união da forma positiva com que nos envolvemos em nossas ocupações, da qualidade dos relacionamentos, de uma vida financeira equilibrada, dos cuidados com a saúde física e mental e do prazer em contribuir com nossa comunidade.

O modelo de bem-estar adotado é o proposto pelo Instituto Gallup apresentado no livro **O fator bem-estar – Os cinco elementos essenciais para uma vida pessoal e profissional de qualidade** (2011), instituto este que, ao longo dos anos, vem trazendo imensas contribuições ao campo da Psicologia Positiva com seus estudos e propostas. Nesse modelo, são considerados cinco fatores ou áreas compostas de elementos comuns e essenciais à maioria das pessoas. Entre eles estão:

• Bem-estar Profissional
• Bem-estar Social
• Bem-estar Financeiro

- Bem-estar Físico
- Bem-estar na Comunidade

Por mais que o intuito seja o emagrecimento, é necessário ter consciência da importância que todas as áreas têm em nossas vidas, pois o excesso de peso, de acordo com a ótica da psicossomática[1], muitas vezes pode ser um sinal de que algo não vai bem. A obesidade pode ser vista como um sintoma sobre o qual devem ser levadas em consideração as particularidades de cada sujeito, compreendendo que existe uma história por trás de cada excesso registrado no corpo. É importante ressaltar que nem sempre o desequilíbrio se encontra apenas na área referente ao bem-estar físico, por exemplo. Vamos entender como isso tudo funciona.

(...) é necessário ter consciência da importância que todas as áreas têm em nossas vidas, pois o excesso de peso, de acordo com a ótica da psicossomática, muitas vezes pode ser um sinal de que algo não vai bem.

1- Bem-estar Profissional

Segundo Rath e Harter (2011), o bem-estar profissional está relacionado com a ocupação que exercemos ao longo da vida. Essa é uma área de grande importância, pois a ocupação que escolhemos influencia em nossa maneira de ser. Infelizmente, a maioria das pessoas pensa primeiramente no fator financeiro, deixando de lado o essencial: suas forças pessoais e talentos. Além disso, um antigo estudo realizado por George Gallup (1958) já mostrava que pessoas que gostavam da área em que trabalhavam eram profissionais mais comprometidos e felizes. Com isso, o risco de ansiedade e depressão era reduzido, aumentando a saúde física de uma maneira geral.

(...) quando estamos satisfeitos com nossas escolhas ocupacionais o florescimento acontece.

Dessa forma, podemos perceber que quando estamos satisfeitos com nossas escolhas ocupacionais o florescimento acontece. A sensação de felicidade aumenta e isso influencia positivamente os relacionamentos, aumentando o engajamento nos projetos profissionais e a vida passa a ter mais sentido.

2- Bem-estar Social

A segunda área é de grande importância, pois o bem-estar social depende da qualidade das relações que mantemos com o outro. De acordo com a pes-

---
1. Termo utilizado que estuda as relações entre as emoções e as doenças físicas.

> *Pensando no emagrecimento, precisamos nos relacionar com pessoas que tenham o mesmo objetivo.*

quisa realizada por Christakis e Fowler (2007), citada por Rath e Harter (2011), foi observado que nossos hábitos, comportamentos e saúde são influenciados por nossa rede de contato. Inclusive, nossos amigos acabam influenciando muito mais do que nossa própria família. Dessa forma, caso um amigo seu se torne obeso, isso aumenta suas chances de também se tornar obeso em 57%. Da mesma forma que, se você tem um amigo que mantenha uma dieta equilibrada, suas chances de também ter uma dieta parecida aumentam mais de cinco vezes. Para que possamos melhorar o bem-estar na área social, é preciso que haja um investimento de, no mínimo, seis horas diárias para essa finalidade.

Pensando no emagrecimento, precisamos nos relacionar com pessoas que tenham o mesmo objetivo. Pode ser desde participar de aulas coletivas na academia ou até de um grupo no Facebook, voltado para emagrecimento. Isso não significa se desfazer das amizades que você tem, mas de ampliar, no sentido de potencializar a realização do seu objetivo.

3- Bem-estar Financeiro

O bem-estar financeiro refere-se à terceira área, que me reporta à seguinte frase: "Prefiro ser infeliz numa Ferrari em Paris do que feliz em um Fusca em São Paulo". O autor dessa frase não poderia estar mais equivocado, pois segundo pesquisas realizadas por Dunn *et al.* (2008), citadas por Rath e Harter (2011), nosso nível de felicidade e bem-estar não aumenta quando gastamos dinheiro com nós mesmos, mas, sim, quando gastamos com o outro. A conclusão a que se chega é que a forma como o dinheiro é gasto influencia muito mais do que o valor que se tem para gastar.

Em outra pesquisa realizada por Deaton, do Instituto Gallup (2008), citada pelos autores, o dinheiro aumenta as chances de bem-estar e isso ocorre, pois precisamos de dinheiro para arcar com nossas necessidades básicas, de forma a vivermos de maneira decente.

Segundo Rath e Harter (2011), ao contrário do que muitos acreditam, o acúmulo de dinheiro pode gerar estresse e diminuir o bem-estar de uma maneira geral. Na verdade, o bem-estar está em saber como gerir o dinheiro e não em como gastá-lo. Além disso, segundo os autores, a felicidade aumenta a responsabilidade do indivíduo com o dinheiro, ao passo que indivíduos mal-humorados e tristes acabam tomando decisões financeiras desfavoráveis na maioria das vezes. Os autores recomendam investir em experiências ao invés de bens materiais como forma de aumentar o nível de bem-estar.

Com isso, pensando no emagrecimento, acredito que investir em experiências que sejam congruentes com o objetivo e que proporcionem aumento de bem-estar e felicidade não só levariam ao sucesso, como também melhorariam sua relação com o dinheiro.

4- Bem-estar Físico

Na área do bem-estar físico, para Rath e Harter (2011), o ponto central está no cuidado com o corpo. Por isso, é necessário manter uma alimentação saudável e equilibrada, praticar atividade física regularmente e ter um sono restaurador. Parece algo fácil, mas não é! Sabe por quê? Na maioria das vezes, buscamos resultados imediatos e acabamos não pensando nos benefícios em longo prazo que nossas escolhas podem gerar. Infelizmente, ainda existe um grande número de pessoas que acredita que as escolhas saudáveis estão associadas à restrição.

Em relação ao sono, ele tem um papel importantíssimo, pois de acordo com Rath e Harter (2011), quando uma pessoa não dorme a quantidade de horas necessárias, ela tem 35% de chances de sofrer aumento no peso e quando ela dorme em excesso o mesmo acontece, mas as chances caem para 25%. A partir do momento em que se inicia uma alimentação balanceada e a prática de atividade física, o sono vai sendo regulado ao longo do processo.

5- Bem-estar da Comunidade

As áreas descritas até o momento, sendo trabalhadas de forma positiva, já provocam grande mudança na vida de uma pessoa. Mas a área relacionada ao bem-estar da comunidade é considerada um extra. Digo isso pois Rath e Harter (2011) afirmam que o "bem-estar na comunidade não é a primeira coisa que as pessoas pensam ao avaliar o seu bem-estar geral. Mas esse elemento pode de fato ser o diferencial entre uma vida boa e uma vida ótima". Com isso, é possível perceber que contribuir com a comunidade da qual fazemos parte influencia também na saúde e no bem-estar de forma geral.

Como acontece o processo de emagrecimento com bem-estar

Quando o bem-estar é apresentado dessa forma, dá a impressão de ser uma receita de bolo, mas não é o que parece. O trabalho com a Psicologia Positiva no que se refere ao emagrecimento saudável acontece de acordo com a individualidade de cada cliente. O intuito principal é quebrar os paradigmas que dificultam o alcance dos objetivos desejados e ampliar a forma do cliente de estar no mundo, de maneira a gerar uma mudança eficiente e duradoura, proporcionando o aumento de bem-estar nas diversas áreas da vida.

O trabalho em grupo é conduzido através do processo de *Coaching* e é realizado em dez sessões semanais mais duas sessões individuais, sendo uma no início e outra ao término dos encontros. Cada sessão em grupo tem a duração de uma hora e meia e as sessões individuais têm duração de uma hora cada uma.

Na prática, começo com uma entrevista na qual busco investigar o motivo da consulta, colhendo informações que ajudem a compreender o significado do excesso de peso ou mesmo da doença crônica. Esse momento é muito importante, pois é possível verificar como o cliente cuida de si mesmo, como organiza seu tempo, como é seu padrão alimentar e, principalmente, como ele se percebe no momento. Levantar as expectativas é muito importante, pois é essencial que o cliente esteja responsável por seu processo. Apesar da individualidade de cada cliente, o processo é dividido em duas etapas. A primeira etapa aborda temas essenciais para o autoconhecimento, de forma a amplificar as forças pessoais e lidar positivamente com as dificuldades que possam surgir. Nesse sentido, trabalhamos através de dinâmicas e exercícios, com a identificação de pensamentos, solução de problemas, assertividade, planejamento e motivação. Na segunda etapa, o trabalho é focado nos temas propostos pela Psicologia Positiva, que são: otimismo, gratidão, resiliência, perdão e forças e virtudes, de forma a construir experiências e reflexões significativas através de recursos variados (textos, vídeos, exercícios, dinâmicas etc.).

Além do processo de *Coaching*, uma equipe multidisciplinar atua em conjunto, pois, no trabalho inicial sobre emagrecimento, ficou clara a importância de uma equipe composta por profissionais das áreas de Nutrição, Educação Física e Medicina.

Atuar com a Psicologia Positiva é fundamental, pois todos os temas abordados se relacionam entre si e são de grande importância. Por exemplo, quando pensamos em um processo de mudança, ter uma atitude otimista é essencial. Para isso, modificar a forma de pensar em relação às áreas da vida influencia no resultado que teremos.

Nos atendimentos realizados com o trato do emagrecimento, pude perceber que nada mais é que o resultado de uma vida equilibrada, na qual o bem-estar se faz presente em todas as áreas. Por isso, é tão importante aprender a cuidar da pessoa mais importante: você!

O trabalho com a Psicologia Positiva no que se refere ao emagrecimento saudável acontece de acordo com a individualidade de cada cliente.

Diante de tudo que foi apresentado, espero que, ao ler este capítulo, você sinta a inspiração necessária para rever as áreas de sua vida que precisam de atenção e busque construir sua melhor versão. E, caso seja um profissional que deseja atuar ou já atue com este tema, possa se beneficiar deste olhar sobre o processo, seja ele de *Coaching* ou terapêutico. Que tal promover essa mudança?

Capítulo 7

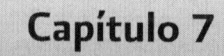

Comunicação, Autoafirmação e Humildade: a Tríade de Construção do Bem-Estar

Érika Rangel

A linguagem é uma das principais características do desenvolvimento cognitivo da espécie humana, pois através da comunicação somos capazes de expressar ideias, crenças, filosofias, sentimentos, demonstramos quem somos e construímos identidade. Nesse sentido, este capítulo tem como objetivo apresentar a comunicação como facilitadora de bem-estar, através da autoafirmação e humildade no processo de autoconhecimento.

A importância da Comunicação

Há mais de 20 anos trabalhando com o desenvolvimento de pessoas, pude observar que a comunicação talvez seja um fator dos mais estressantes e desafiadores, pois a ausência de comunicação eficiente é a maior destruidora de lares, empregos, carreiras e sonhos.

Quantas vezes já desejamos determinado resultado de uma conversa e alcançamos o efeito oposto? Quantas oportunidades se passaram por falta de palavras, por nos expressarmos mal, por não dizermos o que queríamos? Por que temos dificuldade de expressar nossa vontade e por que dói tanto ouvir críticas, mesmo aquelas de caráter edificante?

Está em nossa natureza a defensividade, Chamine (2013) nos lembra que ainda possuímos instintos de defesa que inicialmente eram indispensáveis para nossa sobrevivência, como reagir e lutar contra uma ameaça. Ressalta também que temos um sábio, representante da nossa própria consciência, e vários sabotadores internos, criados por nós no processo singular de nossa existencialidade e que vivem brigando entre si, abalando tremendamente nosso equilíbrio. Tendo esse contexto em mente e analisando os casos de meus clientes, antigos e atuais, percebi que, quase que por unanimidade, seus conflitos se dão na base comunicativa, tanto na comunicação interna quanto na externa.

A comunicação externa, a forma que nos expressamos com os outros, é a que analisamos mais na nossa rotina. Já a comunicação interna é essa que o prof. Chamine (2013) nomeou de sábio X sabotadores, é a luta entre nossa consciência que carrega nossos valores, nossas vontades e também nossos medos e crenças que se tornam limitadoras dos sonhos que temos. Então é na comunicação interna que reside um problema grave que deve ser tratado diariamente através de uma reflexão

> (...) a comunicação talvez seja um fator dos mais estressantes e desafiadores, pois a ausência de comunicação eficiente é a maior destruidora de lares, empregos, carreiras e sonhos.

constante, contudo, para uma análise eficiente necessitamos de dados. Esse é o primeiro passo de toda e qualquer decisão rumo ao desenvolvimento humano: o autoconhecimento.

Conhecendo a base: o Autoconhecimento

O autoconhecimento não é tarefa fácil e exige um esforço constante de lucidez, mas não é tarefa que se faz só.

Embora pareça simples, talvez seja um dos grandes desafios do ser humano. Isso porque quando reconhecemos algo ruim em nós mesmos fingimos não ver, negamos, escondemos, ao invés de tentar minimizar o efeito negativo que pode acarretar para nós ou para outros. É mais comum nos depararmos com pessoas que querem mudanças, mas não individuais, e sim daqueles com os quais convivem. Pais que reclamam dos filhos, quando, muitas vezes, não percebem que são eles que contribuem para o comportamento indesejável; profissionais que obtêm a mesma resposta em todo processo seletivo e não exercem nenhuma autocrítica para uma próxima entrevista.

O autoconhecimento não é tarefa fácil e exige um esforço constante de lucidez, mas não é tarefa que se faz só. Claro que momentos de solidão nos favorecem, fortificam e conduzem, mas o impacto do outro em nossa compreensão sobre nós mesmos é fundamental.

O filósofo positivista Sartre (1943) diz que "o inferno são os outros" mas não porque haja mal e terror naquilo que as pessoas são, mas porque os outros detêm grande parte daquilo que somos, mesmo que você não queira ou não goste, é preciso aceitar que nossa identidade e as verdades sobre nós também fazem morada em outras pessoas.

Existem muitos meios de buscar o autoconhecimento: terapias, análise, *Coaching*, contudo, em qualquer método, é preciso o despertar, a vontade e o olhar para si, buscando equilibrar o que nos favorece e o que nos atrapalha. Por experiência, considero que para nos conhecermos plenamente antes precisamos:

1. Aceitarmo-nos como seres humanos passíveis de erros e imperfeição;

2. Permitir-se, ter vontade de se aprimorar para si e para os outros;

3. Não se colocar como vítima nem partir para a defesa - pois nem tudo que aprendemos sobre nós gostamos, mas saber o que é bom e o que nos atrapalha é importante para nortear nossa evolução;

4. Focar em realmente aprender seus pontos fortes e as cararterísticas pessoais desafiadoras.

A Autoafirmação e o que representa

Quando falamos em autoafirmação, não tomamos o sentido cultural que pejorativiza o termo como "pessoas convencidas", egocêntricas, "que se acham", o conceito que trazemos abarca o sentido de reconhecimento e expressão dos pontos fortes, do que se tem de bom, do que nos orgulha.

> (...) a autoafirmação é um processo pelo qual as pessoas podem reforçar a sua integridade sem reagir defensivamente.

Recentemente, tive o privilégio de estar envolvida em pesquisa da dra. Sonja Lyubormisky (2014) que demonstra que, quando as pessoas têm a oportunidade de afirmar suas identidades e egos, são mais resistentes e, muitas vezes, psicologicamente mais felizes. Estudos anteriores como os do professor Claude Steele (1998) e confirmados por Epton e Harris (2008) demonstraram que as pessoas que afirmam sua identidade e suas crenças são mais "enraizadas" e, por isso, são dificilmente abaladas por opiniões ameaçadoras. Após a afirmação, as pessoas se sentiam mais abertas a novas ideias, ainda que contradissessem a sua própria, e estavam mais dispostas a discutir os seus próprios comportamentos pouco saudáveis e analisar como alterá-los.

Segundo Sherman e Cohen (2002; 2006), a autoafirmação é um processo pelo qual as pessoas podem reforçar a sua integridade sem reagir defensivamente. Assim, o indivíduo pode ser motivado em manter uma visão positiva de si mesmo, em que ele tem consciência de quais são os seus valores fundamentais e isso o protege psiquicamente dos possíveis riscos iminentes que possam vir a se apresentar no dia a dia.

Em seus estudos, Lyubormisky (2014) aduz que a autoafirmação pode tornar as pessoas mais dispostas a considerar as informações de risco, risco esse em face de suas próprias forças e fraquezas pessoais e, portanto, este processo pode torná-las pessoas mais humildes e mais felizes.

O poder da Humildade

Nelson, Fuller, Choi e Lyubormisky (2014) concluíram que a autoafirmação de valores eleva o bem-estar e significado. Nessa lógica, é possível que as pessoas que tenham afirmado os seus valores sejam mais dispostas a expressar uma pers-

> (...) a humildade é tida como uma visão relativamente precisa de si mesmo, quando a pessoa tem consciência das suas próprias limitações e tem uma vontade, não defensiva, de conhecer tanto suas qualidades positivas quanto as negativas.

pectiva equilibrada sobre os seus pontos fortes e fracos que, por sua vez, irá torná-los mais humildes, isto é, mais capazes de lidar com conflitos sem recorrer a qualquer agressão ou derrota.

De acordo com Chancellor & Lyubormisky (2013), a humildade é tida como uma visão relativamente precisa de si mesmo, quando a pessoa tem consciência das suas próprias limitações e tem uma vontade, não defensiva, de conhecer tanto suas qualidades positivas quanto as negativas. Nesse sentido, as faltas de arrogância e de foco em si próprio estão incluídas nesse conceito. A humildade, portanto, relaciona-se com um comportamento positivo e empático que pode ser desejável em certas ocasiões.

Diferente da humildade, mas que quase sempre é confundida com ela, a modéstia é uma forma através da qual a pessoa se apresenta sem ter estima sobre suas habilidades, assemelha-se à atitude moderada. Porém, segundo os pesquisadores do artigo (KRUSE, CHANCELLOR & LYUBORMISKY, 2013), por mais que as definições se assemelhem, a humildade é diferenciada da modéstia por estar mais relacionada à sinceridade.

Comunicação + [(Autoafirmação + Humildade) + Autoconhecimento] = Bem-estar

Sabemos que, cada vez mais, as relações humanas impõem desafios e que não saber lidar com eles resulta, por vezes, em sérios problemas psicológicos e afetivos nos indivíduos. Nesse sentido, a Psicologia Positiva vem apresentando teorias e definições extremamente significativas no sentido de preservar o bem-estar psicológico do sujeito.

Quem nunca foi a uma entrevista e se deparou com a indagação: "Cite uma característica positiva e negativa sobre você mesmo". A empresa quer observar se o candidato tem conhecimento sobre si mesmo, pois, se reconhece em que pode se desenvolver e se mostra interesse em crescimento, em mudança, esses, sim, são itens valiosos para qualquer instituição.

Essa comunicação feita em uma entrevista é essencial para o futuro do candidato e da empresa. É nessa conversa que se dão trocas de informação que definem a rotina e todas as relações intrínsecas entre a empresa e o papel individual dentro da instituição. É o momento de construção no qual se deve buscar os pontos convergentes e avaliar se as divergências não ultrapassam os limites de suas crenças pessoais. Caso contrário, o trabalho deixa de ser carreira e passa a ser fardo.

Para ilustrar, trago um caso típico do mundo do trabalho que nos ajuda a compreender a importância da comunicação e da autoafirmação para o desenvolvimento profissional.

Caso – Cliente[1] altamente produtiva, adulta, 30 e poucos anos, vivência internacional, funcionária de empresa multinacional, excelente salário, boas características profissionais e estilo de vida positivo, se queixa de insatisfação com o trabalho, não reconhece seus atributos e talentos, desmotivada com sua vida.

Análise inicial – Cliente expõe seus interesses, pontos que observava passíveis de melhoria na empresa e menciona um projeto que criou para sanar um problema interno, articulando muito bem sua visão. Perguntada sobre o que faltava para que apresentasse seu projeto ao departamento, fica abalada e afirma que a empresa não se importaria com o projeto, que nem o leriam. Coloca vários empecilhos pelos quais acredita que a ação não daria certo.

Inicialmente apresenta medo de tentar algo novo (ou do fracasso) e não demonstra acreditar em si. E por que isso? Com ou sem sucesso, o futuro projeto não causaria prejuízo em sua rotina de trabalho.

Para ajudar a cliente, pedi que fizesse uma lista de todas as atividades em que teve sucesso e todas em que falhou, solicitei cartas de referências de colegas e ex-colegas e pessoas do seu círculo social, apontando sua maior qualidade. Além disso, ela deveria listar suas competências e talentos e exemplificá-los, pontuando quando e como concretamente esses itens se materializaram em sua vida. Essa estratégia tira o indivíduo do campo imaginário e o traz para a realidade, pois da mesma forma que um sonho que vive somente na cabeça não é concreto e não pode ser alcançado, o mesmo acontece com nossos conceitos, valores e desejos. Essa comunicação interna tem de sair do campo mental, tem de se materializar, seja através da fala, desenho, e mais eficientemente pela escrita.

Nesse sentido, King (2001; 2002) defende que o exercício de escrever motiva positivamente o indivíduo porque trabalha tanto a imaginação quanto a articulação dos sonhos ou desejos. Caminhando na mesma direção, Lyubomirsky (2008) afirma que parte do poder de realização vem do processo da escrita.

Durante o processo, os exercícios serviram como uma forma de apreciação

---
1. A cliente autorizou de forma expressa a descrição do seu caso nesta obra sem deter por isso nenhum tipo de direito sobre esta obra.

> *Com uma visão mais completa de si mesma, ela pôde se comunicar consigo, desenvolver uma estratégia adequada, transmitindo e defendendo no âmbito interpessoal seus objetivos e desejos, esvaziando uma frustração e elevando substancialmente seu bem-estar.*

da realidade, fortalecendo seus pontos fortes através da autoafirmação, concretizando esses conceitos e desbancando o olhar negativo e pessimista que atribuía a si mesma. A cliente começou a perceber que as pessoas a viam com garra, competência, versatilidade, dinamismo, entre outras qualidades, provocando-lhe uma onda de bem-estar e positividade.

Também sugeri que buscasse ver os projetos já concluídos pela empresa para que pudesse se basear no mesmo formato. Era visível a empolgação tomando conta da minha cliente quando percebeu, estudando projetos já utilizados, que eram bem menos complexos quanto ela antecipara.

Conclusão – Ela não só escreveu o projeto, como foi respondida por e-mail em menos de 20 minutos, agendando uma reunião para análise, na qual, posteriormente, ficou decidida a implantação.

A partir desse momento, o mundo ficou diferente para ela, pois percebeu a importância de tomar uma ação no sentido de minimizar os aspectos desfavoráveis para facilitar sua própria vida. É dessa forma que podemos ilustrar um pouco do conceito de humildade, quando percebemos e aceitamos algo que causa prejuízo, adicionando atitude ou ação para resolver a questão.

A autoafirmação tem relação com os pontos fortes, com o que sabemos fazer, no que somos melhor, e a humildade no sentido de reconhecer suas dificuldades, fraquezas, características a serem melhoradas. Com uma visão mais completa de si mesma, ela pôde se comunicar consigo, desenvolver uma estratégia adequada, transmitindo e defendendo no âmbito interpessoal seus objetivos e desejos, esvaziando uma frustração e elevando substancialmente seu bem-estar. A cliente reportou sentir um ganho significativo de qualidade de vida de forma geral.

Alcançar o equilíbrio entre o indivíduo e o que lhe é solicitado pela sociedade faz com que ele entenda o seu papel, sua função social. Para tanto, é imprescindível que ele tenha a real visão dos seus pontos favoráveis e aqueles a melhorar, a fim de buscar estratégias concretas com o objetivo de alcançar êxito de forma satisfatória. Portanto, construir estratégias a partir do conhecimento do que somos e dos nossos limites, agregando uma comunicação que nos representa, permite mudanças favoráveis, que nos levam ao encontro da realização de nossos sonhos, objetivos e propósito de vida, proporcionando o bem-estar que tanto merecemos.

Graças à inspiração da dra. Sonja Lyubormisky, a quem agradeço o apoio e confiança, e com a orientação e dedicação do dr. Fábio Biasotto, da Universidade Federal de Rondônia, realizaremos a pesquisa no Brasil com o objetivo de estudar as relações da autoafirmação e humildade, elevando o bem-estar, a fim de verificar se os resultados são iguais em diferentes partes do mundo. Adicionalmente estamos em processo de validação da escala de Autoafirmação e Humildade da dra. Sonja, com o intuito de colaborar com os estudos e pesquisas sobre o tema no Brasil.

Capítulo 8

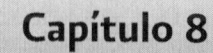

Programa Voz Positiva: Emoções Positivas através da Música

Crismarie Hackenberg

Sou cantora, educadora, regente de corais no Rio de Janeiro e trabalho com cantores há 25 anos. Observando meus alunos, comprovo todos os dias inúmeros benefícios da música na vida das pessoas. Minha conclusão: a música cantada coletivamente tem o poder de vitalizar e harmonizar pessoas, promovendo um estado de pertencimento tão intenso em quem participa que é capaz de gerar: bem-estar, saúde e felicidade.

Desde a Grécia antiga, filósofos como Platão e Aristóteles já promoviam os ideais medicinais sobre o **bem-estar do corpo e a cura do espírito experimentados com música.** Quando ouvimos música, tocamos instrumento ou cantamos, se abre para nós um mundo de prazer e bem-estar tão profundo que entramos em um estado de deleite e devaneio. **Esse bem-estar experimentado em nosso corpo se dá muitas vezes durante breves estados de ausência onde não temos consciência da experiência.** A partir dessa reflexão, se abre um interessante dilema que motiva a elaboração desse programa.

1) **Atenção** e **retenção de aprendizado** estão relacionadas à consciência. Quando ouvimos música entramos em estado de devaneio. Para identificar os benefícios da música teremos que estimular a reflexão e o aprendizado pós-experiência?

2) A música é capaz de gerar em nós **emoções positivas**?

3) Poderíamos **inocular emoções positivas através da música** e criar um modelo de potencialização de bem-estar?

Por conta dessas questões, me debrucei em pesquisas nas áreas da Psicologia Positiva e das Neurociências para entender mais o efeito da música em nosso sistema nervoso. As respostas contribuíram para o desenvolvimento de um **programa intencional de emoções positivas com música** e a criação de uma **atividade universal** para ser aplicada em qualquer grupo de pessoas.

O **Programa Voz Positiva** pode inocular emoções positivas e proporcionar os benefícios neuroquímicos da prática musical nos seus participantes. As intervenções da Psicologia Positiva proporcionam a conscientização das emoções experimentadas na atividade. Este é um **programa educativo emocional**, apoiado com música e canto coletivo, que objetiva **o aumento das emoções positivas e a melhora de fatores que impactam sobre os níveis de resiliência** (aceitação, otimismo e capacidade de enfrentar adversidades). Seu modelo pode beneficiar um público em geral com sintomas de desmotivação, baixo nível de otimismo, estresse físico e mental, irritabilidade, dificuldade de foco e atenção. Com duração de três meses, o programa pode ser usado em empresas, instituições, escolas, universidades e equipes de trabalho. O objetivo deste capítulo é apresentar as bases desse programa e alguns resultados observados.

Música e a Psicologia Positiva: uma boa parceria

(...) a música pode fomentar, rechear nosso espírito de emoções e memórias afetivas, e ser uma grande aliada no fomento das emoções positivas.

Dentro da pesquisa para o desenvolvimento deste programa se destaca a publicação de Adam M. Croom (2012) pelo caráter inovador e científico. O artigo **Music, Neuroscience, and the Psychology of Well-Being: A Précis**, apoiado pelo Centro de Psicologia Positiva, da Universidade da Pensilvânia nos EUA, ressalta a eficácia de atividades práticas no fomento do bem-estar experimentado, quando estiverem alinhados os **cinco elementos do florescimento humano**: emoções positivas (1), relacionamentos (2), engajamento (3), realização (4) e significado (5), encontrados dentro da Teoria do Bem-Estar de Martin Seligman (2011).

Segundo Croom (2012), atividades musicais em grupo podem ser uma alternativa de grandiosa importância na potencialização de bem-estar, pois seus benefícios atuam sobre os cinco elementos do florescimento concomitantemente. O autor argumenta, através de inúmeras pesquisas científicas, que a música pode fomentar, rechear nosso espírito de emoções e memórias afetivas, e ser uma grande aliada no fomento das emoções positivas. A combinação "música-emoções positivas" pode ser um estímulo importante no fomento do engajamento, da realização, do relacionamento e do propósito de vida. "O envolvimento com atividades musicais pode contribuir positivamente para um indivíduo levar uma vida próspera". (CROOM, 2012, p. 1).

Os estudos das neurociências nos últimos 20 anos possibilitaram um grande avanço no conhecimento da música e seu efeito no sistema nervoso. **Música & Emoções** (HURON, 2006; SCHERER, 2008; FRITZ, 2008; KOELSCH, 2009), **Prazer de Ouvir Música & Dopamina** (SALIMPOOR et al, 2011), **Parkinson & Ritmo Corporal** (SACKS, 2007), **Sentimento de Pertencimento** (MITHEN, 2009), **Batimento Cardíaco & Canto** (TRAPPE, 2010; VICKHOFF, 2013), **Controle de estresse & Música** (JIANG, 2013) são exemplos de **estudos relevantes** na área científica que **justificam uma aproximação entre as intervenções da Psicologia Positiva e a Música**.

O **Programa Voz Positiva** é baseado em quatro etapas. São elas:

1) **Prática do Canto Coral** (12 ensaios/sessões);
2) **Escolha de Músicas e Inoculação de Emoções Positivas**;
3) **Processo de Consciência através de Intervenções da Psicologia Positiva**;
4) **Medição de Resultados sobre Emoções Positivas**.

As etapas são organizadas por um modelo autoral, que une a prática do canto coral às intervenções da Psicologia Positiva, aplicado em cada ensaio. A proposta nos remete a um fruto da Psicologia Positiva: a Educação Positiva. Seligman (2011), fundamentado na Psicologia Positiva, organizou uma metodologia de ensino que atende às áreas tradicionais de conhecimento e, conjuntamente, propõe a busca de florescimento e felicidade dos alunos. O ponto didático principal da educação positiva é a sinergia entre aprendizagem e emoção positiva.

> *O ponto didático principal da educação positiva é a sinergia entre aprendizagem e emoção positiva.*

O **Programa Voz Positiva** aproxima o conceito da Educação Emocional[1] (BISQUERRA, 2000) de uma atividade artística e democrática como um coral, por entender que ambientes de aprendizado coletivo são ideais para nos tornarmos conscientes de nossas emoções, tanto negativas quanto positivas. Esse **campo emocional superpositivo** e **consciente** pode ter condições de atuar em nossas forças internas e nossas condições de enfrentamento das adversidades, por conta do aumento de nossas emoções positivas. (FREDRICKSON, 2009). Por tudo isso, acredito que os recursos da Psicologia Positiva e o efeito universal da música podem atuar juntos em parceria com muito sucesso.

O canto e a potencialização das emoções positivas

Emoções positivas em atividades musicais são mesmo abundantes e disponíveis no coletivo-musical dos ensaios. Em corais, podemos encontrar as dez emoções positivas: alegria, orgulho, gratidão, serenidade, interesse, esperança, diversão, inspiração, admiração e amor. (FREDRICKSON, 2009). Porém, toda equipe de trabalho enfrenta adversidades, exigências, expectativas, intolerâncias que inundam nossa mente de emoções negativas. Na busca dessa equalização das emoções primárias: alegria, raiva, tristeza, nojo, medo e surpresa (EKMAN, 1992), sabemos, matematicamente, que perde-

> *Em corais, podemos encontrar as dez emoções positivas: alegria, orgulho, gratidão, serenidade, interesse, esperança, diversão, inspiração, admiração e amor.*

---

1. Educação Emocional, segundo Bisquerra (2000, p. 243), é um processo educativo, contínuo e permanente, que pretende potencializar e desenvolver as emoções de um indivíduo, cognitivamente, com a finalidade de aumentar seu bem-estar pessoal e social.

mos para a intensidade e frequência das negativas (raiva, tristeza, nojo e medo) sobre a única positiva (alegria). Segundo Hanson (2015), somos negativos, pois somos geneticamente planejados para sobreviver: "O impacto extraordinário que acontecimentos ruins têm sobre a mente baseia-se no poder extraordinário que eles têm no cérebro, o qual responde mais intensamente a coisas desagradáveis do que a coisas agradáveis de mesma intensidade". (HANSON, 2015, p.21).

Martin Seligman (2002), dentro da Psicologia Positiva, enfatiza a importância da compreensão e a construção das qualidades positivas do indivíduo para equilibrar o fluxo dessa negatividade que nos acompanha. **A Psicologia Positiva destaca e fortalece nossas forças e nossas virtudes, aumentando a intensidade de nossos pontos positivos**. Nesse campo de pesquisa, se destacam duas importantes psicólogas: Barbara Fredrickson (2009), criadora da teoria **"Ampliar e Construir" com Emoções Positivas**, e Sonja Lyubomirsky (2008), criadora das **"12 atividades intencionais para o bem-estar e a felicidade"**, que atuam na inoculação e conscientização das emoções positivas. O **Programa Voz Positiva** foi muito inspirado nesses dois programas.

O Programa Voz Positiva

O **Programa Voz Positiva** tem o objetivo de estimular e aumentar a retenção das emoções positivas que aparecem através do convívio social e da música em corais. O programa estimula a percepção das emoções positivas com atividades programadas e ajuda os participantes, através de canções e do canto, a reconhecer suas virtudes, suas forças internas para superar situações de adversidades e desafios dentro desse processo musical e da própria vida.

As sessões privilegiam o canto, a descoberta da voz de cada participante, a escolha de canções que nos proporcionam emoções positivas e o convívio entre pessoas com um propósito em comum. As atividades foram idealizadas para jovens e adultos. Oportunamente, o programa poderá ser adaptado para público infantil.

Formato: **12 sessões** com duração de uma hora e 30 minutos (recomendamos uma vez por semana - duração média de três meses)

Limite máximo: **30 alunos** por turma.

Público-alvo: **jovens e adultos de todas as idades**. O público participante pode ser formado por leigos, iniciantes no canto, músicos/cantores amadores e/ou profissionais. Não existe teste, avaliação de habilidades musicais ou processo de seleção.

Aplicabilidade: **sessões práticas de canto coral com intervenções da Psicologia Positiva.** O programa pode ser aplicado em universidades, instituições, empresas, escolas de arte (música e dança), escolas de línguas e escolas de esporte, corais, entre outros grupos de trabalho. Pode ser adaptado e incluído em programas de qualidade de vida e treinamentos

O Programa Voz Positiva tem o objetivo de estimular e aumentar a retenção das emoções positivas que aparecem através do convívio social e da música em corais.

de habilidades sociais em empresas. Este programa também pode ajudar a validar os resultados de conquistas, benefícios e transformações humanas ligados a projetos de qualidade de vida com música, como corais de empresa e projetos de musicoterapia.

Passo 1: todos os participantes ocupam um **papel de cantor**. Serão mantidas as práticas regulares de um processo de coral: ensaios, apresentações, dinâmicas de reflexão sobre desempenho, preleção antes das apresentações, atividades sociais e dinâmicas de integração de grupo.

Passo 2: utilizamos a paleta de positividade com dez emoções positivas (FREDRICKSON, 2009): alegria, gratidão, serenidade, interesse, esperança, orgulho, diversão, inspiração, admiração e amor. As canções escolhidas estão relacionadas à palheta acima e com temas abordados nas canções escolhidas: emoções, empatia, autoconhecimento, metas, realização, emoções positivas, pontos fortes, relações sociais, motivação, resiliência, propósito de vida, felicidade e bem-estar. A escolha das músicas é fundamental para a inoculação das emoções positivas.

Passo 3: o programa utiliza ferramentas de autoconhecimento como o VIA *Inventory of Strengths* (VIA IS; VIA *Survey*)[2], Atividades Intencionais de Bem-Estar (LYOBOMIRSKY, 2008), e Teste de Pontos Fortes. (CLIFTON & BUCKINGHAM, 2006).

Passo 4: ao final do programa, é realizado um espetáculo com todos os participantes para que as forças, virtudes, talentos e pontos fortes individuais, identificados dentro do programa, possam ser utilizados coletivamente.

Verificação de resultados: a medição de resultados será feita através de inventários aplicados em pré-teste e pós-teste, a saber: Teste de Positividade (FREDRICKSON, 2009); Inventário de Sintomas de Estresse (LIPP, 2012); Questionário de Satisfação Pessoal (HACKENBERG, 2015).

---

2. PETERSON, C.; PARK, N. (2009). **Classifying and measuring strengths of character.** In S.J. Lopez & C.R. Snyder (Eds.), Oxford handbook of positive psychology, 2nd edition (pp. 25-33). New York: Oxford University Press. www.viacharacter.org

PETERSON, C.; Seligman, M.E.P. (2004). **Character strengths and virtues: A handbook and classification.** New York: Oxford University Press and Washington, DC: American Psychological Association. www.viacharacter.org

Resultados e conclusões

O programa foi aplicado, experimentalmente, no Rio de Janeiro, em 2015, com 20 cantores durante cinco semanas. O grupo de cantores foi constituído por adultos com equilibrado número de homens e mulheres, e divididos em dois casos diferentes: A e B. Os cantores já se conheciam antes da experiência. Abaixo, seguem alguns resultados medidos através dos testes de positividade (FREDRICKSON, 2009) e de satisfação pessoal (HACKENBERG, 2015) com os participantes.

1) Os resultados dos casos A e B **muito se assemelham**.

2) 95% dos indivíduos da experiência apresentaram **aumento no índice de positividade** (FREDRICKSON, 2009).

3) 80% dos participantes apresentaram **aumento de satisfação pessoal** (HACKENBERG, 2015).

4) 100% dos participantes identificaram **maior integração emocional entre eles e ganhos significativos no desempenho da apresentação final**.

5) Foram notados **aumentos significativos em áreas ligadas à resiliência** (aumento da tolerância, maior controle de ansiedade, melhora na qualidade das emoções e aumento da capacidade de formulação de metas).

Em conclusão, o **Programa Voz Positiva** pode representar uma ação intencional importante para a educação emocional dentro da Psicologia Positiva, destacando-se como uma ferramenta poderosa de inoculação e potencialização de bem-estar. Programas baseados em temas universais e culturais como esse podem ajudar muito a divulgação da Psicologia Positiva no Brasil.

PARTE IV

Qualidades Humanas Positivas

Andréa Perez Corrêa

Nesta parte 4, você será apresentado ao que eu chamo de "cereja do bolo" da Psicologia Positiva: qualidades humanas positivas. Isso porque nos contextos de *Coaching*, em sala de aula, na vida pessoal, em *workshops*, ou nos ambientes organizacionais, são perceptíveis os benefícios da simples identificação do que temos de melhor. Parece que descortina uma paisagem sobre si próprio que antes não se sabia que existia.

> (...) diversos exemplos que evidenciam o quanto ainda estamos acostumados a voltar a nossa atenção para o que as pessoas têm de errado, de negativo, de ruim entre tantos outros adjetivos.

Em nossa sociedade, ainda são poucos os indivíduos que já se reconhecem através de seus aspectos positivos, considerando uma população mundial em torno de 7,3 bilhões. Na maioria das vezes, identificamo-nos mais em função do que nos falta em talentos ou habilidades que por conta de nossas qualidades humanas.

Em função disso, no contexto educacional, cobramos mais de alunos em suas deficiências em notas; no contexto familiar, os pais acabam enxergando com mais facilidade o que os filhos precisam corrigir em seus comportamentos, que enaltecer talentos na infância. Nos relacionamentos, cobramos e ressaltamos mais o que o parceiro tem de "defeitos" no lugar de apurar o olhar para o que tem de melhor. Nas organizações, milhões são gastos em treinamentos para sanear *gaps* de competência, com *turnover* habitualmente baixo, ao invés de efetuar mapeamento de potencialidades positivas dos empregados para melhoria dos resultados. Enfim, poderíamos ficar aqui enumerando diversos exemplos que evidenciam o quanto ainda estamos acostumados a voltar a nossa atenção para o que as pessoas têm de errado, de negativo, de ruim, entre tantos outros adjetivos.

Mas, eis que a Psicologia Positiva, por meio do idealismo de seus estudiosos, volta a sua atenção para observar, estudar, entender e promover as qualidades humanas positivas, no resgate de uma das missões da Psicologia, como já vimos no Capítulo 1. Um exemplo desse idealismo identificamos em Donald O. Clifton, que lançou a seguinte indagação para início de suas pesquisas: "O que aconteceria se nós estudássemos o que está certo com as pessoas?", surgindo uma filosofia fo-

> (...) a Psicologia Positiva, através do idealismo de seus estudiosos volta a sua atenção para observar, estudar, entender e promover as qualidades humanas positivas (...)

cada no uso de talentos, como base para a realização consistente de excelência, de um ponto forte, acreditando que, quando as pessoas usam seus talentos, seus resultados são mais favoráveis que quando focam em corrigir seus pontos fracos. (CLIFTON & HARTER, 2003; ASPLUND, LOPEZ, HODGES, HARTER, 2009).

Um ponto que elucida a importância do uso de nossas qualidades humanas que extraímos do meio organizacional diz respeito ao engajamento no trabalho. Segundo Rath e Conchie (2008), lideranças que focam nas forças dos membros de sua equipe obtêm 73% de engajamento ao trabalho, enquanto as que não têm essa mesma conduta conseguem apenas 9%.

Outro ponto muito interessante e até surpreendente é que os jovens, em idades entre 15 e 23, que têm a oportunidade de usar seus pontos fortes, acabam vindo a ter maior satisfação com o trabalho e obtendo resultados depois de transcorridos 26 anos. (RATH & CONCHIE, 2008).

E, nesse sentido, novas pesquisas foram construídas e estudos em andamento foram considerados numa nova forma de encarar o que temos de melhor. Entre eles:

- **StrengthsFinder** sobre os Temas dos Talentos Humanos para identificar áreas em que existe maior potencial para que os indivíduos possam construir pontos fortes; desenvolvido pelas Organizações Gallup. Teve à frente estudiosos como Donald Clifton, Marcus Buckingham, Tom Rath, entre outros, sendo apresentado na obra **Now, Discover Your Strengths** (**Descubra seus Pontos Fortes**), *best-seller* de desenvolvimento gerencial, publicado pela primeira vez em 2001, e baseado num estudo de mais de 40 anos sobre forças humanas. (RATH, 2007; BUCKINGHAM & CLIFTON, 2008).

- **Character Strengths and Virtues**, de 2004, sobre forças de caráter e virtudes, sob a coordenação de Martin Seligman e Christopher Peterson, cuja pesquisa de três anos envolveu inúmeros estudiosos com pesquisa de registros de qualidades e virtudes humanas nas áreas da filosofia, religião entre outros. (PETERSON & SELIGMAN, 2004).

- **Realise2**[1], sobre forças, desenvolvido por Linley, Williars e Biswas-Diener, de 2010, sendo o menos conhecido no Brasil, mesmo por especialistas da área. (LINLEY, WILLIARS e BISWAS-DIENER, 2010).

- **StandOut** sobre perfis humanos, produzido por Marcus Buckingham em 2011, com informações sobre práticas consagradas para cada perfil identificado. (BUCKINGHAM, 2011).

---

1. Este tema é apresentado no Brasil no curso de Formação em Psicologia Positiva do Instituto Brasileiro de Psicologia Positiva – IBRPP.

Construídos esses projetos por meio de pesquisas com formatos de investigação distintos, de forma geral, levaram anos para serem desenvolvidos, envolveram milhões de dólares de investimento, utilizaram amostras de dimensões grandiosas, investigaram milhares de publicações em suas revisões de literatura e, tecnicamente, foram precisas em suas metodologias quanto à credibilização de seus resultados.

> (...) inúmeras pesquisas apontam os benefícios para a melhoria do bem-estar e da qualidade da saúde emocional quando identificamos e aplicamos em nossas atividades e comportamentos as qualidades humanas positivas mais fortes.

Esses trabalhos permitem que, hoje, tenhamos acesso a inventários nos quais qualidades humanas positivas são definidas e descritas, o que nos favorece a observar em nós mesmos e nos outros o que temos de melhor. Fora isso, todos esses trabalhos originaram *assessments* que permitem a identificação pelos respondentes das suas forças e talentos humanos e sua abrangência atinge falantes de mais de 20 idiomas, dependendo do assessment, estando disponíveis em português o *Via Survey*[2], sobre forças de caráter, o *CliftonStrengthsFinder* dos talentos humanos e o *StandOut* dos perfis.

Nesse ponto, precisamos destacar a contribuição para que, hoje, tenhamos o ViaSurvey em Português, adaptado ao contexto Brasil. Os estudiosos da Universidade Federal do Rio Grande do Sul Bruna Larissa Seibel, Diogo DeSouza e Silvia Helena Koller desenvolveram, em parceria com o **Values in Action Institute On Character**, a partir de 2010, a pesquisa para a validação transcultural do 240-item *Via Survey*, ou *VIA Inventory of Strengths* (VIA IS) para o Brasil. A versão do *assessment* que se encontra disponível em Portuguese Brazil, no site do VIA, é, ainda, a construída por esse grupo de brasileiros, que juntamente com muitos outros estudiosos vem fazendo a diferença na construção do conhecimento sobre temas da Psicologia Positiva em nível nacional, e além de nossas fronteiras. (SEIBEL, DeSOUZA & KOLLER, 2015).

O volume de respondentes a esses *assessments* cresce exponencialmente a cada dia, em números já da ordem de vários milhões, e seus resultados vêm favorecendo trabalhos desenvolvidos na prática clínica, no *coaching*, na educação, nos contextos organizacionais e em muitos outros.

Além disso, inúmeras pesquisas apontam os benefícios para a melhoria do bem-estar e da qualidade da saúde emocional quando identificamos e aplicamos em nossas atividades e comportamentos as qualidades humanas mais fortes.

---

2. PETERSON, C. & PARK, N. (2009). **Classifying and measuring strengths of character**. In S.J. Lopez & C.R. Snyder (Eds.), Oxford handbook of positive psychology, 2nd edition (pp.25-33). New York: Oxford University Press. www.viacharacter.org

PETERSON, C. & SELIGMAN, M.E.P. (2004) **Character strengths and virtues: A handbook and classification**. New York: Oxford University Press and Washington, DC: American Psychological Association. www.viacharacter.org

Nos capítulos a seguir, você será apresentado de uma forma teórica bastante ampla e terá acesso a como alguns profissionais estão utilizando a temática das qualidades humanas positivas em seus projetos, em especial, sobre as forças de caráter e os talentos humanos. Acredito que a leitura dessas próximas páginas será um convite irrecusável para que você identifique as suas qualidades humanas positivas e tenha uma vida mais plena e significativa.

Capítulo 9

'Assessment' das Forças de Caráter – Um Instrumento para Identificação das Qualidades Humanas

Ana Kruel

Pretende-se à luz da Psicologia Positiva chamar a atenção para o fato de que olhamos, invariavelmente, para o que está errado, para o que não funciona bem e, constantemente, quase sem perceber, agimos dessa forma em nossa vida pessoal, acadêmica e profissional.

> Hoje em dia, cresce o olhar para as qualidades humanas, no lugar do que vai mal ou errado com as pessoas.

Hoje em dia, cresce o olhar para as qualidades humanas, no lugar do que vai mal ou errado com as pessoas. Percebe-se que é crescente, em diversos lugares do mundo, o interesse por tema tão atual, que ambiciona disseminar nova abordagem psicológica do ser humano e, como se trata de uma nova ciência, é natural compreendermos que é longo o caminho a ser percorrido.

Mas, é preciso que haja uma mudança de paradigma, a fim de que se possa olhar para aquilo que as pessoas têm de melhor, tendo em mente que também devemos dar foco ao que está indo bem com o objetivo de, a partir de agora, lançar um olhar para nossas forças de caráter e assim fazer florescer nossas qualidades humanas.

Neste capítulo, será abordado como tema um *'Assessment'* da Psicologia Positiva, o *Values in Action Inventory of Strengths VIA-IS*[1], em tradução livre como 'valores em ação', conhecido também como *VIA Survey* (Inquérito VIA), sistema de medição das virtudes e forças de caráter, cujo inventário foi elaborado por Peterson e Seligman (2004), para descrever as diferenças individuais de qualidades ou forças de caráter.

A Psicologia Positiva e o foco nas qualidades humanas

> O que há de certo com as pessoas? Essa interrogação está no centro da psicologia positiva, que é o enfoque científico e aplicado da descoberta das qualidades das pessoas e da promoção de seu funcionamento positivo. (SNYDER & LOPEZ, 2009, p. 17).

O *VIA Survey* trouxe grande contribuição aos estudos da Psicologia Positiva e o tema das forças de caráter insere-se em um dos principais pilares dessa nova ciência, a saber os traços positivos.

Tendo o *VIA Survey*[2] como tema principal, o leitor, então, será convidado a conhecer este *'Assessment'* (que em inglês, significa avaliação) e acompanhar

---

1. PETERSON, C.; PARK, N. (2009). **Classifying and measuring strengths of character.** In S.J. Lopez & C.R. Snyder (Eds.), Oxford handbook of positive psychology, 2nd edition (pp. 25-33). New York: Oxford University Press. www.viacharacter.org

PETERSON, C.; Seligman, M.E.P. (2004). **Character strengths and virtues: A handbook and classification.** New York: Oxford University Press and Washington, DC: American Psychological Association. www.viacharacter.org

2. O questionário é um trabalho do Values In Action VIA Institute, sob a direção de Dr. Neal H. Mayerson, Ph.D. e Dr. Martin E. P. Seligman, Ph.D. Os recursos para este trabalho provieram da Manuel D. and Rhoda Mayerson Foundation.

> Mas, é preciso que haja uma mudança de paradigma, a fim de que se possa olhar para aquilo que as pessoas têm de melhor e assim fazer florescer nossas qualidades humanas.

o resultado de uma pesquisa que foi elaborada de forma independente, com a proposta de levantar a percepção e avaliação dos pesquisados sobre a identificação com as suas '5 Forças TOP', assim denominadas por Peterson e Seligman (2004).

Sabemos que existem muitas outras avaliações. No entanto, este '*Assessment*' em Psicologia Positiva é baseado na ciência e, portanto, confiável. Enfatiza-se, portanto, a relevância desse instrumento de classificação das qualidades positivas e, no caso da Psicologia Positiva, do reconhecimento do papel central das pessoas acerca do que elas têm de melhor para o alcance da realização pessoal nas diversas esferas da vida, trazendo um significado especial para a existência humana.

Como tudo começou

Ciente da necessidade de um projeto inovador na área das ciências humanas, no final do ano de 1999, Neal Mayerson, CEO da *Manuel D. and Rhoda Mayerson Foundation*, designou Martin E. P. Seligman, PhD, professor de Psicologia da Universidade da Pensilvânia e ex-presidente da Associação Americana de Psicologia – APA, para ser o diretor científico de um esquema de classificação e de um meio para medir o caráter, por Seligman (2004).

Seligman (2004), por sua vez, convidou o dr. Christopher Peterson[3] para criarem juntos um sistema de medida e classificação das forças humanas. Segundo Peterson e Seligman (2004), diante deste desafio, em 2001, a Fundação Manuel D. e Rhoda Mayerson criou o *Value in Action – VIA Institute*, organização sem fins lucrativos, que tinha como objetivo desenvolver uma base científica do conhecimento das forças humanas.

Com a estrutura do *VIA Institute*, Peterson e Seligman (2004) e uma equipe de cientistas realizaram um vasto estudo de textos das religiões e tradições filosóficas. Como afirma Seligman (2004), foram lidos, aproximadamente, 200 catálogos com o objetivo de relacionar o que era considerado como virtude e, a partir de então, averiguar se existia uma conexão nesse levantamento.

Foram identificadas 24 forças de caráter sob seis virtudes onipresentes, de acordo com Peterson e Seligman[4] (2004).

---
3. Dr. Christopher Peterson faleceu em 9 de outubro de 2012.
4. Peterson, C. e Seligman, M.E.P. Character Strengths and Virtues. A handbook and Classification.

1. Sabedoria e Conhecimento - Forças cognitivas que abrangem a obtenção e uso de conhecimentos: criatividade, curiosidade, pensamento crítico, amor ao aprendizado e perspectiva.

2. Coragem - Forças emocionais que abrangem o exercício da vontade de alcançar objetivos mesmo em face das adversidades, sejam elas internas ou externas: bravura, perseverança (persistência), integridade (honestidade) e vitalidade (entusiasmo).

3. Humanidade - Forças interpessoais que envolvem o cuidado com o próximo: amor, generosidade (bondade) e inteligência social.

4. Justiça - Forças cívicas que defendem a vida de uma sociedade saudável: trabalho em equipe (cidadania), imparcialidade (justiça), liderança.

5. Temperança (Moderação) - Forças que protegem contra os excessos: perdão, humildade, prudência, autocontrole.

6. Transcendência - Forças que estabelecem significado com algo maior no universo e que dão sentido: apreciação da beleza e excelência, gratidão, esperança (otimismo), bom humor (graça), espiritualidade (fé, propósito).

Integridade Apreciação da Beleza
AUTOCONTROLE *Amor* Pensamento Crítico
Espiritualidade **Imparcialidade**
Criatividade *Perseverança* PERDÃO
Inteligência Social Curiosidade
Gratidão *Vitalidade* **Cidadania**
Amor ao Aprendizado PRUDÊNCIA
Liderança HUMILDADE Bom Humor
Perspectiva *Generosidade*
Bravura Esperança

Figura adaptada e traduzida do site *Via Institute on Character*, 2016.

O que é o *Assessment VIA Survey*

Segundo o *VIA Institute on Character* (2016), o *VIA Survey* é uma avaliação das forças de caráter, cientificamente validadas, que até hoje é aperfeiçoada, sendo um instrumento confiável e válido. Peterson e Seligman (2004) argumentam que esse instrumento é uma medida de resultado sensível à mudança.

Esse *Assessment* pode ser realizado, gratuitamente, 'on-line' e está disponível em mais de 30 idiomas, incluindo o Português, e já foi realizado por mais de três milhões e meio de pessoas em 196 países. (VIA INSTITUTE ON CHARACTER, 2016).

Atualmente, existe uma versão revista do Inquérito VIA original cujo questionário apresenta 120 itens. Há também uma versão para jovens, *VIA Survey (Youth 10-17 anos)*, que apresenta 96 questões. Ambos podem ser concluídos em, aproximadamente, 15 minutos. (VIA INSTITUTE ON CHARACTER, 2016).

Logo após a realização do *Assessment*, é possível fazer o *download* gratuito do relatório com o *ranking* das 24 forças nas quais constam as cinco principais qualidades conhecidas como '5 Forças TOP'. Existem diferentes opções de relatórios pagos, alguns com gráficos e mais extensos e explicativos (ainda não disponíveis em Português).

Se você deseja realizar esse *Assessment*, é sugerido se cadastrar no site do *VIA Institute on Character* e seguir as instruções. Há opção pelo idioma Português (Brasil). E, para quem não utiliza a *web*, o 'Teste das Forças Pessoais' poderá ser encontrado nos livros **Felicidade Autêntica** (2004) e **Florescer** (2011), ambos de Martin E. P. Seligman.

Uma pesquisa sobre o *VIA Survey*

Este capítulo aponta resultados de uma pesquisa realizada com objetivo de verificar se o resultado do '*Assessment*', segundo a avaliação dos respondentes, representava realmente as principais forças de caráter dos participantes.

A pesquisa foi composta de duas etapas: responder na web ao questionário *VIA Survey*, inserindo o código de pesquisa enviado pelo '*VIA Institute on Character*' que, prontamente, forneceu permissão para usar as Pesquisas Via[5] e, na sequência, responder a algumas perguntas que foram direcionadas às conclusões do trabalho[6].

Foi solicitado aos 38 pesquisados que indicassem as suas cinco primeiras forças de caráter e preenchessem seu grau de identificação com cada uma delas onde foi usada uma escala '*Likert*' de cinco pontos: nenhuma identificação, pouca identificação, neutro, bastante identificação e total identificação.

Nessa amostragem, os resultados mostraram que houve maior identificação com a segunda Força de Caráter com 83,8% dos respondentes que relataram ter

---

5. Foi fornecida permissão para usar as Pesquisas VIA, ampliando a base de conhecimentos sobre a Classificação VIA das forças de caráter e virtudes – Via Institute on Character.
6. As opiniões e análises realizadas, contudo, não representam a opinião do VIA Institute on Character e foram realizadas de forma independente pelo autor.

tido "total identificação" com esta força pessoal. Já a primeira Força de Caráter veio em seguida com 78,3% do grupo que respondeu ter "total identificação" com essa força.

Mesmo adicionando a segunda graduação da escala "bastante identificação" com a "total identificação", ainda assim a segunda força apontada pelo *VIA Survey* aparece com maior incidência de identificação num total de 100%, enquanto que para a primeira força apontada chega a 94,6%.

Apesar dos resultados apontados, a diferença entre a primeira força registrada como mais forte com relação à segunda é muito pequena para tirar alguma conclusão mais significativa sobre o instrumento em termos de apontar o ranking das forças de caráter, quanto ao primeiro e segundo lugares.

Já um dado interessante foi que ninguém relatou ter pouca e nenhuma identificação com quaisquer das suas cinco forças. Logo, neste grupo, foi corroborada a identificação com as forças apresentadas. Contudo, a amostra é pequena, o que não nos permite afirmar ou fazer considerações mais significativas quanto ao resultado do '*Assessment*' neste sentido, considerando, conforme apontado por Peterson & Seligman (2004), que podemos nos identificar com as 24 forças, à medida que podem ser desenvolvíveis e que são qualidades humanas que são ingredientes psicológicos que representam as seis virtudes humanas. O comentário a seguir ratifica esse aspecto: "Expressam bastante sobre mim. Até a 11ª tem bastante relação comigo, depois as análises começaram a ficar sem sentido".

Adiciona-se, quanto aos resultados, que não foram observados dados que permitam qualquer conclusão em função de gênero, idade, local de nascimento ou escolaridade. Acreditamos que somente uma amostra maior poderia favorecer algum tipo de análise quanto a esses aspectos.

Gráficos da pesquisa
Caracterização dos respondentes

Gênero	Faixa etária
A- Masculino – 24,3% B- Feminino – Feminino 75,7%	A- Entre 18 e 30 – 2,7% B- Entre 31 e 40 – 32,4% C- Entre 41 e 50 – 46% D- Entre 51 e 60 – 10,8% E- Acima de 61 – 8,1%

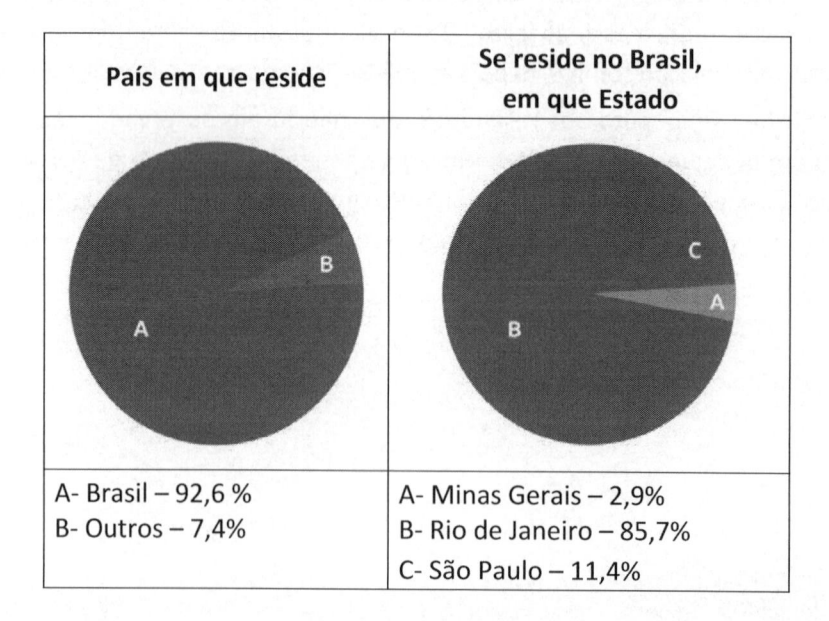

País em que reside	Se reside no Brasil, em que Estado
A- Brasil – 92,6 % B- Outros – 7,4%	A- Minas Gerais – 2,9% B- Rio de Janeiro – 85,7% C- São Paulo – 11,4%

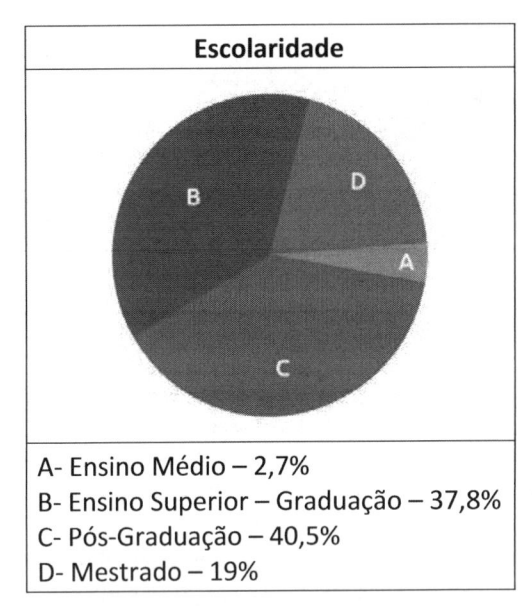

Escolaridade
A- Ensino Médio – 2,7%   B- Ensino Superior – Graduação – 37,8%   C- Pós-Graduação – 40,5%   D- Mestrado – 19%

Pesquisa

Observe no resultado do '*VIA SURVEY*' as suas cinco primeiras forças de caráter listadas (são 24 forças) e indique seu grau de identificação com cada uma delas.

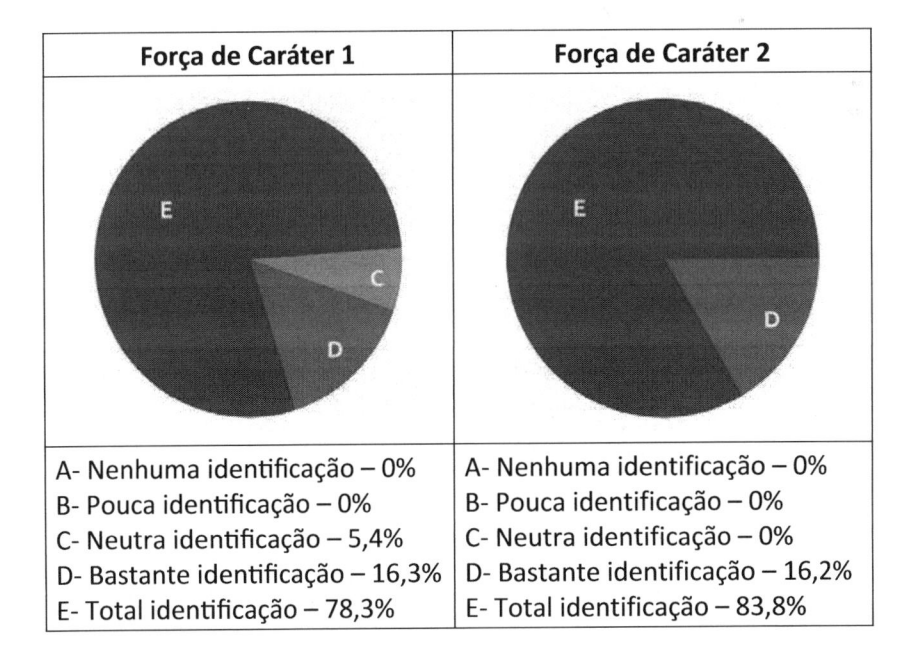

Força de Caráter 1	Força de Caráter 2
A- Nenhuma identificação – 0% B- Pouca identificação – 0% C- Neutra identificação – 5,4% D- Bastante identificação – 16,3% E- Total identificação – 78,3%	A- Nenhuma identificação – 0% B- Pouca identificação – 0% C- Neutra identificação – 0% D- Bastante identificação – 16,2% E- Total identificação – 83,8%

Força de Caráter 3	Força de Caráter 4
A- Nenhuma identificação – 0% B- Pouca identificação – 0% C- Neutra identificação – 2,7% D- Bastante identificação – 32,4% E- Total identificação – 64,9%	A- Nenhuma identificação – 0% B- Pouca identificação – 0% C- Neutra identificação –10,8% D- Bastante identificação – 24,3% E- Total identificação – 64,9%

Força de Caráter 5
A- Nenhuma identificação – 0% B- Pouca identificação – 0% C- Neutra identificação – 2,8% D- Bastante identificação – 48,6% E- Total identificação – 48,6%

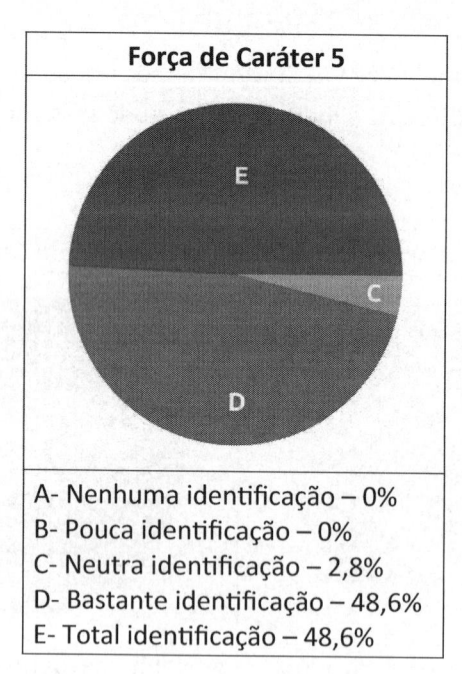

Além da pesquisa quantitativa, os pesquisados foram indagados sobre o que acharam das suas '5 Forças Top' e dos comentários apresentados destacamos os seguintes:

"Me identifiquei profundamente e fiquei muito feliz com o resultado do relatório. Ele confirma as forças de caráter que eu sempre acreditei ter. Das cinco primeiras que aparecem na pesquisa, quatro estão muito presentes no meu cotidiano: a apreciação da beleza, a esperança, o humor e o amor. Talvez seja a hora de colocar mais em prática a minha curiosidade!

Adorei! Sinto muita gratidão por participar desse processo, ver o resultado e colaborar com a pesquisa".

A.L.A. - Jornalista

"Sócrates ensinou:

'Conhece-te a ti mesmo'

Participar dessa pesquisa permitiu que eu conhecesse minhas cinco principais forças de caráter, além de mais algumas secundárias, fazendo com que eu me conhecesse melhor. Quando li o resultado - justiça, integridade, generosidade, espiritualidade, coragem - percebi que houve uma consonância com o meu modo de ser".

M.L.K.C. - Mestre em Educação

Conclusão

Observou-se que houve identificação nas forças descobertas pelos respondentes no grupo da amostra que realizou esse 'Assessment'. *Feedbacks* como: "coerente", "concordância", "muito congruente", "excelente", "me identifiquei bastante", "muito interessante", "pertinente", "realista", "tem muito a ver comigo", entre outros, confirmaram o resultado de que houve identificação com as cinco primeiras forças.

Foi extremamente gratificante ter colaborado para divulgar ainda mais esse 'Assessment' da Psicologia Positiva, fazendo com que mais pessoas tivessem acesso e conhecimento das suas próprias forças de caráter, entendendo assim as suas características principais, através da riqueza de informações da Pesquisa VIA, cujo foco está em apresentar as suas melhores qualidades.

É fascinante saber que todos nós possuímos qualidades e virtudes que, ao colocar em prática, diariamente, podem ser potencializadas em prol de um objetivo em qualquer esfera da vida.

E o melhor: podemos desenvolver qualquer força pessoal, caso façamos essa escolha, para viver uma vida plena de significado, bem-estar e consequentemente sucesso, tendo sempre em mente que devemos preservar a essência do ser humano nas suas relações com ele mesmo, com o outro e com o mundo.

Capítulo 10

Mulheres na Liderança: Percepção e Práticas do Uso de Forças de Caráter em Ambiente Organizacional

Claudia R. G. Valenzuela Vianna

Há, na atualidade, grande variedade de literatura sobre organizações positivas, seu impacto no desenvolvimento de líderes, no bem-estar e no bom clima organizacional .(ACHOR, 2012; SELIGMAN, 2004). Achor (2012, p. 53) relata que "trabalhadores felizes apresentam níveis mais elevados de produtividade, são mais eficazes em posições de liderança". Sabe-se que empresas que investem no desenvolvimento de mulheres, na promoção dessas a cargos de liderança têm melhores resultados. (EY, 2016).

> (...) as organizações que buscam que seus talentos atinjam o máximo de resultados devem estar certas da capacidade inquestionável de liderança das mulheres.

Segundo Zenger e Folkman (2012), as organizações que buscam que seus talentos atinjam o máximo de resultados devem estar certas da capacidade inquestionável de liderança das mulheres. Mulheres têm muitos desafios na carreira até a liderança e, para vencê-los, devem estar cientes de seu potencial e forças para conscientemente exercitá-las. Uma estratégia para estimular forças é utilizar "*role models*" (modelos) como inspiração. *Latu, Mast, Lammers et al* (2013) trouxeram evidências da influência que as "*role models*" exercem em outras mulheres e demonstraram que ao serem inspiradas por uma "modelo" elas têm mais autoconfiança.

Em Snyder e Lopez (2009), encontramos a afirmação de que foi o olhar inovador da Psicologia Positiva que trouxe o foco nas qualidades, nos talentos e na felicidade das pessoas. O bem-estar e a felicidade seriam, assim, os resultados desejados desta ciência. (SELIGMAN, 2004). Pesquisas comprovaram que indivíduos que usam forças no ambiente de trabalho potencializam a sensação de bem-estar, de autoeficácia e de felicidade. (GALLUP, em HARALALKA; LEONG (2012); BUCKINGHAM (2012); ACHOR (2012)).

Este estudo tem a finalidade de, percorrendo o contexto de gênero e liderança, utilizar conceitos da Psicologia Positiva e de potencialização de forças de caráter, com foco em mulheres líderes em uma multinacional, para traçar um retrato de forças da liderança feminina.

Método

Participantes

Fizeram parte desta pesquisa 16 colaboradoras[1] de uma empresa multinacional que tem atuação no Brasil. Estas foram selecionadas em duas categorias:

---

1. As respondentes participaram espontaneamente da pesquisa e eram conhecedoras da publicação dos dados neste artigo, assim como a empresa também foi informada e autorizou este trabalho.

Média Gerência (n=11; 66,7%) e Alta Gerência (n=5; 33,3%). Todas têm formação superior, sendo que todas da "Alta Gerência" possuem pós-graduação e apenas 36% da "Média Gerência" possuem esta escolaridade. A média de anos na empresa foi de 7.9 anos.

Instrumento

As participantes realizaram o teste *Values in Action Inventory of Strengths VIA IS ou VIA Survey*[2][3], inventário de escala de classificação de forças mundialmente reconhecida, e ainda foi realizada entrevista semiestruturada com 12 participantes, na qual foram respondidas questões referentes a: autopercepção do sucesso profissional; identificação de forças e uso dessas no ambiente de trabalho; verificação de forças que mulheres modelo (*role models*) possuem para inspirar novas gerações.

Procedimento

Após a coleta de dados do *VIA Survey*, os resultados foram analisados a partir das cinco primeiras forças identificadas no perfil de cada respondente. Com relação a essas, observou-se: a) frequência de forças; e b) análise de tipologia de forças (emocionais ou racionais). Com os dados das entrevistas, foram verificadas: a) percepção de sucesso na carreira; b) percepção sobre os resultados do teste VIA-Survey; c) estratégias mais utilizadas de uso de forças no ambiente profissional; e d) características das líderes que podem inspirar outras mulheres.

Resultados

Os resultados apresentados são quantitativos (análise de dados dos relatórios *VIA Survey* do total de participantes igual a 16), e qualitativos (gerados a partir de entrevistas realizadas, sendo quatro da "Alta Gerência" e oito da "Média Gerência"). Todas as entrevistadas manifestaram que os resultados do relatório do *VIA Survey* foram fidedignos a como elas se percebem.

As estatísticas de frequência dos dados coletados das respondentes foram analisadas em grupos: **Tabela 1 (Total), Tabela 2 (Alta Gerência) e Tabela 3 (Média Gerência)**. Foram avaliadas as cinco principais forças identificadas nas respostas de cada participante, considerando: ("f") a frequência com que a força consta entre as cinco primeiras de uma respondente; ("N") o total de ocorrências possíveis para todas as respondentes (cinco forças para cada respondente); (%) a relação percentual entre "f" e "N", ou seja, o quociente entre frequência e o total de ocorrências possíveis.

---

2. PETERSON, C. & PARK, N. (2009). Classifying and measuring strengths of character. In S.J. Lopez & C.R. Snyder (Eds.), Oxford handbook of positive psychology, 2nd edition (pp.25-33). New York: Oxford University Press. www.viacharacter.org
PETERSON, C. & SELIGMAN, M.E.P. (2004) Character strengths and virtues: A handbook and classification. New York: Oxford University Press and Washington, DC: American Psychological Association. www.viacharacter.org

3. A autorização formal de uso do VIA-Survey foi outorgada pela instituição mediante solicitação da autora.

Tabela 1: Frequência e percentual de ocorrência de cada força entre as cinco primeiras forças - total de respondentes

Ranking	Forças	f	Total - N=80 %
1	Honestidade	11	13,75%
2	Amor	8	10,00%
3	Bondade	6	7,50%
4	Curiosidade	6	7,50%
5	Justiça	5	6,25%
6	Espiritualidade	4	5,00%
7	Humor	4	5,00%
8	Liderança	4	5,00%
9	Perseverança	4	5,00%
10	Autorregulação	3	3,75%
11	Discernimento	3	3,75%
12	Esperançaw	3	3,75%
13	Gratidão	3	3,75%
14	Apreciação da beleza e excelência	2	2,50%
15	Criatividade	2	2,50%
16	Entusiasmo	2	2,50%
17	Humildade	2	2,50%
18	Prudência	2	2,50%
19	Trabalho em equipe	2	2,50%
20	Gostar de aprender	1	1,25%
21	Inteligência Social	1	1,25%
22	Perdão	1	1,25%
23	Ter perspectiva	1	1,25%
24	Coragem	0	0,00%

Tabela 2: Frequência e percentual de ocorrência de cada força entre as cinco primeiras forças - alta gerência

Ranking	Forças	f	Total - N=80 %
1	Honestidade	3	12,00%
2	Amor	2	8,00%
3	Bondade	2	8,00%
4	Curiosidade	2	8,00%
5	Esperança	2	8,00%
6	Humildade	2	8,00%
7	Autorregulação	1	4,00%
8	Criatividade	1	4,00%
9	Discernimento	1	4,00%
10	Entusiasmo	1	4,00%
11	Gratidão	1	4,00%
12	Humor	1	4,00%
13	Inteligência Social	1	4,00%
14	Justiça	1	4,00%
15	Liderança	1	4,00%
16	Perdão	1	4,00%
17	Perseverança	1	4,00%
18	Trabalho em equipe	1	4,00%
19	Apreciação da beleza e excelência	0	0,00%
20	Coragem	0	0,00%
21	Espiritualidade	0	0,00%
22	Gostar de aprender	0	0,00%
23	Ter perspectiva	0	0,00%
24	Prudência	0	0,00%

Tabela 3: Frequência e percentual de ocorrência de cada força entre as cinco primeiras forças - média gerência

Ranking	Forças	f	Total - N=80 %
1	Honestidade	8	14,55%
2	Amor	6	10,91%
3	Bondade	4	7,27%
4	Curiosidade	4	7,27%
5	Espiritualidade	4	7,27%
6	Justiça	4	7,27%
7	Humor	3	5,45%
8	Liderança	3	5,45%
9	Perseverança	3	5,45%
10	Apreciação da beleza e excelência	2	3,64%
11	Autorregulação	2	3,64%
12	Discernimento	2	3,64%
13	Gratidão	2	3,64%
14	Prudência	2	3,64%
15	Criatividade	1	1,82%
16	Entusiasmo	1	1,82%
17	Esperança	1	1,82%
18	Gostar de aprender	1	1,82%
19	Ter perspectiva	1	1,82%
20	Trabalho em equipe	1	1,82%
21	Coragem	0	0,00%
22	Humildade	0	0,00%
23	Inteligência Social	0	0,00%
24	Perdão	0	0,00%

(...) a qualidade do trabalho e o compromisso são muito referenciados. Nesse sentido, as forças Perseverança, Discernimento e Curiosidade surgiram fortemente no discurso das entrevistadas.

Considerando todas as respondentes, as quatro forças com maior incidência em todos os grupos foram Honestidade, **Amor, Bondade e Curiosidade**. Snyder (2012) destaca a classificação de Park e Peterson (2010) sobre as forças do coração (*heart*) e da mente (*mind*). Aqui, vimos que as forças do coração (*heart*) – **Amor, Bondade e Curiosidade** – estão presentes, em oposição às demais duas – **Honestidade e Justiça**, que são classificadas como forças da mente (*mind*).

Os exemplos da prática diária de uso de forças são organizados em três grandes objetivos organizacionais:

1) Estímulo ao ambiente de trabalho agradável

As respondentes exemplificaram como usam as forças Amor, Honestidade e Bondade, especialmente no relacionamento interpessoal, para promoção de um ambiente de trabalho agradável:

> Tenho muita preocupação em estar em um ambiente de trabalho agradável, dando atenção com quem você trabalha. Busco ter bom relacionamento independentemente da posição da pessoa que trabalha comigo. (Respondente 16, sobre o "amor")

2) Formação e avaliação de equipes

Considerando que todas as respondentes são líderes, os exemplos trataram de como colaboram com a formação de equipes de alto desempenho e como avaliam seus colaboradores/as de forma equilibrada. Respondente da Alta Gerência ressaltou "...vejo Liderança como equipe... a gente ter que ser vista como parte da equipe, senão é impossível liderar" (Respondente 4).

3) Execução do trabalho com qualidade

Por ser uma empresa de consultoria, a qualidade do trabalho e o compromisso são muito referenciados. Nesse sentido, as forças Perseverança, Discernimento e Curiosidade surgiram fortemente no discurso das entrevistadas.

Ao serem perguntadas sobre as forças que a empresa valoriza para o crescimento das mulheres destacaram Liderança, Coragem e Perseverança.

Discussão

Segundo estudos de Niemiec (2015), as seis forças de caráter mais comuns aos seres humanos são, em ordem descendente: **Justiça, Curiosidade, Discernimento, Amor, Bondade e Honestidade**. Brdar, Anic e Rijavec (2011) identificaram que mulheres apresentaram maior pontuação nas forças Honestidade, Generosidade, Amor, Gratidão e Igualdade. As quatro forças que se destacaram neste estudo foram **Honestidade, Amor, Bondade e Curiosidade**, o que corrobora com a literatura.

A **Honestidade** é a força que norteia as mulheres desta amostra. Este resultado pode ser explicado pelo fato de os valores da empresa reforçarem as questões éticas e de transparência. A **Bondade** foi registrada como parte sedimentar de outras forças, como a **Gratidão, Justiça e Esperança**. O **Amor** foi considerado base para o uso de outras forças, como a **Generosidade** e a **Inteligência Social**. Já a **Curiosidade** faz parte do trabalho diário de busca por soluções, característica dos serviços da empresa.

Os resultados expostos confirmam que mulheres líderes desenvolvem suas forças de caráter no trabalho, especialmente para cumprir objetivos corporativos vinculados ao clima organizacional, formação de equipes e realização de trabalho com qualidade.

Considerando o total de respondentes, há mais "forças emocionais" em atividade. Tal resultado está alinhado com as pesquisas, que preveem maior incidência de forças emocionais entre mulheres, muito embora a força motriz do grupo seja a **Honestidade**, que é racional. A **Coragem** foi uma das forças indicadas como fundamentais para o crescimento das mulheres na carreira, o que reforça a demanda de empoderamento. Muitas vezes, ao assumir posições de líderes, as mulheres têm baixo autoconceito. Uma das respondentes afirmou: "*Não me sinto claramente líder...*" (Respondente 7). Para Sanderberg (2013, p. 84), as mulheres se preocupam em demasia se possuem ou não qualificações necessárias para assumir uma função, enquanto os homens se posicionam mesmo sem atender a todos os critérios arrolados.

Este estudo confirmou que a empresa estimula a prática das "*role models*" e as respondentes percebem em suas líderes forças inspiradoras como a **Honestidade, Coragem, Justiça** e **Inteligência Social**. A literatura indica que a ausência de "role models" é uma grande barreira para o sucesso. (EY, 2015).

Conclusão

Existe um alinhamento entre as forças das participantes com os valores organizacionais, o que facilita o uso de forças diariamente.

As entrevistadas consideram a si próprias bem-sucedidas na carreira e afirmaram felicidade no trabalho e gosto pelo que fazem. Uma das respondentes disse: "Hoje estou onde gostaria de estar, estou feliz". Ficou claro que as participantes, por aplicar inconscientemente as forças de caráter nas suas atividades diárias, estimulam emoções positivas importantes para o bem-estar individual e corporativo. Existe um alinhamento entre as forças das participantes com os valores organizacionais, o que facilita o uso de forças diariamente.

No entanto, quando o tema é discutir o crescimento profissional, será necessário aprofundar como estimular a **Coragem**, muitas vezes implícita na necessidade de posicionamento individual. Outra confirmação relevante foi que as forças das "*role models*" inspiram e estão presentes. Uma respondente concluiu: "Quando a gente trabalha com quem admira, fica mais apaixonada pelo trabalho" (Respondente 14).

Por fim, dois comentários importantes a serem explorados: a abrangência da amostra é reduzida para traçar o perfil de forças das mulheres da instituição, mas traz um retrato para ser aprofundado e os dados obtidos nesta pesquisa podem ser um ponto de partida para atividades de *Coaching* e mentoring baseados em forças de caráter e outras iniciativas de estímulo ao desenvolvimento da liderança das mulheres.

Capítulo 11

Potencialização Coletiva das Forças de Caráter no Ambiente Organizacional

Claudia Napolitano

Desde o nascimento e ao longo de nossas vidas, estabelecemos diferentes e diversos vínculos para nossa formação enquanto indivíduos. E o trabalho é um dos vínculos que destaco, pois é onde dedicamos grande parte do nosso tempo. Conforme Soares & Costa (2011), o trabalho pode ser compreendido como um núcleo de sentido de existência e estabelece relações durante toda a vida humana.

Com uma relação tão significativa entre indivíduo e trabalho, as forças de caráter vêm ao encontro desse objetivo, sendo mais uma ferramenta a ser utilizada por profissionais de Recursos Humanos, Ergonomia e outros ligados à área de Saúde do Trabalhador, que se dedicam a proporcionar a essa relação saúde, felicidade e excelência.

Citando Tamayo (2009), o trabalho constitui um dos conjuntos de atividade humana em que o potencial humano pode manifestar-se, desenvolver-se e transformar-se em realizações benéficas para a sociedade e para o próprio trabalhador. Inspirada pela citação, o objetivo deste capítulo é mostrar a prática do uso das forças de caráter e incentivar ações de forma coletiva.

Destaques da Psicologia Positiva

Destaco importantes estudos que a ciência me embasou, motivou e inspirou para o trabalho desenvolvido no case, foco deste capítulo:

Os Pilares da Psicologia Positiva

Primeiramente, Martin Seligman (2003), que em seus estudos destaca os três pilares de investigação: a experiência subjetiva, as características individuais e as instituições e comunidades.

A área organizacional, que está inserida em um dos pilares, tem sua vertente no foco nos talentos, pontos fortes, no que é funcional. Dá ênfase na prevenção, no desenvolvimento da qualidade de vida no trabalho e na construção de um ambiente que seja propício à produtividade das pessoas e à sua realização.

A Fórmula da Felicidade

Já outro estudo importante refere-se a Sonja Lyubomirsky, Ken Sheldon e David Schkade (2005). Depois de alguns anos de estudos e pesquisas sobre o que determina a felicidade, chegaram à conclusão sobre as causas do bem-estar, que chamam de Fórmula da Felicidade. Na conclusão, 50% de nossa felicidade é atri-

Quando essas forças são colocadas em prática no nosso dia a dia, nos fazem sentir mais vitalizados e melhor, porque essas forças potencializam nosso lado funcional.

buída a fatores genéticos, outros 10% são explicados pelas circunstâncias da vida, e em preciosos 40%, o fator é o comportamento. Já que não podemos mudar nossa constituição genética, e não temos como controlar todas as circunstâncias de vida, nós temos 40% que está sob nosso controle e temos a oportunidade de trabalhar a nosso favor, aumentando nosso bem-estar.

Emoções Positivas

A psicóloga Barbara Fredrickson (2002), da Universidade da Carolina do Norte, propõe em sua teoria ampliar-e-construir que, ao experimentar emoções positivas, as pessoas se abrem e se tornam flexíveis em seus pensamentos e ações.

Forças de Caráter

Christopher Peterson e Martin Seligman (2004) realizaram uma ampla pesquisa em nível global em que seu principal questionamento era saber "o que vai bem com as pessoas". Como resultado desse trabalho, eles levantaram e catalogaram a resposta de seu questionamento em seis virtudes e 24 forças de caráter. Elas são qualidades humanas pré-existentes e cada indivíduo possui seu repertório, ou seja, suas forças que mais se destacam. Quando essas forças são colocadas em prática no nosso dia a dia, nos fazem sentir mais vitalizados e melhor, porque essas forças potencializam nosso lado funcional.

Considerando a temática de cada um desses estudos e considerando que as organizações onde se concentram as atividades de trabalho são organismos vivos, formados por pessoas, percebemos que o ambiente empresarial é uma rica fonte de trabalho para o desenvolvimento de bem-estar em nível coletivo. E foi usando esses temas da Psicologia Positiva, com foco maior nas forças de caráter, que embasei a criação, o planejamento e a execução de um projeto para a realização de um evento no ambiente organizacional e, assim, poder ver e sentir na prática essa nova teoria.

Case: Caminhos rumo ao bem-estar

O *case* descrito[1] foi realizado na XI Semana da Saúde do Instituto Nacional

---
1. A apresentação do case neste capítulo foi devidamente autorizada pelo chefe da Divisão de Saúde Ocupacional do INPI.

da Propriedade Industrial – INPI, em 2015, instituição criada em 1970, situada na cidade do Rio de Janeiro, uma autarquia federal, ligada ao Ministério do Desenvolvimento, Indústria e Comércio Exterior.

Tem como atribuição principal a concessão e garantia de direitos de propriedade intelectual para a indústria. Entre seus serviços estão a concessão de patentes e as averbações de contratos de franquia e das distintas modalidades de transferência de tecnologia, os registros de marcas, desenhos industriais, indicações geográficas, programas de computador e topografias de circuitos. É composta por 940 servidores públicos, sendo 85% da força de trabalho com nível superior completo, com títulos de especialização ou mestrados e/ou doutorados.

O órgão possui um amplo Programa de Qualidade de Vida, que contempla uma equipe multidisciplinar na área de saúde, que é constituída por médicos, técnicos de enfermagem, fisioterapeutas, dentistas e assistentes, psicólogas, assistentes sociais e educadores físicos. Entre diversos serviços oferecidos durante o ano aos servidores, a Semana da Saúde é um evento de que todos os profissionais de saúde participam, a fim de proporcionar aos servidores, terceirizados e bolsistas, momentos de informação, sensibilização e/ou conscientização sobre a saúde e o bem-estar.

No ano de 2015, quando da realização da XI Semana da Saúde, as Virtudes e Forças de Caráter foram a base teórica para o desenvolvimento do projeto, com o tema: **Caminhos rumo ao bem-estar**. A sugestão do projeto com o tema foi muito bem acolhida e incorporada pela chefia e profissionais da saúde, para a qual cada um trouxe ideias complementares e enriquecedoras ao formato da proposta inicial.

O objetivo condutor do projeto era criar um ambiente de reflexão entre todos os colaboradores que participassem da realização do projeto, sobre como pequenos gestos, com uso das qualidades humanas, podem nos trazer o aumento do bem-estar e qualificar nossos relacionamentos interpessoais no cotidiano da Autarquia.

Em parceria com a Área de Comunicação, foram desenvolvidas ações de endomarketing, para o lançamento do evento e feitas divulgações em diversos canais institucionais e produzido artigo abordando a Psicologia Positiva. Ainda para a campanha de marketing do evento, foram criados dois modelos de camisas temáticas, a serem usadas pela equipe durante todo o evento.

Dentre as 24 forças de caráter existentes, projetamos a potencialização de

> *Quem tem vitalidade transmite às pessoas ao redor sua vivacidade e entusiasmo.*
>
> *Generosidade é cuidado, compaixão, altruísmo ou gentileza.*
>
> *Gratidão se manifesta como senso de agradecimento e alegria em resposta a algo recebido.*

três forças, com diferentes estratégias de ações a serem desenvolvidas pelos participantes.

A escolha de cada uma dessas forças foi realizada considerando as seguintes reflexões da equipe multidisciplinar que participou na etapa de planejamento:

Vitalidade é uma força essencial para a vida. Ela é energia, saúde empolgação para nosso dia a dia. Quem tem vitalidade transmite às pessoas ao redor sua vivacidade e entusiasmo. É cuidar do corpo e da mente, é uma força de expansão tanto somática como psíquica. (PETERSON & SELIGMAN, 2004).

A escolha por essa força se deu pelo Programa de Qualidade de Vida da instituição, no qual a saúde física e mental é um dos principais objetivos e tem uma infraestrutura de atendimento consolidada.

Generosidade é cuidado, compaixão, altruísmo ou gentileza. É estar aberto ao outro, ao seu bem-estar independentemente de conhecê-lo ou não, através de boas ações. (PETERSON & SELIGMAN, 2004).

Gratidão se manifesta como senso de agradecimento e alegria em resposta a algo recebido. Quem possui esta força tem a noção e é agradecido pelas coisas boas. (PETERSON & SELIGMAN, 2004).

Tanto a Generosidade quanto a Gratidão foram forças escolhidas num momento de diversas mudanças que a instituição passou. Teve o objetivo de florescer sentimentos e comportamentos acolhedores para a integração do corpo funcional.

Feitas as escolhas das forças de caráter a serem potencializadas foram desenvolvidas e realizadas as seguintes atividades para cada uma das forças:

Vitalidade

Foram realizadas três atividades, duas direcionadas à saúde física e uma à saúde psíquica:

1. **Circuito Saúde**, que teve como objetivo o levantamento da aferição de P.A., glicose, perimetria abdominal, bioimpedância, flexibilidade, peso e altura, avaliação de podoposturologia e a estimulação de pontos de vitalidade através da auriculoterapia. Ao final, foi elaborado um relatório individual, encaminhado aos participantes, com as orientações necessárias, caso a caso.

2. **Saúde bucal com profilaxia.**

3. **Aula de Biodanza,** que consistiu em induzir vivências integradoras por meio da música, movimento e de situações em grupo. Ela é centrada no Princípio Biocêntrico que propõe a vida como ponto central de todo desenvolvimento, visa o resgate de valores essenciais na percepção do mundo, de si, do outro e da natureza, segundo Rolando Toro (1924-2010).

Generosidade

Para essa força, foram realizadas duas atividades:

1. **Caravana de Doação de Sangue ao Hemorio**; e

2. **Campanha de Doação de Donativos**, contemplando duas instituições, uma para idosos e outra para crianças carentes.

Gratidão

Para a gratidão, foi desenvolvida apenas uma atividade:

1. O **Dia da Gratidão** na Semana da Saúde, para dar a oportunidade a essa vivência. Durante a semana, recebemos o contato de pessoas curiosas e interessadas na proposta. De forma similar a algumas intervenções legitimadas por pesquisas do campo da Psicologia Positiva sobre gratidão, foram sugeridas algumas opções de manifestações: através de carta que poderia ser lida e realizado um vídeo para projeção, leitura da carta pela própria pessoa que queria expressar sua gratidão no ato do evento, pelo profissional que estava conduzindo o trabalho ou apenas entregá-la identificando somente de quem estava recebendo.

Resultados e Conclusões

Vitalidade

Nas atividades referentes à **Vitalidade**, tivemos um número significativo de atendimentos com o Circuito Saúde e Profilaxia Bucal. Essas atividades já eram padrões nesse evento, porém a colocamos dentro de um contexto e com significado. Com isso, tivemos mais de 100 atendimentos de profilaxia bucal e um aumento significativo referente ao ano anterior, sendo o recorde de atendimento desde a primeira edição.

Com a Biodanza, numa escala preenchida pelos participantes ao final das atividades, com uma pontuação de 0 a 7, onde 0 indica discordo totalmente, e 7 concordo plenamente, obtivemos 100% de notas 7 quanto às afirmações: "Estou saindo mais disposto do que quando cheguei" e "Estou saindo mais feliz do que quando cheguei".

Generosidade

Nas atividades de potencialização da **Generosidade**, tivemos a Caravana de Doação de Sangue, quando foi preenchida pelos participantes uma escala com notas de 0 a 7, onde 0 indica discordo totalmente, e 7 concordo plenamente. Aplicado ao término da doação, 99% dos respondentes assinalaram 7, diante das afirmações, tendo sido feitas declarações significativas, das quais destacamos as seguintes: "Percebo que minha atitude de ser doador é um ato de generosidade" e "Estou saindo mais satisfeito do que quando cheguei".

Esta ação na Semana da Saúde deu tanta repercussão positiva que em dezembro foi realizada outra caravana por iniciativa dos membros da equipe de saúde do INPI.

Ainda nas ações para a Generosidade, na arrecadação de donativos, as duas instituições, receberam mais de setecentos itens doados pelos participantes, que foram entregues pelo Presidente do INPI pessoalmente.

Gratidão

A **Gratidão** foi uma atividade que, apesar de a equipe envolvida na organização reconhecer o seu propósito, havia uma desconfiança em relação à participação dos servidores. Contudo, o resultado foi surpreendente: obtivemos a presença de mais de 50 pessoas ao evento, com expressões de gratidão em vídeo, diversas expressões realizadas por cartas lidas no momento do evento, uma delas de uma gestora a toda sua equipe de trabalho, além de expressões que tiveram a iniciativa e pediram para mostrar sua gratidão no momento do evento.

Aplicamos uma escala de 0 a 10, onde 0 tinha uma carinha do smile triste e no 10 uma carinha feliz. Os respondentes deveriam marcar dentro dessa escala de 0 a 10 o quanto se sentiam felizes, e 98% marcaram 10, a pontuação máxima. Foi a atividade que mais repercutiu positivamente no evento, quando as pessoas se mobilizaram e se emocionaram, trazendo inclusive uma equipe da área fim, sendo realizada uma expressão coletiva de sua gestora a eles. Ao final, várias pessoas agradeceram pela atividade realizada, tendo me sido oferecida uma carta de gratidão pelo evento, ao final do dia, por um servidor, além de a equipe receber elogios formais após o evento, através da Ouvidoria.

Depoimento de Fernando Feruti Sleiman
(Chefe da Divisão de Saúde Ocupacional do INPI)

"A adoção das virtudes e forças de caráter como diretrizes norteadoras de Semana da Saúde do INPI – 2015, sugeridas pela psicóloga Claudia Napolitano, representa um divisor de águas incontestável em se tratando de transformação organizacional, com forte e positivo impacto emocional em todos os participantes, com o fortalecimento dos vínculos de gratidão, amizade, solidariedade e vitalidade, alicerces de um ambiente corporativo humanizado e motivador e em sintonia com o novo mundo do trabalho".

Pude perceber através dos resultados obtidos que podemos potencializar as forças de caráter de forma coletiva, com resultados significativos em uma organização.

O projeto me trouxe muito prazer em realizar e, principalmente, em ver os efeitos das forças na prática, quando pude testemunhar a equipe da área de saúde totalmente envolvida e comprometida com o propósito. A aplicação das forças em forma coletiva mostrou como o resultado é potencializado, pois um participante contagia o outro.

Nitidamente, a Psicologia Positiva me trouxe conhecimentos e ferramentas para ser uma facilitadora para a construção de pessoas mais felizes.

Capítulo 12

Talentos Humanos e Pontos Fortes Aplicados ao Processo de *Coaching*. Ser Feliz é o que se Quer, mas Será que Sabemos Por Onde Começar?

Christiane Barros

A busca pela felicidade é o que move a humanidade. Toda e qualquer pessoa quer ser feliz, ter sucesso, saúde, enfim, viver uma vida plena. A busca por essa emoção nos força a conquistar coisas, realizar ações, casar, ter filhos, separar, estudar, trabalhar, pois se acredita que o valor da felicidade se resume a estas circunstâncias.

Alinhar recursos internos, através do autoconhecimento, com nossos desejos é o caminho que pode trazer para nossa vida mais foco e realização e este é o foco deste capítulo que aborda os Talentos Humanos e os Pontos Fortes na prática do Coaching.

O ser humano nasceu para ser feliz, mas, muitas vezes, se perde nesta busca tão simples, porém não tão fácil. Costuma utilizar comportamentos e estratégias não congruentes com a felicidade, por ter pouco conhecimento sobre si mesmo e sobre suas verdadeiras motivações para ter uma vida realmente plena. Alinhar recursos internos, através do autoconhecimento, com nossos desejos é o caminho que pode trazer para nossa vida mais foco e realização e este é o foco deste capítulo que aborda os Talentos Humanos e os Pontos Fortes na prática do *Coaching*.

Pontos Fortes – um campo fértil em ação

Você se conhece a ponto de saber quais são suas forças e suas qualidades? Essa é uma pergunta que deixa a maioria das pessoas sem resposta. Mas vale a pena investir seu tempo nesta descoberta. Uma pesquisa do Instituto Gallup (2015) revela que as pessoas que usam seus pontos fortes a cada dia:

- ✓ têm três vezes mais probabilidades de relatarem ter uma excelente qualidade de vida;
- ✓ têm seis vezes mais probabilidades de estarem envolvidas no trabalho;
- ✓ são 8% mais produtivas;
- ✓ são 15% menos propensas a abandonar seus empregos.

Numa outra pesquisa recente do Instituto (2015), ao perguntar o porquê de os empregados mudarem de emprego, foi constatado que 51% dos funcionários consideram uma nova oportunidade de trabalho para expandir conhecimentos, desenvolver seus talentos, aumentar sua rede de contatos e aumentar salário. Quando analisados os fatores que levaram estes mesmos trabalhadores a terem mudado de emprego nos últimos três meses, o salário ficou em terceiro lugar e desenvolvimento de carreira ficou em quinto lugar. No final da pesquisa, ficou provado que estes procuravam utilizar seus pontos fortes, ou seja, queriam fazer o que eles sabiam fazer de melhor e tinham prazer.

A pesquisa publicada pelo Instituto Gallup no livro **Descubra seus Pontos Fortes** Clifton & Buckinham (2008) pesquisou 101 empresas em 63 países e perguntou a mais de 1.700.000 funcionários se as pessoas têm a oportunidade de fazer o que fazem de melhor e somente 20% acreditam usar seus pontos fortes todos os dias.

Embora seja um percentual longe do expressivo no modo geral, é animador saber que existem pessoas que estão valorizando seus pontos fortes na hora de decidir pela mudança de emprego. A utilização dos pontos fortes vai além da carreira e atinge várias áreas da nossa vida. Estudos comprovam que a descoberta de seus pontos fortes e aplicação deles são a chave para uma vida feliz.

Mas, afinal, o que são talentos humanos e pontos fortes?

Talento não se desenvolve, é inato e todo ser humano possui, enquanto conhecimento e técnicas podem ser aprendidos e adquiridos.

(...) talento não é somente para alguns e não tem nada a ver com sorte; todos nós temos e fomos agraciados com mais de um, que combinados entre si e desenvolvidos geram competências e habilidades incomparáveis.

No campo da Psicologia Positiva, as qualidades humanas fazem parte de um segmento de muita importância para a potencialização do bem-estar. O estudo sobre os talentos humanos e pontos fortes, de Clifton & Buckinham (2008), por conta disso, é referência de muita relevância nesta área e é significativo conhecer e se aprofundar nas conceituações e descrições sobre estes temas.

Para poder entender o que é um ponto forte, primeiramente é preciso conhecer o que é um talento humano e, segundo o Gallup (2008), "talento é qualquer padrão recorrente de pensamento, sensação ou comportamento que possa ser usado produtivamente". Talento não se desenvolve, é inato e todo ser humano possui, enquanto conhecimento e técnicas podem ser aprendidos e adquiridos.

A capacidade de potencializar os talentos é uma experiência que não deixa dúvidas sobre o quanto se pode tirar proveito para melhorar resultados quer no âmbito profissional ou pessoal. E lembre-se de que talento não é somente para alguns e não tem nada a ver com sorte; todos nós temos e fomos agraciados com mais de um, que combinados entre si e desenvolvidos geram competências e habilidades incomparáveis.

Para entender como pode reconhecer um talento, veja como este nosso personagem, que tem o talento da Ativação valoriza a ação em detrimento do pensar e planejar, se comporta:

> Paulo está sempre **disposto a colocar em prática e fazer acontecer** os seus projetos. É impressionante como **reage imediatamente** com esta vontade de realizar a cada situação que surja. Esta **espontaneidade é tão à flor da pele** que demonstra o quanto é natural e isso acontece **no dia a dia da sua vida**. Dá a impressão de que ele tem um **desejo muito forte** pela situação que o faz realizar as coisas; é como se fosse um imã uma **atração pelas situações** que permitem que faça isso e **desde que era uma criança**. Também chama muita atenção que tudo que envolve o ato de fazer com que as coisas aconteçam ele **aprende com muita facilidade e rapidez; como se já soubesse**. Mas o melhor de tudo é assistir a **satisfação e o prazer** que ele sente quando está realizando e colocando para acontecer o que deseja. Esta é a melhor parte.

Como pode ser verificado através de nosso personagem, algumas características (em negrito), permitem que você identifique um talento, a partir da forma com que você o coloca em prática na sua vida.

Se, entretanto, desejar conhecer mais sobre os principais talentos: adaptabilidade, analítico, ativação, autoafirmação, carisma, comando, competição, comunicação, conexão, contexto, crença, desenvolvimento, disciplina, empatia, estudioso, excelência, foco, futurista, harmonia, ideativo, imparcialidade, inclusão, individualização, input, intelecção, organização, pensamento estratégico, positivo, prudência, realização, relacionamento, responsabilidade, restauração, significância pode adquirir o livro **Descubra seus Pontos Fortes**, e ainda identificar, através do *assessment Clifton Strengths Finder, on-line*, pelo site do Gallup, os seus cinco principais talentos.

Agora que já está claro o que são os talentos humanos, apresentamos o que é e como é composto um ponto forte segundo Clifton & Buckinham (2008).

Um ponto forte é constituído pela soma do seu talento, conhecimentos e técnicas e, segundo a definição de Clifton & Buckinham (2008), é "um desempenho estável e quase perfeito em determinada atividade". O principal elemento de um ponto forte é o talento. Caso não entenda a diferença entre um talento e um ponto forte, pode desperdiçar uma grande energia tentando aprender o que não se aprende ou mesmo desistir de suas aptidões inatas.

Vale esclarecer melhor esta diferença entre talento e um ponto forte. Num exemplo claro, colocar-se no lugar do outro e entender emoções e sentimentos alheios significa dizer que tem o **talento da empatia,** enquanto a capacidade de conectar-se às pessoas valorizando seus anseios, emoções e necessidades é um ponto forte. Caso não houvesse o talento, seria impossível desenvolver um ponto forte, mesmo com muito conhecimento e técnicas. No máximo, teria uma habilidade desenvolvida. Outro exemplo: os indivíduos que não têm o **talento do carisma** poderão através de técnicas e conhecimentos até formar uma rede de pessoas, mas nunca terão o mesmo desempenho de alguém que nasceu com o talento genuíno.

Como aplicar os pontos fortes nos processos de *Coaching*

Neste item, a proposta é mostrar a você como utilizar os pontos fortes e, ainda, elevar os resultados no processo de *Coaching*, considerando o que venho observando e obtendo de resultados significativos em sessões com clientes, em processos de *Coaching* de vida em atendimentos individuais, independente do tipo ou área da meta definida. Abaixo, apresenta-se um roteiro, com um passo a passo já com indicação de "perguntas poderosas", para favorecer a identificação e o uso dos pontos fortes:

1º Passo – Identificar os talentos do coachee[1]

Proposta: Identificar sua essência.

Perguntas Poderosas

– Por quais comportamentos frequentemente você é reconhecido ou elogiado?

– O que seus amigos, colegas de trabalho, familiares dizem sobre você é uma ótima dica para extrair e perceber seus talentos.

– O que tem vontade de realizar desde criança?

– Qual atividade te atrai naturalmente?

– Em qual atividade apresentou desenvolvimento rápido quanto ao aprendizado?

– Qual atividade que mais gosta de realizar faria gratuitamente, caso fosse preciso?

2º Passo – Identificar atividades nas quais o coachee se destaca

Proposta: Identificar as atividades que traduzem um ponto forte.

Perguntas Poderosas

---

[1]. O Livro Descubra seus pontos fortes - Buckingham, Marcus; Clifton O. Donald disponibiliza um código para realizar o teste pela internet para identificar seus talentos.

- O que evidencia seus pontos fortes?
- Você tem sucesso na atividade que realiza? É reconhecido por isto?
- Sente-se estimulado e atraído para realizar a tarefa?
- Sente-se desenvolver na execução da tarefa?
- Sente-se satisfeito ao realizar a tarefa?

3º Passo - Definir tarefas baseadas nos pontos fortes

As tarefas devem ser definidas de acordo com o objetivo/meta. Aqui, é solicitado que seja definida uma tarefa baseada nas evidências dos pontos fortes, de acordo com seu objetivo.

4º Passo - Resultados

Descrição do resultado alcançado através da realização da tarefa com base nos pontos fortes.

5º Passo - Melhoria contínua

Aqui fica a proposta de que o ponto forte pode e deve ser melhorado de forma contínua. Investir neste desenvolvimento possibilita o aumento dos resultados.

Um estudo de caso[2]

M, analista financeira, 30 anos, estava desempregada e queria retornar ao mercado de trabalho o mais rápido possível. Seus empregos anteriores a haviam desgastado de tal forma que estava na dúvida se realmente deveria seguir a mesma ocupação. Na primeira sessão de *Coaching*, deixou claro que seu objetivo ao final do processo seria estar empregada com uma remuneração de R$ 3.500,00 mensais. Na segunda sessão, resolvi focar na descoberta dos seus talentos, aplicando o roteiro acima. Identifiquei pontos fortes que ela mesma não percebia e, a partir de então, conseguiu definir ações e colocá-las em prática. Resultado: em oito sessões abriu uma empresa, mudou de carreira e teve ganhos superiores ao desejado.

Este é apenas um exemplo entre outros sobre a importância de reconhecermos nossas qualidades humanas.

---

2. Trata-se de um caso real e a coachee, apesar de não identificada nominalmente, autorizou de forma expressa a inclusão de seu caso para construir este capítulo.

A identificação dos talentos em sessões de *Coaching* permitiu a verificação de alguns resultados que favoreceram o atingimento mais rapidamente e com maior sucesso de metas de diversos clientes, os quais se apresentam abaixo:

• Autoconhecimento - o despertar do talento e o reconhecimento das qualidades e potenciais até então desconhecidos;

• Assertividade na condução das escolhas e na definição dos objetivos;

• Bem-estar, alegria e realização;

• Autoconfiança para trabalhar com mudanças e desafiar o novo;

• Abertura para desenvolvimento e crescimento na área dos seus talentos, minimizando deficiências ou *gaps* de competências;

• Consciência e reconhecimento para lidar melhor com as suas deficiências;

• Ampliação de perspectivas – surgimento de novas possibilidades;

• Empoderamento para agir;

• Comprometimento na realização das tarefas.

> (...) talento é algo produtivo e, na verdade, o que pode acontecer é a falta de um talento não dominante dificultar seu desempenho. Devemos compreender esta diferença a favor dos nossos talentos, evitando explorar ou investir nas fraquezas.

A abordagem dos talentos nas sessões de *Coaching* trouxe um grande diferencial para minha prática profissional no tocante aos resultados alcançados. E, em todo o processo, uso essa ferramenta com o objetivo de permitir ao coachee tomar decisões, baseado em certezas e no que reconhece em si próprio como características únicas e diferenciadas, que o deixam consciente e mais assertivo em relação aos objetivos traçados na sessão. Quando isso acontece, gera autoeficácia, ou seja, ele sabe que possui exatamente o que é preciso para concluir qualquer tarefa ou atividade e que terá sucesso na sua execução; ele percebe que "pode" e que "consegue", empoderando-o para uma próxima ação rumo à meta.

Outra perceptiva interessante foi notar a incompreensão, por parte dos coachees, sobre seus próprios talentos. Alguns queriam modificar características do seu talento, por entenderem que estariam tendo prejuízos em vez de benefícios. Alguém com o talento Comando pode ser presunçoso e achar isso ruim. Mas não se trata de um tema em excesso e sim ausência de outro, a empatia. A consideração que faço sobre esta análise é que o talento é algo produtivo e, na verdade, o que pode acontecer é a falta de um talento não dominante dificultar seu desempenho. Devemos compreender esta diferença a favor dos nossos talentos, evitando explorar ou investir nas fraquezas.

Acredito que cada pessoa deva tomar para si a responsabilidade de identificar seus talentos e fazer o melhor uso deles. Nossa missão de vida está intrinsecamente associada aos nossos talentos e consequentemente a nossos pontos fortes e, quando conseguimos juntar esses dois elementos, temos a fórmula para entender o que nos move e motiva para viver uma vida com propósito e realização. E isso pode gerar os melhores resultados para um processo de *Coaching* com sucesso.

PARTE V

Organizações Positivas

Andréa Perez Corrêa

Organizações Positivas

As organizações positivas estão contidas em um dos Pilares da Psicologia Positiva, como já vimos no Capítulo 1. (CSIKSZENTMIHALYI & SELIGMAN, 2000). De certa forma, a inclusão desse pilar foi a porta de entrada desse estudo em incontáveis contextos, abrindo o leque dos campos de aplicação dos seus temas.

Atrela-se a isso o fato de a construção das sociedades, econômica e socialmente, ser pautada nas organizações, como desenvolvedoras de produtos e serviços em todas as áreas, além do aspecto da empregabilidade que favorece uma parcela imensa de trabalhadores. Além disso, considerando os novos cenários que surgem ao longo da história, as organizações precisam constantemente se adequar a estratégias de gestão mais competitivas, em especial as relacionadas aos recursos humanos que atuam em seus processos e fazem com que funcionem e atendam a seus propósitos. E a Psicologia Positiva, com seus temas pautados em pesquisas científicas, tornou-se um campo eficaz e acessível para construir um diferencial inovador em diversos aspectos organizacionais.

Conforme você vai se aprofundando no levantamento das pesquisas que foram desenvolvidas ao longo do tempo desde o início da Psicologia Positiva, é perceptível que para os outros dois pilares foi desenvolvido um número muito significativo de estudos. O foco inicial definitivamente se ateve às emoções positivas e aos aspectos individuais positivos. Segundo Garcea e Linley (2011), provavelmente, isso se deve ao fato de, no campo da Psicologia, haver um foco maior no trato das questões individuais e das relações interpessoais, com menos destaque para os aspectos de ordem organizacional, social e das comunidades. Contudo, a conceituação de "instituições positivas" acabou chamando a atenção das organizações, como uma nova forma de gerir a condução de suas atividades, para melhores resultados, como aumento de produtividade, lucros, qualidade, entre tantos outros.

O campo das organizações positivas, por conta dessa atenção das instituições, tomou amplitudes significativas, o que acabou gerando o desenvolvimento ao longo do tempo de inúmeros trabalhos para esses contextos.

E por que isso? Simplesmente, pois as organizações, de forma similar à Psicologia, sempre se detiveram muito mais aos aspectos negativos da organização e de seus empregados, que aos aspectos positivos. De acordo com Luthans e colegas (2015), o foco no negativo sempre desencadeou uma preocupação latente de minimizar o que há de errado ou em reduzir déficits, mas mesmo ao conseguir eliminá-los, isso não significa ter conseguido lançar mão das possibilidades de melhoria que uma abordagem com foco positivo permite, indicando, nesse caso o que dispõe a teoria "amplia-e-construir" sobre Fredrickson[1]. Os autores afirmam, ainda que: "Pesquisas e práticas orientadas ao negativo são limitadas em sua aptidão para a produção de um melhor entendimento das forças, funcionamento ótimo e realização do potencial humano". (LUTHANS, YOUSSEF-MORGAN & AVOLIO, 2015, p. 9).

Apesar dessas considerações, os autores afirmam que não há uma tentativa de desconsiderar como inválidas pesquisas e análise a respeito dos aspectos negativos que assolam as organizações, pois, assim como na vida como um todo, nesses contextos, isso é inevitável e precisa receber a devida atenção e processamento.

Fora isso, a atenção aos progressos das pesquisas na Psicologia Positiva começou a crescer, já que se baseiam em rigorosos métodos científicos, distantes de suposições, retóricas, sabedoria comum, intuição de gurus, que acabou por surgir com literatura de "autoajuda organizacional", possibilitando um novo viés: positividade baseada em evidências para o contexto das organizações. (LUTHANS, YOUSSEF-MORGAN & AVOLIO, 2015).

Nessa vertente, surge em 2003, pela primeira vez, o *Positive Organizational Scholarship* – POS, introduzido como um novo campo de estudo nas ciências organizacionais, que acabou emergindo como uma nova disciplina. Segundo Cameron e Spreitzer (2003), o POS é "um conceito guarda-chuva usado para unificar uma variedade de abordagens nos estudos organizacionais, cada um dos quais incorpora a noção de **o positivo**" (p. 1-2).

Para Cameron, Dutton e Quinn (2003), o POS "está preocupado primariamente com o estudo de resultados, processos, atributos das organizações e de seus membros especialmente positivos" (p. 4). Ko e Donaldson (2011) destacam ainda que o POS se embasa nas raízes da Psicologia Positiva em função de sua perspectiva científica e positiva.

Com maior detalhismo, Cameron e Spreitzer (2003) descrevem o POS da seguinte maneira:

P – *Positive*: neste aspecto, consideradas as inúmeras controvérsias a respeito do termo positivo – o que não ocorre apenas no campo das organizações - são sugeridas quatro abordagens para justificar o seu uso:

• **Única lente ou uma perspectiva alternativa** – não nega o fenômeno negativo, mas projeta uma perspectiva positiva na observação.

---
[1]. A teoria de Barbara Fredrickson encontra-se apresentada na descrição da Parte III.

- **Foco em resultados extraordinariamente positivos ou desempenho positivamente desviante** – a análise de resultados recai em situações que apresentam resultados excepcionais de *performance*.

- **Um viés positivo que desenvolve engenhosidade** – considera-se que indivíduos e grupos experimentam uma experiência amplificadora quando expostos à positividade no que se refere às suas qualidades, atributos e possibilidades, mais que a problemas, ameaças e fraquezas.

- **Exame da virtuosidade ou do melhor da condição humana** – baseia-se especificamente numa abordagem eudaimônica.

O – *Organizational*: aqui configura a atenção sobre os processos e estados que se desenvolvem nos contextos organizacionais, examinando os fenômenos positivos nesses ambientes.

S – *Scholarship*: investigar o que fundamenta o fenômeno positivo das organizações com fundamentações rigorosas, sistemáticas e baseadas em teorias.

Com o entendimento da dimensão que são os estudos nos contextos organizacionais, em uma "instituição positiva", inúmeras são as possibilidades de temas que podem ser desenvolvidos em seus contextos, tais como:

- Atributos Individuais Positivos;
- Emoções Positivas;
- Forças e Virtudes;
- Relacionamentos Positivos;
- Práticas de Recursos Humanos Positivas;
- Processos Organizacionais Positivos;
- Liderança Positiva e Mudança;
- Foco Positivo em problemas e desafios. (CAMERON & SPREITZER, 2003).

Outras temáticas também são consideradas sobre o estudo do trabalho e das organizações positivas, apontando: Psicologia Positiva no Trabalho, Ambiente de Trabalho Positivo, Organização Positiva e Comportamento Organizacional Positivo – POB, que também apresenta uma campo de abordagem bastante amplo e que teve desdobramentos muito significativos como o capital psicológico positivo, que vem sendo desenvolvido em diversas pesquisas científicas de forma exponencial. Diante disso, os autores Donaldson e Ko (2010) sugerem o *Positive Organizational Psychology* (POP) também como um termo guarda-chuva, o qual definem como: "O estudo científico das experiências subjetivas e traços no ambiente do trabalho e das organizações positivas, e sua aplicação para aprimoramento da efetividade e da qualidade de vida em organizações." (DONALDSON & KO, 2010, p. 178).

De forma absolutamente simples, Garcea e Linley (2011) apontam que o desenvolvimento de uma organização positiva ocorre, essencialmente, quando aplicamos os princípios da Psicologia Positiva, com o objetivo de criar organizações para a melhoria do desempenho, afirmação da vida e cumprimento de entrega.

Considerando o rol de possibilidades de aplicações da Psicologia Positiva nos contextos organizacionais, como vimos nesta Parte V, você encontrará capítulos que permitirão contato com a práticas que tiveram resultados positivos, abordando temáticas como carreira, processos de desenvolvimento de recursos humanos, Investigação Apreciativa e *Coaching*, Liderança Positiva, Sentido e Recrutamento e Seleção.

Em outros capítulos de outras partes deste livro, da mesma forma, você também encontra outras iniciativas em instituições, cuja opção de serem colocados em outra parte recaiu na ênfase da abordagem dada pelo autor sobre o tema escolhido. Com isso, o trato do assunto das organizações positivas não se limita a esta parte.

Capítulo 13

Encontrando a Carreira Ideal - Uma Teoria para te Ajudar na Prática

Mônica Pannain Bonhôte

Nos jornais, é comum ouvir estatísticas que demonstram que a maioria de nós faz o que não gosta, que empresas não tem ambientes adequados para o crescimento pessoal. Já reparou nisso? Para ilustrar, em abril de 2015 no G1 (segmento de notícias do site www.globo.com) foi apresentada uma pesquisa da ISMA Brasil (*International Stress Management Association*) informando que 72% das pessoas estão insatisfeitas com o trabalho. Considerando que passamos a maior parte do nosso tempo ativo no trabalho, esta realidade assombra qualquer expectativa de bem-estar.

(...) as emoções positivas trazem em si experiências para nosso crescimento e desenvolvimento individual por ampliarem nossa mentalidade (...)

Vivendo há 26 anos no mundo corporativo e sempre trabalhando com liderança, sendo uma líder ou sendo liderada, desenvolvi a habilidade de extrair o melhor resultado possível das minhas equipes. Devido ao segmento do mercado, muitos estavam em busca de trabalho pelo sustento da família, poucos conseguiam associar que poderiam também fazer do trabalho uma busca pela realização dos seus sonhos e ideais.

Direcionar pessoas a encontrar consonância em seu trabalho, suas necessidades ou sonhos passou a ser um objeto de estudo e foi então que descobri o *Coaching*. Uma maneira valorosa de ajudar, inspirar e extrair resultados das pessoas com uma metodologia agradável. Fui apresentada à Psicologia Positiva por meio da formação em *Positive Coaching* e do livro **Florescer**, de Martin Seligman (2011), e nele o objetivo de seu estudo: "aumentar a quantidade de florescimento na vida das pessoas e no planeta". Consegui, assim, encontrar alternativas para colaborar com o bem-estar das pessoas.

Com as perspectivas da Psicologia Positiva, sua disseminação, sua influência sobre o estudo do comportamento humano, ganhamos recursos que aumentam nossas opções para conviver com este quadro por uma ótica diferenciada. A especialista em pesquisas sobre emoções positivas Barbara Fredrickson (2003), em seu artigo **The Value of Positive Emotions** apresenta a Teoria Ampliar e Construir sobre a qual afirma que as emoções positivas trazem em si experiências para nosso crescimento e desenvolvimento individual por ampliarem nossa mentalidade, proporcionando recursos pessoais duradouros. Em um artigo anterior, **What Good Are Positive Emotions?** (1998), ressalta estudos que indicam que pessoas que passam por experiências positivas "formam associações cognitivas mais incomuns, criam e usam categorias cognitivas mais inclusivas e apresentam melhor desempenho em testes padrão de pensamento criativo". (FREDRICKSON, 1998, p. 308).

Sendo assim, o objetivo deste capítulo é, através da apresentação do Eu Ideal, um dos componentes da Teoria da Mudança Intencional (*Intencional Change Theory* ICT – (BOYATZIS, 2006), proporcionar uma oportunidade de reflexão, estimulando você a construir um caminho agradável para situações que requerem necessidade de mudanças na sua vida.

O que é o Eu Ideal?

Com a perspectiva da Psicologia Positiva, o Eu Ideal (IS) não é considerado uma função defensiva (...)

O Eu Ideal é apresentado com detalhes no artigo **The Ideal self as the driver of intencional change**, de Richard E. Boyatzis e Kleio Akrivou no **Journal of Management Development** de 2006, como sendo o "condutor emocional da mudança intencional".

Boyatzis é professor dos departamentos de Comportamento Organizacional, Psicologia e Ciências Cognitivas da *Case Western Reserve University* e desenvolveu a Teoria da Mudança Intencional (2006) como parte dos estudos com indivíduos e organizações, para trazer mais entendimento e estudo sistemático aos processos de mudança, que, segundo ele, possuem poucos registros, como: Os estágios da Mudança de Prochaska (1992) e Teoria das Necessidades de McClelland (1965). (Apud BOYATZIS, 2006, p. 617).

A apresentação da definição pelos autores traz, além da explicação, uma contextualização do impacto da Psicologia Positiva:

> O Eu Ideal (*Ideal Self* – IS) é um componente psicológico do Eu (Baumeister, 1998 a, b; Higgins, 1989a) parcialmente consciente e parcialmente inconsciente, variando de indivíduo para indivíduo. É tanto um conceito privado quanto socialmente influenciado (em Nasby de 1997 socialmente; Schecter, 1974). O modelo terapêutico psicanalítico tradicional vê a idealização como uma função defensiva do eu e, portanto, com necessidade de intervenção terapêutica (em Schecter, 1974). Com a perspectiva da Psicologia Positiva, o Eu Ideal (IS) não é considerado uma função defensiva; mas sim como o principal mecanismo de autorregulação e motivação intrínseca. Ele se manifesta como uma visão pessoal, ou uma imagem de que tipo de pessoa que se deseja ser, o que a pessoa espera conseguir na vida e no trabalho. (BOYATZIS & AKRIVOU, 2006, p. 625).

A composição do Eu Ideal

Boyatzis e Akrivou (2006) esclarecem que o Eu Ideal surge de surpresa em resposta a um insight ou prévio processo de conscientização a respeito de suas aspirações ou seu futuro.

Assim que o Eu Ideal é ativado, passa a exercer uma função motivacional no Eu e guiará as ações e decisões (...)

Assim que o Eu Ideal é ativado, passa a exercer uma função motivacional no Eu e guiará as ações e decisões em uma direção que garanta uma sensação mais profunda de realização, congruente com seus valores pessoais, aumentando a clareza e a atenção na situação presente e mudando a percepção de uma pessoa pelos esforços que eventualmente sejam necessários.

Os autores sugerem três componentes:

1) **Imagens de um futuro desejado** - realização da imagem dos sonhos, aspirações ou fantasias, impulsionados pelas paixões, valores e princípios (filosofia).

2) **Esperança** - principal determinante do Eu Ideal, criando uma crença de viabilidade ou possibilidade, através da Autoeficácia e Otimismo.

3) **Identidade** - conjunto de características individuais, na maioria dos casos, inconsciente, mas que transforma a visão em algo coerente e intenso para si.

O peso da Esperança

No meu ponto de vista, é de extrema importância poder facilitar o entendimento do que move uma pessoa na implementação, execução de um plano de ação, perseverando e superando desafios e efetivamente realizando seus objetivos.

Para Boyatzis e Akrivou (2006), "o maior determinante e condutor afetivo do Eu Ideal é a Esperança", sendo esta "a capacidade de gerar processos cognitivos para avaliar e julgar a viabilidade do que é esperado".

E acrescentam:

> Embora o psicológico processo relacionado com a esperança ainda esteja sob investigação, a maioria dos pesquisadores concorda que a esperança é causada pelo grau de otimismo da pessoa. Além disso, é a expressão do seu grau de autoeficácia. (BOYATZIS & AKRIVOU, 2006, p. 627).

Esperança e a Autoeficácia

O Eu Ideal passa a interagir com a Identidade de cada um (...)

No livro **Psicologia Positiva - Uma abordagem científica e prática das qualidades humanas**, C. R. Snyder & Shane J. Lopez apresentam a definição de Albert Bandura (1997, p. 7): autoeficácia é vista como "as crenças das pessoas em suas capacidades de produzir efeitos desejados por meio de suas próximas ações". (SNYDER & LOPES, 2009, p. 165).

Assim, os autores Boyatzis e Akrivou (2006) explicam que é através dessa conscientização do que podem realizar, ou seja, a viabilidade de seus projetos, que as pessoas caminham em direção à mudança. O Eu Ideal passa a interagir com a Identidade de cada um, que quanto mais conhecida e mais consciente mais prepara uma pessoa para o desenvolvimento dos processos que envolvem conquistar sua imagem futura.

A Esperança e o Otimismo

Um mundo novo de possibilidades e perspectivas vai se abrindo (...)

Boyatzis e Akrivou (2006) acreditam que "o otimismo deve ser incorporado nos componentes que afetam a experiência com a esperança de uma pessoa". (BOYATZIS & AKRIVOU, 2006, p. 629).

O otimismo é um tema desenvolvido com profundidade por Martin Seligman (1990) em seu livro **Aprenda a Ser Otimista** e, até hoje, é considerado uma referência sobre este tema. Seu entendimento sobre otimismo traz ao Eu Ideal algo que Boyatzis (2006) considera como um ingrediente a ser incorporado à experiência de uma pessoa com a esperança.

Para Seligman (1990), otimismo se traduz pela forma como você lida com os contratempos, ou seja, aquilo que acontece com você e que mais parece com uma dificuldade ou uma situação de menor probabilidade de sucesso; é a forma como você lida com as vitórias, e como traduzimos tudo isso em comportamentos.

Um mundo novo de possibilidades e perspectivas vai se abrindo quando a conversa interior amigável e estruturada conosco mesmo ganha a intervenção da contestação das próprias crenças, ou seja, alterar as coisas destrutivas que venhamos a dizer para nós mesmos quando enfrentamos os contratempos que a vida traz.

Proposta: Eu Ideal na Prática

Com base na teoria do Eu Ideal, conjugada com os aspectos da Psicologia Positiva abordados – esperança, autoeficácia e otimismo – e, ainda, com base na experiência com *Coaching* adquirida ao longo dos anos, apresento uma proposta para aqueles que percebem uma necessidade de mudança em sua vida, na sua carreira e profissão, e para profissionais que trabalham com o favorecimento de carreiras, seja em *Coaching*, Consultoria ou *Mentoring*.

Primeira etapa - Preparação

Leia toda a atividade para que você possa verificar a melhor forma de aproveitar esta prática. Considere opções para as anotações, qual o local para realizar e estime um tempo para as atividades de forma que haja espaço entre as atividades da sua rotina.

Segunda etapa - Identifique seu Eu Ideal

Considere uma mudança que você avalie como necessária. Crie sua imagem futura, deixando fluir suas expectativas de forma a atender suas aspirações, anseios, seus sonhos e seus valores.

Faça anotações ao longo de ao menos dois ou três dias. Sendo possível, dedique-se pelo menos por 30 minutos a cada dia até que você se certifique de que está completo.

Construa seu texto a partir das perguntas:

Quem é a pessoa que você imagina? O que ela sente, vê, escuta? Qual seu paladar? Como se relaciona com as pessoas, família? Como se relaciona com os colegas de trabalho, liderança, ou com os parceiros de negócios? Como se diverte? Como se aprimora?

Terceira etapa - Avalie e se inspire na sua autoeficácia

Avalie suas considerações sobre o que você é capaz de realizar. Faça uma lista das suas conquistas sobre as mais diversas áreas da sua vida: pessoal, profissional, relacionamentos, saúde.

Sendo possível, faça duas perguntas a pessoas próximas, que sejam da sua família, círculo de amizade ou trabalho:

"O que eu faço com facilidade? Como eu supero um desafio?"

Para uma associação mais precisa com seu Eu Ideal, caso seja necessário, faça uma pergunta mais explícita. Se, por exemplo, você está se visualizando uma pessoa mais calma, pergunte às pessoas quando elas te percebem calma.

Quarta etapa - Identificando sua identidade

Qual a sua identidade, do seu ponto de vista? O que você gosta de fazer? O que você busca nos livros que lê, nos filmes que assiste? Qual o assunto que você mais gosta? O que é importante para você tomar uma decisão?

Construa uma breve frase que possa descrever você.

Quinta etapa - Impulsionando de forma otimista

Ao longo de uma semana, faça a pergunta abaixo, organizando o texto como se segue:

O que uma pessoa [extraia informações da ETAPA 4] com a intenção de ser [extraia informações da ETAPA 2], com as habilidades de [extraia informações da ETAPA 3] pode fazer, que ainda não fez?

Faça uma lista, sem filtros.

Sexta etapa - Verificando oportunidades

Um grande desafio para as mudanças que queremos em nossas vidas é adicionar novas ações no dia a dia. Então para cada ação que você listou na quarta etapa identifique alternativas para a inclusão destas atividades na sua rotina.

Identifique: quando será possível incluir esta atividade? Curto, médio ou longo prazo?

Identifique o melhor horário. Será melhor realizar pela manhã, tarde ou noite?

Identifique o impacto nas suas relações. Posso realizar sozinho, ou será necessário compartilhar esta atividade? Causa desagrado em alguém? Como contornar isso?

Sétima etapa - Proporcionando Mudanças

Crie indicadores que possam identificar a evidência da realização das suas ações para saber se está caminhando para a direção a que se propôs.

Estabeleça uma rotina, seja diária, semanal ou quinzenal para verificar o andamento da programação estabelecida na etapa anterior. Fique à vontade para delimitar o tempo de permanência deste exercício.

Considerações finais

Boyatzis e Akrivou (2006) propõem que o Eu Ideal seja "o local" da motivação e das emoções positivas do Eu e que darão continuidade ao estudo deste modelo para ajudar as pessoas a encontrar possibilidades para seus sonhos e encontrarem razões para mudança:

Individualmente, muitas vezes as pessoas acreditam que um choque conduz a mudança. Nas organizações, o pressuposto é que a urgência e ameaça pode provocar mudança. A teoria mudança intencional nos ajuda a ver que o Eu Ideal a nível individual, com sua visão e sonhos compartilhados em níveis coletivos, são o verdadeiro motor da mudança. (BOYATZIS & AKRIVOU,2006, p. 635-636).

Meu desejo é que você encontre no estudo e na prática deste tema uma oportunidade para a execução de qualquer mudança, explorando todo o seu potencial com toda intensidade, e que, com um objetivo claro e personalizado, atenda a sua individualidade e possa se aproveitar da maravilha que é ser único e criar a sua história preferida.

Caso seja um profissional de *Coaching*, que este tema traga, além do conteúdo, uma oportunidade de encontrar alternativas para ampliar a percepção de uma pessoa a respeito de si mesma, proporcionando uma agradável caminhada em relação às suas escolhas e objetivos.

Tudo de bom para você!

Capítulo 14

Foco nas Qualidades Humanas Positivas em Programas de Capacitação e Desenvolvimento Profissional

Rita Amorim

Foco nas Qualidades Humanas Positivas em Programas de Capacitação e Desenvolvimento Profissional

No mundo corporativo, a velocidade das mudanças, a imposição de novos conceitos que influenciam comportamentos e a instabilidade do mercado exigem dos trabalhadores resultados de alto desempenho, sugerindo desafios permanentes.

(...) abordaremos o que alguns autores da Psicologia Positiva expressam sobre o uso das qualidades humanas e apresentaremos um case de uma instituição de grande porte (...)

Apesar da redução de custos, as organizações ainda investem parte de seu orçamento para melhorar os resultados no desempenho e comprometimento de seus trabalhadores, que nem sempre são alcançados.

Nesse caso, o que acontece quando não falta investimento, mas os resultados não são obtidos? Parte do problema está nas formas de capacitar e motivar os trabalhadores, ou seja, nas formas de gestão e liderança. Neste cenário, quais as estratégias a serem consideradas a fim de se conseguir resultados positivos?

Para responder a esta questão, abordaremos o que alguns autores da Psicologia Positiva expressam sobre o uso das qualidades humanas e apresentaremos um *case* de uma instituição de grande porte, durante as fases de um Programa de Capacitação e Desenvolvimento Profissional - PCDP, com resultados significativos de melhoria de desempenho.

A Importância do Foco nas Qualidades Humanas Positivas

Segundo Seligman (1998), a Psicologia Convencional desde a II Guerra Mundial foca a cura de patologias com o estudo dos estados e aspectos negativos da psique humana, ignorando os aspectos saudáveis e as qualidades dos indivíduos. Acreditando que a Psicologia resgataria duas de suas missões, mais voltadas para o positivo da vida e das pessoas, Seligman, denominado pai da Psicologia Positiva, não nega as contribuições importantes na busca de tratamentos e de cura para doenças da Psicologia Convencional, mas aponta que devemos estudar os aspectos positivos e funcionais, prevenindo as doenças dos seres humanos.

Assim como expressam Csikszentmihalyi e Seligman (2000), os estudos da Psicologia Positiva ampliaram seu foco para o fortalecimento das qualidades humanas, de forma a permitir que os indivíduos e as sociedades florescessem. Fredrickson (2009) compartilhou que Seligman convidou os psicólogos a pensarem na contribuição que poderiam dar se mudassem o foco: além de aliviar o sofrimento humano, cultivar o florescimento e as qualidades humanas positivas.

Nesse sentido, uma das formas de florescer para a Psicologia Positiva é a estratégia de encontrar o bom dentro do que já existe no ser humano, potencializando em algo ainda mais positivo. Muitos autores destacam esta abordagem. Achor (2012), que estuda a motivação das pessoas e o que as leva a se dedicar a alguma coisa, focando seus pontos fortes e ajudando a criar um senso profundo de significado e propósito no trabalho, ressalta o que funciona, e não só o que emperrou, tendo como centro de discussão as situações que fazem com que a vida valha a pena.

Também Snyder e Lopez (2009) apontam que a ciência e prática da Psicologia Positiva estão voltadas para a identificação e compreensão das qualidades e virtudes dos seres humanos, auxiliando a construção de vidas mais felizes e produtivas.

Seguindo essa linha, Lyubomirsky (2008) ratifica que o melhor caminho para a felicidade e a prosperidade é o que os psicólogos positivos constataram: em vez de se concentrar em como corrigir os pontos negativos, podemos usar emoções, pensamentos e comportamentos positivos, para neutralizá-los.

Já com um olhar voltado para as organizações, Peterson e Park (2003) defendem a teoria de que as instituições positivas facilitam o desenvolvimento e a demonstração dos traços positivos, os quais, em troca, facilitam as experiências subjetivas de bem-estar, favorecendo os resultados.

Outra abordagem que coaduna com esta ideia é a apontada por Buckingham & Clifton (2008), afirmando que a organização revolucionária deve construir sua dinâmica em torno dos pontos fortes de cada pessoa; ideia contemplada no trabalho desenvolvido por eles numa iniciativa do instituto Gallup, com mais de dois milhões de pessoas para entender os padrões do desempenho estável nas atividades de profissionais reconhecidos pela sua excelência. A pesquisa apontou 34 talentos humanos dos quais devemos lançar mão, aos quais se somando técnica e conhecimento geramos nossos pontos fortes.

Outro trabalho que reforça o lado positivo das qualidades humanas, segundo Peterson e Seligman (2004), é o inventário das virtudes e forças de caráter, que são traços morais e podem ser escolhidas e desenvolvidas, diferentemente dos talentos que são inatos.

E, conforme esses autores, acreditamos que pessoas capacitadas para potencializar suas qualidades humanas são fundamentais à construção e manutenção de organizações de destaque. Surge, então, outro desafio: como desenvolver essas pessoas de forma adequada?

Temos nesse desafio a indicação de um novo conceito e modelo para a capacitação e desenvolvimento de profissionais, demonstrando como podemos alcançar de forma eficaz resultados positivos e desempenho acima do que as organizações estão acostumadas.

> (...) pessoas capacitadas para potencializar suas qualidades humanas são fundamentais à construção e manutenção de organizações de destaque.

Acrescenta-se a esta proposta do uso das qualidades humanas outro aspecto relevante, que favorece quando caminham de mãos dadas, que é o engajamento no trabalho, que pode gerar um nível positivo de satisfação pessoal e bem-estar, a partir do desenvolvimento das atividades e funções profissionais, das relações de identificação com as organizações, buscando a contribuição e seu comprometimento.

Diante dessa perspectiva, as organizações devem se preparar para atrair pessoas pelos seus propósitos e pela importância relacionada ao trabalho, reforçando o direcionamento dos investimentos em capacitação para o desenvolvimento das qualidades humanas positivas.

Sob esta ótica, entendemos que a área de Recursos Humanos – RH pode ser beneficiada no alcance de um PCDP, com excelência. O significado e propósito reforçam as qualidades humanas positivas do trabalhador. Além disso, uma das razões que coadunam com esse efeito, segundo Guimarães (2012), é que as pessoas aprendem melhor por meio de ações relacionadas aos seus pontos fortes do que com ações direcionadas aos seus pontos fracos.

Nessa linha, acreditamos que um PCDP deve ser construído com base em premissas relacionadas às qualidades humanas positivas dos trabalhadores, ajustada às atividades que lhes são pedidas, não mais empenhando-se em minimizar *gaps* profissionais. Só assim os programas irão impactar ao atingir os objetivos e metas organizacionais e pessoais.

Resultados de um PCDP com Foco em Qualidades Humanas Positivas

Com essa perspectiva, relataremos um *case* a respeito de um PCDP, da Diretoria de Administração do Campus – DIRAC, uma unidade da Fundação Oswaldo Cruz – Fiocruz, instituição pública federal, vinculada ao Ministério da Saúde, uma das principais entidades em ciência e tecnologia em saúde.

A DIRAC tem como missão prover conhecimentos e soluções sustentáveis de

(...) considerou-se um Processo de Coaching encaixando-se de forma harmoniosa com a contribuição da Psicologia Positiva, em relação ao foco das qualidades humanas positivas.

infraestrutura para a Fiocruz e investe na capacitação de seus servidores através da potencialização das qualidades humanas positivas. Com base nesta estratégia, a gestão de RH, cuja abordagem se embasa nas concepções da Psicologia Positiva, desenvolve projetos com esta temática e um deles é o que compõe este *case*.

A área de RH iniciou o PCDP com o apontamento, por parte dos servidores, de eventos de capacitação em 2015. Tal indicação é compartilhada e validada pelo gestor imediato e a direção da unidade, reforçando o estímulo do diálogo entre os profissionais.

A partir de então, foi analisada a demanda de um dos departamentos da DIRAC, o Departamento de Arquitetura e Engenharia – DAE que desenvolve, gerencia e controla a execução e fiscalização de projetos, obras e serviços de engenharia na Fiocruz, tendo sido elaborado um Projeto de *Coaching* para o DAE, traçando o perfil de cada participante para identificação de qualidades, norteando o atingimento dos objetivos e metas.

Para sua execução, considerou-se um Processo de *Coaching* encaixando-se de forma harmoniosa com a contribuição da Psicologia Positiva, em relação ao foco das qualidades humanas positivas.

O Projeto objetivou melhorar a performance de 20 servidores, reforçando o papel desses como parceiros da construção de uma unidade mais produtiva e eficaz. Foram desenhadas seis etapas, com o total de 62 horas, em 2015, conforme quadro a seguir.

PROJETO *COACHING* - DAE		
Etapas	Data de realização em 2015	Número de participantes
Entrevistas Individuais	Março	20
A Arte do Processo de *Coaching* I	Abril	20
A Arte do Processo de *Coaching* II	Maio	20
Instrumento MBTI	Setembro	20
Seminário Líder *Coach*	Outubro	20
Workshop: Faça Você a Diferença	Dezembro	20

Durante o projeto, foi utilizado um questionário com perguntas abertas.

> 1- Qual o significado do trabalho para você?
> 2- Aponte as atividades que mais gosta de realizar no trabalho.
> 3- Existe oportunidade para realizar essas atividades diariamente?
> 4- Há quanto tempo realiza essas atividades?
> 5- Identifique suas qualidades humanas positivas nas atividades citadas.

A partir de então, foram agrupadas as respostas em duas categorias: significado no trabalho e identificação das qualidades humanas. Dos profissionais que responderam às perguntas, 90% registraram ter oportunidade em realizar diariamente as atividades de que gostam.

Em outra etapa, organizou-se um debate onde foi discutida a opinião dos participantes sobre a relação de cada um com o sentimento de satisfação e de realização a respeito de suas atividades diárias de trabalho relacionadas às qualidades humanas positivas, eixo central da investigação do PCDP.

Os debates serviram para confrontar sentimentos e expectativas experimentados na DIRAC e constatou-se que a maioria dos participantes manifestou satisfação, motivação e que o aperfeiçoamento e novas oportunidades em realizar suas atividades estão associados às suas qualidades humanas positivas.

A área de RH utilizou dois critérios para medir o retorno sobre a capacitação dos profissionais durante o Projeto: os resultados práticos a partir do desenvolvimento de suas atividades e funções e mudanças ou aprimoramento de comportamento.

Esses critérios foram observados segundo os níveis de avaliação: reação, aprendizagem e resultados. Levou-se em consideração que o Projeto foi realizado com base nas reais necessidades e objetivos estratégicos da instituição, levando à mensuração da eficiência do PCDP.

A partir de então, constatou-se que 95% dos servidores tiveram desempenhos superiores, como demonstra um dos relatos das avaliações:

"Percebi mudanças nas características de vários servidores, que levaram ao alcance de conquistas profissionais e pessoais, gerando aumento na qualidade de vida. O Projeto objetiva melhorar as atividades laborais, mas, sem dúvida, a melhoria ultrapassou os muros da instituição, atingindo a vida pessoal. Esse é o maior ganho".

Os resultados positivos encadearam uma proposta de continuidade para o Projeto, no qual foi incluída mais uma etapa com sessões individuais de *Coaching* para 2016.

A Psicologia Positiva e o Perfil de um Novo Trabalhador

(...) pensar a Psicologia Positiva, beneficiando os PCDP nas organizações, focando em Qualidades Humanas Positivas, rompendo com antigos paradigmas como o preenchimento de gaps ou controle de danos na capacitação.

O mundo corporativo passa por mudanças constantes, apresentando condições que impõem a inovação como fundamento do desenvolvimento organizacional. O conjunto de comportamentos praticados para gerar resultados deve ser pensado, partindo das aspirações pessoais, visando os interesses da organização.

Considerando que toda tentativa de mudança enfrenta resistências, a melhor maneira de lidar com elas é estruturar e conduzir o processo de PCDP com transparência, envolvimento e adesão dos profissionais.

Com essa visão, apresentamos uma nova forma de pensar a Psicologia Positiva, beneficiando os PCDP nas organizações, focando em Qualidades Humanas Positivas, rompendo com antigos paradigmas como o preenchimento de *gaps* ou controle de danos na capacitação.

Delineia-se, assim, o perfil de um novo trabalhador que é capacitado e desenvolvido pelos fundamentos da Psicologia Positiva, potencializando suas qualidades humanas, independentemente de serem utilizados assessments de identificação de talentos ou de forças de caráter. Esses trabalhadores encontram significado e propósito no trabalho, promovendo mudanças comportamentais positivas e duradoras implementadas no âmbito profissional.

Diante da exposição, chamamos a atenção para o fato de que um PCDP não é, necessariamente, a solução para todos os desafios das organizações, mas essas e os trabalhadores devem acreditar que é possível, sim, elevar a motivação e aumentar a capacidade de realização no trabalho através das qualidades humanas positivas.

Lembrando o ditado popular: "A melhor maneira de descobrir o que vem depois da curva é fazer a curva". Vamos em frente! Temos a oportunidade de com a Psicologia Positiva pensar fora dos padrões e colocar em prática uma nova forma de capacitar pessoas.

Capítulo 15

Investigação Apreciativa Aplicada ao *Coaching* nas Organizações

Sônia Ramos

As organizações são organismos vivos que estão em constantes processos de mudanças e, para isso, existe a necessidade de que sejam utilizadas as contribuições de distintos *stakeholders* para conceber e reestruturar os sistemas organizacionais e impulsionar o potencial humano de forma sistemática, visando um futuro coletivamente mais eficiente e sustentável.

> (...) conceber e reestruturar os sistemas organizacionais e impulsionar o potencial humano de forma sistemática, visando um futuro coletivamente mais eficiente e sustentável.

Diante deste cenário, o objetivo deste capítulo é apresentar uma visão introdutória dos principais conceitos sobre a Investigação Apreciativa (IA), ou Inquérito Apreciativo, e sua adequação ao *Coaching* nas Organizações. Além disso, temos a intenção de provocar uma reflexão sobre o tema – absolutamente simbiótico com a Psicologia Positiva, a qual o acolheu como a outros estudos anteriores à sua instituição - como um modelo de liderança para a transformação a organizacional positiva, para os negócios e para a sociedade.

O que é a Investigação Apreciativa?

A Investigação Apreciativa é um estudo realizado há mais de três décadas com resultados muito positivos em diversas organizações no mundo. Segundo Cooperrider e outros (2006), a Investigação Apreciativa (IA) ou *Appreciative Inquiry*, teve origem na década de 80, nas pesquisas de David Cooperrider, Suresh Srivastva e seus colaboradores, no Departamento de Comportamento Organizacional da Case Western Reserve University (CWRU).

> (...) propiciando um ambiente adequado para analisar o que realmente se almeja para o futuro, calcada na crença ilimitada no potencial das pessoas.

Segundo Cooperrider e Whitney (2006) constitui uma metodologia de gerenciamento que visa ao Desenvolvimento e à Mudança Organizacional inovadora, focando os pontos fortes, aplicada em organizações bem-sucedidas e comunidades de todo o mundo, fundamentada numa abordagem que desafia o modelo tradicional de resolução de problemas para a gestão de mudanças.

Cooperrider e Whitney (2006) asseguram que "os princípios e práticas da Investigação Apreciativa sugerem a ideia de que as forças coletivas fazem mais que um mero desempenho – elas transformam", propiciando um ambiente adequado para analisar o que realmente se almeja para o futuro, calcada na crença ilimitada no potencial das pessoas.

Um aspecto importante que envolve esta abordagem é a mudança positiva que Cooperrider e Whitney (2006) definem como:

> Qualquer forma de mudança na organização, reforma ou planejamento que se inicie com uma investigação compreensiva, análise e diálogo acerca do núcleo positivo de uma organização que envolva interessados diversos, e depois vincule esse conhecimento à agenda e às prioridades de mudança estratégica da organização.

Os Princípios da Investigação Apreciativa

A Investigação Apreciativa é um convite a uma revolução positiva e para que esta aconteça são considerados cinco princípios fundamentais e principais, conforme Cooperrider e Whitney (2006):

1. O **Princípio Construtivista** afirma que o entrelaçamento entre o conhecimento humano e o destino organizacional envolve tanto o conhecimento como o entendimento de tudo o que está ao nosso entorno. Neste princípio, entende-se que a realidade é construída através do discurso dos partícipes do contexto organizacional.

2. O **Princípio da Simultaneidade** afirma que a investigação, por si só, já é uma intervenção no ambiente e, por conta disso, a investigação e a mudança são momentos simultâneos e não separados.

3. O **Princípio Poético** considera que a história das organizações está sempre sendo escrita em coautoria de forma contínua por seus integrantes, produzindo contínuas fontes de aperfeiçoamento, incentivo e compreensão para o ser humano.

4. O **Princípio Antecipatório** afirma que as nossas ações positivas são norteadas pelas imagens positivas que somos capazes de criar sobre o nosso futuro desejado, sendo o maior bem que possuímos para produzir uma transformação organizacional produtiva.

5. O **Princípio Positivo** estabelece que a atitude diferencial que um agente de mudança deve adotar é a elaboração e realização de perguntas positivas, de forma abrangente, constante e integral.

Partindo-se desses princípios, foram identificadas quatro etapas para o desenvolvimento da abordagem da IA, conforme indicamos no item seguinte.

O Ciclo dos 4-D

As quatro fases de um processo de IA, segundo Cooperrider e Whitney (2006), são as seguintes:

1. **Descoberta / *Discovery*:** a principal tarefa da descoberta é revelar a capacidade positiva, mediante a criação do envolvimento de todos os interessados no desenvolvimento dos pontos fortes e identificação de melhores práticas.

2. **Sonho / *Dream*:** nessa etapa, o objetivo é a concepção de uma visão focada em resultados a partir do potencial revelado, indo além do estado atual para visualizar futuros estimulantes.

3. **Planejamento / *Design*:** trata da criação de temáticas prováveis para a organização ideal, sistematizando um plano no qual as pessoas percebam a sua capacidade de participar para a realização do sonho recém-identificado.

4. **Destino / *Destiny*:** também chamada de Futuro, objetiva assegurar que o sonho possa se tornar realidade, alinhando a organização com as propostas instigantes realizadas na fase do planejamento, dando sustentação para que sejam efetivadas.

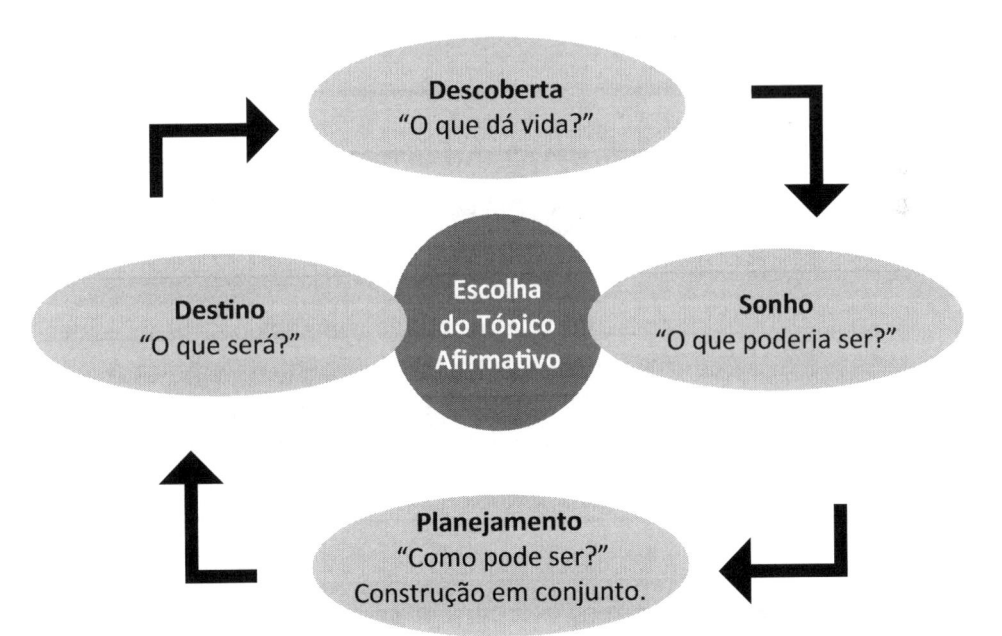

Figura I – O Ciclo dos 4-D. Cooperrider, Whitney e Stavros (2006)

> *Podemos afirmar que é absolutamente pertinente e são muitas as vantagens que o processo de Coaching tem ao utilizar a metodologia da Investigação Apreciativa.*

Cooperrider e Whitney (2006) afirmam que o processo da IA se inicia tendo como centro e ponto de partida a escolha de um tópico afirmativo, que também representa seu aspecto estratégico mais importante. O processo de selecionar tópicos afirmativos contempla a escolha de pessoas de todas as áreas da organização, fixando o estágio para o processo de 4-D seguinte.

Um ponto importante no Ciclo 4-D é a entrevista apreciativa, segundo Cooperrider e Whitney (2006), pois se trata de um diálogo pessoal com os componentes da empresa e seus envolvidos, produzindo energia para toda a organização, mediante a utilização de perguntas relacionadas com experiências positivas relevantes, gerando o núcleo positivo.

Nesse ponto, de forma mais contundente, já começamos a ver a adequabilidade do processo de *Coaching* com a temática da IA. Podemos afirmar que é absolutamente pertinente e são muitas as vantagens que o processo de *Coaching* tem ao utilizar a metodologia da Investigação Apreciativa.

Para iniciar essa reflexão, é importante entender o conceito central do que é um processo de *Coaching*.

Coaching: como acontece

> *(...) o Coaching tem por objetivo ajudar as pessoas a identificar objetivos desafiadores e a se entusiasmarem no cumprimento de ações definidas para alcançá-los, facilitando a mudança positiva no indivíduo, por meio da tomada de consciência.*

De maneira geral, o *Coaching* é definido como um processo, com início, meio e fim, que tem por objetivo ajudar as pessoas a identificar objetivos desafiadores e a se entusiasmarem no cumprimento de ações definidas para alcançá-los, facilitando a mudança positiva no indivíduo, por meio da tomada de consciência. O *Coaching* é uma aliança, entre o *Coach* (profissional) e o *coachee* (cliente), na qual o primeiro tem o papel de ajudar o indivíduo a mover-se do lugar em que está até onde deseja chegar.

Entendemos o *Coaching* como uma parceria que busca apoiar as pessoas em seus processos evolutivos e de desenvolvimento, enfatizando a transformação pessoal na ampliação de seu nível de consciência, a responsabilidade e a autoconfiança, com o objetivo de despertar todo o seu potencial, aprofundando sua aprendizagem, melhorando seu desempenho e aprimorando sua qualidade de vida. (RAMOS, 2014).

A seguir, apresentaremos algumas definições de *Coaching* adotadas:

Sir John Whitmore, da ***Performance Consultants International*** (2012):

"*Coaching* é **desbloquear o potencial das pessoas** para maximizar seu próprio desempenho." É ajudá-las a aprender em vez de ensinar a elas."

W. Timothy Gallwey, da ***The Inner Game School of Coaching*** (2013):

"*Coaching* é a arte de **criar um ambiente por meio de conversas** e uma maneira de ser que facilite o processo pelo qual uma pessoa pode **se mover em direção a resultados desejados de uma forma gratificante**."

Pela ***International Coaching Federation*** – ICF (2013):

"*Coaching* é uma parceria entre o *Coach* (profissional treinado para entregar o processo de *Coaching*) e o *Coachee* (pessoa que passará pelo processo de *Coaching*), em um processo estimulante e criativo que **os inspira a maximizar o seu potencial pessoal e profissional**, na busca do alcance dos seus objetivos e metas através do desenvolvimento de novos e mais efetivos comportamentos."

Observando os destaques nessas definições apresentadas, percebe-se a contundência do *Coaching* com a Investigação Apreciativa e o quanto a utilização dessas metodologias, em conjunto, pode trazer benefícios às mudanças pessoais e organizacionais.

Investigação Apreciativa e *Coaching* – Uma parceria positiva

Notoriamente, minha experiência como *Coach* permite identificar alguns aspectos comuns e pontos de contato que estão presentes nos dois processos:

• o olhar com foco no positivo, em todos os aspectos, sem ignorar os aspectos negativos;

• o reconhecimento de qualidades e forças dos protagonistas dos processos;

• o uso de experiências de sucesso, para produzir ações com resultados positivos;

• o olhar no presente com o aprendizado do passado para idealizar e traçar metas para o futuro; e

• a utilização de perguntas poderosas e positivas, permitindo a construção de respostas que gerem reflexão e alternativas de planejamento para a concretização de metas.

Fazendo um comparativo da metodologia dos 4-D com o Modelo GROW®[1] — uma das metodologias mais usadas em *Coaching* — também composto de quatro etapas para descrever como as pessoas fazem para progredir, podemos observar os seguintes pontos comuns:

---

1. Modelo GROW®: Modelo de *Coaching*, criado originalmente por Graham Alexander, na década de 80, foi apresentado por Sir John Whitmore (1992), na primeira edição de seu livro **Coaching para Performance Aprimorando Pessoas, Desempenhos e Resultados**. Trata-se de um modelo composto pela sequência desejável de quatro estágios de questionamentos ao se tentar lidar com um desafio pela primeira vez. (WHITMORE, 2010).

Etapas GROW	Etapas Ciclo 4-D	Considerações
Realidade: explorar a situação ou problemas atuais que as pessoas ou empresas desejam modificar.	**Descoberta**: revelar a capacidade positiva, o que dá vida e mobiliza todo o sistema, mediante o envolvimento de todos e o compartilhamento de aspectos valorizados da história da organização, que desejam conduzir para o futuro, passando a entender essa história como uma possibilidade positiva.	Aqui comparo o 2º estágio do GROW com a 1ª etapa dos 4-D. Tanto no estágio da Realidade, como na etapa da Descoberta, estamos diante do desafio de ampliar a consciência e explorar a situação atual, mediante a aplicação das perguntas inspiradoras e positivas.
Goals / **Metas**: definir metas atuais, de curto a longo prazos, identificando como gostariam que a situação fosse diferente.	**Sonho**: identificado o núcleo positivo, ampliar esse potencial revelado, visualizando resultados futuros poderosos e estimulantes.	Em ambos os processos essa fase é prática e trata da identificação do objetivo a ser atingido, ou do sonho a ser transformado em realidade, visualizar resultados desejados e expandir o potencial.
Opções: identificar os meios para preencher a lacuna entre sua realidade e sua meta, explorando estratégias alternativas ou sequências de ações.	**Planejamento**: trata da criação coletiva de temáticas prováveis positivas do futuro da organização ideal, gerando propostas provocativas que possam transformar o sonho, o maior potencial da organização, em ações concretas.	Da mesma forma, essa fase é para o levantamento das Opções, entre a realidade e a meta, e o Planejamento conjunto das ações para colocá-las em prática.
What next? / **E agora?**: engajar-se em alguma ação, com base nas opções com relação às quais dispõem de energia e nas quais acreditam para gerar resultados futuros: o que deve ser feito, quando, por quem e quais os próximos passos.	**Destino / Futuro**: assegurar que o sonho possa se tornar realidade, alinhando a organização com as propostas instigantes realizadas na fase do planejamento, dando sustentação para que sejam efetivadas.	O que se espera nessa etapa ou estágio é a geração de energia e motivação suficientes para dar prosseguimento às ações que levem a realização dos objetivos/sonhos.

> *(...) mobilizar as pessoas, mediante questionamentos provocadores, que revitalizem os sonhos da organização, gerando possibilidades positivas futuras.*

Para Whitmore (2006), os estágios do GROW são considerados variáveis críticas para a conquista do progresso e só possuem valor se estiverem voltados para a habilidade de produzir questionamento que leve à geração de um contexto de Consciência e Responsabilidade. Da mesma forma que, para Cooperrider e Whitney (2006), o Ciclo de 4-D inicia-se envolvendo todos os componentes de uma empresa para mobilizar as pessoas, mediante questionamentos provocadores, que revitalizem os sonhos da organização, gerando possibilidades positivas futuras.

Como visto, são muitas as similaridades entre a Investigação Apreciativa e o *Coaching* e a funcionalidade de aplicação de seus respectivos modelos.

Fica aqui o convite para que você pratique a Investigação Apreciativa e o *Coaching*, potencializando pessoas e organizações.

Capítulo 16

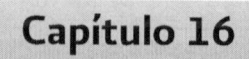

Liderança Positiva

Livia L. Lucas Carlomagno

Uma das questões frequentes sobre a qual nós profissionais da Psicologia Positiva somos inqueridos é a diferença que existe entre as teorias deste movimento e as outras teorias vigentes. Ao meu ver, a principal diferença é o olhar. A Psicologia Positiva foca o seu olhar na parte mais forte do ser humano, naquilo que o faz crescer, prosperar e ser feliz. E a Liderança Positiva, como um "braço" desse movimento, não é diferente. As ferramentas e técnicas que comprovadamente deram certo no ambiente organizacional estão acessíveis a todos os líderes, dando-lhes a possibilidade de liderar com sucesso. Fiquei muito feliz quando fui convidada para escrever sobre este tema, pois, desde 2009, venho trabalhando a Liderança Positiva em líderes e equipes nas organizações e acompanhando o desenvolvimento desses profissionais, que se tornaram muito mais produtivos e engajados no trabalho.

> *As ferramentas e técnicas que comprovadamente deram certo no ambiente organizacional estão acessíveis a todos os líderes, dando-lhes a possibilidade de liderar com sucesso.*

O que é a Liderança Positiva

A Liderança Positiva é um dos pilares da escola de negócios da Universidade de Michigan, que baseia o seu processo educativo enfatizando o positivo. Kim Cameron, professor e cofundador do centro de estudos em organizações positivas (*Positive Organizational Scholarship*) dessa mesma universidade, é o idealizador da teoria. Para Cameron (2013), a Liderança Positiva envolve a implementação de diversas técnicas e práticas que ajudam indivíduos e organizações a atingir alta *performance*, se desenvolver no trabalho, experimentar energia positiva e alcançar altos níveis de eficácia, que ele considera difíceis de se alcançar de outras maneiras.

Segundo o autor, a Liderança Positiva possui como foco principal a valorização das forças pessoais, do apoio e do entendimento mútuo ao invés das fraquezas, do conflito e da crítica constante, auxiliando indivíduos e organizações a alcançar resultados extraordinários e buscando o bem-estar e o engajamento no trabalho. Para isso, utiliza quatro estratégias comprovadamente eficazes: o Clima Positivo, os Relacionamentos Positivos, a Comunicação Positiva e o Significado Positivo. Cada uma delas possui ferramentas e técnicas que auxiliam o desenvolvimento das equipes e da organização como um todo. Vamos entender, a seguir, como essas estratégias funcionam.

Clima Positivo

Cameron (2008) afirma que um ambiente possui um clima positivo quando as emoções positivas predominam sobre as emoções negativas. Isso quer dizer que, neste tipo de ambiente, as pessoas experienciam muito mais o bem-estar, o otimismo, o reconhecimento, a confiança e a cooperação do que o estresse, a ansiedade, o medo e a desconfiança. O autor aponta três comportamentos que os líderes devem promover para criar um clima positivo: a compaixão, o perdão e a gratidão.

Em seus estudos sobre compaixão nas organizações, Dutton, Workman & Hardin (2014) enfatizam os comportamentos compassivos de líderes e colaboradores com colegas que passaram por alguma tragédia ou momento difícil. Segundo os autores, a compaixão é um processo interpessoal que envolve perceber, sentir e agir para aliviar o sofrimento de outra pessoa. Ao meu ver, a compaixão deve ser estimulada tanto em momentos de dificuldade quanto no dia a dia, através da aceitação daqueles comportamentos e características que são diferentes e desconhecidos para nós e do respeito às escolhas de cada um. É dessa forma que trabalho para promover a compaixão nos processos de desenvolvimento de lideranças nas organizações.

Por exemplo, em uma empresa cliente que atua no ramo de seguros, onde a primeira etapa do trabalho que realizei foi a construção de uma equipe de sócios e uma distribuição mais efetiva das funções administrativas para cada um de acordo com as forças pessoais, os cinco sócios estavam em conflito, pois uns acumulavam muitas funções enquanto outros estavam quase ociosos no dia a dia de trabalho. O fato é que os três sócios que realizavam mais atividades apresentavam o talento da ativação e a força de caráter da liderança que os impulsionava a ser proativos, multitarefas, e a comandar com facilidade. No entanto, os outros dois sócios apresentavam os talentos de responsabilidade, prudência e harmonia, que os impeliam a serem mais seletivos nas suas escolhas e, muitas vezes, a abrir mão de suas próprias opiniões em prol do consenso entre o grupo.

Para muitos, essa poderia ser uma combinação perfeita entre forças em uma equipe, mas para eles era motivo de desentendimento, pois uns viam as forças dos outros como fraquezas, acusando-se mutuamente de serem autoritários e centralizadores de um lado, e de medrosos e sem atitude de outro. Meu objetivo foi mostrar que todos nós temos características diferentes e que para construirmos uma equipe de alto desempenho em qualquer nível organizacional é preciso que aceitemos uns aos outros para que possamos encontrar estratégias de trabalho que gerem mais produtividade e bem-estar.

O perdão também é um comportamento fundamental para a criação de um clima positivo. Para Cameron & Caza (2002), organizações que promovem o perdão entre seus colaboradores estimulam que esses aprendam a dar uma segunda chance às pessoas e não aos comportamentos equivocados que estas apresentaram. Infelizmente, o que acontece em muitas empresas é que as pessoas ficam marcadas pelos erros que cometeram, não recebendo verdadeiramente uma segunda chance.

> *Por isso, invisto primeiramente no estabelecimento de relações mais positivas entre todos os envolvidos, buscando o entendimento das diferenças e de como elas podem ajudar o grupo a atingir seus objetivos.*

Em relação à gratidão, Emmons (2003) afirma que é um comportamento que estimula a retribuição daqueles que se sentiram gratos, e a vontade de se aperfeiçoar naqueles que receberam palavras de gratidão.

Cameron (2008) aponta o clima positivo como a estratégia base para que se estabeleça uma Liderança Positiva nas organizações. Entretanto, na minha experiência profissional, vejo que o clima é uma consequência de relacionamentos positivos, comunicação positiva e significado positivo, nessa ordem. Acho difícil instigar comportamentos de compaixão, perdão e gratidão em equipes em que predominam relacionamentos frágeis, competitivos e sem reconhecimento. Ou onde a comunicação do líder é baseada na cobrança e o trabalho não fomenta um sentido maior que o próprio sustento. Por isso, invisto primeiramente no estabelecimento de relações mais positivas entre todos os envolvidos, buscando o entendimento das diferenças e de como elas podem ajudar o grupo a atingir seus objetivos.

Relacionamentos Positivos

Segundo Cameron (2008), aqueles relacionamentos que são uma fonte geradora de enriquecimento, vitalidade e aprendizagem para os indivíduos são considerados relacionamentos positivos. Relacionamentos positivos são caracterizados por uma predominância de emoções positivas, reconhecimento, aceitação e compaixão. Segundo Baker, Cross & Wooten (2003), dentro das organizações as pessoas podem funcionar como catalisadores positivos ou catalisadores negativos. Catalisadores positivos deixam os outros inspirados, motivados e cheios de vitalidade, enquanto os catalisadores negativos tendem a esgotar a força e a

> *Esse movimento ajuda a baixar as defesas que as pessoas têm consigo mesmas e com os outros à sua volta, pois se tornam mais conscientes das suas capacidades.*

entusiasmo de seus pares. Os autores descobriram que organizações de alto desempenho possuem três vezes mais catalisadores positivos do que as organizações de médio desempenho.

Uma forma extremamente eficaz de fomentar os relacionamentos positivos é reconhecer e trabalhar as forças pessoais e organizacionais. Segundo Robert Biwas-Diener (2010), forças são os nossos padrões de pensamento, sentimento e comportamento pré-existentes e que são autênticos, energizantes e nos levam até a nossa melhor performance. Esse comportamento produz mais benefícios do que corrigir as fraquezas. No entanto, a maioria dos líderes se concentra em trabalhar as falhas dos seus liderados, fornecendo *feedbacks*, treinamentos e *Coaching* especificamente para este fim.

Sempre que inicio um trabalho de desenvolvimento, a primeira etapa consiste em criar o portfólio de forças do líder e de cada membro da equipe, através dos instrumentos de avaliação *VIA Survey*[1], *StrengthsFinder* (Buckingham & Clifton, 2001) e *Reflected Best Self Exercise* (Dutton, Spreitzer, Heaphy & Quinn, 2005). Em seguida, os portfólios são apresentados e trabalhados com todo o grupo.

Esse movimento ajuda a baixar as defesas que as pessoas têm consigo mesmas e com os outros à sua volta, pois se tornam mais conscientes das suas capacidades. Da mesma forma, quando são apresentados aos portfólios dos seus colegas, se dão conta de que todos são diferentes, mas que possuem forças e fraquezas igualmente. Parece pouco, mas essas mudanças trazem resultados muito positivos na resolução de conflitos e nos relacionamentos, assim como no aumento do desempenho profissional.

Em outra empresa cliente, que atua no ramo da construção civil, fui contratada para desenvolver uma equipe de arquitetos que trabalhavam com projetos de edificações. O líder dessa equipe estava muito preocupado com a rotatividade, o pouco comprometimento e a falta de autonomia dos mesmos. Ele precisava se ausentar da empresa com frequência, mas não sentia segurança na equipe para fazer isso. Três anos depois do processo de desenvolvimento realizado, a equipe continua com os mesmos membros, diminuindo a rotatividade. Além disso, com o trabalho de mapeamento das forças em relação às etapas dos projetos, cada um sabia no que era bom, e no que seus colegas eram bons. Isso facilitou

---

1. PETERSON, C. & PARK, N. (2009). *Classifying and measuring strengths of character*. In S.J. Lopez & C.R. Snyder (Eds.), Oxford handbook of positive psychology, 2nd edition (pp.25-33). New York: Oxford University Press. www.viacharacter.org

PETERSON, C. & SELIGMAN, M.E.P. (2004). *Character strengths and virtues: A handbook and classification*. New York: Oxford University Press and Washington, DC: American Psychological Association. www.viacharacter.org

para que uns pedissem auxílio aos outros, liberando o líder para suas atividades fora do escritório, e fortalecendo os laços de confiança entre os membros. A performance também melhorou, aumentando a produtividade e o bem-estar desses funcionários.

Comunicação Positiva

Para Cameron (2011), uma comunicação positiva refere-se ao uso daquelas expressões de apreciação, apoio, suporte, aprovação e reconhecimento. Já uma comunicação negativa refere-se ao uso da crítica, desaprovação, cinismo, insatisfação e desacordo. Isso não significa que não se deve corrigir falhas e melhorar as fraquezas. A forma como é feito é que vai definir seu sucesso ou fracasso. Na prática, buscar palavras de reconhecimento para um trabalho bem feito é mais eficaz para desenvolver pessoas que utilizar palavras de acusação, crítica e desvalorização, com a desculpa da correção.

Na prática, buscar palavras de reconhecimento para um trabalho bem feito é mais eficaz para desenvolver pessoas que utilizar palavras de acusação, crítica e desvalorização, com a desculpa da correção.

Uma ferramenta importante para facilitar a comunicação do líder nas organizações é o *feedback*. Quando realizada positivamente, essa ferramenta cria a oportunidade de reforçar condutas que produzem bons resultados, bem como orientar o colaborador a avaliar e modificar comportamentos que o limitam, de modo que ele possa buscar continuamente a melhora de seu desempenho. Como já mencionei acima, um dos instrumentos que utilizo para criar o portfólio de forças das pessoas é o *Reflected Best Self Exercise* (RBSE). O RBSE é um exercício que também foi criado pelo *Positive Organizational Scholarship* e que utiliza histórias coletadas por pessoas de diferentes áreas da vida do indivíduo, a fim de ajudá-lo a entender quem ele é e como ele contribui quando está no seu melhor. Ou seja, o indivíduo deve escolher 20 pessoas com as quais se relaciona, pedindo para que essas pessoas descrevam (e exemplifiquem) três forças que o representem quando ele está no seu melhor. De posse das 60 descrições, o indivíduo deve analisá-las e criar uma narrativa sobre como ele age quando está no seu melhor, descrevendo as forças mencionadas.

Como utilizo dois testes e uma entrevista de anamnese na identificação das forças, oriento meus clientes a buscarem somente dez pessoas para fornecer *feedback*. No entanto, esta redução de participantes não compromete o resultado do trabalho. Ao contrário, é impressionante como as forças descritas pelas pessoas são similares aos resultados encontrados nos testes que o indivíduo realizou.

Significado Positivo

Outra forma muito interessante de ajudar as pessoas a criar um significado mais positivo em relação ao seu trabalho é ajudá-las a utilizar as suas forças em prol do bem comum.

Cameron (2008) afirma que quanto mais os indivíduos definem seu trabalho como uma vocação e têm a convicção de que o que estão fazendo é bom e certo, mais significativo é o seu trabalho. Altos níveis de significado positivo no trabalho têm sido associados a aumentos extraordinários na *performance* individual e organizacional. Os líderes podem ajudar a criar um significado positivo para os seus colaboradores reforçando os benefícios produzidos pelo trabalho que realizam, associando os resultados do trabalho aos valores fundamentais desses colaboradores, identificando o impacto de longo prazo criado pelo trabalho, e enfatizando as metas de contribuição coletiva mais do que as metas individuais.

Outra forma muito interessante de ajudar as pessoas a criar um significado mais positivo em relação ao seu trabalho é ajudá-las a utilizar as suas forças em prol do bem comum. Eu atuo dessa forma com os meus clientes de *Coaching* que estão cansados de uma carreira sem significado, onde as escolhas foram sendo feitas mais pelas necessidades materiais e de realização do ego do que pela busca de sentido. Como no caso de um *coachee* que buscou auxílio pois estava decepcionado com a função de analista que exercia, acreditando que não estava realizando todo o seu potencial profissional. Ele havia saído há pouco de uma empresa que promoveu sua colega mais recente, pois avaliaram que ele não tinha as habilidades necessárias para a promoção. Por isso, pediu demissão e foi trabalhar como analista de controladoria em uma indústria de termômetros e soluções em medições. No *Coaching*, após a criação do portfólio de forças, buscamos identificar como ele poderia utilizar essas forças para ajudar a melhorar os processos ineficazes na empresa atual, e se sentir mais realizado no trabalho. Foi exatamente o que ele fez. Hoje, quatro anos depois, ele trabalha como supervisor financeiro contábil nesta mesma empresa, tendo assumido o cargo do seu antigo supervisor e da coordenadora financeira, liderando sozinho essas duas áreas. Hoje, ele vê que aquilo que ele tem de mais autêntico auxilia no desenvolvimento da empresa, e sente que o propósito do trabalho na sua vida é exatamente esse.

Não consigo descrever em palavras como é gratificante ver o crescimento das pessoas a partir de um trabalho que me é tão caro e no qual acredito muito. Kim Cameron (2008) tem toda razão quando afirma que as técnicas da Liderança Positiva, quando aplicadas individualmente ou em grupo, produzem resultados acima do convencional.

Capítulo 17

O Sentido: Construindo Instituições Positivas

Poliana Landin

O Sentido: Construindo Instituições Positivas

Quando falamos em vida profissional, é possível perceber que nos últimos anos muito se tem pesquisado para identificar as causas e facilitadores do sucesso e da realização, com enormes implicações para o mundo do trabalho. Uma das mais excitantes novas áreas de investigação e pesquisa diz respeito à compreensão do significado que o trabalho tem na vida do ser humano e o fenômeno que acontece quando as pessoas conseguem identificar o seu trabalho como fonte de significado para suas vidas. (STEGER & DIK, 2010).

> *Por que estamos aqui? Qual o sentido da minha vida? Qual é o meu propósito?*
>
> *(...) percebe-se, atualmente, que essa reflexão sobre a natureza do sentido emerge com mais força, pois afirma que mais do que nunca a "fome de sentido" aumentou.*

Há muito tempo, o tema "significado no trabalho" tem sido estudado e investigado. Ainda que culmine em significado no trabalho, é perceptível que essa é uma reflexão ainda mais ampla, pois diz respeito ao propósito e sentido da vida humana. Por esse motivo, envolve perguntas que são recorrentes aos seres humanos: Por que estamos aqui? Qual o sentido da minha vida? Qual é o meu propósito? Essas ponderações envolvem questões existenciais e, por isso, inspiram inúmeros mitos, religiões, tradições, artes e filosofias em diferentes culturas ao redor do mundo, possibilitando e instigando diversos estudos e debates sobre esse tema. (BATTHYANY & RUSSO-NETZER, 2014).

De acordo com Wong (2014), percebe-se, atualmente, que essa reflexão sobre a natureza do sentido emerge com mais força, pois afirma que mais do que nunca a "fome de sentido" aumentou. São inúmeras pesquisas, artigos de revistas e livros que buscam aprofundar-se no assunto. Ainda que vivamos em um momento em que reina a cultura do sucesso instantâneo, em que "melhor, mais rápido, mais alto" são altamente desejados, percebe-se um movimento em busca de sentido, de significado que possa afastar a frustração, insatisfação contínua e o pesar que essa agilidade vazia pode trazer. (WONG, 2014).

Com este momento voltado ao sentido, este capítulo tem como proposta discutir sobre a importância de se promover o significado no ambiente organizacional, como uma forma de favorecer a reflexão sobre propósito em um nível individual. Dessa maneira, pretende-se proporcionar emoções positivas, desenvolver e incentivar relações de apoio mútuo e auxiliar na busca de um profundo senso de propósito, sentido e significado do trabalho, conforme proposto por Cameron (2008).

Sentido: sua importância na vida e nos contextos organizacionais

Os seres humanos, indiscutivelmente, querem ter sentido e propósito na vida.

A necessidade de se encontrar um sentido foi amplamente estudada pelo psiquiatra austríaco Viktor Frankl, que vivenciou o quanto encontrar o sentido da vida pode transformar a realidade de uma pessoa. O médico foi prisioneiro em Auschwitz, na Alemanha, e vivenciou a realidade dos campos de concentração na era nazista durante a Segunda Guerra Mundial. Com a experiência, observou que os prisioneiros que encontravam um motivo pelo qual suas vidas valiam a pena serem vividas, a partir dessa razão, enfrentavam melhor a dura e degradante realidade dos campos de concentração. (FRANKL, 2008).

Viktor Frankl é o criador da Logoterapia, uma abordagem terapêutica centrada no sentido da existência humana e na busca por encontrar esse sentido. No livro **Em busca de um sentido**, o autor cita inúmeras vezes a frase de Nietzsche: "Quem tem por que viver pode suportar quase qualquer como". Segundo Frankl, a principal força motivadora do ser humano é a sua busca por um significado para sua vida, e o êxito nessa busca implica contínuo crescimento. Para o autor, não há como essa descoberta ser feita por outra pessoa. Cabe a cada um realizá-la, acolhendo as responsabilidades e implicações que isso acarretará. (FRANKL, 2008).

Nesta mesma direção, na teoria do bem-estar, Seligman (2011) diz:

> Os seres humanos, indiscutivelmente, querem ter sentido e propósito na vida. A vida com sentido consiste em pertencer e servir a algo que você acredita ser maior do que o eu, e a humanidade cria todas as instituições positivas que permitem isso: a religião, o partido político, a família, fazer parte de um movimento ecológico ou de um grupo de escoteiros. (SELIGMAN, 2011, p.22).

Na Psicologia Positiva, os temas sentido e significado são abordados nas teorias do Bem-estar e da Liderança Positiva. Seligman (2011), em sua teoria sobre o bem-estar, estabelece os cinco elementos que o compõem: Emoção Positiva, Engajamento, Sentido, Relacionamentos Positivos e Realização. Sobre o sentido, o autor diz que se refere a pertencer e a servir a algo que se acredita ser maior que o eu, proporcionando assim uma vida significativa. No estudo das instituições positivas, Cameron (2008) introduz o conceito de Liderança Positiva, alicerçado em quatro princípios: **Cultivar um Clima Positivo, Construir Rede de Relacio-**

namentos Positivos, Promover uma Comunicação Positiva e Criar Significados Positivos, que, segundo o autor, refere-se ao líder difundir um propósito e um significado para o trabalho realizado pelo colaborador.

Tendo como ênfase o significado positivo para o trabalho, um dos quatro princípios da Liderança Positiva e foco deste artigo, Ruy Shiozawa, CEO do *Great Place To Work Brasil*, diz: "As pessoas não querem um emprego, elas estão em busca de um significado para suas vidas". Sobre esse mesmo aspecto, **Guimarães (2012) cita Dominique Clavier, o qual afirma que, por meio do trabalho, é possível ter uma ideia aceitável e inteligível sobre o sentido da nossa existência. O questionamento sobre o significado do trabalho é também uma questão de reflexão sobre o sentido da vida.** (CAMERON, 2008; GUIMARÃES, 2012).

Nessa perspectiva, os autores Steger e Dik (2010) apresentam um modelo teórico no qual a compreensão do trabalho fornece a base para o propósito do mesmo, e que, juntos, compreensão e propósito são capazes de proporcionar às pessoas a sensação de que seu trabalho é uma fonte e expressão de significado em suas vidas. Nesse modelo, é proposto que para se encontrar um significado no trabalho é imperativo que haja a interconexão entre os fatores: compreensão

(...) o sentido se refere a pertencer e a servir a algo que se acredita ser maior que o eu, proporcionando assim uma vida significativa.

"As pessoas não querem um emprego, elas estão em busca de um significado para suas vidas".

e propósito. No que tange à compreensão, os autores dizem que é necessário compreender a si mesmo (autocompreensão), assim como a empresa para qual trabalha (compreensão organizacional), e como é a inserção do seu trabalho dentro da organização para que haja, assim, a compreensão no trabalho. Por sua vez, essa compreensão impulsiona o desejo de encontrar um propósito para seu trabalho. A partir dessa perspectiva, é possível que o colaborador desenvolva melhor compreensão sobre si mesmo como trabalhador, o que proporcionará um propósito para o seu trabalho. (STEGER & DIK, 2010).

Da mesma forma, neste modelo, propõe-se que, por meio de uma liderança eficaz, bem alinhada à proposta por Cameron (2008) sobre Liderança Positiva, é possível que, ao comunicar o propósito organizacional para o colaborador, de forma a estar em consonância com o seu propósito pessoal, isso favoreça o mapeamento do propósito do seu trabalho. Segundo Steger e Dik (2010), juntos, a compreensão do trabalho e propósito (sentido) do trabalho são capazes de levar as pessoas a verem o seu trabalho como uma fonte e expressão de um significado importante. Um trabalho com sentido auxilia as pessoas a superarem seus próprios interesses e trabalharem para o bem maior, promovendo a autotranscendência, ou seja, pela percepção de que o seu trabalho atende às necessidades sociais mais amplas. Isso aumenta seu envolvimento com a organização, que será vista como fonte de apoio e facilitadora da contribuição social. Há, assim, o estabelecimento de uma relação de benefício mútuo entre o colaborador e a organização para a qual trabalha. (STEGER & DIK, (2010).

Alinhado a esse entendimento, Reyman (2013) diz que o propósito organizacional pode ser definido como uma declaração de como a instituição deseja contribuir com a humanidade e por isso vai além da missão, visão e valores organizacionais, pois se refere à transcendência. Por esse motivo, ele é capaz de engajar os colaboradores, porque, segundo o autor, quando os funcionários percebem sua inserção e participação no propósito organizacional, as suas atividades ganham um sentido totalmente diferente e é possível resgatar o "trabalhar apaixonadamente".

> *Um trabalho com sentido auxilia as pessoas a superarem seus próprios interesses e trabalharem para o bem maior, promovendo a autotranscendência.*

Case IPOG[1]

O Instituto de Pós-Graduação e Graduação (IPOG), conforme informações que constam em seu site, foi fundado em 2001, possui sede em Goiânia (GO) e unidades em todos os estados brasileiros. Em 2016, o IPOG completa 15 anos de existência com foco em oferecer cursos nas áreas de Gestão e Negócios, Engenharia e Arquitetura, Saúde, Direito, Tecnologia da Informação, Educação, Meio Ambiente, Marketing e Comunicação.

O Propósito Organizacional foi trabalhado na instituição como uma forma de auxiliar os colaboradores a refletirem sobre o sentido de seu trabalho. Inicialmente, criou-se um evento, denominado "Colaborador, nosso propósito é você!", que teve a primeira edição em 2012, para falar aos colaboradores sobre a importância de cada um, assim como favorecer sua percepção de inserção na instituição.

Para fortalecer essa reflexão, foram realizadas ações cotidianas e o mesmo evento no ano subsequente. Por meio de estudos e reflexões mais aprofundadas sobre os vários aspectos que envolvem o propósito, foi solicitado aos líderes do IPOG que respondessem à pergunta: "Para você, qual o propósito do IPOG?"

---
1. A publicação do *case* assim como dos seus dados possui autorização expressa da Diretoria Executiva do IPOG – Instituto de Pós-Graduação e Graduação Ltda.

Ocorreu, assim, a grata surpresa ao se perceber que, embora de maneiras diferentes, os líderes convergiam em suas explanações para uma mesma definição. Os sócios/fundadores também participaram do trabalho respondendo à mesma pergunta e, depois de relembrar os 13 anos de história (até então), definiram que "o propósito do IPOG é inspirar vidas", com total convergência com as respostas dos outros líderes.

Dessa forma, ao final de um longo trabalho de estudo e reflexão, definiu-se o propósito da empresa "Inspirando Vidas", uma forma de deixar registrado como a organização deseja promover uma contribuição social mais ampla. Além de defini-lo, o principal intuito era que os colaboradores se percebessem inseridos nesse contexto e que o propósito da empresa estivesse alinhado ao sentido de suas vidas. Sendo assim, foi perguntado aos colaboradores: "Como o IPOG inspira sua vida?" Em outras palavras, foi solicitado que quem desejasse escrevesse um texto sobre como o trabalho no IPOG era inspirador e o quanto o seu trabalho estava alinhado ao seu sentido de vida. Um total de 24 colaboradores escreveu seus textos sobre sua história no IPOG. Foram belos relatos, como os exemplificados a seguir:

> "...Tornei-me alguém com maior percepção do mundo... O IPOG me inspira por ser uma instituição que trabalha com um serviço nobre, proporcionando melhoria na vida das pessoas. Sou prova disso!"
>
> Camila Dias, diretora do IPOG Natal

> ".... Promoveu em minha vida tantas realizações que em palavras às vezes é difícil explicar... O IPOG me inspira pelo simples fato de poder contribuir, nem que seja um mínimo, com as outras pessoas, sabendo que posso tornar-me uma pessoa/profissional melhor."
>
> Gustavo Ferreira, executivo Comercial

> "O IPOG me promoveu mudanças de comportamento, vontade de ir além e superar as expectativas. Colabora muito com meu trabalho, para que seja desenvolvido com amor, alegria e de coração aberto. O IPOG me inspira por ser uma empresa aberta a qualquer nível social... e por dar oportunidade de crescimento e investir nos sonhos de seus colaboradores."
>
> Edneia Nunes, auxiliar operacional

As narrações dos colaboradores viraram o e-book **Nosso Propósito é Você** (disponível em http://ipoggo.com.br/ebook/), lançado em 2014 e disponibilizado para os colaboradores do IPOG de todo o Brasil. Além do livro, foi preparado também um vídeo em que alguns colaboradores puderam contar sua trajetória no IPOG (disponível no link https://www.youtube.com/watch?v=LilXVwvz_I0). Na terceira edição do evento "Colaborador, nosso propósito é você!", foram realizados três lançamentos: do "Propósito IPOG", do e-book e do vídeo. Um momento belíssimo, recheado de emoções positivas!

Percebeu-se com a realização desse trabalho que o envolvimento dos colaboradores com o propósito da empresa fortaleceu o seu vínculo com a instituição e proporcionou uma reflexão acerca de como a empresa lhe inspira e o sentido que o trabalho tem em sua vida. Refletiu diretamente na percepção e engajamento do colaborador com a empresa, que pode ser comprovado pelas Pesquisas de Clima, realizadas internamente. Os resultados foram reforçados por uma avaliação externa realizada pela *Great Place To Work Brasil* – GPTW, uma empresa global de pesquisa que visa analisar as práticas organizacionais e assim eleger e classificar as melhores empresas para se trabalhar. As análises são feitas sob duas perspectivas: da instituição que informa sobre seus projetos, e a principal e de maior peso, que é a ótica do colaborador, sua percepção e satisfação com a instituição. Nos anos de 2014 e 2015, após a realização do trabalho sobre o propósito o IPOG conquistou cinco premiações na pesquisa GPTW, conforme quadro abaixo:

	Classificação no Centro-Oeste	Classificação no Brasil	Classificação na América Latina
2014	3ª Melhor Empresa para se Trabalhar	15ª Melhor Empresa para se Trabalhar	
2015	7ª Melhor Empresa para se Trabalhar	22ª Melhor Empresa para se Trabalhar	32ª Melhor empresa para se trabalhar

Quadro: Premiações IPOG, elaborado a partir de informações obtidas no site GPTW Brasil.

O IPOG apresentou resultados muito satisfatórios nos quesitos analisados pela GPTW, reforçando mais uma vez a ideia de que as ações realizadas, além de proporcionar resultados em níveis subjetivos e individuais, refletiram diretamente nos resultados organizacionais. Cabe ressaltar que são inúmeras ações promovidas pela instituição que possuem alicerce na Psicologia Positiva. Contudo, deu-se ênfase ao trabalho do propósito como uma forma de se construir uma instituição positiva.

Capítulo 18

Uma Nova Abordagem no Processo de Recrutamento e Seleção por Forças Pessoais

Helma Paiva Neves

Segundo o relatório do Banco Mundial (2015), a perspectiva de crescimento da economia mundial para 2016 será de 2,9%. Os países emergentes são os principais responsáveis pelo freio econômico deste ano, com destaque para a recessão da Rússia e do Brasil. Ainda segundo o Banco Mundial (2015), o Produto Interno Bruto (PIB) do Brasil deve ser reduzido para 2,5%, já a taxa de desemprego foi estimada em 10,2% para o trimestre móvel[1], segundo o IBGE (2016). Diante da desaceleração econômica mundial, a taxa de desemprego é uma das variáveis mais importantes.

> (...) destacar a Psicologia Positiva como uma nova abordagem para tratar o indivíduo, dentro e fora das organizações (...)

Os atuais cenários já apontam uma forte crise do mercado de trabalho. As altas taxas de desemprego atingem todos os níveis hierárquicos, mesmo os colaboradores mais preparados tecnicamente. Diante dessa perspectiva, vêm à tona tendências e estudos científicos que podem auxiliar e servir de guia, tanto para o correto recrutamento e seleção de talentos quanto para os profissionais que buscam a recolocação no mercado de trabalho.

Dentre esses estudos, podemos destacar a Psicologia Positiva como uma nova abordagem para tratar o indivíduo, dentro e fora das organizações, considerando o tema das forças de caráter, virtudes e talentos. Segundo seus fundadores, Seligman e Csikszentmihalyi (2000), a Psicologia Positiva é uma ciência que estuda as experiências subjetivas, os traços individuais positivos e as instituições positivas, e com este propósito traz possibilidades de aplicações favoráveis a inovações nas empresas.

Diante desse cenário, este capítulo aborda os conceitos da Psicologia Positiva que podem ser considerados e aplicados aos processos organizacionais de recrutamento e seleção, apresentando uma abordagem baseada nas 24 Forças de Caráter.

A Psicologia Positiva e sua relação com a área de Recrutamento e Seleção

Segundo Seligman (2004), a Psicologia Positiva é uma abordagem científica que abrange três principais pilares: as emoções positivas, o estudo do caráter positivo (Forças e Virtudes) e o estudo das instituições positivas (como a democracia, a família e a liberdade). Para Snyder e Lopez (2009), a Psicologia Positiva pode ser aplicada em diversas áreas e revela os pontos fortes das pessoas, vi-

---
1. Trimestre móvel: dezembro/2015, janeiro/2016 e fevereiro/2016.

A aplicação de temas sobre as qualidades humanas da Psicologia Positiva na avaliação e seleção de candidatos é uma opção para minimizar custos financeiros (...)

sando o seu funcionamento positivo. Segundo Scorsolini-Cominet et al. (2013), identificar e potencializar as qualidades humanas, virtudes e forças são os principais eixos da Psicologia Positiva.

Identificar e desenvolver talentos inatos são tópicos abordados na Psicologia Positiva, assim como os pontos fortes de cada pessoa, os quais devem ser trabalhados para tornarem-se úteis. Para Buckingham e Clifton (2008, p. 55), "o talento é qualquer padrão recorrente de pensamento, sensação ou comportamento que possa ser usado produtivamente".

Considerando o foco nas qualidades humanas, consideramos que dentre as aplicações da Psicologia Positiva destaca-se o seu emprego nas Organizações, em áreas como Recrutamento e Seleção.

Atualmente, recrutar corretamente é uma necessidade, evitando assim custos em seleção, treinamento e até ações trabalhistas. A aplicação de temas sobre as qualidades humanas da Psicologia Positiva na avaliação e seleção de candidatos é uma opção para minimizar custos financeiros, já que manter um quadro enxuto de funcionários com a mesma produtividade é um desejo de toda organização em tempos de crise.

As 24 Forças Pessoais aplicadas no Recrutamento e Seleção

Buscando identificar as características positivas das pessoas, Peterson e Seligman (2004) desenvolveram um sistema de classificação baseado nas Forças Pessoais, denominado *Values in Action* (VIA) – *Classification of Strengths and Virtues Manual*, as quais podem ser aplicadas em diversas áreas. As Forças de Caráter (ou, para melhor entendimento, Forças Pessoais) são classificadas a partir de características cognitivas, emocionais, interpessoais, cívicas, protetoras de excessos e de conexões com o universo e de significado, agrupadas nas seis virtudes: Sabedoria e Conhecimento, Coragem, Humanidade, Justiça, Temperança e Transcendência.

Conforme Peterson e Seligman (2004), as Forças Pessoais são traços ou características positivas que se repetem em ocasiões e situações diferentes e que levam a bons sentimentos e à gratificação pessoal. São ingredientes psicológicos, processos ou mecanismos, que definem as virtudes e pelas quais podemos alcançá-las.

Em um mundo mais competitivo e com menos recursos financeiros, as organizações buscam contratar pessoas eficientes e motivadas. Além das competências técnicas, destacam-se aquelas que a grande maioria busca e que podem ser detectadas pelas 24 Forças Pessoais, como: criatividade, capacidade de aprendizado, integridade, bravura, vitalidade, inteligência social, liderança, prudência e uma postura positiva.

A identificação de cada Força Pessoal no processo de recrutamento e seleção pode ser pertinente para mapear as qualidades e virtudes do candidato e verificar o seu alinhamento com o cargo vago.

Desse modo, consideramos que as Forças Pessoais descritas por Peterson e Seligman (2004) podem ser referenciais na construção de perfis dos cargos organizacionais e, por conta desse delineamento funcional, virem a servir à identificação de candidatos mais adequados à ocupação dos postos de trabalho, através de processos de recrutamento e seleção.

A identificação de cada Força Pessoal no processo de recrutamento e seleção pode ser pertinente para mapear as qualidades e virtudes do candidato e verificar o seu alinhamento com o cargo vago.

Seleção apoiada em Forças de Caráter

Várias técnicas são utilizadas no processo de recrutamento e seleção, como, por exemplo, a seleção por competência. Segundo Gramigna (2007), a seleção por competência busca identificar e construir o correto perfil de competências da vaga e ajustá-la à demanda da organização. A autora criou um método que visa identificar características do indivíduo dentre as competências universais. O método inclui entrevista por competência e o mapeamento do potencial do candidato diante do perfil desejado.

Semelhante ao processo de seleção por competência, a utilização das forças de caráter nos processos de recrutamento e seleção, como já mencionado, requer, assim como no mapeamento de competência, uma descrição de cargos, muito bem estruturada e fundamentada. E esta prioritariamente já deve contemplar todas as técnicas, experiências e conhecimentos inerentes aos cargos. O que se propõe é que, além desses pré-requisitos funcionais, sejam incluídas as forças de caráter que melhor poderão auxiliar ao ocupante do cargo ter melhores resultados.

Partindo-se da definição de processos organizacionais, da descrição das atividades e dos resultados esperados com cada tarefa a ser executada pelo empregado, é essencial identificar as forças de caráter que poderiam ser mais úteis à realização das tarefas. Somente a partir de delineamento preciso de quais forças de caráter são absolutamente importantes aos cargos pode-se considerar um processo de recrutamento e seleção consubstanciado com essas qualidades humanas.

Neste ponto, cabe destacar que, como afirmam Peterson e Seligman (2004), as forças de caráter são passíveis de desenvolvimento e, neste ponto, surge a pergunta: então por que é importante incluir as forças de caráter no recrutamento e seleção se podemos desenvolvê-las? Apesar de as forças de caráter poderem ser intensificadas e desenvolvidas, sabemos que cada indivíduo apresenta aquelas cinco forças consideradas como suas Forças de Assinatura, as quais representam mais significativamente cada pessoa.

Nos contextos organizacionais que buscam redução de custos com treinamentos, diminuição de *turnover* e maior agilidade e rapidez em resultados, prover a empresa com novos empregados, melhor alinhados com as tarefas a serem executadas, traz uma vantagem competitiva grande no mercado. E isso é o que as forças de caráter podem agregar de valor ao desempenho dos novos empregados que as apresentam.

Isso porque as forças de caráter quando utilizadas em nossas vidas, em especial nos ambientes de trabalho, onde passamos a maior parte das horas de nossos dias, favorecem a melhoria do nosso bem-estar e, por conta disso, acabamos por ser favorecidos com os benefícios que as emoções positivas nos proporcionam, como maior criatividade, melhoria da cognição, melhor solução de problemas, melhores negociações, entre tantas outras vantagens.

Somente a partir de delineamento preciso de quais forças de caráter são absolutamente importantes aos cargos pode-se considerar um processo de recrutamento e seleção consubstanciado com essas qualidades humanas.

Como psicóloga atuando há 20 anos com Recrutamento e Seleção, nos últimos meses, juntamente com a equipe do Instituto Brasileiro de Psicologia Positiva – IBRPP, projetamos o uso das forças de caráter como um diferencial no processo seletivo, considerando a possibilidade de contratações mais adequadas aos cargos vagos nas empresas.

Consideramos etapas essenciais ao uso de forças de caráter como colaborativas aos processos de recrutamento e seleção:

1. **Descrição de Cargos:** ter uma descrição de cargos que contemple, além das competências técnicas, também as forças de caráter que podem agregar valor e favorecer o melhor desempenho dos seus ocupantes. Esta fase é de extrema importância para o processo, pois é dela que emana a necessidade do perfil ao cargo e idealmente deve contar, além de técnicos da área, com especialistas sobre o tema das forças de caráter.

2. **Identificação de Forças de Caráter:** identificar as forças de caráter dos candidatos aos cargos através do *assessment VIA Survey*[2], utilizado para a identificação das forças de caráter *Top* 5, aquelas que são mais representativas nos candidatos. Destacamos que o instrumento *VIA Survey* não foi absolutamente delineado para ser utilizado como um instrumento de recrutamento e seleção, mas apenas para identificar as forças de caráter mais características das pessoas. Neste processo, o *VIA Survey* é sugerido apenas como um instrumento apoiador, já que a ocupação de um cargo contempla muitos outros aspectos mais relevantes que apenas as qualidades pessoais apontadas.

3. **Avaliação:** entrevistas e testes com especialistas técnicos e psicólogos que busquem o cruzamento das informações do perfil do candidato, incluindo as forças de caráter e da vaga.

4. ***Feedback*:** definição dos indicadores comportamentais que caracterizem o perfil mais exato da vaga, a ser avaliado durante o período de experiência por especialista da área de recursos humanos.

Além de estarmos inserindo no contexto organizacional o tema das forças de caráter, cujos resultados de suas pesquisas científicas vêm demonstrando a importância de seu uso em nossas vidas, esta abordagem traz, ao menos no Brasil, uma inovação para os processos de recrutamento e seleção, além de inserir a sua temática na construção de carreiras, considerando as descrições de cargos sugeridas.

Acreditamos que, com isso, minimizamos o risco de contratações equivocadas e demissões. Pesquisa realizada pela Catho[3] em 2013 com mais de 50 mil profissionais mostrou que o mau comportamento é o segundo maior motivo de demissão nas organizações. A seleção com base nas Forças Pessoais considera o comportamento do candidato, com base na premissa de que cada vaga possui um perfil específico e individual.

---

2. PETERSON, C.; PARK, N. (2009). **Classifying and measuring strengths of character.** In S.J. Lopez & C.R. Snyder (Eds.), Oxford handbook of positive psychology, 2nd edition (pp. 25-33). New York: Oxford University Press. www.viacharacter.org

PETERSON, C.; Seligman, M.E.P. (2004). **Character strengths and virtues: A handbook and classification.** New York: Oxford University Press and Washington, DC: American Psychological Association. www.viacharacter.org

3. http://www.catho.com.br

A presente proposta visa trazer mais clareza para delinear o perfil da vaga e a avaliação de candidatos, proporcionando maior imparcialidade e ética ao processo de seleção.

Profissionais do Futuro

Acredito que a Psicologia Positiva favorece uma nova visão do profissional do futuro, enfatizando as virtudes humanas e a prosperidade em busca do bem-estar individual e coletivo. Polly e Britton (2015) exploram as 24 Forças Pessoais em situações cotidianas, envolvendo o contexto familiar e de negócios. Os autores mostram situações em que buscam ampliar a força humana, descobrir os pontos fortes e usá-los no dia a dia.

E essa abordagem tenta trazer ao contexto organizacional, já pela "porta de entrada", através dos processos de recrutamento e seleção, um profissional que atenda a esse perfil mais adequado aos cenários atuais, onde as qualidades humanas, cada vez mais, ganham atenção, não apenas nas arenas de estudo da Psicologia, da Antropologia ou da Sociologia, entre outros, mas, sobretudo, no cotidiano das organizações, molas impulsionadoras dos progressos sociais e econômicos.

Enfim, acreditamos que, quanto mais ampliarmos a aplicação dos temas da Psicologia Positiva nas esferas das organizações, maiores e melhores serão as possibilidades e alternativas para que especialistas que trabalham com os seres humanos possam fomentar processos de crescimento e aperfeiçoamento individual.

PARTE VI

Intervenções e Práticas Positivas

Andréa Perez Corrêa

Como já apontamos a você, de que adiantaria abordar os benefícios que a felicidade pode trazer às nossas vidas se a ciência não identificasse o que é possível fazer para potencializá-la? Para que serviriam as teorias de Seligman, de Fredrickson e outros estudos, se não nos instrumentalizassem com práticas e estratégias para melhoria de nosso bem-estar?

> Ainda bem que a dedicação ao campo das intervenções continua sendo ampla ao longo do tempo.

Considerando o crescimento da Psicologia Positiva, tornou-se essencial construir um corpo de práticas baseadas em evidências com vistas a guiar a aplicação de suas propostas por profissionais. (SIN & LYUBOMIRSKY, 2009). Ainda bem que a dedicação ao campo das intervenções continua sendo ampla ao longo do tempo; trabalhos acadêmicos continuam sendo desenvolvidos com a temática da *Positive Psychology Interventions* (PPI), no Português, Intervenções da Psicologia Positiva. (SCOPUS, 2016).

Na Parte VI, você terá contato com algumas intervenções e práticas desenvolvidas pelas coautoras em seus contextos de *coaching* e terapia, com as respectivas informações teóricas que as embasam.

Nesta abertura, reservamos uma breve descrição, em especial, sobre o que define uma PPI em termos conceituais, para que você tenha o entendimento do objetivo de suas construções por meio de métodos científicos a partir de evidências empíricas.

Intervenções da Psicologia Positiva – o que são

Precisar onde começa a abordagem sobre as intervenções positivas não é tarefa fácil, pois alguns trabalhos acabaram se construindo de forma quase paralela ao longo do tempo. Em diversos artigos, é atribuído ao artigo ***Development of a program to increase personal happiness*** de Michael W. Fordyce, de 1977, o início da construção de intervenções positivas para o aumento da felicidade e isso mais de 20 anos antes da Psicologia Positiva. Com o seu advento, acabaram por se multiplicar novos estudos que possibilitassem a aplicação de seus temas para a melhoria da felicidade, dos comportamentos, emoções e cognições positivas. (SHUELLER, KASHDAN & PARKS, 201). Podemos apontar o artigo ***Positive Psychology Progress: Empirical Validation of Interventions*** (SELIGMAN, STEEN, PARK & PETERSON, 2005) como um referencial muito importante e demasiadamente indicado em toda literatura. Contudo, outros trabalhos já vinham sendo

> *As inúmeras pesquisas que vêm sendo desenvolvidas visam verificar a eficácia das intervenções quanto à melhoria do bem-estar das pessoas, nas quais são administradas, entre outros benefícios.*

desenvolvidos em algumas temáticas que embasavam algumas intervenções como, por exemplo, sobre a gratidão (EMMONS & McCULLOUGH, 2003) ou sobre metas (SHELDON, KASSER, SMITH & SHARE, 2002).

As inúmeras pesquisas que vêm sendo desenvolvidas visam verificar a eficácia das intervenções quanto à melhoria do bem-estar das pessoas, nas quais são administradas, entre outros benefícios. Isso encontra sintonia na proposta de pesquisa de Seligman e colegas (2005): "intervenções que constroem felicidade" (p. 5), partindo da hipótese de que a felicidade dos indivíduos pode ser aumentada. Em sua pesquisa, realizada pela internet, inclusive recrutaram participantes pelo site *Authentic Happiness* (existente até hoje) com o seguinte link: *"Happiness Exercises"* (p. 5).

As *Positive Interventions* (Intervenções Positivas), ou *Positive Psychology Interventions* (PPI) (Intervenções da Psicologia Positiva) ou, ainda, *Positive Psychological Interventions* (Intervenções Psicológicas Positivas) –, os termos variam de autor para autor – segundo Sin e Lyubomirsky (2009), são "métodos de tratamento ou atividades intencionais que visam cultivar pensamentos, comportamentos e cognições positivas" (p. 468).

Já na área do *Coaching*, Kauffman, Boniwell & Siberman (2014) indicam sobre as PPIs:

> Elas são descritas como exercícios independentes para serem concluídos, sem a ajuda de um *coach*, em parte, porque é assim que elas foram testadas em grandes estudos.
> Na prática, no entanto, estas ferramentas são muitas vezes oferecidas como parte do processo de *Coaching* em curso, integrando combinações poderosas de intervenções. (KAUFFMAN, BONIWELL & SIBERMAN, p. 6-7).

Para Biswas-Diener (2011), as Intervenções de Psicologia Positiva "são técnicas cognitivas e comportamentais para a qual há evidência de conexão para o florescimento humano, particularmente, o aumento do bem-estar".

Alguns autores não adotam o termo *Positive Psychology Interventions,* optando pelo termo *Positive Psychological Interventions,* pois consideram que dessa forma enfatizam a importância de incluírem as intervenções com maior consonância à meta da Psicologia Positiva.

No que se refere à análise de Parks & Biswas-Diener (2013) quanto a uma conceituação das intervenções, consideram que é muito difícil de identificar o que faz de uma intervenção "positiva", destacando que não há uma definição definitiva que permita isso ou mesmo um grupo de condicionantes ou diretrizes claras e precisas para classificá-las dessa forma.

Com essa reflexão, apontam algumas conceituações amplas, mas que também não são totalmente restritivas a uma intervenção caracterizada como positiva, cada uma apresentando inconsistências, não possibilitando uma definição mais precisa sobre ser ou não uma intervenção positiva:

1) Reportando-se a Seligman, Rashid e Parks (2006)

Focam em tópicos positivos, contendo nenhuma ou pouca referência a problemas, mas sim no que é agradável na vida das pessoas – rebatem esta conceituação, pois afirmam ser muito ampla e poderiam contemplar outros comportamentos que não são intervenções positivas.

2) Reportando-se a Sin & Lyubormisky (2009)

Operam em mecanismos positivos ou buscam uma variável de resultado positivo, como por exemplo: emoções positivas, significado entre outros – neste caso, apesar de acharem melhor que a anterior consideram que inexiste definição teórica sobre quais seriam as variáveis, podendo incorrer em autoajuda.

3) Reportando-se à retórica de Seligman, Parks e Steen (2005) dos primeiros anos da Psicologia Positiva sobre melhorar a vida das pessoas funcionais.

Destinam-se a promover o bem-estar no lugar de corrigir fraquezas. A intenção é melhorar no lugar de remediar, trazendo as pessoas de um nível aceitável de funcionamento para um nível muito bom ou ótimo – com isso desconsideram a Psicoterapia Positiva, no trato de pessoas com desordem mental.

Diante de todas essas considerações, Parks & Biswas-Diener (2013) sugerem o uso de um corpo de critérios:

> A meta primária de uma intervenção é construir alguma ou algumas variáveis. (Ex. bem-estar subjetivo, emoção positiva e sentido)" (...)
> Existência de evidência empírica de que a intervenção manipula com sucesso as variáveis-alvo acima. (...)
> Existência de evidência empírica de que melhorando as variáveis-alvo levará a resultados positivos para a população à qual é aplicada. (p. 5-6)

A partir desse corpo de critérios, definem uma PPI como "uma atividade que aumenta com sucesso algumas variáveis positivas, e que pode ser razoavelmente e eticamente aplicada sejam quais forem os contextos em que esteja sendo usada." (p. 30).

Numa meta-análise de 2013, Bolier e colegas trazem uma informação interessante que vem ao encontro ao que já apontei sobre o campo da autoajuda, caminhando meio de mãos dada com a Psicologia Positiva. Numa coleta de 39 trabalhos, os autores identificaram 26 em que as intervenções da Psicologia Positiva já são aplicadas no que chamam de "formato autoajuda", em algumas situações com instruções e suporte individual *face-to-face*. E o estudo mostra que essa conjunção pode ser produtiva: "Aparentemente, autoajuda adequa-se muito bem às metas da Psicologia Positiva e seria interessante aprender mais sobre como aperfeiçoar a efetividade de intervenções PPI de autoajuda." (p. 16).

> *Numa coleta de 39 trabalhos, os autores identificaram 26 em que as intervenções da Psicologia Positiva já são aplicadas no que chamam de "formato autoajuda".*

Outro ponto que destacam é que o campo da autoajuda poderia ser melhorado a partir do uso das PPIs, oferecendo essas intervenções a públicos com problemas psicológicos específicos (os autores não os indicam), fazendo com que se intensifique o uso das intervenções no sistema de cuidados com a saúde.

Segundo Parks e Biswas-Diener (2013), as intervenções positivas podem ser divididas nas seguintes áreas temáticas:

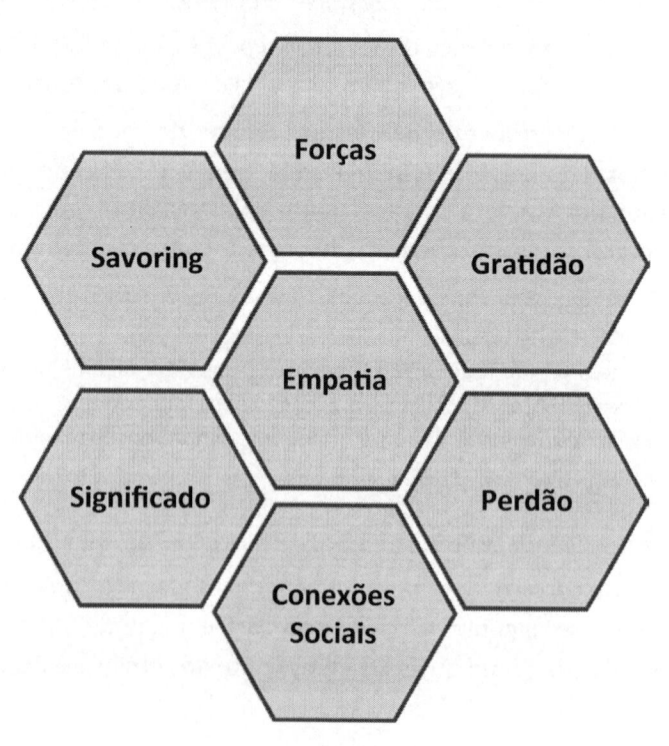

- Forças
- Savoring
- Gratidão
- Empatia
- Significado
- Perdão
- Conexões Sociais

Intervenções da Psicologia Positiva e seus resultados

Como já apontado, a pesquisa que deu origem ao artigo *Positive Psychology Progress: Empirical Validation of Interventions* (SELIGMAN, STEEN, PARK & PETERSON, 2005) é muito significativa, inclusive no registro dos próprios autores, os quais apontam à época como sendo "o mais ambicioso teste controlado com placebo com atribuição aleatória de intervenção de felicidade". (p. 11). Nesse projeto, foram testados cinco "exercícios"[1], acompanhados de um exercício de controle de placebo, com os seguintes resultados:

Exercício	Resultado
Gratitude Visit (Visita da Gratidão)	Por um mês causou muitas mudanças positivas.
Three Goods Things in Life (Três Coisas Boas na Vida)	Por seis meses aumentou a felicidade e diminuiu os níveis de depressão.
You at Your Best (Você no Seu melhor)	Efeitos positivos, porém transitórios, sobre a felicidade e os sintomas depressivos.
Using Signatures Strengths in a New Way (Usando suas Forças de Assinatura de uma Nova Maneira)	Por seis meses aumentou a felicidade e diminuiu os níveis de depressão.
Identifying Signature Strengths (Identificação das Forças de Caráter)	Efeitos positivos, porém transitórios, sobre a felicidade e os sintomas depressivos.
Placebo – Registrar as memórias recentes toda noite por uma semana.	Efeitos positivos, porém transitórios, sobre a felicidade e os sintomas depressivos.

A intervenção *Three Good Things* é considerada uma das mais simples e mais estudada (KAUFMANN, BONIWELL & SIBERMAN, 2014) e, como pode ser verificado no resultado, seu efeito para a potencialização da felicidade é comprovado.

Outra abordagem similar também no segmento da gratidão é a intervenção *Counting Blessing* (Contando Bênçãos) (EMMONS & McCULLOUGH, 2003) proposta anteriormente e, ainda, o que Emmons denomina como *Journaling for Gratitude*, indicando para a prática diversas formas de registros de gratidão em nossas vidas. (EMMONS, 2013).

Uma intervenção também desenvolvida e que já teve desdobramento é chamada de *One's Best Possible Self* (Melhor Possível Eu) (KING, 2001), que foi denominada em outra versão de aplicação como *Best Possible Future Selves* (LAYOUS,

---
[1] "Exercícios" no âmbito da pesquisa, depois chamados de intervenções.

NELSON, LYUBOMIRSKY, 2012). Isso apenas para exemplificar, já que Shuller, Kashdan e Parks (2014), nesta época, apontam para essa intervenção, voltada para estimular o pensamento otimista, um campo amplo de estudos, indicando 13 trabalhos sobre o tema.

Ao longo dos anos, o que as pesquisas têm demonstrado é que inúmeras PPIs vêm trazendo benefícios, em diversos contextos de aplicação. Bolier e colegas (2013), entre os tipos de intervenções, cujas eficácias têm sido validadas, apontam as seguintes:

• **Contando Bênçãos** (EMMONS & McCULLOUGH, 2003; SELIGMAN, STEEN, PARK, PETERSON, 2005)

• **Praticando Generosidade** (OTAKE, SHIMAI, TANAKA-MATSUMI, OTSUI, FREDRICKSON, 2006)

• **Estabelecimento de Metas Pessoais** (SHELDON, KASSER, SMITH, SHARE, 2002; GREEN, OADES, GRANT, 2006)

• **Expressando Gratidão** (SELIGMAN, STEEN, PARK, PETERSON, 2005; SHELDON & LYUBOMIRSKY, 2006)

• **Usando Forças Pessoais** (SELIGMAN, STEEN, PARK, PETERSON, 2005)

Para Bolier e colegas (2013), nessa meta-análise, concluíram que as "intervenções da Psicologia Positiva podem realmente ser efetivas em melhorar o bem-estar subjetivo e psicológico, e podem ajudar a reduzir níveis de sintomas depressivos" (p. 17). Destacam, entretanto, que os efeitos das PPIs são parcialmente sustentados no acompanhamento em curto prazo. Há um ponto interessante de ressaltar desse trabalho muito importante para o segmento da Psicologia e sua aplicação no contexto clínico. No cuidado da saúde mental, os autores destacam que o uso das PPIs, em conjunto com intervenções preventivas baseadas em problemas, podem ser apropriadas quando os pacientes estão em remissão, trazendo a eles um fortalecimento dos recursos sociais e psicológicos, aumentando a resiliência e preparando-os para a vida normal de novo. Mais um aspecto conclusivo do estudo foi que as PPIs podem ser usadas na prevenção em contextos de saúde pública.

Sin e Lyubomirsky (2009) apontam ainda entre outras estratégias de PPIs **praticar o pensamento otimista, repetir experiências positivas e socialização**, com resultados de aumento de bem-estar.

Diversos autores, como Fredrickson (2009), Lyubomirsky (2008), Seligman (2009; 2011) e tantos outros, incluem em suas sugestões, práticas e estratégias para aumento do bem-estar e da felicidade. Além dessas, são identificadas ainda o *Savoring* (BRYANT & VEROFF, 2003; 2007); *Mindfulness* (KABATA-ZINN, 2015); a Empatia, segundo Biswas-Diener e Parks (2013), apesar de pouco estudada, consideram que merece atenção por sua importância para o sucesso de diversas intervenções; *Flow* (CSIKSZENTMIHALY, 1990; 1997), entre outras.

Além disso, outros desdobramentos já foram feitos com as forças de caráter, como as intervenções contidas no curso *Authentic Happiness Coaching* – promovido por Martin Seligman e Ben Dean, entre 2003 e 2005 – como a *Strengths Family Tree* (Árvore das Forças da Família) e a *Strength Date* (Data da Força). (BISWAS-DIENER & DEAN, 2007; PARKS & BISWAS-DIENER & 2013).

Tenha certeza de que esse tema é muito mais extenso que parece e aqui não há como apresentar um aprofundamento além do já abordado.

Entretanto, para um maior aprofundamento dos temas sobre as PPIs, inúmeros trabalhos vêm sendo desenvolvidos ao longo dos anos, que reúnem informações sobre as diversas intervenções mencionadas nesta parte, como *reviews* e meta-análises, os quais proporcionam a possibilidade de uma visão geral do tema, ao mesmo tempo em que contribuem com indicações de estudos relevantes para aprofundamento. (SIN, LYUBOMIRSKY, 2009; MITCHELL, VELLA-BRODRICK, KLEIN, 2010; MEYER, WOERKOM, BAKKER, 2012; BOLIER, HAVERMAN, WESTERHOF, RIPER, SMIT, BOHLMEIJER, 2013; PROYER. GANDER, WELLENZOHN, RUCH, 2015).

Finalizando esta breve descrição, os capítulos que a compõem proporcionarão a você um entendimento de como aplicar algumas delas de forma simples e com resultados positivos.

Capítulo 19

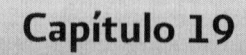

Estabeleça Metas para uma Vida em *Flow*

Cláudia Maria Pedroso Dias
e Rafael Garcia Oliveira

Cada vez mais tem se falado de propósito, vida plena, desenvolvimento pessoal e de suas potencialidades. A Psicologia, hoje, busca maior compreensão do ser humano para prevenir e instrumentalizar cada um em direção a uma vida com sentido e mais feliz.

Na busca por uma melhor percepção de si mesmo e de maturidade emocional, propomos ao leitor um entendimento da importância de saber o que se quer da vida, que propósito traçar e quais elementos são importantes para se desempenhar um trabalho gratificante e realizador.

> *(...) escolhas próprias geram uma sensação de recompensa significativa para cada um, elevando a satisfação e motivação.*
>
> *Um verdadeiro estado de experiência ótima revela a importância de refletir, pensar e planejar.*

Para isso, este capítulo tem como proposta apresentar como a instituição de metas pode gerar o *flow*, uma das experiências que mais pode elevar o bem-estar, pelos resultados já constatados por meio dos estudos da Psicologia Positiva.

Experiência de *Flow*

Segundo Mihaly Csikszentmihalyi, em Kamei (2014), o autor da teoria do *flow*, quando estamos engajados ou trabalhando numa meta baseada e alinhada com nossos valores; quando não sentimos o tempo passar por estarmos envolvidos numa atividade prazerosa, entramos em estado de *flow* ou experiência ótima.

Em nossa experiência prática com a Psicologia Positiva e *Coaching*, percebemos que o estado de *flow* é muito importante para o ser humano, pois o processo de realizar uma atividade por empenho e escolhas próprias gera uma sensação de recompensa significativa para cada um, elevando a satisfação e motivação.

Para Snyder e Lopez (2009), uma experiência como o *flow*, quando estamos totalmente imersos em nós mesmos, será capaz de transformar nosso comportamento pelo simples prazer de fazer e fazer bem feita uma determinada atividade, sem se dar conta das coisas que estarão acontecendo em nossa volta, estando totalmente focado no momento presente.

Um verdadeiro estado de experiência ótima, segundo Achor (2012), revela a importância de refletir, pensar e planejar. Assumir "as rédeas" do comando da vida nos leva a experimentar nosso potencial e desenvolver uma atitude mental positiva.

A obra de Snyder e Lopez (2009) evidencia que o interesse na satisfação e

"O flow ocorre sempre que o desafio e as habilidades são elevados e equivalentes."

os princípios que faziam a vida valer a pena eram fatores motivadores para que Csikszentmihalyi entendesse melhor como alguém poderia entrar num estado parecido com um transe, em que, ao realizar uma atividade, seja ela qual for (dançar, cantar, pintar, jogar, correr, trabalhar, entre outras,) as pessoas se esquecessem do tempo, da fome e da fadiga. Para ele, as pessoas seriam capazes de se envolver numa tarefa motivadas pelo processo de realizar a atividade em si, pois isso geraria uma sensação de prazer muito compensadora.

Segundo Achor (2012), no entanto, os melhores momentos de estado de *flow* acontecem quando se tem empenho para realizar suas metas por esforço voluntário e que seja difícil a ponto de desafiar nossas habilidades e que valha a pena.

Para Csikszentmihalyi, conforme nos mostra Kamei (2014), e que pode ser verificado na figura a seguir, outro fator importante é manter equilíbrio entre nossas habilidades e os desafios que colocamos para nós mesmos, pois, se o desafio for menor que nossa habilidade, haverá uma sensação de tédio na tarefa. Já quando tivermos um desafio muito além de nossa capacidade, tenderemos a sentir um estado de estresse e ansiedade em face do que é proposto, sendo, dessa forma, o melhor manter equilibrados constantemente nossas habilidades e desafios. "O *flow* ocorre sempre que o desafio e as habilidades são elevados e equivalentes."

Habilidades e Desafios no Estado de *Flow*

Diagrama retirado e traduzido da obra ***Finding Flow - The Psychology of Engagement with Everyday Life***, de CSIKSZENTMIHALYI, Mihaly. 1997.

As principais características do *flow* são as seguintes:

> 1- As metas são claras e o feedback é imediato;
> 2- Equilíbrio entre oportunidade de ação e capacidade;
> 3- Sensação de controle;
> 4- Concentração profunda;
> 5- Foco temporal no presente;
> 6- Distorção da experiência temporal (perde a noção);
> 7- Perda da consciência, ou seja, o indivíduo "esquece" de sua própria individualidade;
> 8- A experiência se torna gratificante.

Fonte: KAMEI, Helder. Mihaly Csikszentmihalyi: O Autor da Teoria do *Flow*. In: KAMEI, Helder & MARQUES, José Roberto. *Flow* e Psicologia Positiva. Estado de Fluxo, Motivação e Alto Desempenho. 2014.

Flow e o que escolhemos realizar

Estar no controle de nossos planos não é o que acontece com a maioria das pessoas. Em nossas vidas, temos uma grande tendência de seguir o fluxo natural das coisas e interpretamos isso como "deixar a vida rolar", mas as consequências são desastrosas para as pessoas e, muitas vezes, tornamo-nos adultos insatisfeitos e infelizes, não enxergando nem colocando em prática todo nosso potencial. Kamei (2014) destaca que é possível escolhermos a vida que desejamos e, para isso, estabelecer metas diante de tantas possibilidades.

(...) é possível escolhermos a vida que desejamos (...)

(...) para vivenciarmos a experiência do flow é preciso ter metas claras e específicas e partir para a ação (...)

Conforme Ben-Shahar (2014), quase todos nós já tivemos alguma vez aquela sensação de estar presos sem poder escolher nosso futuro: um trabalho maçante e com chefe dominador, ou numa relação amorosa que só traz problemas e infelicidade, mas que tememos sair dela por medo de ficar sozinhos. Outra maneira também de se sentir preso é, mesmo estando num bom trabalho e bem num relacionamento, sentimos que falta alguma coisa e é, neste momento, que devemos optar por fazer uma escolha, que devemos nos comprometer com novas maneiras para mudar nossa vida e encontrar dentro de nós a chave dessa prisão.

E por que precisamos fazer escolhas, ter controle sobre nossas ações e planejar sem deixar que isso aconteça ao acaso? Porque para vivenciarmos a experiência do *flow* é preciso ter metas claras e específicas e partir para a ação, visando não apenas a realização pela conclusão, mas o caminho rumo ao sonho desejado. Se colocarmos nossa mente e coração focados em uma causa própria, seremos capazes de fazer uma diferença positiva em nossa vida. E é isso que veremos agora.

Nossas Metas: como construí-las para o *Flow*

Conforme vimos no item anterior, a definição de metas é de grande valia para favorecer experiências de fluxo e, diante disso, alguns autores nos oferecem dicas de como construí-las.

Segundo Ben-Shahar (2008), quem estabelece metas são provavelmente pessoas que atingem o sucesso e este pode ser o diferencial das que não o fazem. Metas claras, específicas, desafiadoras, que avaliam nosso desempenho através de planejamento e critérios, nos levam a resultados cada vez melhores. Podemos fazer correções durante a jornada e adaptar os passos necessários para atingir os objetivos, pois, com as metas estabelecidas, verificamos que somos capazes de superar os obstáculos que forem surgindo.

As metas, segundo Ben-Shahar (2008), exercem o papel de nos liberar para que possamos desfrutar do momento aqui e agora, pois se sairmos por aí sem rumo definido é provável que a viagem em si não tenha graça. Se não sabemos para onde vamos, toda opção que aparecer pode se tornar um fator de ansiedade, oscilando em momentos de indecisão e incertezas.

Cabe ressaltar que devemos tomar alguns cuidados quando estabelecemos metas e as escrevemos. Elas devem ser redigidas conforme o princípio *SMART*:

Specific (Específica)	Clara, detalhada;
Measurable (Mensurável)	Saber se atingimos ou não a meta;
Attainable (Alcançável)	Motivadora;
Relevant (Relevante)	Grau de importância;
Time Based (Temporal)	Com datas e prazos.

Feita a definição de uma meta, para que tenhamos prazer no processo de sua realização, bem como empenho e dedicação, essa deve nos motivar. Sem motivação, a pessoa pode desanimar ou até mesmo desistir no meio do caminho.

Segundo Csikszentmihalyi, em Kamei (2014), as metas são fundamentais para que haja envolvimento na atividade, isso mantém o foco em direção ao resultado final, motivando o indivíduo em cada instante do processo para que oportunize a pessoa a atingir o estado de *flow*.

Desenvolvendo o fluxo com auxílio das metas – uma experiência que dá certo

Como estratégia para exemplificar de maneira clara e objetiva nossa reflexão sobre a importância das metas para vivenciar experiências de *flow*, realizamos, nos meses de outubro de 2015 a janeiro de 2016, uma intervenção com um grupo de seis psicólogos empreendedores[1] que haviam feito um curso de *marketing* para psicólogos e que estavam tendo dificuldades de ação para colocar em prática todo o aprendizado. Uma amostra pequena, mas que veio a confirmar o que percebíamos sobre o *flow* e metas.

Nosso propósito foi ajudar esses profissionais a estabelecerem metas que pudessem atingir até o final do processo de acompanhamento e que experimentassem o estado de experiência ótima ou *flow*, pois assim, considerando o que a teoria sobre os temas aborda, seria uma vivência de realização e bem-estar.

O processo foi dividido em três etapas: autoconhecimento, definição de metas e acompanhamento do planejamento construído.

Primeiramente, foi realizado um encontro em grupo online para apresentar a proposta do trabalho e os instrumentos que seriam utilizados para o autoconhecimento. Este processo gerou uma relação entre talentos, valores e forças de caráter conforme a figura abaixo:

TALENTOS   **FORÇAS DE CARÁTER**
VALORES

Identificamos os talentos de cada um, ou seja, conforme Clifton e Buckingham (2008), "o talento é qualquer padrão recorrente de pensamento, sensação ou comportamento que possa ser usado produtivamente." (p. 55)

Depois, avaliamos os valores das pessoas, que significa o critério que usamos para valorizar ou não as coisas.

---
1. Todas as pessoas que passaram pelo experimento concordaram formalmente em se submeter ao trabalho proposto.

E por fim foi aplicado um teste que identificou as forças de caráter, que, segundo Peterson e Seligman (2004), trata-se daquilo que somos capazes de fazer naturalmente bem, com bom desempenho e satisfação. Com os resultados em mãos, cruzamos estas informações a fim de reforçar os principais elementos que fortalecem nossas habilidades e garantir melhor desempenho e motivação, que é a base para experimentar o estado de *flow*.

Com todo o mapeamento de autoconhecimento concluído, cada um determinou seu objetivo principal e suas respectivas metas a serem atingidas, e que, sendo realizadas com base em suas qualidades humanas e valores, tenderiam a possibilitar a experiência de fluxo.

Feito isso, semanalmente, realizamos encontros *online* individuais com duração de uma hora para irmos acompanhando e auxiliando no andamento de suas metas específicas. Os encontros foram num total de seis.

Durante o processo, nas ações de realização das metas, foi possível identificar quem atingiu a experiência do estado de *flow*, conforme relatos abaixo:

J. A.

"Quando o programa começou, eu estava nervosa, suava as mãos e tinha muitas anotações (mesmo sendo de um assunto que eu estudava muito). Em determinado momento do programa, eu estava tão à vontade que as anotações não mais me ajudavam e sim atrapalhavam, eu não vi a hora passar (passou bem rápido, aliás!) e eu me sentia muito feliz e realizada."

Aqui ficou claro para nós a experiência de *flow* quando J.A. relatou que "não viu a hora passar", o que, neste momento, foi um desafio para a pessoa em questão, pois sua meta era conseguir apresentar ao vivo um programa de debate.

D. S.

"Quando eu estava finalizando meu blog e não conseguia parar, minha vontade era continuar o que estava fazendo, mas já era tarde e não podia, pois tinha que acordar cedo na segunda!"

Evidenciamos o *flow* no relato "não conseguia parar", momento que ficou imerso em si criando e elaborando seu blog, que havia sido sua meta.

S. F.

"Num domingo à noite eu tinha que escanear as imagens para meu blog e

não sabia bem como fazer, mas resolvi encarar o desafio e me concentrei para aprender a copiar e fui fazendo, quando vi já tinha feito mais de 15 escaneamentos, fiquei muito emocionada, me senti poderosa, nem vi o tempo passar."

Novamente em "nem vi o tempo passar" mostra o quanto a pessoa se entregou a sua tarefa e sentiu uma sensação incrível de poder.

Considerações finais

O estado de *flow* nos entrega uma sensação de motivação que demonstra o quanto gostamos e sentimos grande satisfação nas atividades que nos propomos, pois conseguimos até certo ponto ter controle e dominar um propósito a que lutar.

Nosso trabalho de intervenção com um pequeno grupo de psicólogos foi um grande aprendizado e motivador. Conseguimos acompanhar a evolução de cada participante, atingindo suas metas e conquistando passo a passo a autoconfiança necessária para seguirem sozinhos em seu desenvolvimento profissional. Cada um experimentou no seu tempo e de seu modo momentos de *flow*. Tivemos relatos de todos que participaram, mas escolhemos apenas alguns para exemplificar neste capítulo. Houve momentos desafiadores e, como profissionais, reavaliamos a cada instante nosso planejamento em direção ao nosso objetivo. E poder ver nos resultados deste trabalho que é possível atingir o estado de experiência ótima, o *flow*, foi muito gratificante.

Ficou claro que, quanto mais empenho, comprometimento, planejamento e ação, mais as pessoas serão capazes de se motivar e sentir a gratificação na execução de suas atividades diárias, aumentando o prazer no que realizam, gerando maior bem-estar.

Capítulo 20

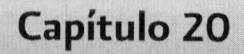

Gratidão e Generosidade: Uma Abordagem Prática Aplicada ao Bem-Estar

Renata Abreu

"O ponto mais alto da moral consiste na gratidão." Sêneca

"A gratidão eleva, energiza, inspira e transforma." Robert Emmons

A gratidão sempre esteve presente em diferentes períodos da História. Como virtude, teve um papel central em discussões sobre a natureza humana, sendo objeto de estudo de religiosos, filósofos, teólogos e escritores em diversas culturas. No entanto, atualmente, a palavra gratidão tem estado mais evidente em divulgações na mídia, noticiários, estudos, redes sociais e até comerciais. Um fenômeno que poderia ser rotulado como um dos modismos passageiros da nossa sociedade hipermoderna, se não fosse o grande investimento financeiro em estudos científicos que comprovam o poderoso efeito de nos sentirmos gratos[1].

Na Psicologia Positiva, a gratidão tem lugar de destaque, sendo reconhecida como um componente crucial da felicidade humana, e pesquisas a apontam como uma das forças de caráter mais fortemente associadas à satisfação da vida[2].

De forma complementar, Robert Emmons (2004), o mais proeminente dos pesquisadores sobre o assunto na atualidade, concluiu que gratidão leva ao altruísmo, assim como estudos[3] mostram que generosidade e gratidão andam lado a lado nos aspectos psicológicos e neurológicos. Sentir gratidão motiva as pessoas beneficiadas a retribuir seus benfeitores e estender a generosidade a terceiros, assim como expressões de gratidão também reforçam benfeitores pela sua generosidade. Teorias evolutivas propõem que gratidão é uma adaptação para o altruísmo recíproco, gratidão, portanto, pode desempenhar um papel ímpar na evolução social humana.

Considerando a relevância deste cenário, o presente capítulo aborda os estudos científicos da Psicologia Positiva relacionados à gratidão e generosidade, revelando diferentes formas de aplicação no dia a dia e seus respectivos efeitos na contribuição da melhoria do bem-estar. Ademais, apresenta o resultado de um experimento composto de atividades intencionais de gratidão e generosidade, realizado com um grupo de mulheres, quando foi possível observar a potencialização das emoções positivas e, por consequência, a melhoria do bem-estar cotidiano.

---

1. U$5.6 milhões fornecidos a R. Emmons pela John Templation Foudation na última década, que também custeou estudo recente de U$ 3 milhões na Universidade da California. (NY Times, 2016).
2. VIA INSTITUTE ON CHARACTER. **Strengths of Character and Well–Being**, 2004 e **Which Character Strengths Are Most Predictive of Well-Being?**, 2015
3. **An Adaptation for Altruism: The Social Causes, Social Effects, and Social Evolution of Gratitude,** 2008

A gratidão e seus benefícios

(...) gratidão é uma adaptação para o altruísmo recíproco (...)

Mas o que exatamente significa gratidão? Para Emmons (2009), a gratidão tem sido caracterizada como "uma emoção, uma disposição de ânimo, uma virtude moral, um hábito, um motivo, um traço de personalidade, uma reação de imitar e até mesmo um estilo de vida". Num olhar mais amplo, a gratidão pode ser percebida como sendo a admissão da bondade na própria vida e o reconhecimento de que fontes dessa bondade estão, ao menos em parte, fora de nós.

Na Psicologia Positiva, a gratidão pode ser observada nos estudos dos mais renomados autores, como: Martin Seligman (2004), que incluiu a noite da gratidão como parte regular de suas aulas de Psicologia na Universidade da Pensilvânia; Sonja Lyubomirsky (2007), que contempla a gratidão nas atividades intencionais de seus programas de bem-estar; Barbara Fredrickson (2009), que considera a gratidão uma emoção positiva capaz de transformar pessoas; e Robert Emmons (2004), que fundamentou a gratidão como ciência nos estudos mais relevantes da contemporaneidade.

Os estudos científicos de Emmons (2009) constataram que as pessoas gratas possuem níveis mais elevados de emoções positivas como alegria, entusiasmo, amor, felicidade e otimismo e, com isso, os estudos revelam que se tornam mais criativas, prestativas, caridosas, autoconfiantes, têm mais autocontrole e capacidade de superação, pois ficam mais protegidas dos sentimentos negativos como inveja, ressentimentos, ganância e amargura. Com gratidão, notamos mais aspectos positivos na vida e aumentamos a formação das boas experiências na memória. O autor (2009) também ressalta a importância sobre a diferença entre sentir-se grato e ser grato, pois como sentimento, em uma adversidade ninguém vai sentir-se grato, por exemplo, ao receber um diagnóstico ruim. Mas, se olharmos a gratidão como uma atitude, uma escolha em relação à vida, podemos ser gratos em todas as circunstâncias, em que a própria vida é vista como uma dádiva.

De forma complementar, estudos recentes da neurociência vêm reforçar os efeitos positivos já estudados pela Psicologia Positiva e apontam resultados expressivos, como o estudo da Universidade de Indiana[4] que, após utilizar exercícios de expressão de gratidão pela escrita, avaliou a atividade cerebral, encontrando a região correlacionada com gratidão e confirmando que nosso cérebro pode ser condicionado a ser grato. Outro estudo da Universidade da California[5], em 2015,

---

4. KINI, Prathink; WONG, Joel; GBANA, Nicole; BROWN, Joshua. **The Effects of Gratitude Expression on Neural Activity**, 2015
5. **Neural Correlates of Gratitude**, 2015

revelou que a gratidão está relacionada com atividade cerebral no córtex cingulado anterior e no córtex medial pré-frontal, apontando uma janela para o circuito cognitivo moral do cérebro e das emoções positivas que acompanham as experiências de nos beneficiarmos da boa vontade de outras pessoas.

> (...) a gratidão pode ser considerada como um antídoto para lidar com o estresse diário, para adquirir resiliência, para recuperação de doenças e adversidades.

Portanto, como sugere Emmons (2009), a gratidão pode ser considerada como um antídoto para lidar com o estresse diário, para adquirir resiliência, para recuperação de doenças e adversidades. As pessoas gratas que chegam a níveis elevados de felicidade têm melhores resultados em seus trabalhos, têm maiores recompensas sociais, um sistema imunológico mais forte e até mesmo uma vida mais longa.

Generosidade e suas contribuições em nossas vidas

Generosidade (ou bondade) é considerada por Park, Peterson e Seligman (2004) uma das 24 forças de caráter das virtudes humanas e, portanto, um aspecto moral que pode ser desenvolvido. Para os autores, o reconhecimento do valor de outro indivíduo é o que move a pessoa considerada boa ou generosa, que age pela empatia/simpatia, moral ou responsabilidade social[6].

> (...) praticar atos de generosidade alivia a culpa e o desconforto sobre as outras pessoas, tira nossa atenção dos problemas pessoais e ruminações, levando o nosso foco para o outro.

Para Lyubomirsky (2007), a dimensão moral de ser generoso, bom e doador é indiscutível, estando esta virtude presente na religião, filosofia e na mesologia. A singularidade, de acordo com a autora, aparece quando os estudos científicos comprovam que praticar atos de generosidade não é apenas bom para quem recebe, mas também para quem os faz. De forma pioneira, ela realizou um experimento de generosidade e concluiu que praticar atos de generosidade alivia a culpa e o desconforto sobre as outras pessoas, tira nossa atenção dos problemas pessoais e ruminações, levando o nosso foco para o outro. Dessa forma, temos o aumento da autopercepção, nos vendo como uma pessoa altruísta e piedosa, promovendo assim senso de autoconfiança, otimismo e assistência. Efeito social positivo também pode ser observado, o que torna a generosidade crítica no desenvolvimento de relacionamentos saudáveis e autênticos. Ademais, os estudos

---

6. Via Institute on Character, 2016.

da autora (2007) apontam que o primeiro passo na prática da generosidade é selecionar quais ações pretendemos fazer, com que frequência e com que intensidade, pois fazendo pouco não há resultados e excessos podem levar a irritação e exaustão, devendo a variedade também estar presente para evitar a adaptação.

Gratidão e generosidade em prática

A experiência da autora na aplicação de processos de *Coaching* de Psicologia Positiva permitiu a observação de mudanças nas pessoas, como: aumento da autoestima, ampliação da visão de conjunto e, por consequência, uma maior facilidade para o trabalho com crenças irracionais, resultando em uma postura mais positiva sobre a vida.

Para aprofundar essas percepções, a autora realizou um experimento empírico de seis semanas, utilizando atividades intencionais de gratidão e generosidade com o objetivo de verificar os efeitos destas práticas no cotidiano da mulher, com relação à melhoria do bem-estar.

O grupo participante[7] foi composto de 17 mulheres do Rio de Janeiro, com faixa etária entre 35 e 75 anos, de classe média/alta, com formação superior completa.

A prática de "atos de generosidade" foi baseada em Lyubomirsky (2007) e as práticas de gratidão "diário de bênçãos", "carta de gratidão" e "gratidão em prática" tiveram como referência o programa de Emmons (2013)[8].

Antes do início das práticas e ao final das seis semanas, as participantes preencheram as seguintes escalas: "Escala de Satisfação com a Vida", de Martin Seligman (2004), e "Escala de Gratidão", de Robert Emmons (2009).

A escala com variação mais significativa foi a "Escala de Satisfação com a Vida" em que as participantes constataram uma melhoria em média de 12% ao final das seis semanas, sendo que, nesta amostra, as mulheres que iniciaram o experimento com notas mais baixas no geral foram as que obtiveram maior aumento percentual, chegando a 43% de aumento no resultado desta escala.

Além das escalas mencionadas, foi utilizada uma escala para verificação da eficácia do experimento quanto à geração de emoções positivas e de incorporação às suas atividades cotidianas. Como resultados, numa variação de pontuação de 1 a 5, as participantes deram uma nota em média de 4,3 para a eficácia das atividades do experimento na geração de emoções positivas e 4,45 em relação à possibilidade de incorporar as atividades em seu cotidiano.

---

7. As participantes aderiram formalmente ao experimento e concordaram com a publicação dos resultados obtidos para compor este capítulo, assim como seus comentários, sem indicação de sua identificação.

8. "A 21 Day Program for Creating Emotional Prosperity".

Foram relatados diversos benefícios, sendo os principais:

1. **Reflexão e ampliação da perspectiva positiva:** capacidade de reflexão e de enxergar a vida de outra forma, criando consciência de como nossa mente é contaminada por preocupações do cotidiano. Maior leveza e positividade na percepção das circunstâncias.

2. **Impacto social positivo:** possibilidade de gerar real impacto no dia a dia das pessoas e inspirar outros à prática de atos positivos.

3. **Autoeficácia:** considerando sensação de empoderamento, potência e capacidade de melhorar pessoas e transformar lugares.

4. **Melhora do sono:** melhora da sensação de bem-estar ao deitar no final do dia e maior leveza para dormir.

5. **Maior bem-estar físico e espiritual:** faz bem para a alma e para o corpo, nos tornando mais saudáveis.

O maior desafio à realização das práticas, segundo as participantes, foi a falta de tempo e o estresse cotidiano para as ações de generosidade, e mágoas ou sofrimentos passados que funcionaram como complicadores no caso das atividades de gratidão. Em relação à complexidade de realização dessas práticas, a carta da gratidão foi a mais difícil de ser feita, chegando a não ser realizada por cinco participantes. Todavia, foi o exercício de gratidão com maior impacto positivo no geral, com nota média de 4,3 para as participantes que o finalizaram.

> "A Carta de Gratidão me surpreendeu. Experimentei um sentimento muito forte. Procurei uma pessoa que não via há anos e que tinha me ajudado muito em um determinado momento da minha vida. Comecei a me emocionar já no momento de escrever a carta. Depois, marquei um encontro e li a carta. Foi um momento muito forte para ambos... foi como se eu estivesse proporcionando uma felicidade que ele não estava tendo há meses. Ele comentou que nunca soube que tinha sido tão importante para mim. A sensação que fica é impressionante. É um sentimento de "a vida vale a pena"!

De forma geral, um importante resultado deste experimento foi o fato de as participantes terem vivenciado o cultivo da gratidão e da generosidade, constatando serem escolhas pessoais, ou seja, atitudes perante a vida. Abaixo, um relato relacionado a estas constatações:

> "Neste momento estou com um "chip" que me pergunta diariamente sobre minha ação de gratidão e generosidade e também me gera uma boa sensação de recompensa pessoal quando eu faço uma ação dessa natureza."

Considerações finais

Vivendo na sociedade hipermoderna do século XXI se torna fácil esquecer dos motivos pelos quais somos gratos; muitas situações passam despercebidas, assim como nossa capacidade de ajudar e atuar de forma generosa com as pessoas à nossa volta. Inicialmente, pode parecer mais fácil permanecer neste estado de "piloto automático". No entanto, estudos científicos sobre a prática da gratidão e generosidade comprovam valer o esforço. Mudanças de comportamentos e de crenças disfuncionais podem ser necessárias, mas, ao fazer dessas práticas um hábito, podemos alcançar um novo patamar na vida, pois gratidão e generosidade são bases para uma vida plena, repleta de emoções positivas que funcionam para driblar o estresse do dia a dia, aumentar a resiliência, ajudar nas adversidades, sendo uma chave para conquista de uma vida melhor, mais saudável e quem sabe, até mesmo, mais longa.

> "Estou convencido de que Robert Emmons tem razão: aumentar o estado de gratidão provocaria mais transformações no mundo do que qualquer política governamental." Jim Clifton, CEO – The Gallup Organization (2009)

Capítulo 21

Mindfulness e Psicologia Positiva

Renata Gomes Netto

Um famoso escritor de viagens foi convidado para jantar na casa de uma próspera família japonesa. Seu anfitrião tinha convidado um certo número de convidados, deixando todos cientes de que ele tinha algo de grande importância para compartilhar. Parte da refeição seria composta por baiacu, considerado uma iguaria no Japão, em parte porque esses peixes são fatalmente venenosos, a menos que o veneno seja removido por um chef altamente qualificado. Ser servido com tal prato é uma grande honra. Como convidado de honra, o escritor recebeu o peixe com grande expectativa e saboreou cada porção. O sabor foi, de fato, igual a nada que ele já tivesse consumido. "O que achou da experiência?", perguntou seu anfitrião. O convidado estava em êxtase sobre o sabor requintado do peixe que tinha provado. Ele não precisava exagerar, pois foi realmente sublime, a melhor comida que já tinha experimentado. Só então o seu anfitrião revelou que o peixe que o escritor comera não era o baiacu, e sim uma espécie comum. Outro convidado, sem perceber, fora servido e tinha comido o baiacu. O "importante", o escritor aprendeu, não é quão boa, rara e cara a iguaria experimentada era, mas sim o quão incrível um alimento comum pode ser, prestando atenção nele a cada garfada. (KABAT-ZINN et al, 2007, p. 53).

Inicio o presente capítulo com este conto, apresentado no livro de Kabat-Zinn e colaboradores (2007), que exemplifica com uma situação cotidiana, o ato de nos alimentarmos, a importância da nossa atenção e a qualidade que resulta da nossa consciência plena.

Antes de continuar a leitura, convido-o a parar e responder as seguintes questões:

– Qual foi seu último pensamento antes de tomar esse livro nas mãos e iniciar a leitura?

– Quais emoções você já vivenciou hoje?

– Na sua última refeição, você se percebeu saciado antes de o alimento acabar no seu prato, ou comeu até o fim sem perceber o seu apetite?

– Ao dirigir, você consegue observar todo o caminho realizado, ou se pega surpreso, perguntando-se como chegou até onde está?

– Quando conversa com as pessoas, você olha nos olhos mantendo a interação, ou conversa ao mesmo tempo em que consulta as mensagens no celular?

Considerando a forma frenética como vivemos atualmente, infelizmente não será surpresa caso você tenha se apercebido de que não sabe que pensamento o levou a iniciar essa leitura, que emoções já experienciou hoje, e que provavelmente fez sua última refeição na frente da TV e/ou lendo e respondendo mensagens no celular, sem sentir o real sabor do que estava comendo. Com certeza, somos milhares que, por muitas vezes, passamos os dias sem nos dar conta dos acontecimentos, pensamentos e emoções neles envolvidos, como se fôssemos apenas espectadores. Ou também pode acontecer o contrário, fatos acontecem e somos tomados por pensamentos e emoções que colorem o evento de tal forma que tornam o acontecido maior do que realmente foi. Nós, humanos, além de vivermos uma determinada situação, também pensamos sobre ela e a experimentamos diretamente através dos nossos cinco sentidos, podendo estar conscientes de nós mesmos ao experienciarmos. Porém, o contrário também pode acontecer, pois nem sempre essa consciência está presente.

A boa notícia é que é possível mudar essa realidade e se apresentar de forma diferente diante dos acontecimentos, com os pensamentos e emoções neles envolvidos. Todos nós podemos aprender a trazer qualidade de atenção e consciência para as nossas experiências, e assim também transformar a natureza do que experimentamos.

Neste capítulo, vamos discutir um pouco sobre *Mindfulness* e Psicologia Positiva, como os dois podem se relacionar e como podemos usar desses conhecimentos para viver uma vida com mais presença e florescimento.

O que é *Mindfulness*?

Mindfulness, termo em Inglês traduzido da palavra *sati*, em Pali, que remete a estar atento, atenção plena, consciência plena, lembrar. Pali é o idioma da Psicologia budista e também a língua na qual foram escritos os discursos de Buda, 2.500 anos atrás; *sati* é o principal ensinamento da tradição. (DEMARZO & CAMPAYO, 2015; GERMER, 2015). O termo *Mindfulness* também pode ser traduzido como lembrar, memória ou recordar. Não associado ao viver de memórias ou lembranças, mas sim "(...) no sentido de que um fenômeno, para que seja recordado ou "exista" em nossa mente, precisa ser vivido com atenção ou consciência plena". (DEMARZO & CAMPAYO, 2015 p. 17). Para que uma experiência exista é preciso estar alerta a ela no momento em que acontece, de forma intencional, incondicional, aberta, para que o momento presente seja vivido plenamente. (GERMER, 2015).

O termo *Mindfulness* também pode "ser usado para descrever um construto teórico (a ideia de *Mindfulness*), exercícios para cultivar *Mindfulness* (como a meditação), ou processos psicológicos (mecanismos de ação na mente e no cérebro)". (GERMER, 2015 p.5). Embora *Mindfulness* não seja o mesmo que meditação, a prática desta é uma das mais usadas para se alcançar esse estado de consciência. Kabat-Zinn (2013) fala da meditação como prática formal e que as atividades diárias feitas com atenção são formas de se praticar informalmente; sendo que as duas práticas se complementam e se apoiam.

> *Pesquisas científicas mostram que as práticas de Mindfulness modificam a estrutura e o funcionamento cerebral, bem como suas implicações no modo como nos relacionamos com nossos pensamentos e emoções, principalmente as mais reativas.*

Traduzido para o Português como atenção plena (termo usado também em espanhol), ou consciência plena, encontramos diversas definições para *Mindfulness*. Nas palavras de Kabat-Zinn (2013), grande responsável pelo desenvolvimento de *Mindfulness* no ocidente (aplicando e realizando pesquisas na área da saúde), *Mindfulness* é a consciência que se desenvolve ao prestarmos atenção de forma intencional, no momento presente, com aceitação e sem julgamento; constituindo uma nova forma de lidar com a experiência.

Pesquisas científicas mostram que as práticas de *Mindfulness* modificam a estrutura e o funcionamento cerebral, bem como suas implicações no modo como nos relacionamos com nossos pensamentos e emoções, principalmente as mais reativas. A prática de *Mindfulness* possibilita desenvolver uma maior intimidade com nossa mente, conectando e desenvolvendo nossos recursos internos para o crescimento, aprendizagem, transformando a compreensão de quem somos, para chegar a uma forma de viver neste mundo com mais sabedoria, bem-estar, significado e também felicidade. (KABAT-ZINN, 2013).

As práticas de *Mindfulness*

Falamos o tempo todo em práticas, porque estamos falando de *Mindfulness* como exercícios de meditação, e é exatamente isso que é necessário: praticar. É preciso constantemente revisitar as práticas com curiosidade e abertura, sem forçar nenhum resultado, simplesmente se abrindo para o que pode acontecer a partir delas. É preciso prestar atenção às coisas como elas são e não como gostaríamos que fossem.

E como podemos fazer isso no nosso dia a dia? Não é objetivo neste pequeno capítulo discorrer sobre as diversas práticas que aprendemos em cursos de formação e temos à disposição em livros e áudios. Mas queremos aqui chamar a atenção para a prática consciente das diversas atividades na nossa rotina.

> **Vamos fazer um exercício?** Pare por um momento a sua leitura e faça três inspirações profundas, buscando uma ancoragem com o momento presente. Depois simplesmente dedique alguns minutos a somente prestar atenção na sua respiração. Há diversas maneiras de prestar atenção na sua respiração. Você pode focar no ar entrando e saindo das suas narinas, observando a temperatura do ar ao entrar e sair. Pode observar o movimento do seu abdômen, do seu tórax, dos seus ombros. Se algum pensamento lhe vier à cabeça, como "não seja ridículo, para quê prestar atenção na sua respiração?", simplesmente seja gentil consigo e volte a prestar atenção na sua respiração.

Uma pausa de três minutos fazendo essa atividade já pode trazer benefícios para a sua concentração e disposição para o que estiver desenvolvendo no momento. Essa prática de focar na respiração por três minutos é considerada uma prática formal, mas você pode também praticar informalmente.

E se você escovasse os dentes focando somente nisso? Sem se distrair pensando no que irá fazer no momento seguinte, sem ruminar o telefonema que acabou de receber, ou se recriminando por ter comido demais na última refeição? Traga experiências como essas para o seu dia, pausando para focar na respiração, ou simplesmente prestando atenção quando estiver comendo, dirigindo, escovando os dentes...

Ao comer, somente comer...

Ao dirigir, somente dirigir...

Ao escovar, somente escovar...

Benefícios da prática de *Mindfulness*

A inserção de pequenas práticas como as acima citadas já traz inúmeros benefícios para quem as pratica. Orientando jovens que estão se preparando para o vestibular, na prática de *Mindfulness*, tenho recebido o *feedback* de melhoria na concentração e disposição para estudar. Com pacientes ansiosos o *feedback* é de melhor manejo dos seus pensamentos e também das suas emoções. Um *feedback* comum também é o relato de maior harmonia no ambiente de trabalho, redução do estresse e maior satisfação no trabalho.

Quando cultivamos a atenção plena, aumentamos a nossa consciência da realidade atual e de todas as opções disponíveis no momento. Atenção plena é centrada no momento presente nos acontecimentos atuais, não cabe ruminação dos acontecimentos passados ou das preocupações com o futuro. Ao ruminar, a mente se afasta da experiência sensorial direta. Com atenção plena não há espaço para julgamentos avaliativos, as coisas, ou nós mesmos, não precisamos ser medidos dentro de uma forma ou de um determinado padrão, seja ele interno, ou externo. (KABAT-ZINN *et al.*, 2007).

> *Quando cultivamos a atenção plena, aumentamos a nossa consciência da realidade atual e de todas as opções disponíveis no momento.*

O Movimento da Psicologia Positiva

A Psicologia Positiva é um movimento que propõe o estudo científico do que funciona na vida das pessoas, em todos os momentos da vida, do nascimento até a morte, investigando o que torna a vida mais digna de ser vivida. (SNYDER & LOPEZ, 2009). Seligman defende que a Psicologia Positiva, da forma como ele a concebe, "tem a ver com aquilo que escolhemos por nós mesmos" (SELIGMAN, 2011, p. 21), e não com uma finalidade outra. Ele apresenta em sua teoria do bem-estar o modelo PERMA, que abrange cinco elementos, que não definem, mas contribuem para a existência do bem-estar: emoção positiva, engajamento, sentido, relacionamentos e realização. O modelo PERMA (que apresenta um acrônimo dos cinco elementos em Inglês: *Positive Emotion, Engagement, Relationships, Meaning, Achievement*) traz a pluralidade que contribui para a existência do bem-estar.

> *Por ser uma prática que ensina a viver com maior presença, abertura e autenticidade, Mindfulness se encaixa com a proposta da Psicologia Positiva na promoção do florescimento e na vivência de maior bem-estar.*

Por ser uma prática que ensina a viver com maior presença, abertura e autenticidade, *Mindfulness* se encaixa com a proposta da Psicologia Positiva na promoção do florescimento e na vivência de maior bem-estar. Não é que seu objetivo final seja o bem-estar, mas o fato de nos tornarmos mais conscientes das nossas experiências traz esse benefício. Esse movimento destaca os benefícios de se viver com intencionalidade, sentido, engajamento. As práticas de Mindfulness, segundo Marlatt, Chawla e Bowen:

> Favorecem uma consciência elevada de seu relacionamento com todas as experiências e uma mudança nesse relacionamento, tanto interna (emoções, pensamentos, sensações) quanto externas (sinais [cues] ambientais), promovendo maior sensação de escolha, compaixão e liberdade. (MARLATT; CHAWLA; BOWEN, 2015 p. 26).

Quando a atenção está perdida em objetivos com pouco ou nenhum significado pessoal, isso provoca tédio e sentimento de vazio. Ao passo que quando estamos envolvidos com atividades e experiências que trazem sentido, que tiveram uma escolha intencional deliberada, experienciamos alegria e sensação de realização (SNYDER & LOPEZ, 2009). Shapiro (2009) destaca a progressiva ampliação da definição de saúde mental, que também deve incluir as qualidades positivas que contribuem para o florescimento das pessoas. A autora aponta a meditação como uma prática importante para catalisar o nosso potencial interno para a cura e desenvolvimento, explorando os efeitos positivos da mesma.

Praticar *Mindfulness* pode contribuir para o envolvimento significativo com a vida e seus acontecimentos diários, acrescentando intencionalidade, aceitação, atenção, motivação e curiosidade no momento presente, o que é de total relevância dentro da Psicologia Positiva.

Um dos fatores que traz sofrimento para todos nós é a busca pela redução da incerteza. Nesse contexto Langer (2002) defende que para lidar com as incertezas inevitáveis da vida a prática de *Mindfulness* pode ser crucial, pois esta favorece um relaxamento das nossas disposições mentais, avaliando as mudanças de forma que não sejam alvo de temor. Ela define *Mindfulness* como um estado mental caracterizado pela abertura à novidade, com sensibilidade ao contexto e engajamento com o momento presente, para sair do piloto automático nos comportamentos diários.

Por ser uma prática que ensina a viver com maior presença, abertura e autenticidade, Mindfulness se encaixa com a proposta da Psicologia Positiva na promoção do florescimento e na vivência de maior bem-estar.

Fredrickson (2013), importante pesquisadora das emoções positivas (um dos elementos do bem-estar), juntamente com Garland desenvolveu um estudo que aponta as práticas de *Mindfulness* como importantes para facilitar o acesso a emoções positivas, interrompendo uma espiral emocional descendente e favorecendo o equilíbrio emocional e uma positividade sustentável.

Vemos, portanto, na Psicologia Positiva e na prática de *Mindfulness* aspirações semelhantes que possibilitam integrar as duas. A Psicologia Positiva examina e busca meios de promover o florescimento individual, dos grupos e instituições, de forma que as pessoas extraiam o máximo de proveito da vida. A prática de *Mindfulness* contribui para aumentar a flexibilidade mental, aumentando nossa atenção e consciência para entrarmos em contato com nossos recursos internos que promovem a aprendizagem, o crescimento, a cura. Praticar *Mindfulness* favorece o desenvolvimento da habilidade de se colocar diante do momento presente com consciência, sendo possível parar e observar a realidade tal como ela é, enxergando as diversas possibilidades de escolha à nossa frente, proposta aliada ao desenvolvimento dos elementos que compõem o bem-estar nas colocações da Psicologia Positiva.

> *(...) práticas de Mindfulness como importantes para facilitar o acesso a emoções positivas, interrompendo uma espiral emocional descendente e favorecendo o equilíbrio emocional e uma positividade sustentável.*

Capítulo 22

Otimismo – Ajustando as Lentes

Lilian Coelho

Desde criança tudo o que vivenciamos e absorvemos em nossa cognição como aprendizado gera nosso sistema de crenças, que por sua vez produz nossos pensamentos.

> *Nossas crenças influenciam nossa realidade.*

Sempre acreditei que o quê e como pensamos podem ser capazes de impactar os nossos resultados e influenciar de forma significativa a nossa vida.

Nossas crenças influenciam nossa realidade e, apesar de todas as experiências – boas e ruins –, a vida mantém o seu valor, quando se vê o mundo pelas lentes de um otimista.

Considerando que, sob essas lentes, a vida adquire mais sentidos, mais possibilidades, mais flexibilidade e, com isso, mais autoconfiança e emoções positivas, este capítulo irá abordar a definição de Otimismo e Pessimismo, bem como esclarecer teoricamente o conceito, suas relações, seus benefícios e suas aplicações.

Se você decidiu que quer aproveitar todos os momentos – bons e ruins – que fazem parte dessa jornada chamada VIDA, você está no caminho certo lendo este capítulo.

Definindo o Otimismo

O Otimismo, para mim, é uma ferramenta que está a nossa disposição para duas funções:

1ª) Auxiliar-nos a contornar e superar de forma mais leve as nossas dificuldades.

2ª) Tornar mais prazerosa a visão que temos de nós mesmos e das nossas conquistas.

Não entendeu? Já te explico o porquê... Vamos aos conceitos.

De acordo com Seligman (2014), ser Otimista ou Pessimista consiste no modo como você pensa e atribui explicação aos fatos positivos ou negativos da sua vida. E, dentro das características de cada estilo, há três dimensões cruciais a serem consideradas: a **Permanência** – que diz respeito às condições dos fatos serem contínuas ou transitórias; a **Abrangência** – que diz respeito aos fatos serem universais ou específicos; e a **Personalização** – que diz respeito ao sentimento em relação aos fatos terem causa interna ou externa.

De forma mais simples e direta pode-se dizer que, de acordo com Seligman (2009):

> "Os otimistas tendem a considerar seus problemas passageiros, controláveis e específicos de uma determinada situação. Os pessimistas, ao contrário, acreditam que seus problemas vão durar para sempre, vão afetar tudo o que fazem e são incontroláveis."

(...) o modo Otimista auxilia e muito no processo de realização ou sucesso de cada indivíduo.

Como você pode perceber, o modo de explicar cognitivamente os fatos muda totalmente a forma como nos sentimos em relação a eles e, consequentemente, como agimos para resolver os reveses e frustrações, bem como agimos em face das boas notícias.

Para Seligman (2014), que é um dos maiores estudiosos em muitas áreas, mas especialmente sobre Otimismo, escolher obter esse modo explicativo é uma vantagem enorme para quem optou por isso. E ele determina três aplicações que são eficazes, comprovadas e óbvias ao aderir ao estilo otimista como sua forma de explicar os acontecimentos. E sabe quais são esses fatores?

São eles:

DEPRESSÃO – diminui muito as possibilidades de ter depressão, e para quem já esteve ou está com depressão, ajuda a sair mais rapidamente e de maneira mais eficaz com menor índice de recaída. E o melhor, sem efeitos colaterais.

REALIZAÇÃO – o modo Otimista auxilia e muito no processo de realização ou sucesso de cada indivíduo. Afinal, não basta ter talento e vontade. Se você não aprender a encarar a vida de forma otimista, irá mais facilmente, mesmo tendo talento e vontade, desistir em situações de adversidade.

SAÚDE – por último e não menos importante, temos a saúde como aspecto potencializado em pessoas otimistas. Pois a sua saúde física não depende somente de fatores biológicos, de cuidados pessoais e prevenções. Nossa cognição tem papel importante na nossa saúde física. Seligman (2014) cita que a maneira como pensamos sobre saúde muda nossa forma de lidar e praticar saúde. Para ele, os otimistas também possuem melhores hábitos, têm menores índices de doenças infecciosas e o funcionamento do sistema imunológico é mais adequado.

E para você não ficar achando que tudo isso é só mais uma teoria, aqui vão alguns dados científicos de pesquisas sérias, realizadas em grandes instituições que dão procedência e mérito ao estilo explicativo otimista.

O Estudo Científico do Otimismo

Segundo Seligman (2009), o Otimismo é um fator de previsão de longevidade. Um estudo que comprova isso foi realizado por cientistas da Mayo Clinic, em Rochester, Minnesota, onde 839 pacientes foram acompanhados por 40 anos. Todos eles passaram por testes físicos e psicológicos, onde o grau de otimismo foi avaliado. Dos pacientes acompanhados, e, em comparação com os pessimistas, os otimistas viveram 19% acima das expectativas.

Outro estudo muito interessante faz relação entre o Otimismo e a saúde cardiovascular e o câncer. Judy Rodin, Leslie Kamen, Charles Dwyer e Martin Seligman em 1991 fizeram uma pesquisa em nível biológico, via sistema imunológico, sobre o Otimismo. No experimento, eles coletaram sangue de pessoas otimistas e pessimistas. E o resultado foi que os sangues dos otimistas, em comparação com os pessimistas, apresentaram respostas mais combativas às ameaças. Ou seja, os otimistas produziam mais células brancas, que são responsáveis por combater infecções – chamados linfócitos T. (SELIGMAN, 2011).

O Otimismo também tem influência significativa em aspectos como a economia. Para Seligman (2011), o otimismo é capaz de fazer os preços de mercado subirem. Para ele, os preços de ações no mercado financeiro, por exemplo, sobem quando a população tem uma visão otimista sobre seu valor no futuro e caem quando a população está pessimista em relação ao seu valor no mesmo futuro. Pois, de acordo com a lógica desse pensamento, a percepção sobre o preço que esta ação terá no futuro é que influencia o seu preço e valor no presente.

Técnicas para desenvolver o otimismo que dão certo

Se você chegou até aqui na sua leitura e se percebeu otimista é ótimo. Isso sugere, como já verificamos pelos estudos acima, que você tem maiores chances de: ser bem-sucedido em sua vida pessoal e profissional, ser mais saudável, ter uma vida mais longa, uma melhor reação e atitude perante os problemas, flexibilidade e capacidade de recomeçar.

E você, que chegou até esse ponto da leitura e se percebeu pessimista, fique tranquilo. Já foi colocado que otimismo e pessimismo são modelos explicativos que podem ser aprendidos.

Na prática profissional, seja Psicoterapia ou *Coaching*, o ponto de partida é sempre uma avaliação inicial. Assim, o trabalho será melhor executado e direcionado se eu obtiver dados emocionais, psicológicos, mentais e comportamentais do paciente ou cliente.

E uma das minhas primeiras investigações é se a pessoa é pessimista ou otimista. Pois isso muda o diálogo e a linguagem que preciso ter com essa pessoa. Para isso peço que o paciente ou cliente preencha o Questionário de Estilo Atributivo Otimista, que você encontra nos livros: Felicidade Autêntica ou Aprenda a ser otimista, ambos de Martin Seligman.

Feito isso, se necessário, começo a lançar mão de técnicas que podem potencializar ou desenvolver o otimismo das pessoas, até porque as técnicas utilizadas por pessimistas também podem ser utilizadas pelos otimistas. A pessoa otimista pode utilizar as técnicas quando estiver mais deprimida ou passando por um problema muito difícil. Afinal, ser otimista não livra a pessoa de ter alguma adversidade durante a sua vida, nem mesmo de ser imune ao pessimismo de vez em quando.

Falando em técnica, vou citar uma que se chama ACC - desenvolvida pelo psicólogo Albert Ellis - e é uma forma de romper um ciclo vicioso de pensamento, convicções e crenças que te levam sempre à desistência ou ao desamparo. A técnica consiste em você identificar e registrar ACC, que é: 1) Adversidade – pode ser qualquer nível de adversidade, 2) Crenças – a forma como você interpreta essa adversidade e 3) Consequências – sentimentos e ações em relação à adversidade.

De posse das anotações, o próximo passo é modificar a crença em relação à adversidade, pois, modificando-a, muda-se a sua reação e, logo, a consequência.

Para modificar a crença pessimista, você utiliza a Contestação e a Abstração, que consistem em: ou contestar seu pensamento ou abstrair o pensamento pessimista pensando em outra coisa. Em longo prazo, a contestação é mais eficiente, pois bem contestadas as crenças têm menor chance de reincidir. (SELIGMAN, 2014).

Outra técnica é você aprender a discutir com você mesmo. É também uma forma de contestação. Você pode contestar suas crenças pessimistas fazendo até quatro questionamentos sobre a mesma. São eles: 1) provas – quais as provas que sustentam essa crença como verdadeira; 2) alternativas – quais outras possíveis causas para essa crença; 3) implicações – caso as provas e alternativas sejam verdadeiras, a pergunta a ser feita é o que de pior pode acontecer já que isso é uma verdade; aqui se faz uma descatastrofização da crença; e 4) utilidade – o que posso fazer então a partir de agora. (SELIGMAN, 2014).

Outra possibilidade é a Técnica de Exteriorização de Vozes, que consiste em escolher alguém em quem você confie muito e solicitar que por 20 minutos essa pessoa te critique. E, em voz alta, você irá contestar as críticas com todas as formas que dispuser, através de provas, explicações e alternativas. O objetivo é treinar a contestação e abstração de forma prática. (SELIGMAN, 2014).

> (...) escolher pensamentos e crenças que irão lhe trazer mais qualidade de vida, bem-estar (...)
>
> (...) diferencial significativo na performance e no alcance das metas.

No caso, seu amigo crítico estará fazendo o papel que seu sistema de pensamentos e crenças faz com você mesmo. Em consultório, eu utilizo somente depois do treino no papel e apenas em alguns casos, para testar o quanto as contestações e abstrações já estão sendo eficazes. É nítido o comportamento e as emoções que essa técnica pode liberar, de forma negativa, quando a pessoa não está preparada para lidar de frente com as suas próprias críticas. Por isso, a recomendação é do uso com cuidado.

Aliás, o cuidado e critério na utilização de cada técnica citada se fazem necessários. É preciso criatividade e flexibilidade, para tratar patologias ou desenvolver potencialidades.

Meu principal critério é identificar até quanto o desenvolvimento do estilo atributivo otimista irá impactar nos resultados positivos e no bem-estar do paciente. Digo isso porque sei do potencial de melhoria que um estilo otimista pode agregar ao tratamento de qualquer pessoa. Porém, em certas demandas como, por exemplo, transtornos de ansiedade, depressão, fobias e demais patologias psicológicas, a necessidade primária não está em descobrir o estilo atributivo e, sim, minimizar os sintomas ou as chances de seu possível agravamento com a utilização de outras técnicas específicas. Porém, em longo prazo e após as melhorias básicas do paciente, o estilo atributivo é sim utilizado, por mim, para trazer autoconhecimento e também possibilidade de pensamentos e crenças que sejam mais produtivos para o paciente e que com o tempo, como já pude vivenciar, auxiliar no controle das patologias acima citadas.

Quando o paciente toma posse e consciência do que as suas crenças "negativas" desencadeiam na sua vida e entende, através de uma psicoeducação, que ele pode escolher pensamentos e crenças que irão lhe trazer mais qualidade de vida, bem-estar e assertividade, a aderência para desenvolver o estilo otimista é imediata. E tem sido muito prazeroso ver o quanto o otimismo é sim uma fer-

> Quanto mais eu ilumino o que antes estava escondido, sejam aspectos negativos ou positivos, mais inteiro eu posso ser.

ramenta empoderadora. Trazer novamente a visão de competência a essas pessoas, que chegam fragilizadas, é muito gratificante. Quanto aos resultados, percebo que estes são sempre compatíveis com a disciplina e o comprometimento do paciente em inserir no seu dia a dia as técnicas.

Já nos processos de *Coaching*, a análise do estilo atributivo é sempre utilizada. Iniciar um processo de *Coaching* utilizando como ferramenta o desenvolvimento ou fortalecimento do estilo atributivo otimista tem sido sinônimo de mais motivação e diferencial significativo na performance e no alcance das metas.

Quanto aos benefícios na utilização das técnicas, tanto na Psicoterapia quanto no *Coaching*, percebo a redução dos sintomas e comportamentos característicos de cada psicopatologia, o aumento de comportamentos assertivos e positivos, a sensação de maior bem-estar e a ampliação das emoções positivas, da esperança e da resiliência. Claro que os níveis e a intensidade desses efeitos variam de acordo com cada indivíduo. Mas, em média, os *feedbacks* são sempre positivos, tendo como parâmetro a utilização das técnicas pelo período de no mínimo três semanas.

Percebi também, de forma sistemática e consistente, que em 80% dos casos o aprofundamento do conhecimento sobre si mesmo faz com que as pessoas verbalizem e sintam mais otimismo, esperança e equilíbrio em relação ao seu passado, presente e futuro. Talvez, isso se deva ao fato de que, no momento em que eu amplio conscientemente quem eu sou, o que eu possuo de bom, o que eu aprendo com a minha trajetória, o que eu posso e o que eu não posso modificar, o que eu quero para o meu agora e para o meu futuro, também amplia exponencialmente o meu leque de entendimento e isso gera um maior repertório de possibilidades, o que, por sua vez, amplifica meu sistema de crenças. Quanto mais eu ilumino o que antes estava escondido, sejam aspectos negativos ou positivos, mais inteiro eu posso ser.

Desejo que este artigo o estimule a encontrar uma motivação a mais para você ou validar ou modificar seu estilo explicativo. Como vimos, o ajuste das lentes pode clarear toda a direção da rota.

Capítulo 23

Savoring e a Escrita: A Arte de Apreciar as Experiências Positivas

Gabriele de Oliveira Ribas

Savoring e a Escrita: A Arte de Apreciar as Experiências Positivas

Para viver mais feliz não basta ter experiências positivas, é preciso reconhecê-las e aproveitá-las intensa e prolongadamente. A Psicologia Positiva nos apresenta recursos teóricos e práticos para saborear a vida com mais consciência e presença. O capítulo 'Savoring e a Escrita' tem como objetivo apresentar um novo modelo para apreciar vivências positivas e indicar o recurso da escrita como uma das estratégias para promover o desfrute do bem-estar.

> Savoring é a arte de desfrutar as experiências positivas no momento presente.

O que é *Savoring*?

O presente artigo tem como base o livro **Savoring: a new model of positive experience**, escrito pelos psicólogos Bryant e Veroff (2007). Os autores escolheram a palavra *Savoring* para representar a capacidade humana de saborear, apreciar, desfrutar e valorizar as experiências positivas da vida. O prefixo *savor* vem do latim *sapere*, que significa conhecer, ser sábio. Na literatura da Psicologia Positiva, a palavra *Savoring* é mantida na sua língua original, o inglês, assim como acontece com as expressões *flow* e *mindfulness*.

Savoring é a arte de desfrutar as experiências positivas no momento presente. Há uma infinita variedade de acontecimentos que as pessoas podem apreciar. Situações comuns tais quais: comer, beber, estar na natureza, praticar esportes, jogar, ler, escrever, dançar, cantar, brincar podem trazer a pessoa para o aqui e agora e focar a atenção nos sentimentos e sensações positivas.

Apesar de a experiência do *Savoring* ocorrer na apreciação do momento presente, ela pode reverberar em lembranças do passado ou planejamentos futuros. Assim, a vivência de *Savoring* pode vir antes, durante e após um acontecimento positivo. O *Savoring* pode estar presente na antecipação de um futuro positivo, como, por exemplo, planejar as férias, ou na memória de um evento passado considerado feliz, conforme Bryant e Veroff (2007).

Os autores definiram quatro processos básicos de *Savoring*: agradecimento (*thanksgiving*), admiração (*marveling*), deleitamento (*basking*) e encantamento (*luxuriating*). Quando focado no mundo, o *Savoring* geralmente envolve sentimentos transcendentes e experiências estéticas, tendo como expressão o agradecimento e a admiração. Quando a apreciação está focada em si mesmo, revela-se o deleitamento, que é o reconhecimento de uma realização e o encantamento, diante de uma absorção experiencial agradável e prazerosa. A tabela a seguir exemplifica e diferencia cada um deles:

Tabela 1: Comparação entre os quatro tipos de processos de *Savoring*, baseado em Bryant e Veroff (2007)

	Agradecimento (*thanksgiving*)	**Admiração** (*marveling*)	**Deleitamento** (*basking*)	**Encantamento** (*luxuriating*)
Significado	Gratidão diante de uma bênção, presente ou favor.	Impacto diante de um estímulo grandioso ou sublime.	Realização por uma vitória alcançada.	Sensação física prazerosa.
Sentimento dominante	Gratidão	Surpresa	Orgulho	Prazer
Foco de atenção	Externo	Externo	Interno	Interno
Tipo de experiência	Reflexão cognitiva.	Absorção experiencial.	Reflexão cognitiva.	Absorção experiencial.
Exemplo	Agradecer um presente que ganhou.	Admirar o pôr do sol.	Receber um elogio; congratular-se.	Experimentar uma massagem relaxante.

Desfrutar de eventos agradáveis é estar atento a essas vivências positivas no dia a dia e ser capaz de tirar o máximo desse bem-estar, aproveitando intensamente cada momento.

Estar consciente das emoções positivas experienciadas é viver o momento presente em sua plenitude. Viver o *Savoring* significa saborear e apreciar a vida. Focar a atenção na experiência subjetiva positiva é estar atento, é estar consciente da sua presença no aqui e agora. Essa também é a essência do *Mindfulness*: concentrar-se no aqui e agora.

Langer (2002) sintetiza que *Mindfulness* é um estado de mente flexível e aberta à novidade. Estar atento (mindful) é estar presente diante dos variados campos de estímulos que a vida apresenta. O que difere do *Savoring*, ressalta Bryant e Veroff (2007), é que nesse sua atenção não permanece totalmente aberta aos estímulos internos ou externos, sendo um conceito não tão amplo quanto o *Mindfulness*.

Uma combinação de atenção focada e afetos positivos favorecem o processo de *Savoring*. Desfrutar de eventos agradáveis é estar atento a essas vivências positivas no dia a dia e ser capaz de tirar o máximo desse bem-estar, aproveitando intensamente cada momento.

Como saborear experiências positivas

Eventos de vida significativos podem ser processados de muitas formas. Algumas pessoas escrevem as suas experiências em diários, outras contam para amigos e familiares e há ainda os que preferem apenas pensar sobre as suas experiências pessoais. (LYUBOMIRSKY; SOUSA; DICKERHOOF, 2006).

Savoring pode ser um processo natural e espontâneo de conscientemente desfrutar de experiências positivas, mas também há estratégias práticas para prolongar ou intensificar as experiências positivas. Por exemplo, ao saborear um alimento, o indivíduo pode procurar comer mais devagar e focar nas sensações, para aproveitar cada nuance do sabor. Diante de uma viagem, pode tirar fotos para recordar do local em que passeou. Após um dia especial, pode escrever o que aconteceu de positivo, e anotar as suas bênçãos diárias. (BRYANT; VEROFF, 2007).

A capacidade de *Savoring* é uma motivação intrínseca que só pode ser mensurada pela própria pessoa, afirmam Bryant e Veroff (2007). De acordo com os autores, o *Savoring* ocorre apenas em seres humanos e somente é considerada uma apreciação se puder contar a outra pessoa, ou a si mesmo, através da escrita em um diário, ou mesmo revisitando memórias, por exemplo.

Savoring e a escrita

Qual é a relação entre a escrita e o *Savoring*? Pode a escrita ser apreciada? A escrita pode promover, prolongar e intensificar experiências positivas?

Em relação a essas questões, Bryant e Veroff (2007) comentam que o arranjo de palavras ou ideias escritas ou na forma oral também podem comunicar sentimentos positivos para serem apreciados. A literatura pode ser saboreada e contemplada com graça, deleite e prazer. A prática da escrita também pode desencadear sentimentos e sensações positivas. Além disso, escrever pode favorecer o exercício das próprias forças pessoais, promover relacionamentos positivos, engajamento, sentido e realização pessoal, que são elementos do bem-estar, conforme Seligman (2011).

Artistas e escritores, ao se dedicarem a suas obras, comumente entram em *Flow*, que também pode ser uma expressão de *Savoring*. Contudo, no *Flow* não se pressupõe a atenção plena da atividade, pois há a sensação de perder a noção do tempo diante da ação. No *Flow*, há concentração intensa e dirigida naquilo que se está fazendo, há perda da autoconsciência reflexiva, há sensação de autocontrole e fusão da ação e consciência, de forma gratificante. (NAKAMURA; CSIKSZENTMIHALYI, 2002).

(...) experiências positivas podem servir de inspiração para a escrita criativa, bem como a escrita pode promover, prolongar ou intensificar as vivências positivas.

Uma pessoa pode saborear uma experiência de *Flow* se puder focar a atenção na experiência que está acontecendo ou logo após ter ocorrido. Bryant e Veroff (2007) apontam que pesquisas sobre *Flow* indicam que a pessoa não está consciente do prazer enquanto o *Flow* ocorre. Entretanto, a consciência do prazer e do bem-estar podem vir logo em seguida. Assim, quando a experiência termina, percebem que tiveram um estado positivo, e podem apreciar este momento.

Bryant e Veroff (2007) lembram que a prática de *Savoring* pode aumentar a criatividade, pois a vivência de desfrutar experiências positivas torna a pessoa mais aberta e lúdica. Por exemplo, muitos poetas e escritores tomam nota sobre suas experiências de vida enquanto eles estão desfrutando de experiências positivas, e podem usar depois esse material para produzir algo criativo e autêntico, conectado com a sua própria história de vida.

Dessa forma, experiências positivas podem servir de inspiração para a escrita criativa, bem como a escrita pode promover, prolongar ou intensificar as vivências positivas.

O paradigma da escrita expressiva

Diversos estudos apontam que escrever sobre experiências pessoais traz benefícios físicos e psicológicos para a saúde. A primeira pesquisa sobre os benefícios da escrita expressiva foi publicada na década de 80, por Pennebaker (1988). Entre os efeitos positivos da escrita expressiva, o autor cita que estimular o sistema imunológico reduz sintomas de estresse, melhora o desempenho na escola e no trabalho.

Pennebaker (2014) afirma que criar uma narrativa lógica sobre uma situação traumática ajuda a fornecer *insights* sobre o sentido e o significado do seu sofrimento. Em longo prazo, os efeitos são positivos: as pessoas se sentem mais felizes e menos negativas; ruminações, sintomas depressivos e de ansiedade tendem a diminuir após o exercício da escrita expressiva. (PENNEBAKER; KIECOLT-GLASER, 1988). Os estudiosos King e Miner (2000) apontam que escrever somente sobre os aspectos positivos das experiências traumáticas está associado aos mesmos benefícios que escrever sobre o trauma.

A narrativa escrita pode ser muito útil para impulsionar os benefícios das experiências positivas. Através de contos, histórias, diários, blogs, cadernos, cartas, poesias, músicas, as pessoas escrevem, descrevem e interpretam as suas experiências de vida, sejam positivas ou negativas.

> (...) a escrita pode ser tanto uma estratégia de Coping, para lidar com situações negativas, quanto uma ferramenta de Savoring, para ampliar situações positivas.

Bryant e Veroff (2007) destacam o *Savoring* como sendo o equivalente positivo do *Coping*. Estratégias de *Coping* buscam lidar com experiências negativas enquanto de *Savoring* visam ampliar experiências positivas. Há alguns recursos que servem tanto como estratégia de *Coping* quanto de *Savoring*, como o apoio social, a escrita sobre vivências pessoais, o humor, a espiritualidade, entre outros, que contribuem tanto para ajudar as pessoas a lidar com acontecimentos negativos quanto desfrutar de coisas boas. (PENNEBAKER; KIECOLT-GLASER, 1988).

Nesse sentido, a escrita pode ser tanto uma estratégia de Coping, para lidar com situações negativas, quanto uma ferramenta de *Savoring*, para ampliar situações positivas. Escrever as suas experiências negativas pode ser expressivo, terapêutico, catártico e trazer alívio. Em contrapartida, escrever também pode ampliar o *Savoring*, na medida em que desfrutar e intensificar as experiências positivas traz benefícios para o bem-estar global da pessoa.

Tabela 2: Comparação entre *Savoring, Coping, Flow e Mindfulness:*

Coping	Savoring	Mindfulness	Flow
Mecanismos de enfrentamento com a intenção de diminuir o impacto negativo de situações adversas.	Mecanismos de apreciação para promover, prolongar e intensificar o desfrute de experiências positivas.	Estado de atenção plena e consciente no presente; abertura a novos estímulos do aqui e agora.	Fluir na experiência do momento presente, a ponto de perder a noção do tempo e da consciência reflexiva.

Escrever é uma forma de materializar os pensamentos, expressar os sentimentos e comunicar-se: com os outros, ou consigo mesmo. Para ilustrar como a escrita pode ampliar as experiências positivas, a seguir apresentam-se três miniexperimentos de *Savoring* e escrita, inspirados no livro **Savoring** (BRYANT; VEROFF, 2007).

1. **ANTECIPANDO A FELICIDADE** - Planeje o seu próximo fim de semana, as suas próximas férias ou outro evento positivo que está para acontecer; escreva

o que você deseja vivenciar. É possível criar um momento de *Savoring* quando se deseja experimentar sentimentos positivos. Planejar um acontecimento positivo é uma estratégia que maximiza a probabilidade de o evento ocorrer.

2. **AUTO-OBSERVAÇÃO POSITIVA** - Qual foi a última coisa boa que aconteceu com você? Há algo que pensou ou fez quando teve essa experiência positiva que influenciou você ter aproveitado mais? Que pensamentos e comportamentos influenciaram sua apreciação positiva? Escreva sobre isso.

3. **COMPARTILHAR *SAVORING*** - Escreva uma carta para um amigo contando algo positivo que aconteceu recentemente com você. Dividir memórias é essencial, afinal, compartilhar com os outros a experiência positiva pode motivar a pessoa a apreciar o momento mais plenamente.

Pesquisas sobre experiências positivas ainda são menores quando comparadas a estudos sobre experiências dolorosas e traumáticas. Contudo, estimular emoções positivas é um importante caminho para aliviar o sofrimento e favorecer a prevenção e promoção de bem-estar e saúde. (LYUBOMIRSKY; SOUSA; DICKERHOOF, 2006). Por conseguinte, ressalta-se a importância de pesquisas na área da escrita expressiva para aprimorar o estudo dos benefícios de escrever as suas experiências positivas.

Savoring e a Escrita, na minha prática

(...) as pessoas relatam que a escrita terapêutica não apenas contribuiu para diminuir sintomas de ansiedade e tristezas mas também trouxe maior bem-estar, autoconhecimento, realização, propósito e criatividade.

Aliando minha paixão pela escrita e pelo crescimento pessoal, desenvolvi o projeto chamado Caderno da Gabi. Refere-se ao *blog* e redes sociais com o mesmo nome, nos quais compartilho práticas e inspirações para escrever e viver de forma mais positiva e autêntica. Essa ideia ramificou-se numa série de *e-books*: Cadernos Terapêuticos e em cursos *on-line* para promover uma escrita criativa, positiva e terapêutica.

A perspectiva do *Savoring* ilumina os exercícios de escrita que desenvolvo, ampliando a vivência de emoções positivas daqueles que a praticam. Como resultado, tenho observado que as pessoas relatam que a escrita terapêutica não apenas contribuiu para diminuir sintomas de ansiedade e tristezas mas também trouxe maior bem-estar, autoconhecimento, realização, propósito e criatividade.

Sigo pesquisando e desenvolvendo a escrita terapêutica, e cada vez mais me encanto diante dos benefícios que ela possibilita. A escrita é um belo caminho para promover, prolongar e intensificar experiências positivas. A escrita e o *Savoring* podem andar de mãos dadas, florescendo muitas emoções e vivências positivas de crescimento pessoal.

Que cada vez mais se possa encontrar recursos que facilitem o saborear das nuances da vida! Que cada pessoa encontre a sua própria arte de apreciar cada momento! Que a ciência desenvolva cada vez mais pesquisas, para contribuir com o florescimento humano! Que esse jardim de viver seja plenamente desfrutado, com encanto, deleite, gratidão e presença!

PARTE VII

Psicologia Positiva Aplicada

Andréa Perez Corrêa

Abordamos no Capítulo 1, por opção, e de forma bastante abrangente, a temática da Psicologia Positiva Aplicada, como o leitor já deve ter tido contato, se escolheu uma leitura linear deste livro. Caso não tenha optado, sugerimos a leitura do item Aplicabilidade da Psicologia Positiva.

Neste momento, você terá acesso à aplicação da Psicologia Positiva pela voz de nove coautores, os quais, em suas condutas nos contextos da terapia, da educação e das organizações, utilizam algum tema que contribui para melhores resultados a seus pacientes, clientes e educadores, filhos e pais, além de potencializar o bem-estar ou permitir uma melhor saúde emocional.

Como sabemos, no Brasil, a Psicologia Positiva Aplicada ainda está dando os seus primeiros passos e o que percebemos - sem nenhum dado estatístico que comprove essa percepção - é que a tendência, ainda, é a aplicação dos temas por meio da prática terapêutica e nas organizações e com menor ênfase na área educacional. Áreas como a social, a econômica, a política, entre tantas outras, ainda são absolutamente carentes de experimentação.

Isso se justifica por alguns motivos.

Primeiramente, somente há poucos anos, no Brasil, temos cursos de formação ou de pós-graduação, capacitando novos profissionais para atuarem no mercado com as temáticas da Psicologia Positiva. Além disso, o amadurecimento e o aprofundamento nas teorias demandam a esses "recém-formados positivos" um tempo de pesquisa e estudo, o que é absolutamente essencial para propor iniciativas que envolvam a sociedade como um todo. Apesar de os temas da Psicologia Positiva serem suscetíveis à tentação da superficialidade, considerando que abordamos temas do senso comum, é periclitante empreender projetos sem o devido embasamento sério e de qualidade.

Em segundo lugar, é preciso preparar o terreno para que possamos semear as sementes da Psicologia Positiva, ao ponto de seus temas serem acolhidos em diversos contextos. Sensibilizar e convencer organizações ou governos ao ponto de instituírem políticas corporativas ou sociais não é uma tarefa das mais fáceis, quando o nosso foco é abordar a felicidade e as qualidades humanas. Provavelmente, teremos, ao menos, uma geração pela frente até conseguirmos alcançar um patamar considerável quanto à aplicação da Psicologia Positiva, que produza efeitos significativos em termos sociais. Mas não é por conta desse longo caminhar que devemos achar que não vale a pena e cruzar os braços. Precisamos, cada vez mais, desenvolver projetos que alavanquem pesquisas no Brasil, que fomentem as nossas associações a organizar e a incentivar o crescimento dessa temática, que permitam novas formas de aplicar a Psicologia Positiva a públicos e a segmentos ainda inéditos no contexto nacional. Este livro é um desses projetos e muitos ainda teremos em prol desse propósito. À medida que cada um de nós produza iniciativas de aplicação da Psicologia Positiva, incentivando a participação de outros profissionais, favoreceremos o seu interesse, para, da mesma forma, construírem novos projetos.

Fique agora com a leitura dos capítulos que, com certeza, motivarão você a aplicar a Psicologia Positiva.

Capítulo 24

A Empatia como Recurso Facilitador das Relações Humanas

Fernanda A. Medeiros

> *"Ser empático é ver o mundo com os olhos do outro e não ver o nosso mundo refletido nos olhos dele."*
>
> Carl Rogers

O que faz a gente se importar com as pessoas? Esse questionamento foi abordado pela professora Cohen (2009), uma especialista em aprendizagem que ensina seus alunos a potencializarem os seus pontos fortes, por meio dos princípios da Psicologia Positiva. A resposta dela foi: a empatia. A autora diz que a

> *(...) a habilidade empática nos torna seres humanos melhores ao nos levar para fora de nós mesmos e que, quando reconhecemos o que o outro sente, somos movidos a agir em prol desse sentimento.*

habilidade empática nos torna seres humanos melhores ao nos levar para fora de nós mesmos e que, quando reconhecemos o que o outro sente, somos movidos a agir em prol desse sentimento. Este capítulo busca entender a empatia, esse poder que conecta as pessoas, as influencia e gera tantas emoções; identificar como atua; seus benefícios; como pode ser aprimorada e sua importância no contexto terapêutico.

Conhecendo o que é empatia

A empatia pode ser entendida como "a capacidade de compreender e sentir o que alguém pensa e sente em uma situação de demanda afetiva" (DEL PRETTE; DEL PRETTE, 2001,

> *(...) observo você, sinto o que está sentindo e tomo uma atitude para ajudá-lo.*

p. 86), ou seja, uma escuta e olhar mais compreensivos, uma cumplicidade com o outro, envolvendo o entendimento de que uma ação pode ter diversas respostas e não uma verdade absoluta. Segundo Duan e Hill (1996), a empatia seria um traço de personalidade ou habilidade geral de reconhecer os estados mentais e sentir as emoções dos outros e alguns indivíduos podem ser mais ou menos empáticos, devido à sua natureza ou ao seu desenvolvimento social.

> Na psicologia atual, a palavra "empatia" tem três sentidos distintos: conhecer os sentimentos do outro; sentir o que o outro sente; e reagir com compaixão ao sofrimento do outro. Essas três variedades de empatia parecem descrever uma sequência 1-2-3: observo você, sinto o que está sentindo e tomo uma atitude para ajudá-lo. (GOLEMAN, 2011, p. 67-68).

A Psicologia Positiva é uma ciência que ajuda o indivíduo na busca pelo autoconhecimento, realização, por compreender suas relações, o que dá sentido à sua vida e facilita identificar quais são as suas principais fontes de felicidade e bem-estar. Os profissionais e cientistas dessa área estão comprometidos com o estudo e a promoção do bom funcionamento humano, abordando o que é bom e forte na humanidade e as formas de cultivar e sustentar essas qualidades e recursos (SNYDER & LOPEZ, 2009). Sendo assim, pode-se fazer uso de sua teoria e de suas práticas para aperfeiçoar as habilidades sociais individuais. O conjunto de habilidades sociais necessárias na gestão de bons relacionamentos é formado por: habilidades de comunicação, assertivas, empáticas, de civilidade, de expressividade emocional, de trabalho, entre outras (DEL PRETTE; DEL PRETTE, 2001).

Falcone (1999) aponta inúmeras pesquisas que abordam os efeitos da empatia, os quais consideramos relevantes:

> É mais útil do que a assertividade na manutenção da qualidade dos relacionamentos (HANSSON et al., 1984, in DAVIS & OATHOUT, 1987); mostra uma tendência para provocar efeitos interpessoais mais positivos do que a autorrevelação (revisão de BREMS, FROMME & JONHSON, 1992); pode afetar efeitos sociais importantes, tais como: popularidade com os amigos, solidão e satisfação em relações românticas (revisão de DAVIS E OATHOUT, 1992); ajuda a desenvolver habilidades de enfrentamento e reduz problemas emocionais e psicossomáticos nos amigos e familiares (revisão de BURLESON, 1985); é preditiva de ajustamento marital (Long & Andrews, 1990) e afeta a satisfação na relação conjugal, através de suas influências sobre comportamentos específicos de mediação (DAVIS & OATHOUT, 1987); é positiva para o ajustamento conjugal (revisão de ICKES & SIMPSON, 1997). (FALCONE, 1999, p. 23-24).

Pacientes e o processo terapêutico com foco na empatia

Para que um processo terapêutico seja promissor, a empatia na interação paciente-terapeuta é um ponto fundamental. O paciente precisa saber que está sendo entendido e encontrar na figura do terapeuta um alicerce seguro. A neurociência afirma que, "quando fazemos contato visual com alguém, isso envia um sinal ao cérebro que aciona a empatia e a afinidade". (ACHOR, 2012, p.194). Portanto, a empatia é necessária para o terapeuta estabelecer vínculo e identificar as variações emocionais, cognitivas e comportamentais do paciente. Uma terapia pode fluir ou estagnar de acordo com a postura do terapeuta, que precisa dessa habilidade para monitorar os limites e adequações para cada paciente. A empatia é, dessa forma, um elemento essencial para a aliança terapêutica e ajuda o paciente a se motivar a experimentar novos comportamentos. (SUDAK, 2008).

Intervenções propostas pela Psicologia Positiva podem ajudar na busca pela felicidade, por relacionamentos mais saudáveis e, por vezes, também atuam no desenvolvimento da empatia. Dentre elas, podem-se destacar duas sugestões muito usadas como lição de casa: a

> (...) a empatia é vista como um elemento fundamental na qualidade das relações sociais e na competência social de um indivíduo.

Carta do Perdão (MAGYAR-MOE, 2009) e a Visita da Gratidão – *Gratitude Letter* ou *Gratitude Visit* (SELIGMAN, 2002), que mostram ser muito eficazes para aprimorar a compreensão empática em terapia com casais e também para relacionamentos familiares e profissionais. Já a aplicação do exercício das Três Coisas Boas - *The Gratitude Exercise or Three Blessing Exercise* (SELIGMAN; STEEN; PARK; PETERSON, 2005) pode evidenciar como pequenos atos positivos são importantes e que nossa interação com o mundo pode despertar doses diárias de empatia e gratidão, além de ajudar a evitar frustrações e conflitos, que muitas vezes são o foco dos pensamentos, principalmente entre adolescentes. A aplicação do *VIA Survey*[1] - questionário de forças de caráter - traz um fortalecimento do ser humano, pois ao conhecê-las aumenta-se a autoestima do paciente e pode-se ensinar a pessoa a utilizar com maior primor seus potenciais. Afinal, a maioria das forças pode ser melhor aplicada quando unida a habilidades sociais como a empatia, por exemplo. Ou seja, uma pessoa que tem liderança como força dominante se não tiver empatia pode tornar esse poder um vilão e não um potencial.

Ao se obter uma compreensão empática perante a identificação de talentos (BUCKINGHAM & CLIFTON, 2008), valores e forças pessoais e dos envolvidos no contexto familiar ou organizacional do paciente, é possível acessar um conhecimento mais profundo do potencial humano e suas individualidades, e isso permite desvendar dados importantes da forma de se relacionar com as pessoas. Pois, ao compreender melhor o funcionamento e sentimentos do outro, pode-se trabalhar em prol de um maior entendimento e respeito às diferenças de cada um e evitar algumas distorções cognitivas, que são grandes inimigas das relações interpessoais. A carência de empatia, reconhecida em psicopatas, por exemplo, pode estar associada a distorções na percepção e a problemas de regulação e autocontrole emocional, facilitando o comportamento agressivo. Dessa forma, a empatia é vista como um elemento fundamental na qualidade das relações sociais e na competência social de um indivíduo. (PAVARINO; DEL PRETTE; DEL PRETTE, 2005a, 2005b).

---

1. PETERSON, C. & PARK, N. (2009). Classifying and measuring strengths of character. In S.J. Lopez & C.R. Snyder (Eds.), Oxford handbook of positive psychology, 2nd edition (pp. 25-33). New York: Oxford University Press. www.viacharacter.org

PETERSON, C. & SELIGMAN, M.E.P. (2004) Character strengths and virtues: A handbook and classification. New York: Oxford University Press and Washington, DC: American Psychological Association. www.viacharacter.org

Para Portella (2010), uma comunicação empática pode validar o sentimento do outro; reduzir tensão e sentimentos de menos valia, culpa ou vergonha; gerar alívio, consolo e disposição para partilhar (êxitos ou dificuldades); recuperar autoestima da pessoa envolvida; criar e ampliar o canal de comunicação entre as pessoas e preparar as pessoas para uma melhor análise de situações e suas soluções.

A Psicologia Positiva ainda propõe outras sugestões de tarefas para casa que, ao serem devidamente experienciadas, revelam empiricamente um reconhecimento, por parte dos pacientes, do desenvolvimento de suas habilidades empáticas: promoção de atividades intencionais (LYUBOMIRSKI, 2008) e incentivo à vivência de experiências que gerem emoções positivas. (FREDRICKSON, 2009). Outro recurso com resultados positivos é a utilização de exercícios de imagem mental, alguns deles propostos por Portella (2015). A autora afirma que psicólogos têm utilizado as imagem mentais para uma série de finalidades, dentre elas, ajudar as pessoas a treinar ou ensaiar habilidades, e constata ainda que alteramos nossa forma de sentir e agir ao modificarmos nossas imagens mentais. Sendo assim, pode-se usar esse treino mental para promover visualizações psicoeducativas sobre a empatia.

As crianças e adolescentes são pacientes que demonstram muito, em consultório, sua raiva e suas frustrações em relação às diferenças na forma de pensar e agir dos outros: raiva do irmão mais novo, dos pais e colegas por falta de atenção, competições, divergências, entre outros. A empatia possui o poder de reduzir a raiva que o sujeito sente da outra pessoa, tornando-a mais aberta para ouvir, o que facilita o entendimento sobre o outro. (GOLEMAN, 1995; NICHOLS, 1995). Para crianças, jogos de assumir o papel do outro e também brincadeiras utilizando os bonecos do filme Divertidamente, com seus personagens (Alegria, Raiva, Nojinho, Tristeza e Medo), podem ajudá-las na identificação de seus próprios sentimentos, no reconhecimento da versão do outro e, assim, criar formas de desenvolver situações e conclusões empáticas quando a criança consegue assumir esses outros papéis. Já para adolescentes e adultos, ajudá-los a pensar abrindo o leque de possibilidades de respostas, flexibilizando seus pensamentos, possibilita visualizar as circunstâncias de forma mais empática.

A empatia se desenvolve, sobretudo, através da interação com as figuras parentais. (GRAÇA et al., 2013). Cabe ressaltar, portanto, a importância no treinamento não só de pais, mas também de líderes e educadores, sobre a relevância de suas ações, respeitando os conceitos de modelagem e modelação, para o desenvolvimento de empatia em seus filhos, funcionários e alunos, reforçando a influência que as figuras de referência pessoais têm sobre as habilidades sociais do indivíduo. A fim de aprimorar as relações e capacitar as pessoas a compreender os sentimentos e pensamentos das outras, indicam-se cursos de treinamento de habilidades sociais tanto para crianças e adolescentes, quanto para pais e adultos em geral.

Entretanto, comportar-se empaticamente em excesso pode ser disfuncional se a pessoa começa a abrir mão das próprias necessidades e vontades, podendo levar à insatisfação e frustração. O conceito de comportamento socialmente competente se refere à capacidade de obter satisfação pessoal através da união entre a expressão de sentimentos e da defesa dos próprios direitos (assertividade) e à motivação genuína para entender e atender às necessidades da outra pessoa (empatia). Portanto, a integração entre habilidades empáticas e assertivas pode ser a fórmula mais equilibrada para conquistar relacionamentos agradáveis e que gerem satisfação pessoal. (FALCONE; RAMOS, 2005). Inúmeros pacientes vêm ao consultório para conseguir dizer não e buscam aprender como podem ser assertivos, sem deixar a empatia de lado para aprimorar suas competências sociais.

Nos casos de conflitos nas relações amorosas, por meio de técnicas de colocar-se perante a mesma situação, mas com os valores e crenças do(a) parceiro(a), o sujeito passa a vestir-se do outro e pode abrir seus pensamentos, aprimorando, assim, sua forma de decifrar sinais e lidar com jeitos diferentes de agir e pensar. A expressão assertiva dos desejos, sentimentos e necessidades ajuda na solução de problemas interpessoais, amplia o senso de autoeficácia e a autoestima, melhora a qualidade dos relacionamentos e gera tranquilidade. (FALCONE, 1999). Tanganelli (2003) relata que as dificuldades em interpretar o comportamento e os sentimentos do outro promovem o fracasso do relacionamento. Ou seja, uma relação, para dar certo, precisa de dedicação e técnicas de regulação emocional, além de abertura para compreender o que está por trás do comportamento do outro.

Empiricamente, pode-se analisar que as intervenções da Psicologia Positiva que promovem o autoconhecimento, unido ao desapego (de crenças, julgamentos e expectativas) e à aceitação do outro em sua complexidade, foram os melhores recursos terapêuticos utilizados para aumentar a habilidade empática dos pacientes.

Concluindo

> *Para evitarmos um mundo cheio de preconceitos, desigualdades e conflitos sociais, a empatia torna-se a melhor aliada das relações humanas.*

A empatia nos influencia diariamente e é um gatilho que pode ser disparado em nossa mente por meio de músicas, livros, palestras, jornais, filmes e inúmeros recursos de comunicação. É importante reconhecer e lidar de forma saudável com essa habilidade, pois é um recurso muito utilizado como estratégia motivacional e de mobilização interna, podendo ser uma arma poderosa (positiva ou negativamente) que está diretamente ligada à forma de interação das pessoas com o mundo.

A utilização da Psicologia Positiva na Psicoterapia possibilita focar na capacidade virtuosa das pessoas, desenvolver as habilidades sociais e promover o fortalecimento do potencial humano em prol de sua felicidade e bem-estar. Por meio do uso correto da assertividade e da empatia, pode-se desenvolver uma maturidade emocional que irá ajudar na compreensão e aceitação de si mesmo e do outro, em suas diversidades e limitações. Para evitarmos um mundo cheio de preconceitos, desigualdades e conflitos sociais, a empatia torna-se a melhor aliada das relações humanas. Sendo assim, deve ser incentivada não somente num contexto terapêutico, mas por pais, escolas e pela sociedade, como um alicerce forte e eficaz para a construção de uma sociedade mais harmônica, gerando seres humanos melhores e potencialmente mais felizes.

Capítulo 25

Coaching de Psicologia Positiva nas Organizações

Daniela Levy

Com as crescentes demandas do mercado de trabalho por mais produção em menor tempo, as organizações precisam encontrar formas de seus funcionários serem e fazerem o seu melhor, numa economia em que

> *As pessoas mais felizes têm mais laços sociais, casamentos felizes e boa relação com o chefe e colegas.*

o dinheiro não é mais importante que a busca da satisfação, significado e realização. Já sabemos que a felicidade tem como consequência mais sucesso e não é o sucesso que leva à felicidade, afirma Achor (2010).

Hoje, as competências técnicas, currículo e cursos não são mais tão importantes quanto as habilidades comportamentais, as forças pessoais e a resiliência. O que vemos acontecendo é que os indivíduos são contratados pelas competências técnicas e são demitidos geralmente por problemas comportamentais.

Apesar de no Brasil o movimento da Psicologia Positiva ser recente, tem atraído cada vez mais a atenção de gestores no mundo organizacional e o *Coaching* de Psicologia Positiva está crescendo aos poucos nas corporações.

Diante desse cenário em desenvolvimento, o presente capítulo pretende auxiliar os leitores a compreenderem a teoria e prática do *Coaching* de Psicologia Positiva e a conhecerem sobre as técnicas para a mudança comportamental que levam o cliente a ter mais satisfação e realização em suas vidas.

A Psicologia Positiva e suas Contribuições para o *Coaching*

A felicidade é muito relevante para o *Coaching* e a positividade ajuda os clientes a alcançarem suas metas. Os *Coaches* podem educar-se a respeito desse tópico para ampliar suas habilidades, sugerem Biswas-Diener e Dean (2007).

O papel das intervenções baseadas na Psicologia Positiva é capacitar indivíduos, comunidades e empresas no desenvolvimento de suas potencialidades (Cameron, 2012).

Ao mesmo tempo, os clientes que buscam o *Coaching* querem mais satisfação em seu trabalho. E ao terem isso aumentam o tempo com a família e amigos, segundo Biswas-Diener (2010).

Outro ponto essencial é a importância dos relacionamentos positivos. Dutton e Ragins (2007) estudam o poder dos relacionamentos no trabalho e asseveram que o sucesso das empresas depende da qualidade das interações dos funcionários. Boas relações de trabalho fomentam a autoaceitação.

Ajudar o cliente a ter foco nas conexões é uma intervenção poderosa para aumentar a felicidade. As pessoas mais felizes têm mais laços sociais, casamentos felizes e boa relação com o chefe e colegas. Os relacionamentos ajudam na felicidade, e a felicidade melhora as relações, afirmam Biswas-Diener e Dean (2007).

Como funciona o *Coaching* de Psicologia Positiva

Lyubomirsky (2007) afirma que escrever sobre os planos do dia seguinte e se imaginar cumprindo-os ajuda na sua realização.

Os processos de *Coaching* de Psicologia Positiva nas organizações são realizados para atender demandas por melhora de desempenho, produtividade e relações interpessoais.

Os Coaches têm acesso a diversas técnicas e ferramentas da Psicologia Positiva, como escalas e inventários feitos para avaliar aspectos do bem-estar. Eles devem atualizar suas intervenções e ser consumidores de pesquisas recentes da ciência da felicidade e suas aplicações no *Coaching*.

Os *Coaches* podem aplicar avaliações e questionários de felicidade logo no início do processo ou nas sessões. Muitos Coaches pedem aos clientes para escreverem listas, lembretes de ações ou fazerem um jornal sobre sonhos e esperanças. Lyubomirsky (2007) afirma que escrever sobre os planos do dia seguinte e se imaginar cumprindo-os ajuda na sua realização.

O primeiro pilar do *Coaching* de Psicologia Positiva, segundo Biswas-Diener (2010), é a felicidade. A realização pessoal é a busca de muitos, por isso a abordagem da Psicologia Positiva é bem aceita no ambiente de trabalho. A felicidade aumenta a eficiência organizacional e o bem-estar dos funcionários ao instaurar uma comunicação positiva e clima positivo.

As pessoas felizes tendem a ajudar outros, são mais criativas, pró-sociais, altruístas e saudáveis. Elas vivem mais, têm mais amigos e ganham mais dinheiro. Na área organizacional, elas recebem as melhores avaliações de desempenho e produtividade, afirma Seligman (2002).

Duas variáveis do bem-estar são as metas e as relações sociais. As metas ajudam a organizar a vida do cliente e atender suas necessidades psicológicas e sociais. Elas servem para motivar, estruturar o tempo, ações e decisões. Trabalhar com metas dá um senso de significado e realização.

Muitos *Coaches* trabalham com metas SMART ao ajudar o cliente a desenhar suas metas. O acrônimo significa meta específica, mensurável, atingível, realista e com tempo determinado.

> *Encorajar o cliente a usar suas forças de maneira equilibrada é muito útil para vencer a ambivalência com a mudança.*

É possível usar metas com os clientes que resultam em motivação intrínseca, a qual envolve a transcendência e valores, segundo Lyubomirsky (2007).

Os *Coaches* precisam estar conscientes de seus vieses quanto à ansiedade típica do cliente, gerada por metas. As emoções negativas fazem parte da vida durante adversidade e fracasso. É importante que o profissional não ignore esse lado, pois pode servir como motivador para o sucesso, como argumentam Biswas-Diener e Kashdan (2015).

Os clientes podem tolerar as dificuldades e frustrações mais do que pensamos e se lembrar delas depois como momentos de aprendizagem. De acordo com as pesquisas de Biswas-Diener e Kashdan (2015), a adversidade pode estar relacionada ao otimismo, resiliência e sabedoria.

Entre as intervenções mais eficazes utilizadas no processo do *Coaching* de Psicologia Positiva temos: o uso das forças do cliente, exercícios de gratidão, o saborear, a afirmação da missão, o cultivo da positividade, as perguntas poderosas, *mindfullness*, e a implantação da intenção do como e quando. Essas intervenções serão descritas abaixo.

O segundo pilar do *Coaching* de Psicologia Positiva, segundo Biswas-Diener (2010), é o estudo das virtudes e forças de caráter. Peterson e Seligman (2004) criaram a classificação VIA de forças de caráter, cujo *assessment* está disponível *online* gratuitamente em língua portuguesa.

Antes das sessões o *Coach* deve focar nas forças do cliente. Encorajar o cliente a usar suas forças de maneira equilibrada é muito útil para vencer a ambivalência com a mudança.

Os *Coaches* habilidosos trabalham com as virtudes, e criam um ambiente onde falar sobre as forças é natural, o que é atraente para os clientes, pois aumenta sua confiança e otimismo.

Os clientes podem experimentar o *flow* quando usam suas forças. O *flow*, segundo Csikszentmihalyi (2008), é um estado de absorção completa em uma atividade ou experiência, onde se perde a noção do tempo.

O que promove o *flow* durante o *Coaching* inclui a escuta profunda, positi-

Segundo Emmons (2013), ser agradecido melhora a saúde, a felicidade e os relacionamentos.

vidade, atenção plena, autonomia, apoio e parceria, e o risco de expor-se ao sucesso e fracasso. Momentos de *flow* aumentam a felicidade.

Uma das intervenções mais importantes do *Coaching* de Psicologia Positiva é o exercício das Três Bênçãos e *The Gratitude Exercise or Three Blessing Exercise*. (SELIGMAN, STEEN, PARK, PETERSON, 2005). O Coach pede ao cliente para listar as três coisas positivas que aconteceram no seu dia. A expressão dos sentimentos positivos, como apreciação por uma refeição, produz efeitos por meses, de acordo com Emmons (2008).

Há inúmeros estudos sobre os benefícios da gratidão e essa força produz resultados extraordinários no trabalho do *Coaching*. Segundo Emmons (2013), ser agradecido melhora a saúde, a felicidade e os relacionamentos.

O saborear, ou *savoring*, é outro exercício importante do *Coaching* de Psicologia Positiva. O cliente aprende a estar presente no momento, o que tem se tornado cada vez mais difícil nos dias atuais.

Savoring é o ato de vivenciar, antecipar ou lembrar uma experiência prazerosa ou positiva, dizem Bryant e Veroff (2007). Quando saboreamos, nosso corpo é inundado de neurotransmissores como dopamina e serotonina, que aumentam o prazer e reduzem o estresse.

O *savoring* vem em vários sabores, em coisas e experiências externas, ou realizações. Construir memórias no presente para o futuro, além de estar aberto a novas visões são maneiras de saborear, afirmam Biswas-Diener e Dean (2007). O *Coach* pode sugerir ao cliente que dirija por um novo caminho e tente um restaurante novo.

Apreciar a beleza de algo ou a grandeza do caráter de alguém desperta "elevação moral", como Haidt (2006) observa. O *Coach* pode pedir ao cliente para listar as qualidades das três pessoas de maior sucesso em sua vida e o que elas têm em comum entre si.

Estar consciente dos sentimentos positivos, intensificando, prolongando ou antecipando boas experiências, traz inúmeros benefícios para a saúde física e mental.

No entanto, nem sempre respondemos a essas coisas boas de maneira a maximizar seus efeitos em nossas vidas. Isso é mais difícil para os adultos, que se distraem com a tecnologia e multitarefas, e fácil para as crianças.

Estar presente no momento ou sonhar com o futuro são habilidades relacionadas ao senso pessoal do tempo, segundo Biswas-Diener e Dean (2007). O tempo gasto vivendo no passado, presente e futuro pode ser saudável ou não. O equilíbrio da orientação do tempo é crucial para a saúde.

Na prática do *Coaching* de Psicologia Positiva, as expectativas de felicidade atual, relembrada e esperada podem ajudar o cliente. O *Coach* pode pedir ao cliente para predizer suas emoções na situação futura ou relembrar os bons sentimentos de uma situação passada de sucesso, no seu melhor eu, especialmente se o cliente estiver lutando para tomar decisões.

Algumas maneiras de o cliente saborear é compartilhar sobre suas metas e sucessos com um amigo que o apoie, sugerem Smart e King (2005). Compartilhar constrói a confiança e coloca a pessoa em uma espiral ascendente de emoções positivas benéficas para a saúde, produtividade e relacionamentos.

As pessoas positivas se aceitam mais, apreciam a subjetividade de outros, e veem sua vida com propósito e significado. Também têm interações mais profundas e de confiança, sentem-se mais apoiadas e têm mais saúde, de acordo com Fredrickson (2009).

Os *Coaches* podem injetar otimismo nos clientes para acreditarem na possibilidade do sucesso. O otimismo está no cerne da motivação e perseverança.

É também importante ensinar o cliente a silenciar os diálogos internos negativos. Os exercícios de mindfulness aumentam a autocompaixão e permitem que o cliente aprenda a desconstruir as narrativas críticas, segundo Kilpatrick (2011).

O *Coaching* tem algumas características, como perguntas poderosas que são desenhadas para promover a descoberta.

Incentivar o cliente a contar pequenas histórias de seus sucessos, com afirmações de missão baseado nas forças, faz parte da técnica da narrativa.

Para o exercício da afirmação da missão o cliente diz o que quer fazer com sua vida, discute sobre seus principais valores e elabora como quer alcançar sua missão.

Para estabelecer a implantação da intenção, o cliente decide antecipadamente quando, onde e como irá responder a uma dada situação. O como é a peça empoderadora para o cliente. A estrutura da implantação da intenção é: "Quando X acontece, farei Y".

Afirmar um plano claro de "Quando, então" fornece as ferramentas para o

Noto também, claramente, que a chave do todo o processo é conseguir elevar a autoeficácia (crença que consegue modificar o comportamento) das pessoas, sempre focando no positivo e aprendendo com os desafios.

cliente ser bem-sucedido e aumenta a probabilidade do alcance de metas. O planejamento antecipado desencadeia um processo automático que facilita a decisão rápida, eficiente e com o mínimo de esforço.

Como conclusão, tenho observado, na prática com os clientes, que identificar e aplicar as forças para o alcance das metas, assim como reconhecer experiências de sucesso em relação a algo que o indivíduo deseja modificar, auxilia muito no processo de mudança comportamental.

Os resultados positivos que tenho obtido no processo de *Coaching* de Psicologia Positiva são consequência de desenvolver um trabalho em conjunto com o cliente para traçar aonde ele quer chegar (em relação ao seu "melhor eu"), quais são os seus propósitos, motivadores e estabelecer metas de longo, médio e curto prazo.

Quando o indivíduo consegue imaginar aonde quer chegar e conectamos isso com os seus valores e o que faz sentido, empoderando e responsabilizando o cliente pelo processo de mudança, percebo que a probabilidade de sucesso é muito maior.

Noto também, claramente, que a chave do todo o processo é conseguir elevar a autoeficácia (crença que consegue modificar o comportamento) das pessoas, sempre focando no positivo e aprendendo com os desafios.

Sugiro que todos os leitores que se interessem pelo *Coaching* de Psicologia Positiva, como clientes e/ou como profissionais, busquem cursos e profissionais qualificados no mercado. É importante verificar a formação dos profissionais na área, assim como se o curso tem credibilidade e evidências científicas e quem são as pessoas que irão ministrar.

Também é relevante que os interessados em trabalhar nesta área realizem supervisão, pois aprendemos muito com a prática supervisionada por profissionais competentes.

Bem-vindo aos interessados a este fascinante e poderoso universo do *Coaching* de Psicologia Positiva. Que esta jornada propicie o desenvolvimento do potencial ótimo de vocês e de seus clientes!

Capítulo 26

Esperança na Psicoterapia

Marcia Cristina Oliveira Fernandes

Da caixa aberta pela curiosidade de Pandora, tudo escapou, menos a esperança, a única dádiva. O cenário da Psicoterapia Positiva resgata a esperança no *setting*, ou contexto terapêutico como protagonista do elenco das emoções, tal como as que representavam os assombros que os deuses lançaram sobre a humanidade.

> *A esperança dá suporte às relações humanas, já que está vinculada à vida significativa, a que contém em si o propósito.*

A esperança dá suporte às relações humanas, já que está vinculada à vida significativa, a que contém em si o propósito. Mas... Como florescer a esperança pessoal? Como a Psicoterapia pode apoiar este processo?

Na Psicoterapia, a esperança não é "a última a morrer", pois perpassa o processo de mudanças como uma fonte que jorra e impele para o futuro. A esperança navega entre diversificadas formas de sua expressão: idade e gênero, culturas e paradigmas, passado e futuro, aprendizados sobre prazer ou desprazer; pode ser aprendida, trabalhada e desenvolvida por meio de técnicas específicas e atuações conscientes; demanda a criação de caminhos e a capacitação de vias múltiplas de possibilidades para planejar e viver conquistas.

Compreender como a esperança desenvolve-se no processo psicoterapêutico positivo é a proposta deste capítulo e para isto compartilho conceitos fundamentais e aspectos de minha experiência clínica.

A esperança e suas abordagens

Martin Seligman (2011), psicólogo americano, considerado como o idealizador da Psicologia Positiva e professor da Universidade da Pensilvânia, em seu livro **Florescer**, comenta uma observação que notou em seus clientes nas sessões psicoterápicas convencionais, ainda antes da nova Psicologia: "O que eu tinha era um paciente vazio". Isto retratou algo muito próximo de minha observação clínica: perceber nos clientes uma "falta", um buraco inoportuno, uma sensação oca, um vácuo em suas vidas.

A percepção de uma busca por algo que alimente a alma humana muda a perspectiva da terapêutica, pois, ao invés de convocar a pessoa a remoer a dor ou a enervar as feridas, acena para explorar seus recursos intrínsecos e a produzir algo por meio deles. Como afirma Seligman (2011), em sua Teoria do Bem-estar, o convite ao florescer apoia o desenvolvimento de emoções e relacionamentos positivos, o engajamento em algo que faça sentido e dê sentido, evidenciando o estado de *flow* - cunhado por Mihaly Csikszentmihalyi (2008), psicólogo húngaro e que juntamente com Seligman editou a American Psychologist em 2000, quando se instituiu numa publicação acadêmica de relevância da Psicologia Positiva - e conduzindo à realização e certamente ao despertar para propósitos na vida e o significado da vida.

Segundo Seligman (2009), a "arte da esperança" está no "encontro de causas permanentes e universais de eventos positivos, junto com as causas temporárias e específicas dos eventos negativos" (SELIGMAN, 2009, p. 149), ou seja, a esperança entra para o rol das emoções positivas por ser uma espécie de ponte que resgata um olhar original para padrões habituais e dilatando-os para novos pontos de vista que perduram ou transitam pela existência.

Outra forma de interpretação da esperança é considerá-la como uma força de caráter, a qual pode ser identificada, desenvolvida e mensurada, conforme indicam Peterson e Seligman (2004). Para eles, a esperança é uma dessas forças, um recurso interno subjetivo e que está associada à virtude da transcendência, na qual atuam as forças que impulsionam as conexões com o todo.

A esperança, enquanto força de caráter, é descrita por Seligman (2009, p. 149) como "a representação de uma postura positiva em relação ao que está por vir", o que supõe esperar pelo melhor e agir para realizar. Assim, a esperança apresenta-se como a expectativa por bons acontecimentos, que ocorrerão por resultado de um esforço, pelo planejamento futuro, gerando entusiasmo no "aqui e agora", contemplando objetivos, metas e realizações no amanhã.

Nesse contexto, vale lembrar que esperança e o otimismo podem parecer idênticos, mas se trata de conceitos diferentes: o otimismo versa sobre a confiança para chegar ao objetivo. De acordo com Seligman (2006, p. 48), "necessita de uma mudança do estilo no jeito de ver a vida", enquanto a esperança busca os caminhos e a motivação para alcançar esses desígnios.

Ao convite para refletir sobre a esperança, reluzem as inúmeras contribuições do pesquisador em Psicologia Positiva, Charles Richard Snyder, cujo trabalho oferece um compêndio de contextualizações sobre o tema.

No campo da Psicoterapia Positiva, Snyder & Lopez (2009) abordam categorias terapêuticas para interceder na **prevenção** do que é danoso ou na **potencialização** do que é bom. São duas as categorias propostas:

A primeira categoria visa interromper o que é ruim e prevenir o negativo. Está dividida em **prevenção primária**: reduz ou elimina conflitos biopsíquicos antes que eles se manifestem, e **prevenção secundária** ou intervenção psicoterápica: reduz o conflito após seu surgimento.

> (...) a esperança é um agente facilitador da mudança.
>
> (...) pessoas com níveis mais elevados de esperança são resolutos em seus objetivos.

A segunda categoria, por sua vez, envolve-se na produção de coisas boas. Divide-se em **potencialização primária**: apresenta um bom funcionamento e uma boa satisfação na vida, e **potencialização secundária**: a pessoa já apresenta um bom funcionamento e um bom nível de satisfação, mas visa chegar a experiências ainda mais realizadoras.

É, assim, na segunda categoria que se desvela a proposta terapêutica na qual se insere a Terapia da Esperança, a qual detalharemos no próximo item. Conceitualmente, a esperança é uma capacidade cognitiva voltada para definir objetivos, caminhar no sentido de realizá-los com motivação: "uma configuração mental aprendida" que permeará o processo psicoterápico. (SNYDER, 2009, p. 180).

O pensamento esperançoso é arrazoado por Snyder (2000) em sua Teoria da Esperança, a qual propõe que a esperança é um agente facilitador da mudança. É preciso saber aonde se quer chegar, o que se quer atingir... "eu tenho esperança de que um dia eu...". (SNYDER, 2000, p. 124). Este pensamento tem de estar impregnado por uma decisão interna clara, plena de convicção, bem como ser de vital importância para a vida da pessoa.

A Teoria da Esperança de Snyder (2009) enfatiza cognições que são construídas com base no pensamento voltado a objetivos, definindo a esperança por **pensamentos baseados em caminhos**: a capacidade percebida de encontrar rotas, vias ou passagens que conduzem claramente aos objetivos desejados, como táticas específicas que são elaboradas para alcançar ou cessar algo, e **pensamentos baseados em agência ou agenciamento**: motivações e iniciativas que refletem o investimento necessário de energia para o desempenho nos caminhos escolhidos para atingir aos objetivos.

Esse processo cognitivo fundamentado na orientação para objetivos requer um certo tom emocional do valor a ele atribuído. Como lembra Snyder (2000), pessoas com níveis mais elevados de esperança são resolutos em seus objetivos, estabelecem rotas mais facilmente e mostram-se mais determinadas a operar para conquistar o que anseiam. Essas pessoas estão mais conectadas aos eventos prazerosos da vida. Já as pessoas com baixo nível de esperança tendem a apresentar configurações emocionais negativas, recordações de fracasso e o então já mencionado sentido de vazio emocional. A maneira como a esperança irá se expressar é relativa ao indivíduo e à sua história de vida.

Com essas abordagens apresentadas sobre a esperança, fica a curiosidade de entender como é desenvolvida a Terapia da Esperança, que compõe nosso próximo item.

Terapia da Esperança: como funciona afinal

A Terapia da Esperança, proposta por Snyder (2000), sugere em um modelo de intervenção no qual é possível incutir e aumentar a esperança por meio de atividades dirigidas. Parte do pressuposto de que todos possuem habilidades para aprender e desenvolver a esperança.

Os pensamentos baseados em caminhos e os pensamentos baseados em agência são alimentados e retroalimentados e somente são aplicáveis à esperança os objetivos que têm valor significativo para o indivíduo. Os objetivos podem variar quanto à temporalidade: de curto, médio ou longo prazo; ao valor atribuído: quanto mais significativo, maior a motivação; à especificidade: vago ou explícito; à probabilidade: viável ou complexo, alcançável ou inalcançável, quais os níveis de resistência ou ainda se traduz algo que se deseje aproximar ou evitar.

Para Snyder (2000), esses pensamentos são recíprocos e estão positivamente inter-relacionados. Observo, na experiência clínica, como um **pensamento baseado em caminhos** necessita de criatividade e curiosidade para originar rotas alternativas, já que umas são mais eficazes que outras e como o pensamento baseado em agência requer boa formulação de ideias, assim como discernimento e avaliação constante de modo a gerar um discurso produtivo e positivo para perseverar no caminho.

Psicoterapia e Esperança: os resultados de sucesso no contexto clínico

Como afirma Snyder (2000), esta terapia foi criada para ajudar a clarificar e contextualizar os objetivos do cliente, produzindo caminhos para sua realização e convocando a energia mental para manter a meta desejada. Dispõe de um caráter educativo, cuja pragmática é breve, focal; centrada no cliente e orientada para o futuro.

Com o apoio desses tipos de avaliações, segundo Snyder (2000), na fase inicial é preciso "encontrar a esperança", o que supõe uma abordagem amigável da narrativa do cliente e a proposta de avaliações por meio de escalas e *assessments*. O cliente relata histórias de sua vida e descreve o que deseja alcançar; passa a observar os fatos de sua vida, realçando as atitudes e experiências vividas ou o que passou oculto; posiciona a esperança no seu campo mental e como são as produções de pensamentos de **caminho** e de **agência** em relação às suas metas. Uma série de questionamentos segue-se para o reconhecimento do desejo, das emoções presentes e das possíveis barreiras. Em paralelo, estabelece-se uma aliança terapêutica a favor do desenvolvimento da esperança, um vínculo de confiança e colaboração terapeuta/cliente.

A fase seguinte, como recomenda Snyder (2000), é uma etapa cujo objetivo é fomentar a motivação para a ação. Este é o momento para descobrir, clarear e fortalecer estratégias a fim de, então, reformular e ressignificar obstáculos, analisar níveis de resiliência e instigar pensamentos de ação mais intensos, observando os *insights* que acompanham o processo, se este se sustenta no propósito e o que dele escapa. Por fim, rever, escoltar e garantir a manutenção do processo e vislumbrar a capacidade de atuar em outras esferas da vida.

Conforme observação clínica, o processo mostra um importante e crescente envolvimento do cliente com seu propósito. A fase do relato apreciativo do cliente sobre fatos de sua vida, bem como a escolha significativa do objetivo mobilizam a percepção de diversas emoções e, então, sugiro enfatizar a esperança ponderando sobre como ela percorreu sua vida. O foco vai se direcionando para estabelecimento de rotas e novos padrões mentais. O indivíduo fragilizado é comumente surpreendido pela ideia de que a esperança não depende do que os outros possam fazer para organizar suas vidas, mas o que eles mesmos podem fazer para mudar o estado desconfortável. Constato que, no processo do desenvolvimento da esperança, existe desejo, foco, planejamento, dedicação, esforço e ação: "inspiração e transpiração".

Costumo utilizar avaliações quantitativas ("de zero a dez, neste momento") ou solicitar que represente com desenhos como sente a presença dos pensamentos esperançosos. Traçamos, cuidadosamente, **os pensamentos de caminhos** e **os pensamentos de agência.** Neste ponto, incluo a Escala da Esperança-Estado (SNYDER, 2000), constituída por seis itens elaborados pelo cliente, sendo três itens destinados a pensamentos de caminho e outros três a pensamentos de agenciamento. Cada item é classificado em uma escala de oito pontos entre totalmente falso e totalmente verdadeiro de modo a correlacionar tais componentes e observar a congruência.

Volta-se a conjecturar as emoções em cada item que vai sendo estabelecido. Avaliam-se os desafios e fatores estressantes que se interpõem no processo e o que contribui para alcançar ou não o objetivo. Noto claramente que quanto mais significativo o objetivo maior o envolvimento e a busca para driblar dificuldades e encontrar recursos internos e externos para vencer a meta prevista e o quanto isto desperta insights para outros fins.

A esperança torna-se um fio condutor capaz de traduzir vários aspectos sobre a pessoa: seu otimismo, autocontrole, criatividade, competência social, habilidade de solucionar questões, competitividade, resiliência, autoestima, afetividade, ansiedade, sucessos e fracassos; parece desvendar quais e quantos são seus desejos e a energia a ser investida para transformar e mudar.

Os desafios da esperança são diversos, pois supõe-se, talvez, preencher o "vazio" e para cada um, para cada sonho, desvenda-se uma conquista: uma doença a ser vencida, um trauma a ser superado, uma traição a ser dominada, um posto a ser conquistado, um amor a ser cativado, uma fênix a ser renascida.

"To desire, in short, is to hope". C.R. Snyder

("Desejar, em suma, é ter esperança.")

Capítulo 27

Gratidão - Intervenções e Práticas Clínicas e Terapia Cognitivo-Comportamental

Yone Fonseca

Inicialmente, os estudos sobre gratidão foram desenvolvidos no campo da Psicologia Positiva (PP), movimento científico que se propôs a estudar, e analisar os aspectos saudáveis dos indivíduos e compreender como ampliar e promover o aumento do bem-estar. (REPPOLD, GURGEL, SCHIAVON, 2015; SELIGMAN, 2011, SNYDER & LOPEZ, 2009). O desenvolvimento da PP não foi direcionado a ser tornar mais uma abordagem psicoterapêutica, porém seus achados e contribuições começaram a ser aplicados no contexto clínico.

Trabalhando com a Terapia Cognitivo-Comportamental (TCC)[1], pude constatar que o uso de exercícios para estimular o paciente a sentir e expressar a gratidão tem sido muito benéfico. O tema para este capítulo surgiu a partir das seguintes questões: "Como terapeutas podem intervir para promover a gratidão? Quais princípios podem aumentar a utilidade das intervenções? Isso porque acreditamos que a gratidão apresenta várias funções, uma delas é ser um meio para aumentar o acesso às memórias positivas, principalmente por despertar cognições e emoções específicas (RAMIREZ, et al., 2014).

Iremos apresentar uma breve revisão sobre o "estado da arte"[2] em relação ao tema Gratidão, especificamente, buscando conhecer quais tipos de intervenções têm sido realizadas durante o processo psicoterápico desenvolvido na TCC.

Nossa Pesquisa

Realizamos uma revisão bibliográfica, levantando as publicações dos últimos cinco anos (2010/15). Consultamos uma plataforma nacional[3] e encontramos cinco publicações que versavam sobre a temática da gratidão e infância e uma resenha no campo da Psicanálise. Duas bases internacionais foram consultadas [4,5], e encontramos quase 3.000 publicações. Por meio dos filtros, selecionamos 23 artigos (textos completos) que nos apresentaram um panorama dos desdobramentos possíveis sobre o assunto.

Definindo Gratidão

A gratidão tem se tornado um tema que tomou um grande alcance também nas redes sociais. Tivemos acesso a um vídeo do professor Antonio Novoa[6] (2014), no qual ele afirma que há três níveis de gratidão, sendo o primeiro o superficial

---

1. Segue o princípio que nossos pensamentos influenciam nossas emoções e comportamentos. É uma abordagem focada no aqui e agora e ajuda o paciente "a pensar sobre seus pensamentos" (WRIGHT, BASCO, THASE, 2008).
2. Levantamento e discussão sobre a produção científica, ou seja, uma análise sobre como os pesquisadores estão abordando determinados temas, em um período de tempo pré-determinado (FERREIRA, 2002).
3. BVS Psi (Biblioteca virtual de psicologia) http://www.bvs-psi.org.br/php/index.php
4. PsycInfo - American Psychological Association http://www.apa.org/pubs/databases/psycinfo/
5. Pubmed - National Library of Medicine National Institutes of Health http://www.ncbi.nlm.nih.gov/pmc/
6. Veja o vídeo em: https://www.youtube.com/watch?v=i5LK087ZwE4. Acesso em: 20 jan 2016.

> (...) o verdadeiro sentido da gratidão é estar em conexão com o outro.
>
> A gratidão é universalmente valorizada (...)

que é do reconhecimento; o segundo agradecimento; e o terceiro mais profundo é o do vínculo e comprometimento. Ele descreve o sentido dado às palavras usadas para agradecer em diversas línguas, e afirma que somente em Português agradecemos no sentido mais profundo, ficamos "obrigados, ou seja, vinculados a você". Ou seja, "o verdadeiro sentido da gratidão é estar em conexão com o outro". (EMMONS & STERN, 2013).

A gratidão é universalmente valorizada, tem sido abordada como emoção (sentimentos subjetivos de agradecimento e apreço por ter recebido algo) e traço, uma predisposição a experimentar a gratidão. (CHAN, 2010).

SELIGMAN (2011) reconhece a gratidão como uma das 24 forças pessoais, incluída no grupo transcendência, que se refere às forças emocionais internas que fazem uma conexão com algo maior e mais duradouro, uma conexão com pessoas, com o futuro, com o universo ou o divino.

> (...) benefícios que as pessoas podem obter ao expressar a gratidão.

A gratidão implica um processo cognitivo de duas etapas: (a) reconhecer que um recebeu um benefício e (b) o reconhecimento da fonte externa desse benefício. É uma emoção que surge a partir de múltiplas fontes, incluindo: (a) a apreciação geral das outras pessoas na vida de alguém, (b) valorização da natureza e do mundo, (c) um foco em benefícios pessoais e circunstâncias positivas e (d) os aspectos das relações interpessoais e transações. Nas relações interpessoais, pode ocorrer em formas de gestos, respostas positivas, ou de modo direto fornecimento de ajuda. (EMMONS & MCCULLOUGH, 2003 *apud* ALGOE, FREDRICKSON; GABLE, 2013).

Quase todos os artigos descreveram benefícios que as pessoas podem obter ao expressar a gratidão, sendo que o maior destaque foi o aumento do bem-estar. (CHENG, TSUI e LAM, 2015; RAMÍREZ *et al.*, 2014; EMMONS & STERN, 2013; CHAN, 2010).

Gratidão e Psicoterapia

Para as pessoas que sofrem com os sintomas da depressão e ansiedade, a gratidão pode ser muito benéfica, pois facilita a modificação cognitiva por meio do filtro mais positivo das situações, fazendo um contraponto aos esquemas disfuncionais[7]. (MOYANO, 2011; BONO & MCCULLOUGH, 2006).

---

7. São crenças, regras fundamentais, filtros que fazem com que a pessoa observe e processe as informações das situações. Algumas vezes, isso pode ocorrer de modo distorcido.

No contexto psicoterapêutico, foi observado que quanto maior a gratidão disposicional maior satisfação com a vida. Pessoas que praticam a gratidão poderiam desenvolver um esquema cognitivo diferente. O diálogo socrático[8], a reatribuição[9], busca de soluções alternativas, e a psicoeducação[10] são técnicas cognitivo-comportamentais que podem ajudar no desenvolvimento da gratidão disposicional. (MOYANO, 2011; BONO & MCCULLOUGH, 2006).

Algumas práticas e intervenções da PP têm apresentado benefícios no contexto clínico. O registro, em um diário, dos eventos aos quais a pessoa se sentia agradecida e/ou o exercício das Três Bênçãos ou The Gratitude Exercise or Three Blessing Exercise (SELIGMAN, STEEN, PARK, PETERSON, 2005) e a Carta de Gratidão (SELIGMAN, 2011) foram os tipos de intervenções mais citadas. (ALGOE, FREDRICKSON & GABLE, 2013). Há variações do primeiro exercício, pedindo para que as pessoas pontuem a intensidade do sentimento presente ao lembrarem-se do evento. No registro, é importante que seja incentivada a escrita descritiva e não analítica, incluindo o máximo de detalhes possíveis, sendo um convite a "aquecer" novamente a experiência, reproduzindo as emoções vividas. (WORTHEN & ISAKSON, 2007).

Outra opção é o uso de perguntas que possam gerar a gratidão. As perguntas a seguir podem ajudar o paciente a perceber eventos e/ou motivos para agradecer e o valor por ele atribuído a estes eventos e à própria vida. "Nesta situação, há apenas esse lado negativo? Que consequências tem para minha vida a presença ou ausência deste aspecto? Eu conheço outros casos parecidos? Há alguma possibilidade de ser grato por isso? Se sim, a quem ou o que você agradeceria?

Também pode ser associado ao processo o uso de técnicas de relaxamento e exercícios de meditação[11], que também podem ajudar na percepção de agradecimento (ALGOE, FREDRICKSON & GABLE, 2013; MOYANO, 2011).

No geral, os pacientes mostram maior compromisso com a realização de exercícios de gratidão quando as intervenções são mais congruentes com seus valores e necessidades. (WORTHEN & ISAKSON, 2007).

---

8. Diálogo socrático é um questionamento reflexivo, realizar perguntas indutivas sobre os próprios pensamentos e crenças.
9. É reavaliar sobre outras possíveis causas e interpretações da "situação problema".
10. É o processo em que o terapeuta ensina ao cliente o modelo cognitivo. (WRIGHT, BASCO, THASE, 2008).
11. Naikan, uma forma japonesa de meditação. Especificamente, o indivíduo aprende a meditar diariamente em três questões relacionadas com gratidão: O que eu recebo? O que eu dou? Que problemas e dificuldades causei para os outros? Essa meditação desperta sentimentos de gratidão e motivação para retribuir. (CHAN, 2010).

Estudos e Intervenções sobre Gratidão

Uma das funcionalidades dos exercícios de gratidão poderia ser proporcionar o prolongamento da experiência de emoções positivas.

A gratidão a Deus foi estudada a partir da hipótese de que pessoas que praticam sua religiosidade frequentemente podem exercitar mais a humildade e a compaixão. As atitudes de dar apoio aos outros e exercitar a fé ajudam as pessoas a obterem um sentido mais profundo de significado religioso na vida. E consequentemente elas se sentiriam mais gratas a Deus. (KRAUSE e HAYWARD, 2015).

A eficácia das intervenções de gratidão foi questionado em alguns estudos. Os pesquisadores sugeriram que algumas consequências positivas relatadas poderiam estar relacionadas ao efeito placebo. Observou-se que para algumas pessoas o reconhecimento de ter recebido algo pode fazer com que ela se sinta em débito com quem lhe fez a benfeitoria. (DAVIS, 2015).

Uma das funcionalidades dos exercícios de gratidão poderia ser proporcionar o prolongamento da experiência de emoções positivas. (VERDUYN, MECHELEN & TUERLINCKX, 2011).

No campo dos relacionamentos afetivos e conjugais, as pesquisas sobre a gratidão têm focado no que as pessoas sentem e se beneficiam com este sentimento ou no como a expressão por seus parceiros e, em particular, no como apreciam as ações amáveis e atenciosas de seus parceiros. (GORDON, 2012). Os resultados forneceram evidências de que cultivar um sentimento de gratidão e reconhecimento do parceiro e de suas boas ações é vital para a manutenção de relacionamentos felizes e duradouros. Os sentimentos apreciativos preveem compromisso e estabilidade nos relacionamentos. (LAMBERT & FINCHAM, 2011).

Um estudo realizado em Singapura observou que as experiências de expressar gratidão podem facilitar a satisfação das necessidades psicológicas básicas de parentesco e autonomia, o que, por sua vez, pode resultar em níveis mais elevados de gratidão, mostrando que há uma espiral ascendente dupla entre gratidão e as necessidades psicológicas básicas específicas. Eles apresentaram argumentos de que a gratidão, além de incentivar o intercâmbio social, desempenha uma função importante de construção de relacionamento. No entanto, há poucas pesquisas que exploraram como isso ocorre. (LEE, TONG & SIM, 2015).

Poucos estudos têm examinado o papel de gratidão em pacientes com insuficiência cardíaca ou se a espiritualidade pode exercer efeitos benéficos sobre saúde física e mental na população clínica (MILLS et al., 2015). A gratidão foi associada positivamente com um melhor sono, bom humor, menor índice de fadiga, com melhor eficácia para manter a função cardíaca. Os pacientes que expressam mais grati-

> *A gratidão ajuda a promover relacionamentos de alta qualidade.*

dão também tinham níveis mais baixos de biomarcadores inflamatórios devido às mudanças nas percepções afetivas da vida diária, o que também foi observado como um dos resultados do estudo de SACCO e outros (2014).

Com relação a doenças crônicas, dois estudos foram realizados com pessoas que apresentavam câncer de mama, sendo que um deles analisou as funções sociais de gratidão. As mulheres foram estimuladas a observar coisas boas ou benefícios que receberam e que poderiam despertar nelas o sentimento de gratidão. A gratidão foi entendida como uma emoção positiva que ajuda a promover relacionamentos de alta qualidade. (ALGOE & STANTON, 2012). Outra pesquisa na mesma direção examinou o papel de gratidão e seus benefícios em mulheres com câncer de mama e suas correlações com bem-estar psicológico e angústia. (RUINI e VESCOVELLI, 2013).

A gratidão também foi estudada como fator de proteção contra a ideação e comportamento suicida. Foi recomendada a realização de mais pesquisas sobre o tema para a compreensão do papel das emoções positivas e forças humanas, como a gratidão, na prevenção e alívio da ideação e comportamento suicida. (KRYSINSKA et al., 2015).

Por fim, outros três estudos avaliaram contextos específicos, o primeiro avaliou a validade do uso das escalas de gratidão em jovens, visto que algumas delas foram validadas para o uso em adultos. (FROH et al., 2011). No segundo, foi observado que expressar gratidão fornece uma nova perspectiva para o desenvolvimento de estratégias de redução do estresse e melhora do bem-estar de profissionais de saúde. (CHENG, TSUI, LAM, 2015). Também foi considerada útil a promoção da gratidão para combater o burnout em professores chineses. (CHAN, 2010).

Considerações Finais

Todas essas publicações nos inspiram a realizar estudos nos quais pudéssemos observar também a influência dos aspectos históricos culturais da gratidão no contexto psicoterapêutico. Percebemos que há um consenso de que expressar a gratidão é muito importante para ampliar o bem-estar, porém ainda não há uma padronização quanto às metodologias utilizadas. Um dos pesquisadores ressaltou a importância do desenvolvimento de um modelo teórico mais consistente.

No contexto psicoterapêutico, também podemos estimular nosso paciente a escolher ser grato, a escolher olhar o lado bom das coisas, validando as experiências positivas e também podemos agradecer nosso paciente pela experiência do processo psicoterápico.

É tendencioso dizer, mas consideramos a gratidão um tema muito abrangente, inspirador e apaixonante. Realizamos um recorte de alguns assuntos que de longe não esgotará o tema. Não ficam dúvidas de que há muitas vantagens em desenvolver mais intervenções e estratégias para cultivar a gratidão, especificamente em nosso país.

Capítulo 28

O Perdão como Facilitador de Bem-Estar Subjetivo

Adriana Santiago

> *"Aquele que não perdoa destrói a*
> *ponte sobre a qual ele mesmo deve passar."*
>
> George Herbert

Há muito debatido pela Filosofia e religião o perdão atualmente toma lugar definitivo nas ciências modernas. Vários estudos científicos demonstram que não apenas a depressão, mas diversas complicações físicas e mentais estão relacionadas à dificuldade de perdoar. Quem não perdoa arrasta correntes dos ressentimentos, sem perceber que o que fazem atravanca seu progresso pessoal.

Em várias culturas e na maioria das religiões, tanto ocidentais, como orientais, o perdão se configura como uma força pessoal poderosa e almejada. Mas, historicamente, o conceito mudou e vem se aperfeiçoando ao longo do tempo. Segundo David Konstan (2010), a ideia de perdoar, com a roupagem antiga, surgiu no cenário religioso antes mesmo do Cristianismo. Os judeus, por exemplo, concentram em um dia, o Yom Kippur – o Dia do Perdão -, as manifestações de arrependimento pelos seus erros. Em tempos remotos, mandavam bodes ao deserto e os sacrificavam para livrarem-se da culpa pelos pecados cometidos. Os caananitas, antigos habitantes da atual Palestina, imolavam virgens e crianças para obter a purificação de suas almas diante dos deuses. Na Etiópia, algumas tribos realizavam cerimônias em que provocavam vômito para que as maldades fossem expelidas e eles pudessem obter perdão dos deuses. Nos primórdios do Cristianismo, o perdão era considerado dádiva de Deus e somente Ele ou seus representantes aqui na Terra poderiam concedê-lo.

Percebemos que, neste contexto histórico, o perdão sempre foi intermediado por um deus ou entidade expurgatória exterior. Ofendidos e ofensores não estavam em ligação direta com o ato de perdoar. Até hoje, esta mentalidade se faz presente e percebemos a dificuldade do sujeito em admitir responsabilidade pelos seus delitos e pedir perdão ou aceitá-lo com facilidade. Para Konstan (2010), o sentido moderno do perdão surgiu com Emmanuel Kant (1724-1804), que preconizava a autonomia do homem em relação a Deus. Esta revolução do pensamento ético, iniciada por Kant, proporcionou a ideia de que o remorso e a mudança interior do agressor deveriam ser julgados não por Deus, mas pela pessoa ofendida, que faria o esforço quase sobre-humano de ver o outro como merecedor de seu perdão. Kant trouxe o perdão do plano divino para a ética humana.

É com o sujeito inserido no ato do perdão que podemos tratá-lo na perspectiva da Psicologia Positiva. O perdão, aqui, é considerado uma qualidade humana que, transformada em força de caráter, na perspectiva de Peterson e Seligman (2004), potencializa o sujeito para a ação. Aprender a perdoar é um processo contínuo de desembaraçar os pensamentos emaranhados na dor. E o trabalho terapêutico fornece ferramentas que permitem acionar este processo. O foco é distinto do que apresentam as psicologias tradicionais. A Psicologia Positiva, embora não se distancie da trajetória científica trilhada pela tradição, aponta para um além: o resgate da potencialidade da pessoa, como preconizaram Csikszentmihaly e Seligman (2000), apostando no seu bem-estar subjetivo[1]. Trabalhar o perdão, portanto, passa a ser um horizonte de possibilidades para os que acreditam na cura do indivíduo. O objetivo deste capítulo, então, é mostrar como a prática clínica pode tratar os transtornos causados pelas dores dos ressentimentos e restos de mágoa marcados pela falta de perdão.

O que é perdoar?

Perdoar é contemplar a injúria a certa distância, olhar a situação de maneira panorâmica, de fora.

Segundo o **Dicionário Etimológico da Língua Portuguesa** (2003), perdão vem do latim *perdonare* (de *per-* + '*donare*', dar) e significa «deixar de querer mal a alguém responsável por um ato desagradável, hostil, que o prejudicou ou fez sofrer, renunciando à aplicação de um castigo ou punição; não guardar ressentimento em relação a um agravo.

Na perspectiva da Psicologia Positiva, o perdão é considerado um recurso de regulação das relações humanas. Lyubomirsky (2008) postula que perdoar implica a supressão ou redução das motivações para a fuga e para a vingança. O indivíduo passa a substituir estas motivações, por atitudes, sentimentos e condutas mais positivos e benevolentes. Perdoar não significa esquecer; não tem a ver com indulto, não converge com tolerância, nem é idêntico a desculpar. Perdoar também não inclui se reconciliar. Ele é normalmente concedido sem nenhuma expectativa de compensação, e pode ocorrer sem que o perdoado saiba (por exemplo, uma pessoa pode perdoar a outra que está morta ou que não vê há muito tempo). Perdoar é contemplar a injúria a certa distância, olhar a situação de maneira panorâmica, de fora. O conceito de perdão tem a ver com decisão. É preciso que se decida perdoar.

É a partir desta ótica que a Psicologia Positiva estimula esta prática.

---

1. Bem-estar subjetivo: consiste na percepção de felicidade e satisfação com a vida, declaradas explicitamente, junto com o equilíbrio de sentimentos negativos e positivos. Pode ser chamado também de bem-estar emocional. (Snyder e Lopez, 2007).

O perdão como condição para o bem-estar subjetivo e saúde física

Liderado por cientistas, psicólogos, políticos, entidades religiosas e médicos, este é um movimento mundial que tem crescido nos últimos anos. O objetivo é propagar os benefícios do ato de perdoar. Ao menos 50 pesquisas estão sendo

> (...) o perdão não elimina o fato, apenas o torna menos importante.

realizadas atualmente, como parte de um programa chamado Campanha para a Pesquisa do Perdão (www.forgiving.org). Vítimas da guerra no Vietnã, mães que perderam filhos no conflito entre católicos e protestantes na Irlanda do Norte, casais que viveram a infidelidade conjugal e pessoas que tiveram parentes assassinados são exemplos do universo pesquisado.

Em 2001, Charlotte Van OyenWitvliet, professora de Psicologia do Hope College, em Michigan, EUA, e seus colegas fizeram uma experiência com 71 voluntários. Pediram que se lembrassem de alguma ferida antiga, algo que os tivesse feito sofrer. Nesse instante, registrou-se o aumento da pressão sanguínea, dos batimentos cardíacos e da tensão muscular, reações idênticas às que ocorrem quando as pessoas sentem raiva. Quando orientados a se imaginarem entendendo e perdoando as pessoas que lhes haviam feito mal, se mostraram mais calmos, e com pressão e batimentos menores, segundo Witvliet (2005). Esse estudo provou como os sentimentos interferem na organização do nosso corpo físico e como o ato de perdoar pode melhorar nossas funções vitais.

Fred Luskin (2002) criou, em 1999, um projeto para o perdão, onde o descreve como uma forma de atingir a calma e a paz, tanto com o outro quanto consigo mesmo. A terapia que propõe encoraja as pessoas a terem maior responsabilidade sobre suas emoções e ações e serem mais realistas sobre os desafios e quedas de suas vidas. Para Luskin (2002), o perdão não elimina o fato, apenas o torna menos importante. Perdoar significa ficar em paz mesmo tendo sofrido um mal. É preciso que o prejudicado leve a vida em frente, o que não o impede de procurar justiça, mas sem uma perspectiva rancorosa ou transtornada.

Robert Enright, da Universidade de Minessota, em 1994, inaugurou o Instituto Internacional do Perdão. Sua intenção era aplicar anos de pesquisas e partilhar experiências sobre afetividade e perdão na cura pessoal e progresso da paz mundial. Enright (2000) afirma que seus estudos mostraram que quem perdoa melhora sintomas de ansiedade e depressão. Em um dos projetos junto com a

> *Psicologia Positiva põe no cerne da cena terapêutica o desenvolvimento da capacidade de perdoar.*
>
> *(...) ato de não perdoar amarra o indivíduo a sua dor, o que lhe dificulta encontrar sentido e atualizar o bem-estar subjetivo.*

dra. Suzenne Freedman, da Universidade de Northern Iowa, com vítimas de incesto, comprovou que as mulheres sofrendo de distúrbios emocionais por 20 ou 30 anos levaram aproximadamente um ano para perdoar seus algozes. Eles encontraram também resultados positivos similares com diferentes populações: homens e mulheres viciados em drogas, pacientes terminais de câncer, casais próximos ao divórcio, adolescentes encarcerados e pacientes cardíacos.

Percebemos, portanto, como a ciência tem evoluído na compreensão e aplicação do poder terapêutico do perdão. A Psicologia Positiva faz parte deste movimento e o compreende como fundamental para o processo de cura e potencialização do indivíduo.

O perdão como instrumento da Psicoterapia Positiva

Diante de todo este rico material desenvolvido pela ciência hoje, a Psicologia Positiva põe no cerne da cena terapêutica o desenvolvimento da capacidade de perdoar. Segundo Seligman (2011), a terapia do perdão está incluída como uma estratégia clínica, visto que promove emoções positivas, liberando o indivíduo para encontrar relacionamentos mais eficientes. Além disso, o ato de não perdoar amarra o indivíduo a sua dor, o que lhe dificulta encontrar sentido e atualizar o bem-estar subjetivo.

Martin Seligman e seus parceiros de jornada Tayyab Rashid e Acacia Parks (2006) implantaram o serviço de Psicoterapia Positiva para pacientes deprimidos, no SPA da Universidade da Pensilvânia. Os resultados foram surpreendentes. A Psicoterapia Positiva aliviou os sintomas depressivos de maneira mais eficiente do que o tratamento de praxe e sem o uso de medicamentos. Constaram que 55% dos pacientes tratados com Psicoterapia Positiva, 20% com tratamento tradicional e 8% com o uso de medicação alcançaram a remissão dos sintomas. Ou seja, a Psicoterapia Positiva foi muito mais eficaz do que os tratamentos convencionais. Seligman (2011) reconhece que, apesar de ter trabalhado mais de 40 anos com Psicologia, nunca presenciou resultados como estes.

A Psicoterapia Positiva, proposta por Seligman, Rashid e Parks (2006), compõe-se de um conjunto de técnicas. Em um primeiro momento é importante que o paciente faça uma introdução positiva escrita sobre si mesmo. Na segunda sessão, sugerimos que realize o teste VIA *online*, para identificar suas forças de caráter. O terceiro passo é sugerir que exercite tais forças em seu cotidiano. Depois, falamos sobre o papel das boas e más lembranças na manutenção da depressão. A quinta medida a ser tomada é levá-lo a escrever uma carta de perdão a si mesmo ou a alguém considerado seu algoz. No sexto encontro o conduzimos a escrever,

A prática do perdão é considerada uma ferramenta extremamente poderosa para transformar sentimentos de raiva e amargura em neutralidade, ou até mesmo em emoções positivas.

agradecendo adequadamente a alguém a quem nunca tenha agradecido. Estimular registros no diário de bênçãos é o objetivo do sétimo passo. A seguir trabalhamos padrões inflexíveis. No nono encontro, focamos otimismo e esperança. No décimo e décimo primeiro, o cliente é convidado a reconhecer forças de caráter de pessoas queridas e familiares. No décimo segundo encontro, estimulamos a apreciação como técnica para aumentar a intensidade e duração da emoção positiva. No penúltimo, estimulamos o paciente a doar seu tempo de forma significativa e, finalmente, no último discutimos vida plena, o engajamento e o sentido.

Esse é o modelo de Psicoterapia Positiva proposto. No entanto, sabemos como profissionais em clínica que o tempo de tratamento pode variar bastante de acordo com o grau da patologia. É bastante comum que 14 sessões somente não bastem para um tratamento eficaz.

Um exemplo de Psicoterapia focada em perdão

Utilizamos técnicas da Terapia Cognitivo-Comportamental e terapia de esquemas e adicionamos técnicas propostas pela Psicoterapia Positiva. A prática do perdão é considerada uma ferramenta extremamente poderosa para transformar sentimentos de raiva e amargura em neutralidade, ou até mesmo em emoções positivas. (SELIGMAN, 2011). A técnica sugerida consiste em que se faça uma carta de perdão, cujo sentimento a ser cultivado é a empatia. É preciso se colocar no lugar do outro para entender suas razões. Para Lyubomirsky (2008), a empatia é a experiência e a compreensão substituta das emoções e do pensamento de outra pessoa e é por este viés que estimulamos nossos pacientes a perdoar o outro e a si mesmo em épocas remotas da vida.

G., paciente do sexo feminino, assistente social, aposentada de 63 anos, mantinha um casamento sem sexo por 23 longos anos. Procurou terapia quando descobriu que seu parceiro mantinha relações sexuais com alguém bem mais jo-

vem que ela. Estava "atordoada, desorientada, vitimizada pelas circunstâncias" e chorava o dia todo, não conseguindo se concentrar em mais nada. Sentia-se "lesada" em seu tempo de vida e não conseguia perdoar o seu ex-companheiro, estando todo o seu pensamento vinculado a isto. Após o levantamento das queixas e aplicação do Inventário Multimodal da História de Vida do Lazarus, estruturamos o tratamento. Durante a intervenção terapêutica, utilizamos técnicas que incluíam a confecção de uma carta, na qual ela, paciente, escreveu tudo que gostaria de dizer ao seu ex-marido. Ao escrever, ao mesmo tempo em que reconhecia os erros que cometera na relação, conseguia se colocar no lugar dele e compreender suas razões, utilizando-se de empatia. Desde então, o contato entre os dois foi restabelecido e, com isso, esclareceram diversos pontos obscuros do casamento. Reataram o romance e voltaram a morar juntos. A relação sexual também foi retomada. Vida que segue.

Conclusão

Diante de tudo que foi exposto e dos resultados obtidos em nossa clínica, concluímos que um processo terapêutico pautado no perdão promove maior bem-estar subjetivo e, portanto, físico para os pacientes com mágoas profundas, pois quem perdoa promove um bem para si mesmo. Deixa de ser vítima das circunstâncias e passar a ser o autor da própria história, visto que olha para o futuro e foca nas soluções dos problemas, vislumbrando sempre uma saída. Sendo assim, como preconiza a Psicologia Positiva, se potencializa para uma vida melhor. Ao perdoar, deixamos de ruminar a dor para mostrar ao mundo como fomos maltratados. Começamos a perceber as possibilidades que nos são apresentadas a toda hora e, então, ficamos liberados para viver o presente, olhando o futuro com muito mais disposição e vontade.

Perdoe sempre, perdoe a si mesmo, perdoe o outro e caminhe feliz!

Capítulo 29

Otimismo, Autoeficácia e Esperança: uma Tríade Potencializadora de Emoções Positivas nos Portadores do Transtorno do *Deficit* de Atenção com Hiperatividade

Ana Clara Gonçalves Bittencourt

Otimismo, Autoeficácia e Esperança: uma Tríade Potencializadora de Emoções Positivas nos Portadores do Transtorno do Deficit de Atenção com Hiperatividade

Com a chegada do século XXI, a humanidade está vivendo a chamada "Era do Conhecimento" num mundo globalizado no qual criança, escola e família compõem um conjunto relacional cada vez mais estudado por várias áreas científicas, focando a atenção em ações educativas preventivas primárias e secundárias. Essas ações vêm sendo ampliadas para qualificar ainda mais os profissionais para uma assistência global e de qualidade, com estratégias mais eficazes, favorecendo um desenvolvimento saudável do indivíduo.

(...) o portador do TDAH sofre com apelidos pejorativos e é tachado de "preguiçoso, mal-educado, avoado, desinteressado e irresponsável".

O Transtorno de *Deficit* de Atenção com Hiperatividade, popularmente conhecido como TDAH, se encontra no cerne dessas ações por ser um dos transtornos mais comumente diagnosticados no meio escolar que afeta o indivíduo na aquisição da aprendizagem e em suas relações sócio-familiares impactando negativamente o desenvolvimento do aprendiz. (MATTOS e ROHDE 2002).

Diante do panorama sobre o TDAH, a pretensão deste capítulo é mostrar a necessidade de se estabelecer práticas terapêuticas mais eficazes para o tratamento, pois acreditamos que o indivíduo, quando compreendido, apoiado e estimulado em suas potencialidades, tenha maior entusiasmo no manejo de suas dificuldades. Para ampliar os recursos terapêuticos e otimizar os resultados da Psicoterapia nos apropriamos dos construtos teórico-práticos do otimismo, da autoeficácia e da esperança propostos pela Psicologia Positiva, que são vertentes de perspectivas orientadas para o futuro preditivas de saúde e de sucesso.

Transtorno do *Deficit* de Atenção com Hiperatividade: definição, principais sintomas, diagnóstico e tratamento

Via de regra, o portador do TDAH sofre com apelidos pejorativos e é tachado de "preguiçoso, mal-educado, avoado, desinteressado e irresponsável", porém, na realidade os rótulos não se aplicam, contribuindo somente para a diminuição da sua autoestima. Não se pode dizer que esta pessoa seja incapaz de aprender, pois em geral tem níveis normais ou elevados de inteligência. Para Mattos (2007), um dos mais renomados pesquisadores sobre os aspectos neuropsicológicos do TDAH e suas repercussões negativas, o TDAH é impactante por provocar mau desempenho escolar (MDE) caracterizado por: dificuldades de adaptação ao ambiente escolar, processo de aprendizagem deficiente, notas baixas, às vezes

No que se refere ao campo das relações interpessoais, essas pessoas sofrem com a rejeição e bullying por parte dos colegas da escola e, por vezes, da própria equipe pedagógica.

perda do ano letivo. Predispõe a conflitos no meio familiar, além de poder acarretar danos ao longo da vida adulta, interferindo na escolha acadêmica e laborativa. No que se refere ao campo das relações interpessoais, essas pessoas sofrem com a rejeição e *bullying* por parte dos colegas da escola e, por vezes, da própria equipe pedagógica.

Conforme dados apontados pela Academia Americana de Pediatria (2012), nos Estados Unidos, foi realizado um levantamento de dados no ano de 2010, mostrando que 10,4 milhões de jovens com até 18 anos de idade receberam esse diagnóstico e que houve aumento dos casos em 66% nos últimos dez anos. Afetando de 3 a 7% das crianças em idade escolar.

A Associação Brasileira do *Deficit* de Atenção – ABDA, em 1999 estabeleceu o conceito do TDAH como "um transtorno neurobiológico, de causas genéticas, que surge na infância e frequentemente acompanha o indivíduo por toda a sua vida". E o DSM-5 (2013) firmou como critérios diagnósticos dois grandes grupos de sintomas: o primeiro composto pelos aspectos da desatenção como distração, dificuldades de concentração, de organização e finalização de tarefas; já o segundo, pelos aspectos de hiperatividade como inquietude, fala excessiva, agitação ou impulsividade. Existe a possibilidade de o TDAH coexistir com outros quadros mentais tornando o diagnóstico diferencial relevante.

De acordo com Mattos e Rohde (2002), o tratamento convencional para o TDAH deve ser multimodal, preconizando a combinação de medicamentos, Terapia Cognitivo-Comportamental, orientações e psicoeducação para os pais e professores. Esta modalidade é a mais indicada por ensinar técnicas e exercícios práticos visando o aprendizado quanto à refocalização da atenção, disciplina e planejamento de estudo, organização do material escolar, da mochila, do ambiente para estudo, técnicas de relaxamento, dentre outras. Estimula o comprometimento do cliente com o seu tratamento e busca o engajamento familiar como meio facilitador para o processo de melhora.

Descobertas da Psicologia Positiva preditivas de saúde e sucesso: Otimismo, Autoeficácia e Esperança

Acreditamos que os construtos abrangidos pela Psicologia Positiva, por suas definições e resultados quando vivenciados pelas pessoas portadoras de TDAH, possam trazer melhorias significativas a suas vidas, por meio do tratamento terapêutico. São eles:

Otimismo – mudança de visão de mundo

Várias são as abordagens teóricas que buscam conceituar e contextualizar o otimismo, no entanto, foi Seligman, uma das maiores autoridades mundiais em Psicologia Positiva, quem cunhou a expressão Otimismo Aprendido, em 1998. No livro **Psicologia Positiva – Uma abordagem científica e prática das qualidades humanas** (Snyder e Lopez, 2009), encontramos a seguinte afirmação: "ser otimista não se reduz apenas a ter pensamentos positivos, mas sim, ao modo como a pessoa pensa sobre as causas de eventos bons ou ruins". Para Seligman (1998), tanto o otimismo quanto o pessimismo estão baseados no "estilo explicativo" (explanatory style) de cada pessoa para explicar a "razão da causalidade dos eventos ruins ou bons que aconteceram no passado". Segundo Seligman (2014), "enquanto o otimista usa as atribuições causais adaptativas para explicar experiências ou eventos negativos, o pessimista as utiliza confirmando que as vicissitudes da vida são irremovíveis". Ainda segundo Seligman (2005), os aspectos que norteiam essas explicações são classificados como: global/específico; permanente/temporário e interna/externa. O otimista faz atribuições externas, variáveis e específicas para eventos com caráter de fracasso, em lugar das atribuições internas, estáveis e globais do pessimista.

Conforme os estudos de Seligman (2014), os aspectos evolutivos do estilo explicativo otimista têm suas raízes na infância, sofrem influência do ambiente familiar e passam pelo processo de modelagem ou aprendizagem vicária –– experiências vividas nos primeiros anos de vida da criança. Estes estudos revelam que os estilos explicativos otimista e pessimista se consolidam ainda na infância e determinam a maneira como a pessoa irá lidar com a vida daí por diante. Otimistas tendem a agir com confiança e persistência em face de um desafio mesmo que o processo seja difícil e lento, reagem melhor às intempéries da vida, se recuperam mais rapidamente dos fracassos ou de perdas importantes. Enquanto os pessimistas experimentam o desamparo e têm dificuldades para reagir.

Autoeficácia – crença no autovalor

Na Teoria Social Cognitiva de Bandura (1977), autoeficácia é a "crença das pessoas em suas habilidades ou capacidades de realizar, com sucesso, determinada atividade e produzir efeitos desejados por meio de suas próprias ações". Refere-se à capacidade de se ter um bom nível de desempenho e de exercer influência sobre os fatos da vida. Nesse sentido, o indivíduo tem capacidades para influenciar o próprio funcionamento e as circunstâncias da vida de modo intencional. Para esse autor, ser autoeficaz é "acreditar naquilo que se pode fazer com as habilidades em determinadas condições".

Ainda de acordo com Bandura (1994), existem três ideias relacionadas à autoeficácia: "a- os seres humanos têm capacidades poderosas de simbolizar e criar cognitivamente seus modelos de experiências; b- as pessoas ao se observarem se tornam hábeis para regular suas próprias ações e c- as reações cognitivas influenciam as forças do ambiente definindo os pensamentos e as ações subsequentes". Portanto, a autoeficácia é um padrão de pensamento aprendido também reforçado pela modelagem ou aprendizagem vicária.

Esperança – caminhos para conquistas de objetivos

Snyder elaborou a Teoria da Esperança em 1994 e nela fala sobre o poder do pensamento esperançoso e das cognições direcionadas à conquista de objetivos. O autor Snyder refere que as pessoas possuem "pensamento direcionado a objetivos", ou seja, a pessoa é capaz de encontrar rotas ou caminhos para alcançar seus objetivos (2009). Segundo ele, a pessoa encontra alternativas para alcançar o que deseja a partir de suas motivações mais intrínsecas, sentindo-se estimulada a superar obstáculos estressantes. Este processo de pensamento direcionado ao resultado provoca emoções positivas e, através da vivência destas emoções, a pessoa passa a ter iniciativas contínuas para a busca de novos objetivos. Conforme a teoria de Snyder (1994), a partir desse aprendizado e desenvolvimento desse tipo de pensamento o nível de esperança é elevado, possibilitando que o acontecimento adverso seja compreendido apenas como um obstáculo.

Para Snyder (1994), existe uma ligação entre "pensamentos baseados em caminhos através da aprendizagem com as experiências vividas por correlação e causalidade (causa e efeito), com os pensamentos baseados em "agência" aprendidos através da própria atuação sobre os eventos. A correlação entre esses tipos de pensamentos possibilita a busca bem-sucedida de objetivos que facilitam a superação de situações estressantes, provocando emoções positivas que, por sua vez, estimulam novas e contínuas iniciativas. Ou seja, quanto maior o nível de esperança da pessoa mais possível é que busque alternativas para os desafios estressantes e que experimente emoções positivas como reforço do estilo de pensar, formando, assim, um "círculo virtuoso" para o alcance de objetivos.

Efetivação do Modelo Terapêutico proposto

O modelo de intervenção terapêutica que desenvolvemos está baseado nas evidências dos achados científicos sobre otimismo, autoeficácia e esperança, construtos relacionados ao aumento das emoções positivas, os quais utilizamos como válvulas propulsoras para favorecer as mudanças do estado psicológico do público em questão.

O modelo de intervenção terapêutica que desenvolvemos está baseado nas evidências dos achados científicos sobre otimismo, autoeficácia e esperança.

A partir do trabalho com a psicoeducação e conceitualização do problema de acordo com Becker (identificação de crenças disfuncionais centrais autolimitantes), mapeamos as potencialidades e virtudes dos portadores de TDAH. Conjugado com o que se refere ao otimismo, ensinamos a diferenciação entre os estilos explicativos otimista e pessimista, facilitando a identificação do modo pessoal de funcionamento para que posteriormente à reestruturação cognitiva pudessem desfrutar das emoções positivas. Nossa intenção foi aumentar a autoestima para então estimularmos a prática das técnicas propostas. Quanto à autoeficácia, estimulamos a realização de tarefas e deveres escolares para aumentar e fortalecer o senso de autovalor e, consequentemente, a capacidade de realização para melhora do rendimento escolar. Utilizamos o "diário de conquistas" para ampliar a percepção, de forma mais concreta, sobre os ganhos com as mudanças dos comportamentos disfuncionais, empregando o reforço positivo através do elogio. Paralelamente, trabalhamos para o aumento da esperança. Em primeiro lugar, com o objetivo de que aprendessem a encontrar soluções para os problemas vividos – "busca por novas rotas ou caminhos" -, utilizamos para essa etapa técnicas para resolução de problemas e jogos de desafios. Em segundo plano, trabalhamos a esperança em dias melhores, fortalecendo a fé em si mesmos como pessoas do bem ampliando a visão pessoal para um futuro mais promissor.

Estimulamos o diálogo sincero, porém, baseado no amor incondicional entre os clientes e seus familiares, facilitando a adoção de regras e o reconhecimento das mudanças, avanços e crescimento por parte do próprio cliente. Primamos por estimular a prática de atitudes intencionais e proativas para o aumento de emoções positivas e do bem-estar.

Acreditamos que ao estimular os aspectos saudáveis do indivíduo minimizamos os impactos negativos do TDAH.

Avaliamos que, através desse modelo terapêutico, ocorreram melhoras significativas quanto ao rendimento escolar, diminuição de alguns comportamentos desadaptativos em sala de aula e no convívio com professores e colegas de turma. Percebemos o aumento da capacidade de realização e, com isso, maior satisfação pessoal.

Concluímos, sem sombra de dúvidas, que incorporar no nosso modelo terapêutico os conceitos de otimismo, autoeficácia e esperança para potencializar os aspectos virtuosos contribuiu de forma contundente para a otimização do tratamento, tornando possível uma escolarização mais favorável. Acreditamos que ao estimular os aspectos saudáveis do indivíduo minimizamos os impactos negativos do TDAH. Obter resultados positivos com esse novo modelo terapêutico se tornou o cerne de nossa missão – melhorar a qualidade de vida dos portadores de TDAH, desenvolvendo suas potencialidades ao máximo e abrir portas para uma vida com mais significado e propósito como predizem os estudos científicos apregoados pela Psicologia Positiva.

Capítulo 30

Psicologia Positiva a Serviço dos Educadores

Gilmar Carneiro

Psicologia Positiva a Serviço dos Educadores

Há muitos desafios a serem superados para que o Brasil seja considerado uma pátria realmente educadora. De acordo com o Inep - Instituto Nacional de Estudos e Pesquisas Educacionais Anísio Teixeira (2015), e o Fenep - Federação Nacional de das Escolas Particulares (2014), o Brasil possui atualmente cerca de 50 milhões de alunos do ensino básico, que envolve os ensinos infantil, fundamental, médio e educação de jovens e adultos (EJA). Esses alunos estão distribuídos em 180 mil escolas do ensino público e mais de 40 mil do ensino privado, e sendo escolarizados por cerca de 2,3 milhões de educadores.

Os números apresentados demonstram a grandiosidade dos desafios encarados pela gestão escolar, tanto pública quanto privada. Mas aqui vamos nos ater às questões que se referem à atividade docente e às vidas daquelas pessoas que exercem essa atividade: educadores ou professores.

O presente capítulo abordará a aplicação da Psicologia Positiva na Educação em benefício da vida dos educadores. Primeiro, levantaremos os problemas que acometem os docentes brasileiros, enquanto propomos as aplicações da Psicologia Positiva, com o objetivo de aumentar os níveis de bem-estar e satisfação com a vida daqueles que consideramos os protagonistas da educação: os educadores, em especial aqueles que atuam no ensino básico.

Os problemas enfrentados pelos educadores no Brasil

São muitas as intempéries encaradas pelos professores no exercício de suas atividades. Jefferson Peixoto da Silva (2014), da Fundacentro – órgão ligado ao Ministério do Trabalho e Previdência Social –, elencou a profissão docente entre as mais estressantes do País. Entre os motivos estão a exposição a temperaturas inadequadas, ruídos, superlotação nas salas de aula e cansaço pelas longas jornadas de trabalho.

Ferreira (2011) aponta em pesquisas que 25,1% dos educadores, de uma amostra de 30 mil profissionais, apresentam exaustão emocional, um dos componentes da Síndrome de *Burnout*.

Em detalhes, os principais indicadores de sofrimento apresentados pela pesquisa estão no quadro seguinte:

REAÇÃO	CAUSA
MEDO	- Redução da capacidade corporal em função das condições adversas de trabalho. - Pressão psicológica, receio do julgamento alheio.
BAIXA AUTOESTIMA	- Desempenho de tarefas socialmente desvalorizadas e pouco reconhecidas.
DESMOTIVAÇÃO, TÉDIO	- Sobrecarga de trabalho.
PERCEPÇÃO DE INCAPACIDADE	- Incompreensão das decisões organizacionais. - Ambivalência entre segurança, rentabilidade e qualidade.
FALTA DE REFERÊNCIA DE REALIDADE	- Conflito entre valores individuais e organizacionais.
INSEGURANÇA QUANTO AO FUTURO	- Incerteza sobre o futuro da organização e sobre o próprio futuro.
PERCEPÇÃO DE FALTA DE SENTIDO DO TRABALHO	- Ausência de retribuição financeira ou moral.
DEPRECIAÇÃO DA PRÓPRIA IDENTIDADE PROFISSIONAL	- Falta de reconhecimento do mérito pessoal.
SENTIMENTO DE INJUSTIÇA, INATIVIDADE, CULPA, INADAPTABILIDADE	- Ingratidão da empresa. - Atribuição de recompensas sem considerar as competências.

Fonte: Jayet, 1994

Conforme Gadernal (2009), outras problemáticas acometem os educadores, além das que já apresentamos.

> Atividade com dupla jornada (principalmente entre as mulheres), a falta de tempo para si e para se atualizar, angústia pelas exigências sociais em termos de atividades, complexidade das tarefas aliada à falta de recursos, problemas sócio-familiares dos alunos, ritmo de trabalho, multiplicidade de tarefas simultaneamente às posturas desconfortáveis, pouca frequência de pausas, falta de valorização, burocratização das atividades, falta de diálogo com a administração das escolas e expansão dos contratos de trabalho temporários e eventuais. (GADERNAL, 2009, p. 607).

De acordo com Dennis Sinyolo (2008) da Organização Internacional do Trabalho - OTI, esse mal-estar se manifesta em emoções negativas intensas, alienação, ansiedade e desmotivação, além de exaustão emocional, apatia e desumanização, o que contribui para elencar a profissão docente entre as mais estressantes, podendo considerá-la como uma atividade de risco à saúde física e mental.

Aplicações da Psicologia Positiva para os docentes

Em seu livro **Florescer**, Seligman (2011) sugere um modelo educacional baseado nos princípios da Psicologia Positiva, que intitulou de Educação Positiva.

Esse modelo foi aplicado em algumas grandes escolas ao redor do mundo, em especial na Escola Secundária Geelong, na Austrália. Lá, o objetivo era ensinar o bem-estar aos alunos, mas não antes de os docentes estarem devidamente treinados e aptos para esta aplicação em suas próprias vidas. (SELIGMAN, 2011).

Em uma realidade mais próxima da nossa, o Instituto Jóvenes Fuertes, do Uruguai, presidido por Maria José Soler, propõe o desenvolvimento das forças e virtudes de crianças e jovens dentro das escolas, através de programas voltados para alunos, pais e docentes. (SOLER, 2014).

Considerando que os programas desenvolvidos por Seligman (2011) e Soler (2014) apresentam resultados favoráveis para a melhoria do bem-estar dos docentes e a melhoria dos problemas apontados até aqui, nos baseamos neles para propormos o modelo de aplicação dos temas da Psicologia Positiva para os educadores brasileiros, começando pela descoberta das suas forças pessoais.

Descobrindo as forças pessoais

Seligman (2002) afirma que existem 24 forças identificáveis, mensuráveis e desenvolvíveis à medida que praticamos ações diárias nesse sentido, conforme tratado em outros capítulos deste livro.

Na prática, as forças podem nos levar a alcançar as seis virtudes. O indivíduo virtuoso é aquele que escolhe demonstrar todas ou ao menos a maior parte das seis virtudes: Saber, Coragem, Humanidade, Justiça, Moderação e Transcendência. (SELIGMAN, 2011).

> *Reações negativas dos educadores, como o medo do julgamento alheio, baixa autoestima, desmotivação e tédio podem ser evitadas e sanadas pela prática diária das forças pessoais (...)*

Reações negativas dos educadores, como o medo do julgamento alheio, baixa autoestima, desmotivação e tédio podem ser evitadas e sanadas pela prática diária das forças pessoais, visto que tais forças possuem, segundo Seligman (2011), algumas características que podem garantir bons resultados no tratamento dessas questões, como senso de propriedade e autenticidade, sensação de excitação ao exibi-las e de inevitabilidade, alegria, prazer, entusiasmo e até êxtase durante seu uso (SELIGMAN, 2011).

Dessa forma, sugerimos que os docentes façam o teste das forças pessoais, buscando identificar as cinco mais evidentes e, a partir daí, elaborem um plano de uso dessas forças, com atividades diárias, e avaliem os resultados decorrentes dessas atividades, dentro e fora da sala de aula.

Identificando e manejando crenças

Crença é o estado psicológico em que um indivíduo detém uma proposição ou premissa para a verdade. (SCHWITZGEBEL, 2006).

Para Elizabeth Green (2012), uma das crenças que povoa o universo educacional é a ideia do dom de ser professor. Segundo ela, essa ideia foi incorporada por décadas em centenas de estudos. Essa crença replica a noção de que os professores mais eficientes devem ser os mais extrovertidos, abertos a novas experiências, empáticos, socialmente ajustados, sensíveis emocionalmente, perseverantes e bem-humorados.

Com o intuito de evitar ou sanar um descompasso entre os valores individuais e os organizacionais, além da baixa autoestima e da sensação de incapacidade, a estratégia deve ser identificar, testar, manejar e reestruturar a cognição negativa (PORTELLA, 2015), como a percepção de incapacidade, inseguranças quanto ao futuro e depreciação da própria identidade profissional e pessoal dos educadores.

A partir daí, busca-se o estabelecimento e o fortalecimento de crenças funcionais, como a valorização e reconhecimento social, formulação de futuro positivo e reconstrução de uma identidade pessoal positiva desses docentes. (PORTELLA, 2015)

Para auxiliar os educadores a refutarem suas crenças limitadoras, sugerimos um debate com a própria crença, questionando sua autenticidade e buscando os resultados advindos dela, como no exercício abaixo.

Praticando emoções positivas

Para tratar os problemas da profissão de docente apontados por Sinyolo (2008), propomos exercícios que aumentem a incidência de emoções positivas diariamente.

Para Barbara Fredrickson (2009), a positividade se expressa através das emoções positivas, incluindo emoções como amor, alegria, gratidão, interesse, sentimento de paz e esperança. Tais emoções são capazes de mudar nossa mentalidade, nossa bioquímica e sintonia.

Para a geração de emoções positivas consistentes, o passo a ser dado é a criação ligeira de uma mentalidade positiva, ou seja, estar aberto, ser apreciativo, ser curioso, ser gentil, mas, acima de tudo, ser verdadeiro. (FREDRICKSON, 2009).

> *Para a geração de emoções positivas consistentes, o passo a ser dado é a criação ligeira de uma mentalidade positiva, ou seja, estar aberto, ser apreciativo, ser curioso, ser gentil.*

Segundo Fredrickson (2009), todos podem citar, provavelmente, três coisas agora mesmo que podemos fazer para nos trazer mais alegria, mais sentimentos de paz e uma curiosidade mais profunda, seja dançando, ensinando algo novo aos alunos ou fazendo a sua nova atividade preferida.

É importante ressaltar que, pela teoria de Fredrickson (2009), nós nunca iremos eliminar as emoções negativas, mas que muito de nossa negatividade não faz sentido e que todos nós poderíamos fazer melhores escolhas, questionando hábitos mentais, como tirar conclusões precipitadas e ruminar sobre elas. (FREDRICKSON, 2009).

Sugerimos, portanto, o cultivo de emoções positivas, que poderá se dar através da curiosidade e abertura para novas habilidades e conhecimentos, pela conexão genuína com outras pessoas - investindo, em especial, na generosidade e na gratidão - e pela contemplação da positividade, saboreando as emoções positivas já experimentadas.

Estabelecendo metas

Estabelecer metas é tão importante para professores e educadores em geral quanto para empresários ou qualquer profissional bem-sucedido. Isso porque, apenas quando temos um objetivo claramente definido seremos capazes de reconhecermos oportunidades. (MATTA, 2014).

Pesquisas realizadas na Universidade de Harvard mostram que as pessoas bem-sucedidas pensam muito a respeito do que querem realizar, e não naquilo que possa dar errado ou causar medo. (ACHOR, 2012).

Por isso, para que os educadores brasileiros se apropriem do sentimento de realização, de pertencimento à organização, e de valorização pessoal, é importante que busquem estabelecer e alcançar metas e, também, reconhecer as metas alcançadas.

(...) para que os educadores brasileiros se apropriem do sentimento de realização, de pertencimento à organização, e de valorização pessoal, é importante que busquem estabelecer e alcançar metas (...)

Dessa forma, cada meta alcançada deve ser devidamente registrada, estimulando a formulação e o alcance de novos objetivos e aumentando o senso de autoeficácia – confiança na própria capacidade de atingir objetivos. (PORTELLA, 2014).

Por conta disso, consideramos essencial que os educadores definam suas metas de longo, médio e curto prazos, em busca de um direcionamento que esteja alinhado àquilo que desejam realizar.

Para tanto, pode-se iniciar estipulando a meta de maior prazo, e determinando objetivos de menor prazo, e de mais fácil execução, até que se chegue a atividades diárias que contribuirão para a conquista da meta de longo prazo.

Oportunidades na adversidade

Milhares de professores passam por adversidades diariamente, como sobrecarga de trabalho, conflito entre os valores individuais e organizacionais, ambivalência entre segurança, rentabilidade e qualidade, além de falta de recursos didáticos disponíveis e ausência de retribuição financeira e moral.

De acordo com Shaw Achor (2012), "o cérebro humano está constantemente criando e ajustando mapas mentais para nos ajudar a navegar por este mundo complexo e em constantes mudanças". (ACHOR, 2012, p. 119). O autor afirma que, quando temos clareza e criatividade para reconhecer todos os caminhos disponíveis, tomamos nossas melhores decisões. No entanto, quando estamos em meio a uma adversidade, deixamos de enxergar um caminho importante: aquele que nos tira da crise e nos leva à oportunidade.

Nos momentos em que enfrentamos crises e situações estressantes, nossos mapas mentais apontam para três caminhos distintos: circular o problema; situações negativas de mesmos níveis ou piores; e o último caminho, chamado por Achor (2012) de O Terceiro Caminho, nos leva do revés a um ponto ao qual chegamos ainda mais fortes, colaborando para o desenvolvimento da capacidade de resiliência.

Assim, como forma de sair da negatividade ou de uma situação de crise, como a experimentada por muitos educadores, sugerimos o mapeamento de novas soluções, aquelas que ainda não foram pensadas ou cogitadas. Com o uso livre da criatividade pode-se chegar a opções que tirem os docentes do estado negativo para o movimento em direção as suas metas positivas.

Usando a docência como gesto de gentileza

Há, na profissão docente, uma prerrogativa deixada de lado por boa parte dos educadores: a gentileza no ato de educar.

Por si só, a gentileza é uma atitude que combina bem com o educador. Mas a prática da gentileza e cordialidade está além de ser apenas uma atribuição de características. A gentileza traz inúmeros benefícios ao educador, como perceber o outro (alunos, pais e colegas) de maneira mais positiva e mais benevolente.

Segundo Sonja Lyubomirsky (2007), a cordialidade promove um elevado senso de independência e cooperação em sua comunidade. Além de aliviar culpas, sofrimentos ou mal-estar, encoraja um senso de consciência e valorização de sua boa sorte. A autora afirma que quando somos corteses começamos a nos ver como pessoas altruístas, apaixonadas e piedosas. E essa nova percepção de nós mesmos pode desenvolver o sentimento de confiança, de otimismo e utilidade.

Mas o principal benefício atribuído ao uso da gentileza, identificado pelos estudos de Lyubomirsky (2007), é o fato de que ajudar os outros leva as outras pessoas a gostarem de você e lhe dedicarem gratidão.

Agora, imagine quantas oportunidades de praticar a gentileza podem surgir no seu ambiente escolar? Além, é claro, do próprio ato de lecionar, que, por si só, já é um grande ato de generosidade.

Em seu livro **A Ciência da Felicidade**, Lyubomirsky (2007) recomenda a prática semanal da gentileza, separando um dia da semana para realizar um novo e grande gesto de cortesia, ou se preferir, de três a cinco pequenos gestos.

Conclusões

A Psicologia Positiva mostra-se como uma grande oportunidade de começar a transformar a realidade dos docentes brasileiros, pois seus temas podem ser capazes de amenizar suas dores e desenvolver suas forças.

Elizabeth Green (2012) afirma que, "se não entendermos como ensinar funciona, não entenderemos o que é preciso para melhorar a educação".

Assim, para entendermos como ensinar funciona, precisamos antes entender

(...) para entendermos como ensinar funciona, precisamos antes entender como os professores funcionam, quais são suas forças e necessidades.

como os professores funcionam, quais são suas forças e necessidades. Pois, a partir daí, poderemos desenvolver ações por meio da Psicologia Positiva, que mudem suas realidades e transformem seu jeito de interagir com seus alunos, seus gestores, seus colegas de trabalho e consigo mesmos.

Algumas aplicações dos modelos apresentados estão sendo realizadas com educadores da cidade do Rio de Janeiro, através do programa Educadores em Foco e, apesar de ainda não termos dados oficiais de pesquisas, já notamos mudanças significativas no comportamento dos docentes participantes.

Podemos citar entre essas mudanças o aumento da autoestima e da sensação de valorização, bem como maior disposição para entender as decisões organizacionais, maior cuidado com aspectos ligados à saúde física, mental e financeira, redução do absenteísmo e, principalmente, descoberta do sentido e propósito de vida.

Esses resultados começam a se refletir na sala de aula, o que poderá levar à melhoria da qualidade de ensino no nosso país e assim confirmar que a transformação da educação passa, necessariamente, pela promoção da felicidade e do bem-estar de nossos educadores.

Capítulo 31

Resiliência, Psicologia Positiva e Crescimento Pós-Traumático

Renata Livramento

A Psicologia Positiva se apresenta como o estudo do funcionamento humano ótimo e dos fatores que promovem a saúde e o bem-estar em seus diversos níveis (individual, relacional, institucional, cultural...). Ela surge como uma contraposição e, ao mesmo tempo, um complemento à Psicologia tradicional, cujo foco concentra-se nas patologias, ou, como afirma Seligman (2004), no lado "negativo" da vida. Assim sendo, a Psicologia Positiva foca nos aspectos positivos, sadios e funcionais do ser humano. E, portanto, em sendo a resiliência um processo que sustenta as características psicológicas positivas dos indivíduos (REIVICH & SHATTÉ, 2003), seu estudo se justifica dentro deste novo movimento científico denominado Psicologia Positiva.

> (...) em sendo a resiliência um processo que sustenta as características psicológicas positivas dos indivíduos (Reivich e Shatté, 2003), seu estudo se justifica dentro deste novo movimento científico denominado Psicologia Positiva.

Este capítulo objetiva apresentar o conceito de resiliência, relacionando-o à Psicologia Positiva, e, em especial, ao conceito de crescimento pós-traumático. Além disso, é apresentado um estudo de caso para ilustrar os conceitos, como uma aplicação prática.

Conceito de Resiliência

De acordo com o dicionário latim-português Saraiva (2000), a palavra resiliência tem sua origem etimológica no verbo em latim *resilire*, sendo derivada de *re* (partícula que indica retrocesso) e *salio* (saltar, pular), significando voltar saltando ou pular para trás. Tal concepção traz consigo a ideia de retorno ao estado inicial, presente no uso da palavra feito pelas ciências exatas.

Na Física, o termo foi utilizado pela primeira vez por Thomas Young, em 1807, quando discutia a fratura de corpos elásticos produzida por um impacto. Segundo Hibbeler (2010), a resiliência é definida como a capacidade que um material tem de voltar à sua forma inicial após ter sofrido uma pressão ou impacto. Essa concepção envolve as seguintes propriedades: rigidez, flexibilidade, e plasticidade. A rigidez é a capacidade de o material manter-se intacto, absorvendo a energia do impacto sofrido por ele; a flexibilidade diz respeito à propriedade de ceder à influência do estímulo sem se romper, e a plasticidade é a possibilidade de o material voltar ao seu estado original, após a cessão dos estímulos que o estavam impactando.

> (...) a resiliência envolve uma adaptação positiva diante de contextos de adversidades.
>
> (...) lidar com as adversidades é um processo dinâmico que envolve uma variedade de fases e respostas, de acordo com as especificidades das pessoas, dos contextos e dos estressores.

Embora não seja um consenso, grande parte dos autores considera que o conceito de resiliência utilizado nas ciências humanas, e em especial na Psicologia, foi derivado deste conceito da Física. Segundo Yunes (2003), em Psicologia, o conceito não é tão claro e preciso quanto nas ciências exatas, nem poderia ser, haja vista a complexidade inerente aos fenômenos humanos. Assim, existem muitos conceitos e perspectivas diferentes sobre a resiliência em Psicologia. Tais diferenças podem ser tanto no objeto de estudo (crianças, adolescentes, adultos, idosos, famílias, grupos etc.), quanto na forma de perceber o fenômeno (como traços e características individuais, ou como um processo dinâmico e experiencial).

Para Groetberg (1995), a resiliência é uma capacidade universal de pessoas, grupos ou comunidades de prevenir, minimizar ou superar os efeitos nocivos de condições adversas. Luthar, Cicchett e Becker (2000) consideram que a resiliência envolve uma adaptação positiva diante de contextos de adversidades. E Masten (2007) afirma que resiliência é uma adaptação positiva durante ou após a exposição a um fenômeno potencialmente danoso ao desenvolvimento humano.

Ao se analisarem tais conceitos, percebe-se a presença de duas dimensões: os processos de adaptação (ou fatores de proteção) e as adversidades (ou fatores de riscos). A adaptação, de acordo com Cecconello (2003), diz respeito àquilo que ajuda as pessoas a conduzirem e direcionarem seu comportamento de forma positiva, ou seja, competências e habilidades para lidar com as situações potencialmente negativas de sua vida, sem haver disfunções. Niquice e Poletto (2015) advertem para a necessidade de se relativizar o uso da palavra "adaptação" no contexto da resiliência, pois ela pode passar a impressão de um ajustamento total do indivíduo às situações adversas, o que não corresponde à realidade quando se trata de comportamentos humanos. Nesse sentido, Ungar (2008) considera que a resiliência é um processo dinâmico, que envolve a busca contínua de possibilidades que permitam lidar melhor com os estressores, e promovam o bem-estar.

No estudo da resiliência, as adversidades são eventos ou experiências que podem afetar negativamente o bem-estar físico, psíquico e social dos indivíduos. Tais eventos/experiências podem ser desde doenças, abuso de drogas e violência, a acidentes, desastres naturais, baixa renda, conflitos, baixa estima, e situações estressantes em geral. (NIQUICE & POLETTO, 2015). Ungar (2008) ressalta que a adversidade é um construto fundamental para a compreensão da resiliência, sendo que o que é um fator de risco para um indivíduo pode não o ser para outro. Assim sendo, conforme ressaltam Dehaan, Hawley e Deal (2013), lidar com as adversidades é um processo dinâmico que envolve uma variedade de fases e respostas, de acordo com as especificidades das pessoas, dos contextos e dos estressores.

Resiliência e Psicologia Positiva

Desde o início da Psicologia Positiva, Seligman (1998) aponta a necessidade de maior atenção aos aspectos positivos do desenvolvimento humano. Em seu artigo **Building human strength: psychology's forgotten mission**, Seligman (1998, p. 2) afirma que "as principais teorias psicológicas mudaram para ser o alicerce de uma nova ciência das qualidades e da resiliência".

Vários temas da Psicologia Positiva se relacionam com a resiliência, como, por exemplo, emoções positivas, forças de caráter, bem-estar, dentre outros. Entretanto, para este capítulo, será dada ênfase ao crescimento pós-traumático, que, embora seja um conceito desenvolvido um pouco antes da Psicologia Positiva, é frequentemente associado a ela e estudado por seus autores. Isto se dá pois a Psicologia Positiva é um solo fértil para o florescimento de sua ideia central, na medida em que foca nos aspectos funcionais e positivos da vida.

Crescimento Pós-traumático

O termo "Crescimento Pós-traumático" foi cunhado por Richard Tedeschi e Lawrence Calhoun, psicólogos da Universidade da Carolina do Norte, em 1996 no artigo **The posttraumatic growth inventory: measuring the positive legacy of trauma**, publicado no **Journal of Traumatic Stress** (TEDESCHI & CALHOUN, 1996). Segundo esses autores, entende-se por Crescimento Pós-traumático (PTG) a experiência subjetiva de uma mudança psicológica positiva resultante da luta com circunstâncias de vida altamente desafiadoras. Para Janoff-Bulman (2004), estas circunstâncias podem ser traumas, eventos estressantes, crises, ou outras denominações que representem grandes desafios para os indivíduos utilizarem seus recursos adaptativos e também para que eles compreendam o mundo e seu lugar nele.

Entretanto, os eventos traumáticos não são apenas uma oportunidade de

> É algo mais intenso e mais profundo em que o indivíduo percebe que não apenas sobreviveu, mas também sofreu alterações que são vistas como muito importantes e que vão além de um retorno ao estado original.

crescimento, eles de fato são perturbadores. Indivíduos que enfrentam crises de vida significativas experimentam emoções como ansiedade, raiva, tristeza, medo e podem desenvolver transtornos psiquiátricos como depressão, síndrome do pânico, transtorno de estresse pós-traumático, dentre outros. Os sistemas de crenças e padrões de pensamento também podem ser afetados, bem como uma série de reações físicas podem se tornar presentes, em momentos de (ou após) forte estresse. (TEDESCHI & CALHOUN, 2004). Ainda assim, diante desta variedade de efeitos negativos da crise, o crescimento pós-traumático pode ocorrer concomitantemente. Tedeschi e Calhoun (2004) ressaltam que não se deve substituir a pressuposição de que o trauma gera reações físicas e psíquicas negativas pela expectativa do crescimento pós-traumático, pois os estudos indicam que em situações de crises significativas ambos coexistem.

Uma grande variedade de traumas ou crises de vida significativas tem sido estudada, como, por exemplo: privação, câncer, infecção por HIV, transplante de medula óssea, acidentes com veículos motorizados, incêndios, ataques do coração, ter de lidar com doenças graves de crianças, abuso sexual, sequestros, situações de refugiados, dentre outras. Conforme Tedeschi e Calhoun (1996, 2004) explicitam, o fenômeno do crescimento pós-traumático ocorre com uma grande gama de indivíduos e situações. Tais autores consideram o fenômeno como resultante de um evento extremamente traumático e não como algo que resulta de pequenos estresses que ocorrem cotidianamente no processo de desenvolvimento. É algo mais intenso e mais profundo em que o indivíduo percebe que não apenas sobreviveu, mas também sofreu alterações que são vistas como muito importantes e que vão além de um retorno ao estado original. Exemplos desta mudança psicológica positiva são: aumento da apreciação pela vida, estabelecimento de novas prioridades de vida, um senso de aumento nas forças pessoais, identificação de novas possibilidades, melhoria na proximidade das relações significativas, e mudanças espirituais positivas.

Neste momento, cabe esclarecer que há uma divergência na forma de os teóricos compreenderem o fenômeno do crescimento pós-traumático. Alguns o consideram como o resultado de uma luta contra um evento altamente estressante ou traumático, outros o consideram como uma estratégia de *coping*, ou seja, uma forma de lidar com este evento.

Resiliência e Crescimento Pós-traumático

Para Tedeschi e Calhoun (1996, 2004) e Calhoun e Tedeschi (2001), é preciso distinguir o conceito de crescimento pós-traumático do conceito de resiliência. Os autores consideram a resiliência como a habilidade de seguir a vida adiante após uma adversidade, ou continuar vivendo uma vida com propósito e sentido após ter passado por experiências duras e adversas.

> Em contraste, o crescimento pós-traumático se refere a uma mudança que vai além da habilidade de resistir e não ser danificado por circunstâncias extremamente estressantes, envolve um movimento para além dos níveis de adaptação anteriores ao trauma. O crescimento pós-traumático então tem uma qualidade de transformação, ou uma mudança qualitativa no funcionamento, ao contrário dos conceitos aparentemente semelhantes de resiliência, senso de coerência, otimismo e resistência. (TEDESCHI & CALHOUN, 2004, p. 4).

Mas, para alguns teóricos, o crescimento pós-traumático é considerado uma forma de lidar com o evento traumático, ou seja, uma adaptação que o indivíduo faz diante de uma situação altamente estressora. Assim, conforme salientam Nishi, Matsuoka e Kim (2010), se o PTG (Posttraumatic Growth) for considerado uma estratégia para lidar com o estresse, ele pode estar relacionado ao conceito de resiliência. Em seu estudo com sobreviventes de acidentes com veículos no Japão, concluíram que os fatores forças pessoais, relacionamento com os outros e novas possibilidades são positivamente correlacionados à resiliência, enquanto os fatores apreciação da vida e mudança espiritual são positivamente correlacionados ao PTSD (*Posttraumatic Stress Disorder*).

Em um estudo recente com jovens em início da idade adulta (por volta dos 18 anos), Arpawong *et al.* (2016) identificaram como preditores do PTG: menos experiências de eventos estressantes, menos estresse em geral, maior perspectiva de vida futura, e maior identificação com o estágio de vida adulta.

Roepke e Seligman (2015), considerando o trabalho de Janoff-Bulman (1992, 2006) em que o trauma gera uma ruptura de crenças do indivíduo, e pode levar tanto a consequências positivas quanto negativas, sugerem a existência de um moderador neste processo. Tal moderador seria o fator abertura a novas possibilidades na vida. Roepke e Seligman (2015) conduziram recentemente um estudo para testar esse efeito moderador, e concluíram que o engajamento com novas possibilidades foi um forte preditor do crescimento pós-traumático no estudo em questão. Os autores afirmam que, em termos clínicos, isto implica que:

Sobreviventes de traumas podem obter melhores resultados a longo prazo se eles se envolverem com novas possibilidades na fase aguda pós-trauma. Cognitivamente, os sobreviventes podem ampliar suas perspectivas para atender a novas funções, papéis, objetivos e fontes de significado. Comportamentalmente, eles podem fazer esforços concretos para se dedicarem a novos hobbies, encontrar novas paixões e ampliarem seus círculos sociais. (ROEPKE &378 SELIGMAN, 2015, p. 113).

A seguir, será descrito um estudo de caso que ilustra estas conclusões de Roepke e Seligman, bem como o tema deste capítulo.

Estudo de caso[1]:

Dados: Homem, solteiro, 27 anos.

Queixa: Síndrome do pânico, sendo dois episódios mais "traumáticos" (em um deles correu risco de morte pois estava dirigindo e causou um acidente).

Contexto: PR mora na casa dos pais, e estuda para concurso. A situação entre os pais é bastante tensa (histórico de traição, crises financeiras do pai etc.). Mãe desconta suas frustrações no filho, fazendo-o de "confidente". Obeso, com vida social bastante limitada.

Após as duas crises muito fortes, PR procurou Psicoterapia. Em princípio, o trabalho foi realizado com um psiquiatra. A medicação garantiu a remissão dos sintomas, dando condições ao processo psicoterápico de se desenvolver.

De forma geral, foram trabalhadas as crenças de PR em relação às questões de seu contexto, psicoeducação para compreensão da síndrome do pânico, e intervenções da Psicologia Positiva como exercícios de *mindfulness* para controle da ansiedade, intervenções para a melhoria do otimismo, esperança e autocompaixão, conhecimento e desenvolvimento de suas forças pessoais e estabelecimento de metas significativas.

Resultados: PR não apenas voltou ao estado pré-crise, mas ressignificou seu momento de vida. Aderiu à atividade de corrida e buscou uma nutricionista, o que melhorou sua condição física. Despertou o gosto pela atividade, e engajou-se em uma equipe de corrida de rua, que, por sua vez, aumentou seu contato social, levando-o a fazer novas amizades. Passou a estudar em uma biblioteca pública para sair do contexto familiar e conseguir se concentrar, elaborou um plano de estudos, canalizou suas forças pessoais e buscou motivação interna para passar no concurso. Compreendeu seu papel na família e deixou de ser o depositário das

---

1. Este estudo de caso foi devidamente autorizado por escrito pelo paciente para publicação, ainda que sua identidade esteja protegida.

frustrações da mãe. Retomou sua espiritualidade, e se candidatou a trabalhos voluntários na instituição que frequenta. Atualmente, PR se sente feliz e realizado, já emagreceu 20kg, tem vida social e afetiva ativas, já passou em um concurso público e está se preparando para um ainda mais desafiador, não teve mais crises de pânico, está sem medicação há quase um ano, descobriu novos prazeres e significados em sua vida. Sobre a síndrome do Pânico, diz que "foi a melhor coisa que podia ter acontecido comigo naquele momento. Depois disso, eu mudei a minha vida para muito melhor. Por mais estranho que seja, acho que foi uma bênção em minha vida".

Percebe-se claramente, neste caso, que houve não apenas uma situação de resiliência, mas sim de crescimento pós-traumático.

Em suma, foram vistos neste capítulo alguns aspectos importantes da resiliência e do crescimento pós-traumático. Ambos os temas são muito significativos para a Psicologia Positiva, na medida em que sua compreensão e desenvolvimento ajudam no estabelecimento e promoção de intervenções que possibilitem o funcionamento humano ótimo. Um indivíduo resiliente tem mais condições de exercitar suas forças de caráter, focar em suas emoções positivas, estabelecer relacionamentos significativos, enfim, cuidar do seu bem-estar. Por outro lado, todos estes aspectos também contribuem para o desenvolvimento da resiliência, formando-se, então, um ciclo virtuoso que favorece o florescimento humano.

Capítulo 32

Um Projeto Educativo Positivo Familiar

Flavia Villar

A família é o âmbito próprio do desenvolvimento mais profundo do ser humano. Nas palavras de Corominas (2010), educar é uma ciência e uma arte. Aos pais cabe a responsabilidade de "como educar", de eleger em cada ocasião "o que fazer", e "como fazer". Quanto mais consciente, perseverante e coerente for a ação educativa familiar, maior será a influência na formação e amadurecimento dos filhos.

> Quanto mais consciente, perseverante e coerente for a ação educativa familiar, maior será a influência na formação e amadurecimento dos filhos.

Com foco nesta importância dos pais na educação dos filhos, apresentamos, neste capítulo, uma proposta que favoreça os pais nesta jornada, com base nos estudos que a Psicologia Positiva reserva à denominada Educação Positiva.

Contribuições da Psicologia Positiva para a Educação

De acordo com Seligman (2011), o que mais os pais desejam para seus filhos é felicidade, confiança, contentamento, realização, equilíbrio, propósito, coisas boas, saúde, satisfação, amor. No fundo, o que realmente os pais desejam para os seus filhos é o bem-estar.

Segundo a teoria do bem-estar, desenvolvida por Seligman (2011), a felicidade não depende de um único fator para acontecer e sim de ao menos cinco elementos que, somados, potencializam ainda mais o alcance do bem-estar e da satisfação plena. Para ele, ter emoções positivas, estar engajado fazendo aquilo que se gosta, construir relacionamentos saudáveis, encontrar um propósito/sentido na vida e alcançar realizações e conquistas são os fatores essenciais para sustentar a nossa felicidade. Diante disso, Seligman (2011) afirma que a base da Educação Positiva é o florescimento.

Aplicação da Educação Positiva

Nos últimos 18 anos da Psicologia Positiva, uma das grandes áreas impactada foi a educação. Em 2000, Seligman e Csikszentmihalyi já começaram a incentivar as escolas a se tornarem instituições positivas. Com este enfoque, todo o sistema educacional passaria a ter como meta o bem-estar dos alunos e de toda a comunidade. Não há um padrão para implementar as descobertas das investigações da Psicologia Positiva em sala de aula, mas existem numerosas práticas de sucesso que podem ser compartilhadas entre as escolas.

Segundo Norrish (2013), Geelong Grammar School (GGS), na Austrália, tem sido a escola modelo da Educação Positiva, sendo uma das primeiras a aplicar a Psicologia Positiva em todo o contexto escolar.

Seligman (2009) explica que o currículo da GGS inclui "aprender", "ensinar", "implementar" e "viver" a Educação Positiva. Professores e pais "aprendem" a Psicologia Positiva em treinamentos regulares e são encorajados a "viver" seus princípios. "Ensinar" refere-se aos alunos aprendendo Educação Positiva de duas maneiras, "explícita", onde os alunos possuem aula de Psicologia Positiva dedicada ao cultivo do bem-estar, e "implícita", por meio de uma infusão dos conceitos do bem-estar em todo o currículo escolar. "Implementar" significa uma visão mais ampla sobre a criação de uma cultura escolar positiva e uma comunidade que visa o bem-estar. Cada nível é abordado como parte de um acontecimento, de processos contínuos, em oposição a um único objetivo a ser alcançado.

Educação Positiva para Pais

Considerando os aspectos levantados sobre a Educação Positiva, cuja abordagem é mais focada para instituições de ensino, consideramos que, fazendo um paralelo, muitos pais podem ser favorecidos por um novo pensar, por uma nova conduta voltada para aspectos positivos da vida de seus filhos, auxiliando-os a se tornarem adultos mais felizes e realizados.

Com isso em mente, propomos o **Projeto Educativo Positivo Familiar,** adaptado desta teoria da Educação Positiva, composto de dez etapas, desenvolvidas por meio de workshops para pais, em ambientes escolares ou em grupos formados para este fim, com duração de três meses. Em cada uma das etapas - detalhadas a seguir com sua construção teórica – apresentamos as contribuições que a absorção de conceitos, intervenções e práticas da Educação Positiva podem trazer aos pais.

Cada uma dessas etapas será realizada em encontros semanais, com duração de uma hora e meia em grupos de até dez pessoas, com exposições conceituais, práticas e utilização de ferramentas de *Coaching*, auxiliando cada família na elaboração de seu próprio Projeto Familiar. No final de cada encontro, os pais serão motivados a realizar um Plano de Ação para aplicarem o conteúdo aprendido em seus filhos.

O Projeto para pais abrange as seguintes etapas, cujos temas teóricos da Psicologia Positiva serão apresentados brevemente, em função de, em outros capítulos, vocês já terem acesso a mais detalhes.

ETAPA 1 - INTRODUÇÃO À PSICOLOGIA POSITIVA

Não é possível falar de Educação Positiva sem entender a Psicologia Positiva. Nesta etapa, então, será apresentada aos pais essa nova proposta com base na cientificidade da Psicologia Positiva, que promete potencializar a qualidade de vida dos indivíduos e prevenir patologias.

Neste encontro, os pais irão "aprender" exercícios para serem aplicados em suas vidas e na vida de seus filhos, tais como: "A Visita de Gratidão" (SELIGMAN, 2002)[1], "Três Bênçãos" (SELIGMAN, STEEN; PARK; PETERSON, 2005)[2], "Exercícios de Forças Pessoais"[3], "Carta do Perdão"[4], "*Mindfulness*"[5], "*Savoring*"[6]. Com isso, eles poderão "viver" os princípios da Educação Positiva e modelar seus comportamentos em ações e interações com os outros e, principalmente, com seus filhos.

ETAPA 2 - EDUCAÇÃO POSITIVA

A Educação Positiva é uma nova forma de abordagem para a educação de uma maneira geral, Educação nas escolas, Educação nas famílias, Educação dos povos. Seligman (2000) preconiza que o bem-estar pode e deve ser ensinado nas escolas e no ambiente familiar.

Segundo Norrish (2015), tendo o bem-estar, acima de tudo, como foco, a Educação Positiva reúne a ciência da Psicologia Positiva ao ensino das melhores práticas para incentivar e apoiar os indivíduos, escolas e comunidades a florescer e, no âmbito familiar, centra-se em habilidades específicas que auxiliam os filhos a identificarem suas forças de caráter e aumentar o emprego delas em suas vidas diárias, reforçar as suas relações interpessoais, construir emoções positivas, promover consciência e incentivar um estilo de vida mais saudável.

Nesta etapa, os pais entenderão, portanto, os benefícios de aplicarem a Educação Positiva com seus filhos motivados a elaborarem um Projeto Positivo Educativo Familiar.

> (...) o bem-estar pode e deve ser ensinado nas escolas e no ambiente familiar.

ETAPA 3 - EMOÇÕES POSITIVAS

Segundo a teoria Ampliar-e-Construir de Fredrickson (2001), é importante

---

1. SELIGMAN, Martin. Florescer. Rio de Janeiro: Objetiva, p. 41. 2011.
2. SELIGMAN, Martin. Florescer. Rio de Janeiro: Objetiva, p. 44. 2011
3. SELIGMAN, Martin. Florescer. Rio de Janeiro: Objetiva, p. 50. 2011.
4. www.positivepsychologyprogram.com, Positive Psychology Practitioner's Toolkit, Forgiveness Letter.
5. Tema abordado em outro capítulo.
6. Tema abordado em outro capítulo.

> (...) é importante focar para que as emoções positivas sejam cada vez mais frequentes na vida diária das crianças.

focar para que as emoções positivas sejam cada vez mais frequentes na vida diária das crianças. Dessa forma, o objetivo é ajudar as crianças a vivenciarem mais emoções positivas, para que se sintam fortalecidas na adversidade, através da ação de seus pais. Segundo Seligman (2011), produzir mais pensamentos positivos do que negativos por meio da vivência de emoções positivas resultará em um capital psicológico e social, tão importante na educação, principalmente para os adolescentes, melhorando o aprendizado e o pensamento criativo.

Nesta etapa, além de conhecerem os benefícios e a importância das emoções positivas, os pais aprenderão exercícios que fomentem as emoções positivas como amor, alegria, gratidão e muitas outras mais.

ETAPA 4 - ENGAJAMENTO POSITIVO: FLUXO

Conhecer o *Flow*[7], conceito desenvolvido na década de 70 por Mihaly Csikszentmihalyi (1990), é essencial para a elaboração do Projeto Educativo Positivo Familiar. Identificando-o junto com as crianças e adolescentes e incluindo atividades que levem ao estado de *Flow*, podemos mapear as potencialidades de cada filho e maximizá-las, fazendo com que ele se desenvolva e aumente o número de sensações positivas que experimenta durante seu dia.

As famílias entenderão que o *Flow* deve permear todo o processo da Educação Positiva, pois ao compreender seu benefício dentro da família, do contexto escolar, e da vida, poderão se conectar com o melhor que habita neles e trazer esse melhor para as suas relações, para seus comportamentos e para suas atividades escolares e pessoais.

ETAPA 5 - RELACIONAMENTOS POSITIVOS

> O foco está em ajudar os filhos a desenvolverem habilidades sociais e emocionais que nutram suas relações consigo mesmo e com outros.

Nesta etapa, pretende-se desenvolver a consciência dos pais quanto à importância dos relacionamentos positivos para o bem-estar. O foco está em ajudar os filhos a desenvolverem habilidades sociais e emocionais que nutram suas relações consigo mesmos e com outros. Para Comptom e Hoffman (2013), existem alguns aspectos do nosso comportamento que contribuem para forjar conexões positivas com outros, incluindo a habilidade para amar, a

---
[7]. Tema abordado em outro capítulo.

presença de conceitos altruístas, a habilidade para perdoar, e a presença de conexões espirituais que ajudam a criar um significado mais profundo de vida.

ETAPA 6 - RESILIÊNCIA

Peça central na Educação Positiva é o desenvolvimento da resiliência nas crianças e nos adolescentes, que se refere, segundo Coutou (2002), à capacidade das pessoas de enfrentarem situações adversas e saírem resistentes, não significando insensibilidade em face da adversidade, mas a capacidade de recuperação. A resiliência é a capacidade para ativar, em vez das emoções negativas, as emoções positivas como fé, esperança, otimismo, gratidão, senso de significado, autoeficácia, flexibilidade, autocontrole, espiritualidade, logo após a situação adversa, os quais constituem fatores ou características pessoais importantes para Masten e Reed (2002).

> *Cabe aos pais preparar seus filhos para as adquirirem e assim poderem viver uma vida rica em emoções positivas, significado, fortes relacionamentos e sucesso.*

Muitas dessas características podem ser desenvolvidas por aprendizado e prática. Cabe aos pais preparar seus filhos para as adquirirem e assim poderem viver uma vida rica em emoções positivas, significado, fortes relacionamentos e sucesso.

ETAPA 7 - REALIZAÇÃO POSITIVA

Segundo Norrish (2015), o domínio "realização positiva" visa desenvolver potenciais individuais, buscando alcançar resultados significativos. Este domínio ajudará as crianças e os adolescentes a definirem e alcançarem objetivos que são profundamente gratificantes para suas vidas.

Nesta etapa, serão desenvolvidos debates e reflexões que favoreçam os pais a apoiarem seus filhos a abraçarem seus desafios e realizações com esperança, coragem e sinceridade.

ETAPA 8 - PROPÓSITO POSITIVO: FAZENDO A DIFERENÇA

Para Norrish (2015), o domínio propósito positivo está relacionado com o entendimento, com a crença, e com o serviço de algo maior que o próprio eu, envolvendo-se conscientemente em atividades que tragam benefício para o próximo. Um foco particular do domínio propósito positivo é o altruísmo e, por isso, nesta etapa, os pais discutirão sobre possíveis alternativas para contínuo incentivo dos filhos a refletirem sobre maneiras por meio das quais eles possam usar seus pontos fortes para o benefício dos outros, entendendo qual é seu papel no mundo.

Este domínio é fundamental para alcançar saúde física e mental, além de ser o pilar para a conquista de uma vida com propósito e significado.

ETAPA 9 - VIRTUDES E FORÇAS DE CARÁTER

Esta etapa apresentará aos pais as virtudes e as forças de caráter, baseadas nos estudos de Peterson e Seligman (2004), as quais Clifton (2006) define como capacidades naturais ou maneiras de pensar, sentir e agir que vêm facilmente a uma pessoa e que são moralmente valorizados. Os pais conhecerão o *assessment VIA Survey*[8] para idenficação de Forças Pessoais (site www.authenticappiness.org) que poderá ser realizado por seus filhos.

Durante esta etapa, os pais são convidados a compartilhar momentos em que seus filhos prosperaram em sala de aula, em eventos de família, durante alguma prática esportiva ou em outras situações, sendo encorajados a fornecer informações sobre as forças de caráter de seus filhos e os atributos dos quais eles são mais orgulhosos.

ETAPA 10 - ESPIRITUALIDADE

Seligman (2011) afirma que um nível mais elevado de espiritualidade caminha de mãos dadas com um maior bem-estar, menos doenças mentais, menos uso de substâncias químicas e casamentos mais estáveis.

O Instituto Gallup e outras pesquisas mundiais (2005) realizaram um estudo que aponta uma ligação entre práticas religiosas e espirituais e jovialidade. Esses mesmos estudos mostram que crianças que achavam que suas vidas tinham um propósito (promovido por conexões espirituais) eram mais felizes.

Diante disso, nesta etapa, os pais serão incentivados a orientar seus filhos a expressar gratidão, compaixão e caridade, através de ações identificadas em conjunto.

---

8. PETERSON, C.; PARK, N. (2009). **Classifying and measuring strengths of character**. In S.J. Lopez & C.R. Snyder (Eds.), Oxford handbook of positive psychology, 2nd edition (pp. 25-33). New York: Oxford University Press. www.viacharacter.org

PETERSON, C.; Seligman, M.E.P. (2004). **Character strengths and virtues: A handbook and classification**. New York: Oxford University Press and Washington, DC: American Psychological Association. www.viacharacter.org

Uma educação com florescimento humano

O que os pais almejam para seus filhos é muito mais do que apenas emoções positivas. Eles querem que seus filhos possam florescer, que para Seligman (2011) é uma combinação de se sentir bem e funcionar bem. Funcionar bem começa com atenção - trazendo uma atitude de interesse e curiosidade, que por sua vez leva ao engajamento, aproveitamento das oportunidades. Funcionar bem também inclui autorregulação - a capacidade de gerenciar nossos pensamentos, sentimentos e comportamentos, e refletir sobre nossas experiências, além de contribuir também para o bem-estar de outros.

O **Projeto Positivo Educativo Familiar** nada mais é do que um roteiro sobre o que os pais almejam para seus filhos: uma boa saúde, emoções positivas frequentes, relações de apoio, um senso de propósito e significado, realização de objetivos com valor e momentos de completa imersão e absorção - uma vida em que possam usar suas forças de caráter de maneira a apoiar a si e aos outros, e que tenham florescimento no coração.

O **Projeto Educativo Positivo Familiar** vem a ser um grande aliado dos pais e educadores para que, juntos, conduzam futuras pessoas de sucesso, utilizando recursos eficientes para realizar mudanças, inovações, soluções, ideias, transformações e resultados no processo de educação.

Capítulo 33

O Futuro da Psicologia Positiva

Lilian Graziano

No momento em que este capítulo é escrito, a Psicologia Positiva está prestes a completar 18 anos. De fato, a julgar por seu crescimento exponencial, trata-se de um movimento científico que demonstra sinais incontestes de solidez, que há muito deixou para trás os críticos que, em seu surgimento, diziam tratar-se apenas de mais um modismo ou de um movimento "sem pernas". (LAZARUS, R. 2003).

> *Nesse sentido, talvez seja interessante tecermos algumas considerações acerca do momento presente em face do que há dez anos foram considerados como os três cenários possíveis para o futuro da Psicologia Positiva.*

Além disso, e como principal sinal de seu amadurecimento, a Psicologia Positiva tem mantido abertos os debates acerca, não apenas de seus princípios, mas também de seu objeto de estudo, atualizando-se à medida em que promove a reflexão acerca de suas premissas.

Sendo assim, discutir o futuro da Psicologia Positiva neste contexto, parece uma tarefa bem mais promissora do que fora no passado quando a própria existência de um futuro para este movimento científico era questionada (LINLEY et al., 2006).

Nesse sentido, talvez seja interessante tecermos algumas considerações acerca do momento presente face àquilo que há 10 anos fora considerado como três cenários possíveis para o futuro da Psicologia Positiva (Idem, 2006), os quais descreveremos a seguir:

1º Cenário: O desaparecimento da Psicologia Positiva

Embora possa causar certo estranhamento, o desaparecimento da Psicologia Positiva não parecia, há dez anos, um futuro tão sombrio quanto se poderia supor. Isso porque, desde o princípio, alguns autores tais como Diener (2003) chegaram a manifestar o desejo de que, ao ter seus princípios apropriados pelo *mainstream* da Psicologia, a Psicologia Positiva deixasse de ser necessária e, portanto, desaparecesse. Isso significaria que, em um nível meta-psicológico, a Psicologia Positiva teria alcançado o objetivo de reestabelecer o equilíbrio dentro da chamada ciência psicológica, no que tange aos aspectos funcionais e disfuncionais do ser humano. Neste cenário, jovens estudiosos teriam crescido em um contexto psicológico positivo o que mudaria o *mindset* da Psicologia de dentro para fora. Além disso, neste futuro haveria uma linguagem compartilhada por meio da qual os psicólogos teriam a compreensão das inter-relações entre forças e fraquezas, positivo e negativo, de forma tão inequívoca quanto hoje consideramos a associação entre os aspectos conscientes e inconscientes da personalidade e do processamento emocional, o que na época de Freud fora considerado tão grande novidade.

Isso posto parece claro que este não foi o destino da Psicologia Positiva. Passados 10 anos desde a previsão por parte dos autores mencionados acerca deste possível cenário, a Psicologia Positiva segue não apenas viva como movimento, mas, sobretudo, necessária. Além disso, podemos verificar um aumento no interesse em relação ao tema, seja por parte dos psicólogos ou do público em geral, com destaque para o crescente interesse por parte das organizações, ansiosas pela aplicação prática dos resultados das pesquisas realizadas desde o início deste movimento.

2º Cenário: O Ostracismo

Neste cenário, a Psicologia Positiva teria falhado em seu intento de promover um equilíbrio no campo de estudo da Psicologia Positiva. Mais do que isso, teria sobrevivido como uma especialidade, tornando-se cada vez mais marginalizada e alheia à agenda psicológica científica. Além disso, sua preocupação com o funcionamento ideal em qualquer esfera da vida a teria distanciado da psicopatologia e de temas como a angústia, o que, inevitavelmente, a colocaria na exata mesma posição do *mainstream* psicológico, o qual nascera para combater, concentrando-se novamente em um único lado da experiência humana.

Para Linley e seus colegas (2006), este cenário (e não o anterior) retrataria o verdadeiro fracasso da Psicologia Positiva que, tendo traído a sua grande visão, teria perdido a oportunidade genuína de catalisar uma mudança radical no pensamento e na prática psicológica.

Felizmente, sabemos hoje que tal cenário não se concretizou. Isto devido a sua já mencionada capacidade de manter-se aberta a reflexões em relação a suas próprias premissas. Como prova disso, temos o surgimento da chamada segunda onda da Psicologia Positiva, a qual será melhor discutida adiante e que, em linhas gerais, resgata as emoções negativas como foco de interesse deste movimento.

3º Cenário: Uma Integração Parcial

Trata-se de um cenário no qual a Psicologia Positiva teria atingido parcialmente seu objetivo de integração meta-psicológica, possibilitando que pesquisadores e profissionais que a praticam compreendessem tanto os aspectos positivos quanto negativos da experiência humana. Nesse contexto, a Psicologia Positiva continuaria como uma área de pesquisa focada em tópicos tais como forças e felicidade, assim como acontece com as várias especialidades da psicologia atual.

> *Estamos longe de uma integração completa em relação aos dois lados da experiência humana, contudo, seria injusto ignorarmos o aumento do interesse acadêmico sobre os aspectos funcionais do ser humano e das instituições.*

Com a integração completa ainda não alcançada, a pesquisa da Psicologia Positiva neste cenário ainda tenderia para o lado positivo do ser humano, continuando seu importante trabalho de corrigir o desequilíbrio neste campo de estudo.

Linley e seus colegas (2006) advertem, no entanto, que isso não poderia ser considerado um problema caso as pesquisas, nesta área, fossem conduzidas a partir de uma perspectiva integradora que procurasse compreender o lado positivo da experiência humana em relação ao lado negativo da mesma.

Dessa forma, tendo chegado ao que há dez anos fora chamado de "futuro da Psicologia Positiva", acreditamos que, entre os três cenários previstos, vivemos hoje aquele que aqui apresentamos como sendo o terceiro. Estamos longe de uma integração completa em relação aos dois lado da experiência humana, contudo seria injusto ignorarmos o aumento do interesse acadêmico sobre os aspectos funcionais do ser humano e das instituições.

Sendo assim, é justamente neste cenário que lançaremos as bases para uma reflexão acerca dos futuros desafios que poderemos enfrentar nos próximos dez anos.

1º Desafio: A Segunda Onda da Psicologia Positiva (SOPP)

Curiosamente a expressão "segunda onda da Psicologia Positiva" aqui denominada doravante SOPP, foi utilizada pela primeira vez em 2004 por uma das principais críticas da Psicologia Positiva, a psicóloga americana Barbara Held (HELD, 2004). Esse fato por si só já exprime a essência da SOPP na medida em que é uma demonstração do quão ambivalentes podem ser as expressões positivo e negativo, uma vez que é sobre uma crítica (algo negativo) que estamos hoje aprofundando nossas reflexões e até mesmo aprimorando a própria Psicologia Positiva (algo positivo).

Apesar de ser uma nomenclatura criada há muito tempo, os estudos sobre

> *Mais especificamente, dizemos que a SOPP é simbolizada pelo reconhecimento da natureza fundamentalmente dialética do bem-estar.*

a SOPP mantém-se bastante atuais. (LOMAS & IVTZAN, 20015; IVTZAN *et al.*, 2016).

Em linhas gerais, a segunda onda da Psicologia Positiva (SOPP) ou Psicologia Positiva 2.0 (WONG, 2011) é caracterizada por uma abordagem mais cheia de nuances em relação aos conceitos de positivo e negativo e pelo reconhecimento da natureza ambivalente da chamada boa vida. Mais especificamente, dizemos que a SOPP é simbolizada pelo reconhecimento da natureza fundamentalmente dialética do bem-estar. Esta natureza é revelada por três princípios distintos.

O primeiro é chamado de "**princípio da avaliação**". Este princípio diz que pode ser difícil avaliarmos determinados fenômenos (tais como, emoções) a fim de categorizá-los como positivos ou negativos, uma vez que, em muitos casos, tais avaliações dependem do contexto ao qual se referem. Tomemos o exemplo do otimismo. Inicialmente considerado como uma emoção positiva, pode, em alguns casos, ser prejudicial ao indivíduo e, portanto, revelar-se como algo negativo. Nessa mesma linha, temos o exemplo da raiva, frequentemente considerada como uma emoção negativa e que, dependendo do contexto pode ser positiva por provocar o afastamento de algo potencialmente prejudicial ao indivíduo.

> *(...) muitas vezes nos deparamos com fenômenos complexos que guardam em si mesmos matizes entrelaçadas de claro e escuro.*

O segundo princípio é o da "**covalência**". De acordo com este princípio, não apenas é difícil categorizarmos um dado fenômeno como positivo ou negativo, mas muitas vezes nos deparamos com fenômenos complexos que guardam em si mesmos matizes entrelaçadas de claro e escuro. A esperança, por exemplo, se constitui em uma mistura frágil do anseio por um resultado desejado, um grau de confiança de que isso tem alguma chance de ocorrer e, ao mesmo tempo uma sutil ansiedade que talvez ele não ocorra. Sem esse tom de ansiedade, não teríamos propriamente a "esperança", mas sim uma simples certeza de que algo aconteceria. Um outro exemplo bem mais complexo que demonstra o princípio da covalência é o chamado crescimento-pós-traumático (TEDESCHI & CALHOUN, 1995) que revela seu caráter covalente na própria nomenclatura.

O terceiro e último princípio que revela a natureza dialética do bem-estar é o princípio da "**complementaridade**", segundo o qual o bem-estar deve ser visto como resultado de uma dialética inevitável entre aspectos positivos e negativos da vida. Essa ideia se baseia no modelo dual-contínuo de Keyes (2007), no qual bem-estar e mal-estar não são dois pólos de um mesmo *continuum*, mas sim duas dimensões separadas do funcionamento humano. Este mode-

> *(...) mal-estar não são dois pólos de um mesmo continuum, mas sim duas dimensões separadas do funcionamento humano.*

lo tem sido corroborado por outros trabalhos (FIANCO *et al.*, 2015) que mostram que o bem-estar não é simplesmente a ausência de mal-estar e que o distress não é necessariamente incompatível com o bem-estar-subjetivo.

Sendo assim, o princípio da complementaridade sustenta que o bem-estar envolve fundamentalmente uma harmonização dinâmica de estados dicotômicos. Nesse sentido, é bom lembramos que este princípio pode ser verificado até mesmo no próprio conceito de bem-estar-subjetivo, que implicitamente admite a existência de humores negativos: Trata-se de uma avaliação que fazemos de nossa vida e que inclui "experiências emocionais agradáveis, baixos níveis de humores negativos e alta satisfação em relação à vida". (DIENER *et al.* 2002, p. 63.).

Rumo à Terceira Onda

A partir do que discutimos até agora, parece claro que a SOPP representa uma fase mais madura deste movimento, ou, em termos hegelianos, a nova tese surgida a partir da antítese proposta por seus fundadores (SELIGMAN & CSIKSZENTMIHALYI, 2000; SELIGMAN, 2004) no que poderíamos chamar de primeira onda da PP. Contudo vale dizer que esta nova tese (SOPP) não se trata de uma oposição à antítese de Seligman (2004) nem mesmo à tese à qual ele se contrapôs (Psicologia Negativa). Trata-se de uma nova tese que traz em si elementos de ambas para uma maior compreensão do chamado florescimento humano.

Além disso, acreditamos que os termos positivo e negativo utilizados pela Psicologia Positiva para designar as emoções deveriam ser compreendidos não em termos valorativos a partir dos quais positivas seriam as emoções que trazem bons resultados ao indivíduo enquanto que negativas seriam o contrário. Classifico as emoções positivas como aquelas que, em geral, são agradáveis de sentir e que promovem a aproximação entre as pessoas, ao passo que negativas seriam as que em geral são desagradáveis de sentir e promovem o afastamento (GRAZIANO, 2005). Nesse sentido, creio que o foco da Psicologia Positiva deveria ser não o de estudar as emoções (e até mesmo comportamentos) positivas, mas sim as emoções *funcionais* essas sim, vistas como aquelas que trazem bons resultados aos indivíduos, ainda que se tratem de emoções negativas. Creio ser esse talvez o principal desafio para a Psicologia Positiva no futuro. Precisamos aprofundar nossos estudos no que tange a SOPP para quem sabe, podermos entrar em uma terceira onda da Psicologia Positiva, na qual a dicotomia entre positivo e negativo não seja uma realidade.

2º Desafio: A Taxonomia

Ao analisarmos os avanços do movimento da Psicologia Positiva desde o seu surgimento, talvez fosse fundamental salientarmos a distinção entre **campo** e **domínio** deste movimento.

De acordo com Csikszentmihalyi e Nakamura, (2011), o campo de um movimento científico diz respeito à infraestrutura humana necessária para levar um conjunto de ideias adiante. Nesse sentido, há muito o que celebrar. A Psicologia Positiva conta hoje com uma rede regional de pesquisadores espalhada por todo o globo, além de cursos de graduação e pós-graduação capazes de garantir a formação da próxima geração de cientistas. O domínio de um movimento científico, por sua vez, corresponderia ao conjunto de regras, procedimentos e conhecimentos que distingue um conjunto de ideias de outro. E é justamente nesse domínio da PP que se situa o que chamamos de desafio da taxonomia.

Há muitos termos na Psicologia Positiva que precisam ser melhor definidos. Talvez o mais importante desses termos esteja relacionado com a própria definição deste movimento, especificamente no que tange ao significado do termo "positivo". (PAWELSKI, 2016).

Passados dezoito anos desde o seu surgimento, é possível que hoje a antiga necessidade de se contrapor ao mainstream negativo (que teria justificado a escolha do termo "positiva" para nomear este movimento) tenha arrefecido. De qualquer forma, estamos certos de que, no futuro, a Psicologia Positiva não precisará mais ser definida por meio de uma contraposição, fato que possivelmente trará uma nova nomenclatura para este movimento.

Mas o desafio da taxonomia vai ainda mais além, sobretudo no que tange às chamadas forças pessoais. Enquanto algumas forças são bastante específicas, tais como a gratidão, outras possuem uma natureza mais complexa e multifacetada, tal como ocorre com a liderança, definida como "uma constelação de atributos cognitivos que promovem uma orientação em direção a influenciar e ajudar os outros, direcionando e motivando suas ações para o sucesso coletivo". (PETERSON & SELIGMAN, 2004. p. 414).

Além disso, temos ainda a justaposição de forças tal como é o caso da inteligência social e a autorregulação. Na atual classificação, a inteligência social envolve a inteligência emocional e a autorregulação envolve o autocontrole, sendo que, muitas vezes, tais expressões são utilizadas como sinônimas. (Idem, 2004). Contudo sabemos que o autocontrole se configura como uma das habilidades da inteligência emocional (GOLEMAN, 1995) de forma que a justaposição entre as duas forças pessoais citadas se faz evidente.

Nesse sentido, acreditamos ser imperativo que no futuro a Psicologia Positiva se debruce sobre sua taxonomia como forma de manter a cientificidade que sempre esteve presente em suas pesquisas.

3º Desafio: A Multiculturalidade

Para alguns autores, é tarefa essencial para o futuro da Psicologia Positiva tornar-se mais multiculturalmente inclusiva. (CHRISTOPHER & HOWE, 2014). Para tanto, seria necessário avaliar criticamente a natureza tanto do self quanto dos valores, virtudes e forças que estão na base deste movimento. (Idem, 2014).

Além disso e a despeito de seus esforços em contrário, alguns críticos acreditam que a Psicologia Positiva apresenta "indicações claras de que é uma filosofia etnocêntrica de vida baseada em valores da cultura ocidental. (FERNANDES-RIOS & NOVO, 2012, p. 341). Dentre esses valores, podemos destacar o individualismo que, típico da cultura americana, estaria na base da Psicologia Positiva, razão pela qual seria necessária uma melhor compreensão acerca do que seria considerado positivo em outras culturas. (CHRISTOPHER & HOWE, 2014).

Sabemos, no entanto, que toda teoria ou esforço científico repousa sobre a cultura da qual se origina. Isso significa que talvez seja uma utopia esperarmos que a Psicologia Positiva seja, ela própria, ubíqua. Contudo, talvez seja de fato um desafio para o futuro da Psicologia Positiva manter um olhar mais atento às diferenças culturais, procurando observar os diferentes caminhos que levam ao florescimento humano nas sociedades mais coletivistas.

4º Desafio: Por Um Campo Mais Positivo

Para discutir este desafio, se faz necessário recorrermos novamente ao conceito de "campo", conforme descrito por Csikszentmihalyi e Nakamura (2011) e que corresponde à infraestrutura humana necessária para levar adiante um conjunto de ideias. Em outras palavras, o campo da Psicologia Positiva seria formado pelas pessoas que estudam e aplicam a Psicologia Positiva em sua prática profissional.

Além da evidente necessidade de que, no futuro, esse conjunto de pessoas mantenha a cientificidade de seus estudos, existe uma demanda de caráter mais pessoal, que talvez seja fundamental para a longevidade deste movimento, que é a vivência, na prática, dos conceitos estudados. Assim como o oncologista que fuma, teríamos nossa credibilidade questionada se permitíssemos um campo fragmentado e pouco inclusivo. É por isso que, de todos os desafios da Psicologia Positiva, vivê-la seja, definitivamente, o maior deles.

Conclusão

Andréa Perez Corrêa

Psicologia Positiva

Curioso o que passa na minha cabeça ao pensar o que devo transmitir neste ponto. De uma forma paradoxal, apesar de se tratar de um momento de conclusão, de fechamento ou de fim – como podemos chamar – o sentimento é de começo.

A construção deste livro até chegar a estas últimas páginas foi, acima de tudo, de imenso aprendizado. Cada artigo pesquisado, cada livro estudado, cada capítulo analisado, cada conversa com os coautores, cada *feedback* discutido nutriu um desejo imenso de continuar nessa trajetória de construir um futuro melhor na vida das pessoas com a Psicologia Positiva.

Chegando a esse ponto o que percebo é que o caminho está apenas começando, pois, por mais que já tenha conseguido atingir um número significativo de pessoas, disseminando os conhecimentos que agreguei até aqui, sei, com convicção, que isso está muito aquém do que posso e, acima de tudo, do que podemos se nos unirmos em nossas iniciativas com o mesmo propósito da Psicologia Positiva: contribuir com o florescimento humano.

São muitas as possibilidades, vertentes, contextos, projetos e parcerias que podemos construir para fortalecer a Psicologia Positiva no Brasil. De alguma maneira, acredito que precisamos e podemos começar a desenvolver iniciativas inovadoras, apostando em ideais mais grandiosos e que despertem o interesse, não apenas de brasileiros, mas também de estudiosos e pesquisadores de outros países.

Acredito que podemos, lançando mão de nossas melhores qualidades humanas, vivenciar momentos criativos que agreguem novas possibilidades de aplicação da Psicologia Positiva, para que consigamos cativar mais pessoas, mais organizações, mais governos para vislumbrarem nesse estudo uma saída para problemas, dificuldades e crises, abrindo uma porta de entrada para uma vida com mais felicidade, significado, empatia, generosidade e com um olhar positivo sobre quem somos.

E para isso, chegando ao final desta obra, o maior desejo é que, a partir das abordagens teóricas e práticas apresentadas por cada um dos autores, você, tenha, primeiramente, entendido a amplitude da Psicologia Positiva e, além disso, tenha se instrumentalizado, ao menos inicialmente, com possíveis formatos para aplicação dos temas desse estudo. É claro que não foi possível abraçar todos os temas neste livro – e nem era essa a pretensão - mas foi contemplada uma gama significativa, com a qual você poderá começar a aprofundar seus estudos.

Na Introdução, disse que, se tudo corresse conforme o planejado, você chegaria ao final desta obra em condições de responder à pergunta que abre o livro: **De que é feita esta obra?**

É claro que para esta pergunta não há opções de certo ou errado; não existe uma resposta única e objetiva, pois cada um de vocês avaliará o que pensou, refletiu e sentiu ao ler cada um dos relatos aqui apresentados. De acordo com os valores que construíram ao longo das suas trajetórias, com as interpretações que fizerem das teorias informadas, com os afetos vividos caso tenham já aplicado algo em suas vidas do que aprendeu aqui, você dará a sua própria resposta

A você, apresento o que sinto como sendo a minha resposta.

Esta obra é feita, acima de tudo, de muitas emoções positivas, de propósitos absolutamente significativos, de qualidades humanas pra lá de positivas, de relacionamentos positivos nutridos de cooperação e amizade, de experiências de muito engajamento de todos esses autores, que se disponibilizaram a construir este livro, mostrando o que fazem, transferindo seus conhecimentos, expondo suas convicções e sentimentos, pois eles acreditam, assim como eu, que a Psicologia Positiva pode contribuir para um mundo melhor e desejam ajudar a construir e tornar real esse sonho.

Por que você não se junta a todos nós neste sonho?

Sobre os Coautores

ADRIANA SANTIAGO
Capítulo 28 - O Perdão como Facilitador de Bem-Estar Subjetivo

Tem 25 anos de experiência clínica. Terapeuta familiar, de casal e individual. É supervisora clínica, especialista em Neurociências pela Universidade Federal do Rio de Janeiro, Psicologia Positiva (Cpaf), Terapia Cognitivo Comportamental e Transtornos alimentares (UFRJ). Diretora do Núcleo de Aplicação da Psicologia Positiva (NUAPP). Professora especialista em Terapia de Esquemas e Psicologia Positiva. Colunista e diretora da "Revista Papo Cabeça", publicada no Rio de Janeiro. Coautora de diversos capítulos de livros que se referem ao bem-estar subjetivo.

http://www.nuapp.com.br / Blog: Papo Cabeça com Adriana Santiago
adrianasantiagopsi@gmail.com / (21) 98662-2565 e (21) 3608-2565

ANA CLARA GONÇALVES BITTENCOURT
Capítulo 29 - Otimismo, Autoeficácia e Esperança: Uma Tríade Potencializadora de Emoções Positivas nos Portadores do Transtorno do Deficit de Atenção com Hiperatividade

Diretora do CADEPH-QV – Centro de Atendimento e Desenvolvimento das Potencialidades Humanas para Qualidade de Vida. Especialista em Psicologia Positiva: Uma interação com o *Coaching*, pelo CPAF/UCAM. Graduada em Psicologia pela Universidade Católica de Petrópolis, com formação em Terapia Cognitivo-Comportamental. Palestrante motivacional com atuação em empresas renomadas na cidade de Petrópolis e em outras regiões do Rio de Janeiro, workshop utilizando os preceitos da Psicologia Positiva.
anaclarapsipositiva@yahoo.com.br / www.cadeph-qv.com.br

ANA KRUEL
Capítulo 9 - '*Assessment*' das Forças de Caráter - Um Instrumento para Identificação das Qualidades Humanas

Especialista em Psicologia Positiva - Uma Integração com o *Coaching*. *Personal & Professional Coach* e Gestão em RH. *International Positive Psychology Association - IPPA Associate*. Associação de Psicologia Positiva da América Latina - APPAL e Associação Brasileira de Psicologia Positiva - ABP+ Associada. Ampla vivência corporativa no desenvolvimento dos Recursos Humanos, na sua visão, missão e valores.
Forte relacionamento interpessoal com equipes de alta *performance* com atuação em ambientes de mudanças constantes.
qualidadeshumanas@gmail.com
www.facebook.com/qualidadeshumanas/

ANDRÉS CABEZAS CORCIONE, PhD
Capítulo 4 - Los Desafíos de la Psicología Positiva en el Continente más Feliz del Mundo

PhD em Psicologia pela Cambridge International University. Doutor (c) em Psicología pela Universidad de Palermo. Terapeuta de Pareja y Familia pela Escuela Sistémica de Chile/Universitat Autònoma de Barcelona. Diretor do Celappa (Centro Latinoamericano de Psicología Positiva Aplicada). Presidente da Asociación Chilena de Psicología Positiva. Supervisor clínico na Facultad de Ciencias Sociales y Humanidades, Universidad Autónoma de Chile. Especialista em Psicoterapia Cognitiva, CATREC. Coordenador da Escuela Sistémica de Chile, Sede Talca. Professor diplomado em Salud Mental y Psicología Positiva, Universidad Adolfo Ibáñez. Editor da Revista Latinoamericana de Psicologia Positiva Aplicada.

Sobre os coautores

CHRISTIANE BARROS
Capítulo 12 - Talentos Humanos e Pontos Fortes Aplicados ao Processo de *Coaching*.
Ser Feliz é o Que se Quer, Mas Será Que Sabemos Por Onde Começar?

Graduada em Direito pelo Instituto Metodista Bennett e pós-graduada em Recursos Humanos pela Unesa. Formada pela Sociedade Brasileira de *Coaching* no *Life and Personal Coaching*, especialista em Gestão de Recursos Humanos, em que atuou por 15 anos nas áreas de desenvolvimento, treinamento, recrutamento e seleção. Atualmente atua como Coach no segmento de Desenvolvimento Humano.

www.chcbcoa.com / chb1717@hotmail.com / (21) 98156-9688

CLÁUDIA MARIA PEDROSO DIAS
Capítulo 19 - Estabeleça Metas para uma Vida em *Flow*

Psicóloga clínica, formada pela Universidade Luterana do Brasil (2012), *Personal & Profesional Coaching* pela Sociedade Brasileira de Coacching (2012), idealizadora do Ponto Mutação *Coaching*, Saúde e Desenvolvimento Humano.

www.pontomutacao.com.br
Instagram – Periscope – Twitter @pontomutacao
WhatsApp (51) 9692-8902 e (51) 9943-8401
www.facebook.com/PontoMutacao

CLAUDIA NAPOLITANO
Capítulo 11 - Potencialização Coletiva das Forças de Caráter no Ambiente Organizacional

Psicóloga formada pela UnG em São Paulo, com Especializações em Gestão de Recursos Humanos pela Universidade Gama Filho, em Ergonomia e Qualidade de Vida pela PUC - Rio e em Psicologia Positiva: Uma Integração com *Coaching* pela Universidade Cândido Mendes/CPAF.Carreira desenvolvida na área de Recursos Humanos em empresas de diversos segmentos (Comércio Varejista, Transporte, Consultoria de RH e Instituição Pública Federal). Vivência nas áreas de Relações Trabalhistas, Saúde Ocupacional, Psicologia do Trabalho, Ergonomia, Benefícios, Treinamento, Recrutamento e Seleção. Docente no Curso de Pós-Graduação de Ergonomia na PUC-RIO.

napolitano.claudia@gmail.com

CLAUDIA R. G. VALENZUELA VIANNA
Capítulo 10 - Mulheres na Liderança: Percepção e Práticas do Uso de Forças de Caráter em Ambiente Organizacional

Diretora da empresa EY no Brasil, atuando no setor de governo e público da instituição. Possui mestrado em Educação pela Universidade Católica de Brasília; cursou pós-graduações nas áreas de Psicologia Positiva e *Coaching* (Universidade Cândido Mendes/Psi+), Gestão de Iniciativas Sociais (Universidade Federal do Rio de Janeiro/SESI Nacional); e Responsabilidade Social Corporativa (Universidade Católica de Córdoba/CapacitarSe); e é graduada em Jornalismo. Tem uma feliz trajetória de trabalho em temas como gestão pública, esporte e desenvolvimento e educação.

CLAUDIO S. HUTZ
Capítulo 3 - Psicologia Positiva: Avanços de uma Nova Abordagem

Psicólogo, mestrado e doutorado pela University of Iowa (USA). Professor titular da Universidade Federal do Rio Grande do Sul, coordenador do Laboratório de Mensuração, do Curso de Graduação em Psicologia da UFRGS e presidente da Associação Brasileira de Psicologia Positiva (ABP+). Foi presidente da Associação Nacional de Pesquisa e Pós-Graduação em Psicologia (ANPEPP) e do Instituto Brasileiro de Avaliação Psicológica (IBAP). Suas linhas de pesquisa são nas áreas da Psicologia Positiva, Personalidade e Avaliação Psicológica. Pesquisador IA do CNPq.

CRISMARIE HACKENBERG
Capítulo 8 - Programa Voz Positiva: Emoções Positivas Através da Música

Pedagoga musical, formada pelo Conservatório Brasileiro de Música (CBM-RJ) em Licenciatura em Educação Artística. Pós-graduada em Psicologia Positiva: Uma Integração com *Coaching*, pelo CPAF-RJ//UCAM. Atualmente cursa a Pós-Graduação em Neurociências aplicada à Aprendizagem pela UFRJ e cursa o MBA de Psicologia Positiva com foco em saúde e qualidade de vida pelo CPAF-RJ//UCAM. Diretora da empresa RioAcappella, atua como regente de corais e gestora de projetos de música e qualidade de vida em empresas.

crismarie@rioacappella.com.br
www.rioacappella.com.br e www.vozpositiva.com

Sobre os coautores

DANIELA LEVY
Capítulo 25 - *Coaching* de Psicologia Positiva nas Organizações

Diretora da área de *Coaching* de Saúde e Bem-Estar da Carevolution e Fundadora da APPAL (Associação de Psicologia Positiva da América Latina), professora do MBA em Master Coach e do MBA em Desenvolvimento Humano e Psicologia Positiva do IPOG. Especializada em Health Coach & Wellness Coach pela Wellcoaches e American College of Sport Medicine, pós-graduada em Psicologia Clínica Hospitalar pelo Instituto do Coração – InCor do HC-FMUSP, pós-graduada em Terapia Cognitivo Comportamental pelo HC-FMUSP, 2006.

danielalevy@uol.com.br

ÉRIKA RANGEL
Capítulo 7 - Comunicação, Autoafirmação e Humildade: A Tríade para Construção do Bem-Estar

Coach Pessoal e Profissional, mestranda em Psicologia, pós-graduada em Psicologia Positiva e *Coaching*, graduada em Comunicação Social. Experiência profissional de mais de 20 anos desenvolvendo talentos, formando e fortalecendo pessoas e equipes, aprimorando inteligência emocional e equilíbrio organizacional. Vivência de 13 anos residindo e trabalhando nos EUA na área de Desenvolvimento Pessoal, Recursos Humanos, *Coaching* e Treinamento. Professora especialista de *Coaching* e Liderança no curso de Pós-Graduação da Universidade Veiga de Almeida.

www.boomcoaching.org / coach.erikarangel@gmail.com
(21) 98704-2399 WhatsApp

FERNANDA A. MEDEIROS
Capítulo 24 - A Empatia como Recurso Facilitador das Relações Humanas

Psicóloga formada pela UFSC, pós-graduada em Psicologia Positiva (Uma Integração com *Coaching*) pela AVM do Rio de Janeiro, dois anos de especialização em Gestalt Terapia pelo Instituto Gestalten em Florianópolis. Trabalhou com recrutamento, seleção e treinamento de pessoas. Ministrou palestras e treinamentos na área clínica e de Recursos Humanos no Rio Grande do Sul e Santa Catarina. Atualmente, trabalha na área clínica com Terapia Cognitivo Comportamental e Psicologia Positiva para crianças, adolescentes, adultos e casais; palestrante em empresas, escolas e instituições e é psicóloga voluntária dos Médicos do Sorriso.

psi.fmedeiros@gmail.com

Psicologia Positiva

FLÁVIA VILLAR
Capítulo 32 - Um Projeto Educativo Familiar

Formada em Ciências Econômicas pelas Universidades Integradas Cândido Mendes, é especialista em educação, na especialidade de Assessoria Educativa Familiar, pelo Centro Universitario Villanueva, reconhecido pela Universidad Complutense de Madrid, e também em Psicologia Positiva: Uma Integração com o *Coaching*, pelo CPAF/UCAM. É formada em Personal & Professional *Coaching*, pela Sociedade Brasileira de *Coaching*, reconhecida pela Behavioral *Coaching*. Possui também um Professional Coach Certification pela SLAC, reconhecida pela *International Association of Coaching* e também possui o *Professional DISC Certification*.

GABRIELE DE OLIVEIRA RIBAS
Capítulo 23 - *Savoring* e a Escrita: A Arte de Apreciar as Experiências Positivas

Formação em Psicologia; mestrado em Saúde e Gestão do Trabalho, pela Universidade do Vale do Itajaí - SC. Especialização em Psicologia Transpessoal e em Arteterapia. Formação em *Coaching* certificada pela *Global Accreditation Board for Coaching*. Desenvolve recursos educativos, terapêuticos e criativos para o autoconhecimento de crianças e adultos. Criadora do Escreva-se: Oficina On-line de Escrita Autêntica. Autora do livro interativo **Caderno do Eu: 30 exercícios de escrita terapêutica para o autoconhecimento**, e do livro infantil **A Rosa da Gratidão**.
www.cadernodagabi.com.br / cadernodagabi@gmail.com

GILMAR CARNEIRO
Capítulo 30 - Psicologia Positiva a Serviço dos Educadores

Coach de educadores e sócio-diretor da AGGREGA Soluções Humanas, palestrante, escritor e trainer com mais de seis anos de experiência e fundador do Educadores em Foco, programa de desenvolvimento humano para educadores, baseado nos temas da Psicologia Positiva.
MBA em Administração de Empresas (FGV), pós-graduando em Psicologia Positiva (PSI+) e Personal&Professional Coach (SBC). Acredita que a transformação na educação se dá pelo empoderamento dos educadores, ao alinhar suas carreiras com seus propósitos de vida para que eles exerçam sua paixão da maneira mais inspiradora, realizada e bem-sucedida possível.

www.gilmarcarneiro.com.br / Fanpage: Gilmar Carneiro Coach de Educadores
Youtube: Educadores em Foco TV / contato@gilmarcarneiro.com.br

Sobre os coautores

HELENA ÁGUEDA MARUJO, PhD
Capítulo 5 - O Tempo e a Voz da Diferença: O Caso Português e a Necessidade de uma Psicologia Positiva não Exclusivamente Norte-Americana

Professora auxiliar no Instituto Superior de Ciências Sociais e Políticas da Universidade de Lisboa, onde é coordenadora executiva do Executive Master em Psicologia Positiva Aplicada e coordenadora da Plataforma para a Felicidade Pública. É doutorada em Psicologia pela Universidade de Lisboa, e investigadora do CAPP – Centro de Administração e Políticas Públicas. É membro do Board of Directors da International Positive Psychology Association, e docente convidada da Saint Joseph University
de Macau e da North-West University da África do Sul.

HELMA PAIVA NEVES
Capítulo 18 - Uma Nova Abordagem no Processo de Recrutamento e Seleção por Forças Pessoais

Psicóloga Organizacional e Coach de Carreira. Membro-fundadora do Instituto Brasileiro de Psicologia Positiva (IBRPP). Especialista em Psicologia Perito Examinador (FUNEDI), MBA Gestão Estratégica de Pessoas (UNA) e graduada em Psicologia (PUC). É Coach certificada pelas escolas: IBC, SBC, além do ICF. Atualmente fazendo MBA em Psicologia Positiva da Universidade Cândido Mendes (RJ). Experiência profissional desenvolvida na área organizacional desde 1996 em empresas multinacionais e nacionais de vários segmentos. Atua com Análise de Perfis Comportamentais/Assessment, Processos Seletivos, Treinamento & Desenvolvimento, Gestão por Competências/Talentos. Idealizadora do projeto Carreira Positiva. Eterna apaixonada pelo SER HUMANO, dedica-se a auxiliar pessoas e organizações a encontrar sua melhor performance.

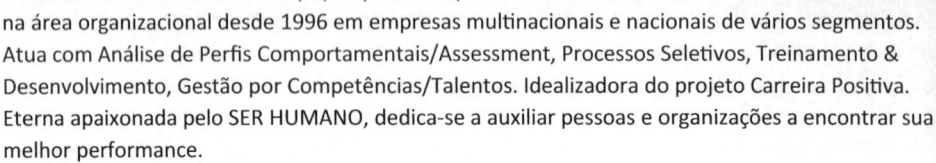

JULIANA C. PACICO
Capítulo 3 - Psicologia Positiva: Avanços de uma Nova Abordagem

Psicóloga, especialista em Psicologia Organizacional (UFRGS), mestrado e doutorado em Psicologia (UFRGS). Atualmente realiza PD na Massachusetts University. É secretária da Associação Brasileira de Psicologia Positiva (ABP+). Suas linhas de pesquisa são nas áreas da Psicologia Positiva, Personalidade e Avaliação Psicológica e aplicações na área organizacional.

LILIAN COELHO
Capítulo 22 - Otimismo: Ajustando as Lentes

Psicóloga Positiva e Coach - CRP 12/09185. Psicóloga, Uningá – 2009. Coach, Método High Rise/ Vanessa Tobias *Coaching* – 2012. Especialista em Psicologia Positiva, IIPSI+ - 2016. Proprietária em Novo Olhar – Centro de Desenvolvimento Humano e Café com Talentos: Consultoria e *Coaching* Executivo em Florianópolis/SC – 2013. Atendimento individual, grupo, palestras, treinamentos e cursos em Psicologia Positiva e *Coaching*.

www.novoolharsc.com.br / liliancoelhopsicoach@gmail.com
(48) 8469-8144 / 3209-5756 / Facebook: liliancoelhomagalhaes
Instagram: liliancoelhopsicologiapositiva

PROFª DRª LILIAN GRAZIANO
Capítulo 33 - O Futuro da Psicologia Positiva

Psicóloga e Doutora em Psicologia pela Universidade de São Paulo (USP). Tem pós-graduação em Psicoterapia Cognitiva Construtivista e especialização lato sensu na área de gestão empresarial, com especialização em Virtudes e Forças Pessoais pelo VIA Institute on Character, EUA, e certificação em *Coaching* Positivo pelo *Positive Acorn*, EUA. Graziano é também docente em programas de pós-graduação da Fundação Dom Cabral (FDC). Seu trabalho de doutorado sobre Psicologia Positiva e Felicidade foi a primeira tese brasileira sobre o tema. Desde 2003, quando fundou o Instituto de Psicologia Positiva e Comportamento (IPPC), vem disseminando a Psicologia Positiva no Brasil por meio de cursos abertos e programas corporativos.

www.psicologiapositiva.com.br

LIVIA L. LUCAS CARLOMAGNO
Capítulo 16 - Liderança Positiva

Diretora da Positiva – Educação Corporativa e Gerencial, consultoria que capacita profissionais, líderes e equipes nas organizações através das ferramentas da Psicologia Organizacional Positiva. Formada em Psicologia (PUC), especialista em Psicologia Organizacional (IDGRS) e Mestre em Psicologia (UFRGS). Autora do artigo Relações entre criatividade, otimismo, esperança e desempenho profissional (revista Temas em Psicologia, v.22(2) 2014). Professora da Escola de Gestão e Negócios da Unisinos. Coautora do livro Psicologia Positiva: teoria, pesquisa e intervenção, lançado em 2016 pela editora Juruá.

Sobre os coautores

LUIS MIGUEL NETO
Capítulo 5 - O Tempo e a Voz da Diferença: O Caso Português e a Necessidade de uma Psicologia Positiva não Exclusivamente Norte-Americana

Professor no Instituto Superior de Ciências Sociais e Políticas da Universidade de Lisboa, onde faz a coordenação do Executive Master em Psicologia Positiva Aplicada e da Plataforma para a Felicidade Pública. É investigador do Centro de Administração e Políticas Públicas e membro do Board of Directors da International Positive Psychology Association, Docente convidado da Saint Joseph University de Macau e da North-West University da África do Sul, recebeu o grau de Doutor em Educação pela Univ. de Massachusetts. Fez uma pós-graduação em Terapia Familiar Sistêmica na Faculdade de Medicina da Univ. de Sevilha.

MARCIA CRISTINA OLIVEIRA FERNANDES
Capítulo 26 - Esperança na Psicoterapia

Especialista em Psicologia Clínica, formada pela FFCL São Marcos há 30 anos. Psicoterapeuta psicodramatista formada pela Sociedade Paulista de Psicodrama, Positive Coach e MBA em *Coaching*, membro SBCoaching e associada ao International Positive Psychology Association. Consteladora Sistêmica. Docente e convidada em cursos de Saúde e Práticas Integrativas (USP, FACIS, Universidade Anhembi Morumbi, FMU e UNIFESP). Coordenadora de cursos de graduação e de pós-graduação. Educadora Floral credenciada Healingherbs, UK, Blossom e tutora ABFE, Austrália. Facilitadora de Grupos de Florescimento Humano.
coachmarciafernandes@yahoo.com.br

MÔNICA PANNAIN BONHÔTE
Capítulo 13 - Encontrando a Carreira Ideal

Gestora de Recursos Humanos pela Estácio com MBA em *Coaching* pela FAPPES & Sociedade Brasileira de *Coaching* e *Master Coach* pela Sociedade Brasileira de *Coaching*. Por mais de 25 anos conduzindo times de alta performance em Atendimento a Clientes, Assistência 24 Horas e Área Comercial. Atualmente, compõe a equipe Estácio Carreiras, conduzindo palestras e atendimentos sobre orientação de carreira e eventos de divulgação e preparação para o mercado de trabalho.
Coautora do Despreenda, blog sobre transição de carreira para o empreendedorismo, sendo responsável pelo tema Mentalidade.
https://www.facebook.com/monica.bonhote / http://despreenda.com
mbonhote@gmail.com / Whatsapp (48) 8409-1979

Psicologia Positiva

POLIANA LANDIN
Capítulo 17 - O Sentido: Construindo Organizações Positivas

Mestre em Psicologia pela Universidade São Francisco – USF. Pós-graduada em Gestão de Pessoas por Competência e *Coaching* pelo IPOG. Graduada em Psicologia pela PUC/GO. Coach com formação e Certificação em Internacional. Formação em Psicologia Positiva pelo Instituto de Psicologia Positiva e Comportamento – IPPC. Possui experiência em liderança e gestão de RH. Prática nas áreas de Gestão de Carreira, Identificação e Desenvolvimento de Talentos. Palestrante, docente e coordenadora da Especialização em Avaliação Psicológica e do MBA Executivo em Desenvolvimento Humano e Psicologia Positiva do IPOG.

RAFAEL GARCIA OLIVEIRA
Capítulo 19 - Estabeleça Metas para uma Vida em *Flow*

Psicólogo clínico, formado pela Universidade Luterana do Brasil (2007), pós-graduado em Avaliação Psicológica (Ulbra/2009, especializando em Psicologia Positiva pela UFRGS (2016).
www.pontomutacao.com.br
Instagram – Periscope – Twitter @pontomutacao
Whatsapp (51) 9692-8902 e (51) 9943-8401
www.facebook.com/PontoMutacao

RENATA ABREU
Capítulo 20 - Gratidão e Generosidade: Uma Abordagem Prática Aplicada ao Bem-Estar

Atua com *Coaching* Positivo nas organizações e público em geral. Pós-graduada em Psicologia Positiva e *Coaching*; credenciada pela *International Coaching Federation*; certificada em *Coaching* Integrado, Carreira e *Life* pela *Integrated Coaching Institute®*; formada em *Coaching* profissional pela Pro-fit®. Graduada em Administração, Cont. Education pela Kenan Flager Business School, U.N.C. 20 anos de experiência corporativa, sendo 18 anos na consultoria Accenture, onde atuou seis anos como diretora de projetos de transformações organizacionais e capital humano.
www.renataabreu.me / contato@renataabreu.me

RENATA GOMES NETTO
Capítulo 21 - *Mindfulness* e Psicologia Positiva

Mestre em Psicologia pela UCB (2005) e graduação em Psicologia pelo Centro Universitário Newton Paiva (1999). Formação em *Coaching* pela SBC (2011) e em Terapia Cognitivo Comportamental pelo IWP (2015). Certificação em Psicologia Positiva. Docente no ensino superior, com experiência no ensino presencial e à distância. Apaixonada por pessoas e seu potencial encontrou na Psicologia Positiva um grande referencial para trabalhar os projetos em que acredita: desenvolver pessoas. Tem aprofundado seus conhecimentos em Mindfulness e os benefícios que esta prática traz para uma melhor experiência de vida.

(38) 98825-9453 / renatagnetto@gmail.com

RENATA LIVRAMENTO
Capítulo 31 - Resiliência, Psicologia Positiva e Crescimento Pós-traumático

Fundadora e presidente do Instituto Brasileiro de Psicologia Positiva. Doutora e Mestre em Administração, especialista em Psicologia Clínica e graduada em Psicologia e em Administração. É Master Coach incluindo a certificação internacional em Positive Psychology *Coaching*. É certificada em Psicologia Positiva e membro do IPPA, APPAL e ABP+. Possui várias formações (Integrative Psychotherapy, EMDR, Hipnose Ericksoniana etc.), é professora universitária de cursos de pós-graduação, e palestrante. Trabalha em consultório com psicoterapia de adultos, adolescentes e casais, e com *Coaching*. Idealizadora dos Programas Felicidade em Ação e Doe Sentimentos Positivos. Coordenadora do movimento "Action for Happiness" em Belo Horizonte.

www.renatalivramento.com.br / www.felicidadeemacao.com.br
renata@renatalivramento.com.br

RITA AMORIM
Capítulo 14 - Foco nas Qualidades Humanas Positivas em Programas de Capacitação e Desenvolvimento Profissional

Psicóloga, Mestre em Engenharia de Produção pela UFRJ, especialista em Psicologia Positiva Uma Integração com o *Coaching* pela UCAM, formação como Coach: *Personal & Professional Coaching* e Líder Coach pela Sociedade Brasileira de *Coaching* e Especialista em RH pela FGV. Servidora da Fiocruz, atua em Gestão de Pessoas com: Capacitação e Desenvolvimento, Recrutamento e Seleção, Qualidade de Vida, Projetos em RH, Dinâmicas de Grupo, *Coaching* e Psicologia Positiva. Professora convidada da Universidade Veiga de Almeida - MBA Educação Corporativa e RH, palestrante na área de Gestão de Pessoas.

remamor@gmail.com

Psicologia Positiva

SÔNIA RAMOS
Capítulo 15 - Investigação Apreciativa Aplicada ao *Coaching* nas Organizações

Psicóloga, pós em Psicologia Positiva e *Coaching* (UNICAM-RJ), MBA em Gestão Empresarial (FGV-RJ), Formação e Certificação Internacional em Neurocoaching, *Executive Coaching, Team Coaching, Intuitive Coaching e Wellness & Health Coaching*. Qualificada nos instrumentos MBTI, Birkman e Inteligência Emocional EQ-I 2.0 e EQ-I 360º. Membro da *International Coaching Federation* (ICF-RJ). Atuação como consultora em processos de desenvolvimento organizacional, *Coaching* de Carreira, *Coaching* Executivo e *Wellness Coaching*, com ampla experiência em empresas de grande porte de vários segmentos.

soniarramos@gmail.com / sonia.ramos@sbwcoaching.com.br
(21) 99998-3551

SORAYA FARIAS
Capítulo 6 - Bem-Estar o Caminho para o Emagrecimento Eficaz

Formada em Psicologia pela Celso Lisboa, é especialista na área Clínica em Terapia Cognitivo-comportamental – Uma integração entre Terapia Cognitiva e Neurociência pela CPAF/UCAM – RJ. Formada em Orientação Profissional pelo Grupo de Pesquisa e Prática Clínica Orientando, formações em *Coaching*: *Life & Professional Coaching* com Certificação Internacional pelo Núcleo Pensamento e Ação e *Health & Wellness Coaching* pela Carevolution e especializanda em Psicologia Positiva: Uma integração com o *Coaching* pelo CPAF/ UCAM – RJ.

www.sorayafarias.com.br / soraya.farias@gmail.com
(21) 98695-5579

YONE FONSECA
Capítulo 27 - Gratidão - Intervenções e Práticas Clínicas

Psicóloga clínica e professora universitária há mais de 20 anos. Doutora em Psicologia Social e do Trabalho pelo IP-USP; Mestre em Psicologia Clínica pela Pontifícia Universidade Católica PUC-CAMP; especialista em Psicoterapia Hospitalar pelo HC-FMUSP; Professora de cursos de pós-graduação lato sensu em Psicologia; orientadora de trabalhos de conclusão de curso e monografias. Autora do livro sobre TCC no tratamento do medo de dirigir pela Editora Vetor; autora de um dos capítulos do livro sobre Intervenções Psicossociais, também da editora Vetor.

Referências Bibliográficas

Parte I - Descrição - Conhecendo a Psicologia Positiva (Andréa Perez Corrêa)

FREDRICKSON, Barbara. **Positive Psychologist on Positive Psychology: Barbara Fredrickson.** *International Journal of Wellbeing* 2(2) 116-118. Doi:10.5502/ijw.v2i2.10 . 2012. Entrevista concedida a Aaron Jarden.

DIENER, Ed. Positive Psychology: Past, Present and Future. **In: The Oxford Handbook of Positive Psychology.** New York: Oxford University Press, 2011.

Capítulo 1 - Introdução à Psicologia Positiva (Andréa Perez Corrêa)

ACHOR, Shawn. **O Jeito Harvard de Ser Feliz.** São Paulo: Saraiva, 2012.

ACTION FOR HAPPINESS, **News – United Nations International Day of Happiness.** Disponível em: <http:///www.actionforhappiness.org. news/united-nations-international-day-of-happiness>. Acesso em: 01 jul 2013.

AUTHENTIC HAPPINESS. **Learn About Positive Psychology.** 2013b. Disponível em: <www.authentichappiness.sas.upenn.edu/newsletter.aspx ?id=1554>. Acesso em: 25 jun 2013.

AVOLIO, Bruce J.; GARDNER, William L.; WALUMBWA, Fred O.; LUTHANS, Fred; MAY, Douglas R. **Unlocking the mask: A look at the process by which authentic leaders impact follower attitudes and behaviors.** The Leadership Quartely 15, p. 801-823, 2004.

BEN-SHAHAR, Tal. **Seja mais Feliz – Aprenda os segredos da alegria de cada dia e da satisfação permanente.** São Paulo: Editora Academia de Inteligência, 2008.

BISWAS-DIENER, Robert. **Practicing Posittive Psychology Coaching. Assessment, Activities, and Strategies for Success.** Hoboken, NJ: John Wiley & Sons, Inc.,2010.

BISWAS-DIENER, Robert; DEAN, Ben. **Positive Psychology Coaching. Putting Science of Happiness to Work for your Clients.** Hoboken, NJ: John Wiley & Sons, Inc., 2007.

CABEZAS, A. **Positive Psychology in Latinamerica. The Positive Psychology People.** Disponível em: <http://www.thepositivepsychologypeople.com/?s=cabezas>. Acesso em: 26 abr 2016.

CAMERON, Kim. **Positive Leadership. Strategies for Extraordinary Performance.** San Francisco: Berret-Koehler Publishers, 2012.

CHAHINE, Alecia Douglas. **Positive Psychology Group Therapy for Long-Term Incarceration.** Middletown: CreateSpace Independent Publishing Platform Copyright, 2013.

COOPERIDER, David L.; SORENSEN, Peter F.; WHITNEY, Diana; YAEGER, Therese F. Appreciative Inquiry. **Rethinking Human Organization Toward a Positive Theory of Change.** Champaign: Stipes Publishing, 2000.

CORRÊA, Andréa Perez. **Coaching e Psicologia Positiva Reciprocamente Contributivos e Intencionalmente Catalisadores da Melhoria do Bem-estar.** Trabalho de Pós-Graduação, AVM Faculdade Integrada, Rio de Janeiro. 2013.

CORRÊA, Andréa Perez. **Entendimento Necessário. Senso Comum, Multidisciplinaridade e Cientificidade em Psicologia Positiva.** Make It Positive Magazine. Instituto de Psicologia Positiva e Comportamento. Ponto A, p. 5-8, 2016.

CSIKSZENTMIHALY, Mihaly; SELIGMAN, Martin. E. P. **Positive Psychology – An Introduction.** In: American Psychologist – Special Issue on Happiness, Excellence, and Optimal Human Functioning. Washington, DC. American Psychological Association. 2000.

DARING TO LIVE FULLY. **Harvard's Most Popular Course: Tal Ben-Shahar On How to Be Happy.** Disponível em: < http://daringtolivefully.com/happier-tal-ben-shahar>. Acesso em: 25 jun 2013.

DAY OF HAPPINESS. **Happiness: a global priority.** Disponível em: <http://dayofhappiness.net/about/>. Acesso em: 01 jul 2013.

DIENER, Ed. Positive Psychology: Past, Present and Future. In: The Oxford Handbook of Positive Psychology. New York: Oxford University Press, 2011.

DIENER, **Ed. The Science of Well-Being – The Collective Works of Diener.** Nova York: Springer, 2009.

FERNÁNDEZ-RÍOS, Luis; CORNES, J. M. **A critical review of the history and current status of positive psychology.** Annuary of Clinical and Health Psychology, 5, p. 7-13, 2009.

FREDRICKSON, Barbara. **Positividade – Descubra a força das emoções positivas, supere a negatividade e viva plenamente.** Rio de Janeiro: Rocco, 2009.

GABLE, Shelly L; HAIDT, Jonathan. **What (Why) is Positive Psychology?** Review of General Psychology, 9 , n. 2, p. 103-110, 2005.

GOOGLE. Busca: **"positive psychology"**. Disponível em: <http://bit.ly/1MwIfE2> Acesso em: 14 abr 2016.

GRAZIANO, Lilian. **Psicologia Positiva: A psicologia da felicidade.** Psique Ciência & Vida. São Paulo: Escala, v.1, n. 2, 2006.

Referências Bibliográficas

HAPPIFY Inc. **About us**. (2016a). Disponível em: < http://www.happify.com/>. Acesso em: 25 abr 2016.

HAPPIFY Inc. **Advisors** (2016c). <Disponível em:http://www.happify.com/public/advisors/> Acesso em: 25 abr 2016.

HAPPIFY Inc. **Our Team.** (2016b). Disponível em: <http://www.happify.com/public/team/>. Acesso em: 25 abr 2016.

HARVARD T.H. CHAN. New Lee Kum Sheung Center for Health and Happiness Established at Harvard`s Public Health School. Disponível em: <https://www.hsph.harvard.edu/news/press-releases/health-and-happiness-center/>. Acesso em: 30 abr 2016.

HELD, Barbara S. **The negative Side of Positive Psychology.** *Journal of Humanistic Psychology*, vol. 44. no. 1, Winter, p. 9-446, 2004.

HOWELLS, Annika; IVTZAN, Itai ; EIROA-OROSA, Francisco Jose. **Putting the 'app' in Happiness: A Randomised Controlled Trial of a Smartphone-Based Mindfulness Intervention to Enhance Wellbeing.** *Journal of Happiness Studies*, 17(1), p. 163-185, 2016.

INTERNATIONAL POSITIVE PSYCHOLOGY ASSOCIATION – IPPA. Fourth World Congress on Positive Psychology. *Prospectus for Exhibitors & Sponsors.* 2014. Disponível em: <http://bit.ly/1W4HCTS>. Acesso em: 15 jun 2016.

INTERNATIONAL POSITIVE PSYCHOLOGY ASSOCIATION. *Educational Programs. Post-Graduated Level.* Disponível em: <http://www.ippanetwork.org/educational-programs/>. Acesso em: 13 abr 2016.

ITUNES APPLE. *Happify: Science - Based Activities and Games for Stress and Games for Stress and Anxiety Relief.* Disponível em: <http://apple.co/1qjMaVa>. Acesso em: 25 abr 2016.

ITUNES APPLE. iTunes Preview. *Cheers - Celebrate Life and Happiness*, 2013b by Cheerful, Inc. Disponível em: <http://itunes.apple.com/us/ app/cheers-celebrate-life-happiness/ id455246376?mt=8>. Acesso em: 12 jul 2013.

ITUNES APPLE. iTunes Preview. *Happier by Happier*, Inc. 2013ª. Disponível em: <http://itunes.apple. com/us/app/happier/id499033500?mt=8>. Acesso em: 02 jul 2013.

IVTZAN, Itai; LOMAS, Tim; HEFFERSON, Kate; WORTH, Piers. **Second Wave Positive Psychology. Embracing the Drak Side of Life.** New York: Routedge, 2016.

JOSEPH, Stephan. **Applied Positive Psychology 10 Years On.** In: Positive Psychology in Practice. Promoting Human Flourishing in Work, Health, Education, and Life. Hoboken, NJ: John Wiley & Sons, 2015.

JOSEPH, Stephan. *Preface.* In: Positive Psychology in Practice. *Promoting Human Flourishing in Work, Health, Education, and Life.* Hoboken: John Wiley & Sons, 2014.

KASHDAN, Todd; BISWAS-DIENER, Robert. **The Upside of Your Dark Side. Why Being Your Whole Self-Not Just Your "Good" Self – Drives Success and Fulfillment.** New York: Hudson Street Press, 2014.

LAMBERT, Craig. **The Science of Happiness – Psychology explores humans at their best.** In: Harvard Magazine, 2006. Disponível em: <http://harvard magazine.com/2007/01/the-science-of-happinnes.html>. Acesso em: 25 jun 2013.

LAZARUS, R.S. **Does the positive psychology movement have legs?** Psychological Inquiry, 14, p. 93-109, 2003.

LINLEY, P.Alex; JOSEPH, Stephen; MALBTBY, Jonh; ARRIGNGTON,Susan; WOOD, Alex M. **Positive Psychology Applications.** In: LOPEZ, Shane J. & SNYDER, C.R. The Oxford Handbook of Positive Psychology. New York: Oxford University Press Inc., 2009.

LOPEZ, Shane J. & GALLAGHER, Matthew W. **A Case for Positive Psychology.** In: The Oxford Handbook of Positive Psychology. Washington: Oxford University Press, 2011.

LUTHANS, Fred. **The Need for and meaning of positive organizational behavior.** *Journal of Organizational Behavior.* Volume 23. Issue 6 p. 695-706. Copyrigth© 2002 John Wiley & Sons, Ltd., 2002

LUTHANS, Fred. **Positive Organizational Behavior: Developing and Managing psychological strengths.** Academy of Management Executive. 16, 1, p. 57-72, 2002.

LUTHANS, Fred; LUTHANS, Kyle W.; LUTHANS, Brett C. **Positive psychological capital: Beyond human and social capital.** Business Horizons 47/1, p. 45-50, 2004.

LYUBOMIRSKY, Sonja. **A Ciência da Felicidade – Como Atingir a Felicidade Real e Duradoura.** Rio de Janeiro: Elsevier, 2008.

PALUDO, Simone dos Santos; KOLLER, Silvia Helena. **Psicologia Positiva: uma abordagem para antigas questões.** 2007. In: Paidéia. Disponível em: <www.scielo.br/Paideia> Acesso em: 06 jun 2013.

PARKS, Acacia C. **Putting Positive Psychology Into Practice via Self-help.** In: JOSEPH, Stephen. Positive Psychology in Parctice. Hoboken: John Wiley & Sons, 2015.

Penn LPS College of Liberal & Professional Studies Master of Applied Positive Psychology. Pensylvania University. Disponível em:< http://www.sas.upenn.edu/lps/graduate/mapp.> Acesso em: 17 abr 2016.

PERUGINI, Maria Laura Lupano; SOLANO, Alejandro Castro. **Psicologia Positiva: Analisis desde Su Surgimiento.** Scielo: Ciências Psicológicas. Vol. 4, no. 1, 2010.

PETERSON, Christopher. **A Primer in Positive Psychology.** New York: Oxford University Press, 2006.

PETERSON, Christopher. **Course Syllabus for special seminar in psychology: Positive Psychology.** Disponível em: < http://bit.ly/1MWRqOq>. Acesso em: 26 abr 2016.

PETERSON Christopher. **Pursing The Good Life – 100 Reflections on Positive Psychology.** New York: Oxford University Press, 2013.

PETERSON, C.; PARK, N. **Classifying and measuring strengths of character.** In S.J. Lopez & C.R. Snyder (Eds.), Oxford handbook of positive psychology, 2nd edition (pp.25-33). New York: Oxford University Press, 2009. www.viacharacter.org

PETERSON, Christopher; SELIGMAN, Martin E.P. **Character Strengths and Virtues. A Handbook and Classification.** New York: Oxford University Press, American Psychology Association, www.viacharacter.org, 2004.

PETERSON, Christopher. **What is Positive Psychology, and What is It Not? – Positive Psychology studies what makes the worth living.** 2008. In: The Good Life – site Psychology Today. Disponível em: <http://bit.ly/1T7WluZ>. Acesso em: 17 jun 2013

SCOPUS. Busca: "positive psychology". Disponível em: <http://bit.ly/1Nbop1o>. Acesso em: 14 abr 2016.

SELIGMAN, Martin E. P. **Felicidade Autêntica – Usando a Psicologia Positiva para a Realização Permanente.** Rio de Janeiro: Objetiva, 2009.

SELIGMAN, Martin E. P. **Psychology Network Concept Paper 1999 – Positive Psychology for a Network.** American Psychological Association. Disponível em http://www.sas.upenn.edu/psych/seligman/ppgrant.htm.

SELIGMAN, Martin E. P. **Florescer. Uma Nova Compreensão sobre a Natureza da Felicidade e do Bem-estar.** Rio de Janeiro: Objetiva, 2011.

Referências Bibliográficas

SELIGMAN, Martin E. P. APA President Address 1998. APA 1998 Annual Report. American Psychologist, 1999.

SELIGMAN, Martin E. P. **Building Human Strength: Psychology's Forgotten Mission.** In: APA Monitor, American Psychological Association, 1998.

SELIGMAN, Martin E.P.; STEEN, Tracy A.; PARK, Nansook; PETERSON, Christopher. **Positive Psychology Progress.** Positive Psychology, 2005.

SHAPIRO, S. **Illogical positivism.** American Psychologist, 56, 82, 2001.

SHAWN, Tamsin. **The Psychologist Take Power.** The New York Review of Books. Issue fevereiro 2006. Disponível em: <http://bit.ly/1Q239Gb>. Acesso em: 17 abr 2016.

SHUELLER, Stephen M.; PARKS, Acacia C. **The Science of Self-help. Translating Positive Psychology Research Into Increased Individual Happiness.** European Psychologist. Vol. 19(2), p. 145-155, 2014.

SIGNAL PATTERNS. *Gratitude Stream.* 2013b. Disponível em: <http://www. signal patterns.com/iphone/gratitude stream std.html>. Acesso em: 17 jun 2013.

SIGNAL PATTERNS. *Live Happy™ - A Happiness Boosting Positive Psychology Program.* 2013a. Disponível em: < http://www.signalpatterns .com/iphone/livehappy std.html>. Acesso em: 17 jun 2013 .

SNYDER, C.R.; LOPEZ, Shane **J. Psicologia Positiva. Uma abordagem Científica e Prática das Qualidades Humanas.** Porto Alegre: Artmed, 2009.

SOLANO, Alejandro Castro. **Concepciones teóricas acerca de la Psicologia Positiva.** In: SOLANO, Alejandro Castro; CONSENTINO, Alejandro; OMAR, Alicia; SÁEZ, Margarita Tarragona; DE TOSCANO, Graciela Tonon. **Fundamentos de Psicología Positiva.** Buenos Aires: Paidós, 2010.

SOLANO, Alejandro Castro; PERUGINI, Maria Laura Lupano. **The Latin-American View of Positive Psychology.** *Journal of Behavior Health & Social Issues.* Vol. 5, num. 2, pp 15-31, nov. 2013 / apr 2014.

THE JOURNAL OF POSITIVE PSYCHOLOGY, vol. 11, Issue 3, maio 2016.

TILLIER, William. *Positive Pyschology* (2012) Calagary, Alberta. Disponível em: <http://www. positivedisintegration.com/positivepsychology.htm>. Acesso em: 19 nov 2015.

VAN ZYL, L.E. **Seligman's Flourishing: An Appraisal of what lies beyond happiness.** (2013) SA *Journal of Industrial Psychology/SA Tydskrif vir Bedrysielkunde*, 39(2), Art.# 1168, 3 pag. http://dx.doi.org/10.4102/sajip.v3912.1168. Disponível em: <htpp://www.sajip.co.zza/index.php/sajipp/printerFriendly/1168/1431>. Acesso em: 26 abr 2016.

VIA INSTITUTE ON CHARACTER. About. 2013. Disponível em: <http://www.viacharacter.org/www/en-us/viainstitute/about.aspx>. Acesso em: 26 jun 2013.

WONG, Paul T.P. **Positive Psychology 2.0: Towards a balanced intereractive model of the good life.** Canadian Psychology, 52(2), p. 69-81. Disponível em: <http://dx.doi.org/10.1037/a0022511>. Acesso em 2011.

WORLD HAPPINESS REPORT. Overview. Disponível em: http://worldhappiness.report/. Acesso em: 30 abr 2016.

Capítulo 2 - Teorias da Psicologia Positiva (Andréa Perez Corrêa)

BISWAS-DIENER, Robert; DEAN, Ben. **Positive Psychology Coaching. Putting Science of Happiness to Work for your Clients.** Hoboken, NJ: John Wiley&Sons, Inc., 2007.

CSIKSZENTMIHALYI. Mihaly. **Flow – The Psychology of Optimal Experience.** New York: Harper & Row, 1990.

FREDRICKSON, Barbara. **What Good are Positive Emotion?** Review of General Psychology, Vol. 2, no. 3, 333-319. Educational Publishing Foundation, 1998.

JORGENSEN, Ingvild; NAFSTAD, Hilde Eilenn. **Positive Psychology: Historical, Philosophical and Epistemological Perspectives.** In: LINLEY, P.Alex & JOSEPH, Stephan. Positive Psychology in Practice. p. 15-34. Hoboken: John Wiley & Sons Inc, 2004.

SELIGMAN, Martin E. P. **Felicidade Autêntica: Usando a Psicologia Positiva para a Realização Permanente.** Rio de Janeiro: Objetiva, 2009.

SELIGMAN, Martin E. P. **Florescer. Uma Nova Compreensão sobre a Natureza da Felicidade e do Bem-estar.** Rio de Janeiro: Objetiva, 2011.

SHELDON, K; KASHDAN, T; STEGER, M. **Designing the future of positive psychology: Taking Stock and moving forward.** Nova York: Oxford University Press.

SNYDER, C.R. **Handbook of Hope: Theory, Measures, and Applications.** California: Academic Press, 2000.

VAN ZYL, L.E. **Seligman's Flourishing: An Appraisal of what lies beyond happiness.** (2013) SA Journal of Industrial Psychology/SA Tydskrif vir Bedrysielkunde, 39(2), Art.# 1168, 3 pag. http://dx.doi.org/10.4102/sajip.v3912.1168. Disponível em: <htpp://www.sajip.co.zza/index.php/sajipp/printerFriendly/1168/1431>. Acesso em: 26 abr 2016.

VAN ZYL, L. E.; DU TOIT, D. **Carl Jung's contribution to positive organizational psychology.** Research paper presented at the 15th Annual Society of Industrial / Organizational Psychologists in Conference, Petroria, South Africa, 2013.

VAN ZYL, L.E; ROTHMANN, S. **Beyond smiling: the development and evaluation of a positive psychology intervention aimed at student happiness.** Journal of Psychology in Africa, 22(3), p. 78-99, 2012.

WONG, Paul T.P. **Positive Psychology 2.0: Towards a balanced intereractive model of the good life.** Canadian Psychology, 52(2), p. 69-81. Disponível em <http://dx.doi.org/10.1037/a0022511>. Acesso em: 2011.

Parte II

Capítulo 3 - Psicologia Positiva: avanços de uma nova abordagem
(Claudio S. Hutz e Juliana C. Pacico)

CASAS, F.; SARRIERA, J. C.; ABS, D.; COENDERS, G.; ALFARO, J.; SAFORCADA, E.; TONON, G. **Subjective indicators of personal well-being among adolescents: A contribution to the international debate.** Child Indicators Research, 5, 1-28, 2012.

CASTRO-SOLANO, A.; LUPANO-PERUGINI, M.L. **The Latin American view of positive psychology.** Journal of Behavior, Health & Social Issues, 5, 15-31, 2013.

CASTRO-SOLANO. A. **Positive Psychology in Latin America.** Netherlands: Springer.

CHRISTOPHER, J. C.; RICHARDSON, F. C.; SLIFE, B. S. **Thinking through positive psychology.** Theory & Psychology, 18, 563-589, 2008.

CSIKSZENTMIHALYI, M. **A Descoberta do fluxo.** Rio de Janeiro: Rocco, 1999.

DAMÁSIO, B.; MELO, R.; PEREIRA DA SILVA, J. **Meaning in Life, Psychological Well-Being and Quality of Life in Teachers.** Paidéia, 23, 73-82, 2013.

DELL'AGLIO, D. D.; KOLLER, S.H.; YUNES, M.A. **Resiliência e Psicologia positiva: interfaces do risco à proteção.** São Paulo: Casa do Psicólogo, 2006.

FLECK, M. P. A.; LOUZADA, S.; XAVIER, M.; LEAL, P.; CHACHAMOVICH, E.; SANTOS, L. **Application of the Portuguese version of the abbreviated instrument of quality of life (WHOQOL–BREF). *Revista Saúde Pública*, 34, 178–183, 2000.

FROH, J.J. **The history of positive psychology: Truth be told.** NYS Psychologist, 16, 18-20, 2004.

GALBE, S.L.; HAIDT, J. **What (and why) is positive psychology?** *Review of General Psychology*, 9, 103–110, 2005.

GOMES, M. A. **Estudantes universitários com dificuldades de aprendizagem: Como motivá-los?** (Dissertação de mestrado). PUC-RS, Porto Alegre, 2012.

GOTTARDO, L. F. **O impacto do suporte social e das avaliações autorreferentes sobre o bem-estar laboral.** (Dissertação de mestrado). UNIVERSO, Niterói, RJ, 2012.

HUTZ, C. S. **Avaliação em Psicologia Positiva.** Porto Alegre: Artmed, 2011.

HUTZ, C. S., KOLLER, S. H. & BANDEIRA, D. R. **Resiliência e vulnerabilidade em crianças em situação de risco.** In S. H. Koller (Ed.), Coletâneas da ANPEPP, 1(12), 79-86, 1996.

HUTZ, C. S.; MIDGETT, A.; PACICO, J.C.; BASTIANELLO, M.R.; ZANON, C. **The Relationship of Hope, Optimism, Self-Esteem, Subjective Well-Being, and Personality in Brazilians and Americans.** Psychology (Irvine), 5, 514-522, 2014.

HUTZ, C. S.; ZANON, C. **Revisão da adaptação, validação e normatização da Escala de Autoestima de Rosenberg.** Avaliação Psicológica, 10, 41-49, 2011.

KLEIN, A. M. **Projetos de vida e escola: A percepção de estudantes do ensino médio sobre a contribuição das experiências escolares aos seus projetos de vida.** (Tese de doutorado). USP, São Paulo, SP, 2011.

LINLEY, P.A.; JOSEPH, S.; HARRINGTON, S.; WOOD, A. **Positive psychology: Past, present and (possible) future.** *The Journal of Positive Psychology*, 1, 3–16, 2006.

MASLOW, A. H. **Motivation and personality.** New York, NY: Harper, 1954.

Neri, L. A. **Bienestar subjetivo en la vida adulta y en la vejez: Hacia una psicologia positiva en America Latina.** *Revista Latinoamericana de Psicologia*, 34, 55-74, 2002.

NORONHA, A. P. P.; DELLAZZANA-ZANON, L. L.; ZANON, C. **Internal Structure of the Characters Strengths Scale in Brazil.** Psico-USF, 20, 229-223, 2015.

PACICO, J.C.; BASTIANELLO, M.R. **As origens da psicologia positiva e os primeiros estudos brasileiros.** In: C. S. Hutz (Org). Avaliação em Psicologia positiva (pp.13-21). Porto Alegre: Artmed, 2014

PACICO, J. C.; BASTIANELLO, M. R.; ZANON, C.; REPPOLD, C. T.; HUTZ, C. S. **Adaptation and validation of the Brazilian version of the hope index.** *International Journal of Testing*, 13, 193-200, 2013.

PACICO, J. C.; ZANON, C.; BASTIANELLO, M. R.; HUTZ, C. S. **Adaptation and validation of the hope index for Brazilian adolescents.** Psicologia: Reflexão e Crítica, 24, 666-670, 2011.

PASSARELI, P. M.; SILVA, J. A. **Psicologia positiva e o estudo do bem-estar subjetivo.** Estudos de Psicologia, 24, 513-517, 2007.

PIERONI, J. M. **Resiliência, valores humanos e percepção de suporte social em profissionais da saúde.** (Dissertação de mestrado). UMeSP, São Paulo, SP, 2012.

REPPOLD, C. T.; GUGEL, L. G.; SCHIAVON, C. **Pesquisas em Psicologia positiva: uma Revisão Sistemática da Literatura.** Psico-USF, 20, 275-285, 2015.

REPPOLD, C. T.; MAYER, J. C.; ALMEIDA, L. S.; HUTZ, C. S. **Avaliação da resiliência: Controvérsia em torno do uso das escalas.** Psicologia: Reflexão e Crítica, 25, 248-255, 2012.

RICH, G. J. **Positive psychology: An introduction.** *Journal of Humanistic Psychology*, 41, 8-12, 2001.

ROCHA, M. A. **Psicologia e lazer: Um estudo sobre o tempo liberado da escola da infância**

contemporânea. (Dissertação de mestrado). UFMG, Belo Horizonte, MG, 2011.

SBICIGO, J. B.; BANDEIRA, D. R.; DELL'AGLIO, D. D. **Escala de Autoestima de Rosenberg (EAR): validade fatorial e consistência interna.** Psico-USF, 15(3), 395-403, 2010.

SCORSOLINI-COMIN, F.; FONTAINE, A. M.; KOLLER, S. H.; SANTOS, M. A. **From authentic happiness to well-being: The flourishing of positive psychology.** Psicologia: Reflexão e Crítica, 26, 663-670, 2013.

SEGABINAZI, J. D.; ZORTEA, M.; ZANON, C.; BANDEIRA, D. R.; GIACOMONI, C. H.; HUTZ, C. S. **Escala de afetos positivos e negativos para adolescentes: Adaptação, normatização e evidências de validade.** Avaliação Psicológica, 11, p. 1-12, 2012.

SEIBEL, B.L.; POLETTO, M.; KOLLER, S.H. **Psicologia positiva: Teoria, pesquisa e intervenção.** Curitiba: Juruá, 2016.

SELIGMAN, M. E. P.; CSIKSZENTMIHALYI, M. **Positive psychology: An introduction.** American Psychologist, 55, 5–14, 2000.

SILVA, N.; TOLFO, S. R. **Trabalho Significativo e Felicidade Humana: Explorando Aproximações.** Revista Psicologia: Organizações e Trabalho, 1, 341-354, 2012.

SNYDER, C. R.; LOPEZ, S. J. **Psicologia positiva: Uma abordagem científica e prática das qualidades humanas.** Porto Alegre: Artmed, 2009.

TAYLOR, E. **Positive psychology and humanistic psychology: a reply to Seligman.** Journal of Humanistic Psychology, 41, 13-29, 2001.

VAZQUEZ, A. C.; MAGNAN, E. S.; PACICO, J. C.; HUTZ, C.; SCHAUFELI, W. **Adaptação e Validação da versão brasileira da Utrecht Work Engagement Scale.** Psico-USF, 20, 207-217, 2015.

ZANON, C.; BARDAGI, M. P.; LAYOUS, K.; HUTZ, C. S. **Validation of the Satisfaction with Life Scale to Brazilians: Evidences of measurement noninvariance across Brazil and US.** Social Indicators Research, 114, 1-11, 2013.

ZANON, C.; BASTIANELLO, M. R.; PACICO, J. C.; HUTZ, C. S. **Relationships between Positive and Negative Affect and the Five Factors of Personality in a Brazilian sample.** Paidéia, 23, 285-292, 2013.

ZANON, C.; BASTIANELLO, M. R.; PACICO, J. C.; HUTZ, C. S. **Desenvolvimento e validação de uma escala de afetos positivos e negativos.** Psico-USF, 18, 193-201, 2013.

Capítulo 4 - Los desafíos de la Psicología Positiva en el Continente más feliz del mundo: ¿Por qué replicamos modelos de un continente que es menos feliz que el nuestro? (Andrés Cabezas Corcione)

CABEZAS-CORCIONE, A. C. **Valores Motivacionales y Bienestar Subjetivo en Profesionales Chilenos.** Journal de Ciencias Sociales, 3 (4), 43-60, 2015.

CABEZAS-CORCIONE, A. C. **Capital Psicológico: un constructo fundacional dentro de la psicología organizacional positiva.** Revista Científica de Ciencias de la Salud, 8 (2), 50-55, 2016.

CABEZAS, A. **Psicología Positiva: Alcances desde un nuevo enfoque.** Sección Artículos de la Asociación Chilena de Psicología Positiva, 2014. Disponível em: http://acpp.cl/la-psicologia-positiva-alcances-desde-un-nuevo-enfoque/.

CABEZAS, A. **Una introducción a la Psicología Positiva; desde el 2002 al 2013. En: Congreso Nacional para estudiantes y profesionales de psicología: la psicología pensada desde la posmodernidad; caos, frustraciones y soluciones.** Isla Margarita, Venezuela, dez, 2013b.

CABEZAS, A. **Psicología Positiva Aplicada: Una integración mundial.** Santiago: Ril Editores. No prelo.

FROMM, E. **La vida auténtica.** Buenos Aires: Paidós, 2007.

Referências Bibliográficas

GARBER, J.; SELIGMAN, M. E. (Eds.). **Human helplessness: Theory and applications** (p. 402). New York: Academic Press, 1980.

KAMEN, L.; SELIGMAN, M.E.P. **Explanatory style and health.** In: M. Johnston and T. Marteau (Eds.), Current psychological research and reviews: Special issue on health psychology, 6, 207-218, 1987.

LEE DUCKWORTH, A.; STEEN, T. A.; SELIGMAN, M. E. **Positive psychology in clinical practice.** *Annu. Rev. Clin. Psychol.*, 1, 629-651, 2005.

LOPEZ, S. J.; SNYDER, C. R. (Eds.). **The Oxford handbook of positive psychology.** Oxford University Press, 2009.

LUTHANS, F.; YOUSSEF, C. M.; AVOLIO, B. J. **Psychological capital: Developing the human competitive edge.** Oxford University Press, 2007.

LLORENS, S.; SCHAUFELI, W.; BAKKER, A.; SALANOVA, M. **Does a positive gain spiral of resources, efficacy beliefs and engagement exist?** Computers in human behavior, 23 (1), 825-841, 2007.

MASLOW, A. **La amplitud potencial de la naturaleza humana.** México: Editorial Trillas, 1982.

PETERSON, C.; BETTES, B.; SELIGMAN, M.E.P. **Depressive symptoms and unprompted causal attributions: Content analysis.** Behaviour Research and Therapy, 23, 379-82, 1985.

PETERSON, C.; Luborsky, L.; SELIGMAN, M.E.P. **Attributions and depressive mood shifts: A case study using the symptom-context method.** *Journal of Abnormal Psychology*, 92, 96-103, 1983

PETERSON, C.; SELIGMAN, M.E.P.; VAILLANT, G. **Pessimistic explanatory style as a risk factor for physical illness: A thirty-five year longitudinal study.** *Journal of Personality and Social Psychology*, 55, 23-27, 1988.

RASHID, T.; SELIGMAN, M. E. P.; ROSENSTEIN, I. C. **Positive psychotherapy for depression. Paper presented at the Medici II.** Positive Psychology Templeton Fellows Program, Philadelphia, Pennsylvania, USA, (jun 2005. In: VÁSQUEZ, C.; HERVÁS, G.; HO, SMY. *Intervenciones clínicas basadas en la psicología positiva: fundamentos y aplicaciones.* Psicología Conductual. 14 (3), 401-432, 2006.

ROGERS, C. **Psicoterapia centrada en el cliente.** Barcelona: Ediciones Paidós Ibérica, 1997.

SCHULMAN, P.; CASTELLON, C.; SELIGMAN, M. E. P. **Assessing explanatory style: The Content Analysis of Verbatim Explanations and the Attributional Style Questionnaire.** Behaviour Research and Therapy, 27, 505-512, 1989.

SELIGMAN, M; CSIKSZENTMIHALYI, M. **Positive psychology: An introduction.** American Psychologist, 55, 5-14, 2000.

SELIGMAN, M. E. **Authentic happiness: Using the new positive psychology to realize your potential for lasting fulfillment.** Simon and Schuster, 2004.

SELIGMAN, M. E. P. **Helplessness: On Depression, Development, and Death.** San Francisco: W.H. Freeman, 1975.

SELIGMAN, M. E. P. **Learned Optimism.** New York: Knopf, 1990.

SELIGMAN, M. E. P. **Authentic happiness: Using the new positive psychology to realize your potential for lasting fulfillment.** New York: Free Press, 2000.

SELIGMAN, M. E.; STEEN, T. A.; PARK, N.; PETERSON, C. **Positive psychology progress: empirical validation of interventions.** American Psychologist, 60(5), 410, 2005.

Seligman, M.; Rosenhan, D.; WALKER, F. **Abnormal Psychology.** NY. Norton, 1984.

SELIGMAN, M.E.P. **Predicting depression, poor health and presidential elections.** Science and Public Policy Seminar sponsored by the Federation of Behavioral, Psychological and Cognitive Sciences, Washington, D.C., fev, 1987.

SELIGMAN, M.E.P.; KAMEN, L.P.; NOLEN-HOEKSEMA, S. **Explanatory style across the life-span: Achievement and health.** In: HETHERINGTON, E. M.; LERNER R. M.; PERLMUTTER M.Perlmutter (Eds.). Child Development in Life-Span Perspective. Hillsdale, N.J.: Erlbaum, 91-114, 1985

SELIGMAN, M.E.P.; PETERSON, C.; SCHULMAN, P.; CASTELLON, C. **The Explanatory Style Scoring Manual.** In: C.P. Smith (Ed.). Motivation and Personality: Handbook of Thematic Content Analysis. Cambridge University Press, 383, 1992.

SERRONI-COPELLO, R. **Filosofía de la ciencia.** In : Doctorado en Psicología. Buenos Aires. Universidad de Palermo, marzo 2012

SNYDER, C. R.; LOPEZ, S. J.; PEDROTTI, J. T. **Positive psychology: The scientific and practical explorations of human strengths.** Sage Publications, 2010.

YAMAMOTO, J. **Los desafíos de la psicología positiva en latinoamerica.** Revista Latinoamericana de Psicología Positiva (PsyCap). 2 (1), 113-116, 2016.

Capítulo 5 - O tempo e a voz da diferença: o caso português e a necessidade de uma Psicologia Positiva não exclusivamente norte-americana
(Luís Miguel Neto e Helena Águeda Marujo)

AUSTIN, J. L. **How to do Things with Words.** Oxford: Oxford University Press, 1965.

BRAITHWAITE, R. **Empowerment.** In: A. Kazdin (Ed.), Encyclopedia of Psychology (vol. 3, pp.191-192). Washington: APA e Oxford University Press, 2000.

BRUNI, L.; PORTA, P. L. (Eds). **Handbook on the economics of happiness.** Northampton, MA: Edward Elgar Publishers, 2007.

FREIRE, P. **Pedagogia do Oprimido.** Rio de Janeiro: Edições Paz e Terra, 1970.

MARUJO, H. Á.; NETO, L. M. **Quality of Life Studies and Positive Psychology.** In: BRUNI L.; PORTA, P. L. (Eds). Handbook of Research Methods and Applications in Happiness and Quality of Life. Cheltenham, UK: Edward Elgar Publishing. (No prelo).

MARUJO, H. Á.; NETO, L. M. **Felicitas Publica and community well-being: nourishing relational goods through dialogic conversations between deprived and privileged populations.** Journal of Psychology in Africa, 1,102-114, 2014.

MARUJO, H. Á.; NETO, L. M. (Eds.). **Positive Nations and Communities: Collective, Qualitative and Cultural Sensitive Processes in Positive Psychology.** Dordrecht: Springer, 2013a.

MARUJO, H. A.; NETO, L. M.; BALANCHO, M. L. F. **Emergência, desenvolvimento e desafios da psicologia positiva: Da experiência subjetiva à mudança social.** ECOS – Estudos Contemporâneos da Subjetividade, 3 (2), 179-201, 2013b. Número especial sobre Psicologia Positiva e bens relacionais. Disponível em: <http://www.uff.br/periodicoshumanas/index.php/ecos/article/view/1269>.

MARUJO, H. A.; NETO, L. M. **Psicologia Positiva Comunitária.** In: LOPES, M. P., PALMA, P. J. da; RIBEIRO, R. B.; PINA, M.; CUNHA. Psicologia Aplicada (p. 472-486). Lisboa: Editora RH, 2011a.

MARUJO, H. A.; NETO, L. M. **Investigação Transformativa e Apreciativa em Psicologia Positiva: um elogio à subjetividade na contemporaneidade.** Revista Estudos Contemporâneos da Subjetividade, v. 1. nº 1, p. 5-21, 2011b. Disponível em http://www.uff.br/periodicoshumanas/index.php/ecos/article/view/714.

MARUJO, H. A.; NETO, L. M. **Psicologia Comunitária Positiva: Um exemplo de integração paradigmática com populações de pobreza.** Análise Psicológica, 3 (XXVIII): 517-525, 2010.

MARUJO, H. A.; NETO, L. M. **Programa vip: hacía una psicologia positiva aplicada.** In: VÁZQUEZ, C.; HERVÁS, G. (oOrgs.). Psicología positiva aplicada. Bilbao: Desclée de Brower, p.312-336, 2008.

Referências Bibliográficas

NETO, L.; MARUJO, H.; PERLOIRO, F. **Educar para o Optimismo**. Alfragide, Lisboa: Presença, 1999.

NETO, L. **Liderança Estratégica**. LOPES, M.P.; LOPES, A.; PALMA, P. J. (Eds). Manual de Gestão de Recursos Humanos. Lisboa: ISCSP-Ulisboa. (No prelo).

NETO, L. M.; MARUJO, H. A. **Psicologia Positiva**. In: LOPES, M. P.; PALMA, P. J.; RIBEIRO, R. B.; PINA, M.; CUNHA (Eds.). Psicologia Aplicada (pp.431- 450). Lisboa: Edições RH, 2011.

QUINN, R. **The positive Organization: Breaking free from conventional cultures, constraints and beliefs**. Oakland, CA: Berrett-Publishers, 2015.

SHELDON, K. M.; FREDRICKSON, B.; RATHUNDE, K.; CSIKSZENTMIHALYI, M.; HAIDT, J. **Positive Psychology Manifesto**. Manifesto presented at Akumal 1 conference and revised during the Akumal 2 meeting, 2000. Disponível em: <http://ppc.sas.upenn.edu/ akumalmanifesto.htm>. Acesso em: 4 de fev. de 2016.

SOLANO, A. C. **Concepciones teóricas acerca de de la Psicologia Positiva. Psicologia Positiva e Psicoterapia**. In: Castro A. (Ed.). Fundamentos de Psicologia Positiva. Buenos Aires: Paidos, 2010.

TARRAGONA, M. *Psicologia Positiva e Psicoterapia*. In: CASTRO, A. (Ed.). Fundamentos de Psicologia Positiva. Buenos Aires: Paidos, 2010.

TAMSIN, S. **The Psychologists Take Power**. New York Review of Books, 63, 3, 38-41, 2016.

VÁZQUEZ, C. **Positive Psychology and its enemies: A reply based on scientific evidence**. Papeles del Psicólogo, 34, 91-115, 2013.

Parte III - Descrição: Felicidade, Bem-estar Subjetivo e Emoções Positivas
(Andréa Perez Corrêa)

ALBUQUERQUE, A. S.; TROCCOLI, B. T. **Desenvolvimento de uma Escala de Bem-estar Subjetivo**. Psicologia – Teoria e Pesquisa, v.20, n.2, p. 153-164, 2004.

BARLETT, T. **The Magic Ratio That Wasn't. The Cronicle of High Education**. (2013) Disponível em: <http://chronicle.com/blogs/percolator/the-magic-ratio-that-wasnt/33279>. Acesso em: 5 mai 2016.

BEN-SHAHAR, T. **Seja mais Feliz: Aprenda os segredos da alegria de cada dia e da satisfação permanente**. São Paulo: Editora Academia de Inteligência, 2008.

BISWAS-DIENER, R.; DEAN, B. **Positive Psychology Coaching. Putting Science of Happiness to Work for your Clients**. Hoboken, NJ: John Wiley&Sons, Inc., 2007.

BROWN, N. J.L.; SOKAL, A. D.; FRIEDMAN, H. L. **The Complex Dynamics os Whisful Thinking: The Critical Positivity Ratio**. American Psychologist, v. 68, 2013.

BROWN, N. J.L.; SOKAL, A. D.; FRIEDMAN, H. L. **The Persistence of Wishful Thinking: Response to "Updated Thinking on Positivity Ratios"**. American Psychologist, 69, p. 629-632, 2014.

CONWAY, A. M.; TUGADE, M. M.; CATALINO, L. I.; FREDRICKSON, B. **The Broaden-and-Build Theory of Positive Emotions: form, function, and mechanisms**. In: DAVID, S. A.; BONIWELL, I.; AYERS, A. C. The Oxford Handbook of Happiness. Oxford: Oxford University Press, 2015.

CRUM, A. J.; SALOVEY, P. **Emotionally Intelligent Happiness**. In: DAVID, S. A.; BONIWELL, I.; AYERS, A. C. The Oxford Handbook of Happiness. Oxford: Oxford University Press, 2013.

CSIKSZENTMIHALYI, M.; SELIGMAN, M. E. P. **Positive Psychology – An Introduction**. In: American Psychologist – Special Issue on Happiness, Excellence, and Optimal Human Functioning. Washington, DC. American Psychological Association. 2000.

DAVID, S. A.; BONIWELL, I.; AYERS, A. C. **Introduction**. In: DAVID, Susan A.; BONIWELL, Ilona; AYERS, Amanda Conley. The Oxford Handbook of Happiness. Oxford: Oxford University Press, 2015.

DIENER, C. **Foreword.** In: DIENER, E.; BISWAS-DIENER, R. Happiness: Unlocking the Mysteries of Psychological Wealth. Oxford: Blackwell, 2008.

DIENER, E. **Frequently Answered Question: A primer for reporters and newcomers.** Ed Diener Website. Disponível em: <http://internal.psychology.illinois.edu/~ediener/faq.html>. Acesso em: 4 nov 2013.

DIENER, E. **Subject Well-Being.** In: DIENER, E. (ed.). The Science of Well-Being – The Collective Works of Diener. Nova York: Springer, 2009.

DIENER, E.; BIWAS-DIENER, R. *Happiness – Unlocking the Mysteries of Psychological Wealth.* Oxford: Blackwell, 2012.

DIENER, E.; EMMONS, R.A.; LARSEN, R.J.; GRIFFIN, S. **The satisfaction with Life Scale.** *Journal of Personality Assessment.* Vol. 49, p. 71-75, 1985.

DIENER, E.; OISHI, S.; LUCAS, R. E. **Subjective Well-Being: The Science of Happiness and Life Satisfaction.** In: LOPEZ, S. J.; SNYDER, C.R. *The Oxford Handbook of Positive Psychology.* Oxford: Oxford University Press, 2009.

DIENER, E.; WIRTZ, D.; TOV, W.; KIM-PRIETO, C.; CHOI, D.; OiShi, S.; BISWAS-DIENER, R. **New measures of well-being: Flourishing and positive and negative feelings.** Social Indicators Research, 39, 247-266, 2009.

FREDRICKSON, B.. **Positive Psychologist on Positive Psychology: Barbara Fredrickson.** *International Journal of Wellbeing* 2(2) 116-118. Doi:10.5502/ijw.v2i2.10. 2012. Entrevista concedida a Aaron Jarden.

FREDRICKSON, B. **Positividade – Descubra a força das emoções positivas, supere a negatividade e viva plenamente.** Rio de Janeiro: Rocco, 2009.

FREDRICKSON, B. **The Role of Positive Emotions in Positive Psychology. The Broaden-and-Build Theory os Positive Emotion.** In: American Psychologist, Vol. 56, no. 3, 218-226. American Psychological Association, 2001.

FREDRICKSON, B. **The Value of Positive Emotions. The Emerging Science of Positive Psychology is Coming to Understand Why It`s Good to Feel Good.** Sigma Xi, The Science Research Society. In: American Scientist, Vol. 91, 2003.

FREDRICKSON, B. **Update Thinking on Positivity Ratios.** American Psycologist, 2013.

FREDRICKSON, B. **What Good are Positive Emotion?** *Review of General Psychology*, Vol. 2, n. 3, 333-319. Educational Publishing Foundation, 1998.

FREDRICKSON, B.; LOSADA, M. **Correction to Fredrickson and Losada.** American Psychologist, vol. 68(9), 2013.

GALINHA, I.; RIBEIRO, I.L. P. R. **História e Evolução do Conceito de Bem-estar subjetivo.** Psicologia, Saúde e Doenças, v.6, n.2, p. 203-214, 2005.

GIACOMONI, C. H. **Bem-estar subjetivo: em busca da qualidade de vida.** Temas em Psicologia SBP, v.12, n.1, p.43-50, 2004.

HUTZ, C. S. **Avaliação em Psicologia Positiva.** Porto Alegre: Artmed, 2014.

LOSADA, M. **The complex dynamics of high performance of business teams.** Mathematical and Computer Modeling. 30(9-10), p. 179-192, 1999.

LOSADA, M.; FREDRICKSON, B. **Positive Affect and the complex dynamics of human flourishing.** American Psychologist, 60(7), p. 678-686, 2005.

LOSADA, M.; STAMATAKIS, K. A. **The role of positivity and connectivity in teh performance of business teams.** American Behavioral Scientist, 47(6), p. 740-765, 2004.

Referências Bibliográficas

LYUBOMIRSKY, S. **A Ciência da Felicidade: Como Atingir a Felicidade Real e Duradoura.** Rio de Janeiro: Elsevier, 2008.

LYUBOMIRSKY, S. **The Myths os Happiness: What Should Make Yoy Happy, but Doesn´t. What Shouldn´t Make Yoy Happy, but Does.** London: Penguin Books LTD., 2013.

LYUBOMIRSKY, S.; SHELDON, K. M.; SCHKADE, D. **Pursing Happines: The Architecture of Sustainable Change.** *Review of General Psychology*, Vol. 9 n. 2, 111-131. Education Publishing Foundation, 2005.

LYUBOMIRSKY, S.; LAYOUS, K. **How do Simple Positive Activities Increase Well-being?** Association of Psychology Science, 2013.

MIAO, F. F.; KOO, Minkyung; OISHI, S. **Subject Well-being.** In: DAVID, S. A.; BONIWELL, I.; AYERS, A. C. The Oxford Handbook of Happiness. Oxford: Oxford University Press, 2013.

PAVOT, W.; DIENER, E. Happiness Experienced: The Science of Subjective Well-Being. In: DAVID, S. A.; BONIWELL, I.; AYERS, A. C. (Eds.). *The Oxford Handbook of Happiness.* Oxford: Oxford University Press, 2013.

PETERSON, C. **A Primer in Positive Psychology.** New York: Oxford University Press, 2006.

PETERSON, C. **Pursing The Good Life: 100 Reflections on Positive Psychology.** New York: Oxford University Press, 2013.

SELIGMAN, M. E. P. **Felicidade Autêntica: Usando a Psicologia Positiva para a Realização Permanente.** Rio de Janeiro: Objetiva, 2009.

SIQUEIRA, M. M. M.; PADOVAM, V. A. R. **Bases Teóricas de Bem-estar Subjetivo, Bem-estar Psicológico e Bem-estar no Trabalho.** Psicologia, Teoria e Pesquisa, v.24, n.2, p.201-209, 2008.

SNYDER, C.R.; LOPEZ, S. J. **Psicologia Positiva. Uma abordagem Científica e Prática das Qualidades Humanas.** Porto Alegre: Artmed, 2009.

VITTERSO, J. **Functional Well-being: Happiness as Feelings, Evaluations, and Functioning.** In: DAVID, S. A.; BONIWELL, I.; AYERS, A. C. (Eds.). The Oxford Handbook of Happiness. Oxford: Oxford University Press, 2013.

WATERMAN, A S. **Two Conceptions of Happiness: Contrasts of personal expressiveness (Eudaimonia) and hedonic enjoyment.** *Journal of Personality and Social Psychology*, vol. 64, p. 678-691, 1993.

Capítulo 6 - Bem-estar: o caminho para um emagrecimento eficaz (Soraya Farias)

ASSOCIAÇÃO BRASILEIRA PARA O ESTUDO DA OBESIDADE E DA SÍNDROME METABÓLICA. **Mapa da obesidade.** Disponível em: <http://www.abeso.org.br/atitude-saudavel/mapa-obesidade>. Acesso em: 15 fev 2016.

BAPTISTA, A. **Aprenda a ser feliz: exercícios de psicoterapia positiva.** Lisboa: Lidel – Edições técnicas, 2013.

KOPKO, G. **Obesidade estabiliza no Brasil, mas excesso de peso aumenta.** Agência Saúde. Disponível em: <http://www.blog.saude.gov.br/35418-obesidade-estabiliza-no-brasil-mas-excesso-de-peso-aumenta.html>. Acesso em: 15 fev 2016.

RATH, T.; HARTER, J. **O fator bem-estar – Os cinco elementos essenciais para uma vida pessoal e profissional de qualidade.** São Paulo: Saraiva, 2011.

SOCIEDADE BRASILEIRA DE ENDOCRINOLOGIA E METABOLOGIA. **Números da obesidade no Brasil.** Disponível em: <http://www.endocrino.org.br/numeros-da-obesidade-no-brasil/>. Acesso em: 15 fev 2016.

Capítulo 7 - Comunicação, autoafirmação e humildade: a tríade de construção do bem-estar (Érika Rangel)

CHAMINE, S. **Inteligência Positiva.** Rio de Janeiro: Objetiva, 2013.

SARTRE, J.P. (1943). **O Ser e o Nada: Ensaio de Ontologia Fenomenológica.** 11ª ed. Petrópolis: Vozes, 2005.

NELSON, S. K.; FULLER, J. A. K.; CHOI, I.; LYUBOMIRSKY, S. **Beyond Self-Protection: Self-Affirmation Benefits Hedonic and Eudaimonic Well-Being.** Personality and Social Psychology Bulletin, v. 40, n.8, p. 998-1011, 2014.

STEELE, C. M. **The psychology of self-affirmation: Sustaining the integrity of the self.** Advances in Experimental Social Psychology, 1988, v.21, p.261-302, 1988.

EPTON, T.; HARRIS, P. R. **Self-affirmation promotes health behavior change.** Health Psychology, v. 27, p.746-752, 2008.

SHERMAN, D. K.; COHEN, G. L. **Accepting threatening information: Self-affirmation and the reduction of defensive biases.** Current Directions in Psychological Science, v.11, p.119-123, 2002.

SHERMAN, D. K.; COHEN, G. L. **The psychology of self-defense: Self-affirmation theory.** In: ZANNA, M.P. Advances in experimental social psychology. San Diego, CA: Academic Press, v.38, p. 183-242, 2006.

CHANCELLOR, J.; LYUBOMIRSKY, S. **Humble beginnings: Current trends, state perspectives, and humility hallmarks.** Social and Personality Psychology Compass, v.7. p. 819-833, 2013.

KRUSE, E.; CHANCELLOR, J.; LYUBOMIRSKY, S. **Self-Affirmation Increases Humility.** University of California, Riverside, 2013.

KING, L.A. **The health benefits of writing about life goals.** *Personality and Social Psychology Bulletin,* v. 27, n.7, p. 798-807, 2001.

KING, L.A. **Gain without pain? Expressive writing and self-regulation.** In: LEPORE, S.J.; SMYTH, J.M. The writing cure: How expressive writing promotes health and emotional well-being. Washington, DC: American Psychological Association, p.119-134, 2002.

LYUBOMIRSKY, S. **A ciência da felicidade: como atingir a felicidade real e duradoura.** Rio de Janeiro: Elsevier, 2008.

Capítulo 8 - Programa Voz Positiva: emoções positivas através da música (Crismarie Hackenberg)

BISQUERRA, R. **Educación emocional y bienestar.** Barcelona: Praxis, 2000.

CROOM, A. **Music, Neuroscience, and the Psychology of Well-Being: A Precis. University of Pennsylvania.** Frontiers in Psychology, 2, 393. 2012.

EKMAN, P. **Cognition and Emotion:An Argument for Basic Emotions.** 9 (3/4) 169-200, Lawrence Eribaum Associates Limited, 1992.

FREDRICKSON, B. **Positividade: descubra a força das emoções positivas, supere a negatividade e viva plenamente.** Rio de Janeiro: Editora Rocco, 2009.

FRITZ, T.; KOELSCH, S. **Investigating emotion with music: An fMRI study.** Human Brain Mapping, Wiley-Liss, Inc., 2005.

HACKENBERG, C. **Atividade do Canto Coral como um instrumento de Potencialização de Emoções Positivas e Qualidade de Vida.** Rio de Janeiro: UCAM, AVM Faculdade Integrada, 2015.

HANSON, R. **O cérebro e a Felicidade.** Brasil: Editora Martins Fontes, 2015.

HURON, D. **Sweet anticipation: Music and the psychology of expectation.** Massachusetts Institute of Technology, London, England, 2006.

JIANG, C. et al. **The effects of sedative and stimulative music on stress reduction depend on music preference.** The Arts in Psychotherapy, 2013.

KOELSCH. S. et al. **Universal Recognition of Three Basic Emotions in Music. Max Planck Institute for Human Cognitive and Brain Sciences.** Leipzig, Alemanha, 2009.

LYUBOMIRSKY, S. **A Ciência da Felicidade: como atingir a felicidade real e duradoura: um método científico para alcançar a vida como você deseja.** Rio de Janeiro: Elsevier, 2008.

MITHEN, S. **The Music Instinct: The Evolutionary Basis of Musicality.** New York Academy of Sciences, 2009.

PETERSON, C.; PARK, N. **Classifying and measuring strengths of character.** In: LOPEZ, S.J.; SNYDER, C.R. (Eds.). **Oxford handbook of positive psychology.** 2nd edition (pp.25-33). New York: Oxford University Press, 2009. www.viacharacter.org

PETERSON, C.; SELIGMAN, M.E.P. **Character strengths and virtues: A handbook and classification.** New York: Oxford University Press and Washington, DC: American Psychological Association, 2004. www.viacharacter.org

SACKS, O. **Alucinações Musicais.** São Paulo: Companhia das Letras, 2007.

SALIMPOOR, V. et al. **Anatomically distinct dopamine release during anticipation and experience of peak emotion to music.** Nature Neuroscience 14, 257–262. 2011.

SCHERER, D.; ZENTINER, M. **Emotions Evoked by the Sound of Music: Characterization, Classification, and Measurement.** American Psychological Association. EUA. 2008.

SELIGMAN, M. **Felicidade Autêntica: usando a nova psicologia positiva para a realização permanente.** Rio de Janeiro. Objetiva, 2002.

SELIGMAN, M. **Florescer: Uma nova compreensão sobre a natureza da felicidade e do bem-estar.** Rio de Janeiro: Objetiva, 2011.

TRAPPE, J. **The effects of music on the cardiovascular system and cardiovascular health.** Heart, University of Bochum, Alemanha, 2010.

VICKHOFF, B. et al. **Music structure determines heart rate variability of singers.** Frontiers in Psychology. 2013.

Parte IV - Qualidade Humanas Positivas (Andréa Perez Corrêa)

ASPLUND, J.; LOPEZ, S. J.; HODGES, T.; HARTER, J. **The Clifton StrengthsFinder® 2.0 Technical Report: Development and Validation.** Gallup Consulting, 2009.

BUCKINGHAM, M.; CLIFTON, D. O. **Descubra Seus Pontos Fortes.** Rio de Janeiro: Sextante, 2008.

BUCKINGHAM, M. **Empenhe-se.** Rio de Janeiro: Elsevier, 2008.

CLIFTON, D. O.; HARTER, J. K. **Strengths investment.** In: CAMERON, K. S.; DUTTON, J. E.; QUINN, R. E. (Eds.). Positive organizational scholarship. San Francisco: Berrett-Koehler, 2003. p. 111-121.

LINLEY, A.; WILLARS, J.; BISWAS-DIENER, R. **The Strengths Book: Be Confident, be Sucesfull, and Enjoy Better Relationships by Realising the best of You.** United Kingdom: CAPP Press, 2010.

PETERSON, C.; PARK, N. **Classifying and measuring strengths of character.** In: LOPEZ, S. J.; C.R. SNYDER (Eds.), Oxford handbook of positive psychology, 2nd edition. New York: Oxford University Press. p. 25-33. www.viacharacter.org, 2009.

PETERSON, C; SELIGMAN, M. E.P. **Character Strengths and Virtues.** A Handbook and Classification. New York: Oxford University Press, American Psychology Association, 2004.

RATH, T. **Strengths Finder 2.0.** New York: Gallup Press, 2007.

RATH, T; CONCHIE, B. **Strengths based Leadership. Great Leaders, teams, and why people follow.** New York: Gallup Press, 2008.

SEIBEL, B. L.; DESOUZA, D.; KOLLER, S. H. **Adaptação Brasileira e estrutura Fatorial da escala 240-item VIA Inventory of Strengths.** Psico-USF, v. 20, p. 371-383, 2015. Disponível em: <http://bit.ly/1T1AXW8>. Acesso em: 09 mai 2016.

Capítulo 9 - 'Assessment' das Forças de Caráter - um instrumento para identificação das qualidades humanas (Ana Kruel)

PETERSON, C.; PARK, N. **Classifying and measuring strengths of character.** In: LOPEZ S. J.; SNYDER C.R. (Eds.), Oxford handbook of positive psychology, 2nd edition. New York: Oxford University Press, 2009. www.viacharacter.org

PETERSON, C.; SELIGMAN, M.E.P. **Character strengths and virtues: A handbook and classification.** New York: Oxford University Press and Washington, DC: American Psychological Association,02004. www.viacharacter.org

SELIGMAN, M. E. P. **Florescer. Uma Nova Compreensão sobre a Natureza da Felicidade e do Bem-estar.** Rio de Janeiro: Objetiva, 2011.

SELIGMAN, M. E. P. **Felicidade Autêntica. Usando a Nova Psicologia Positiva para a Realização Permanente.** Rio de Janeiro: Objetiva, 2004.

SNYDER, C.R; LOPEZ, S. J. **Psicologia Positiva. Uma Abordagem Científica e Prática das Qualidades Humanas.** Porto Alegre: Artmed, 2009.

VIA INSTITUTE ON CHARACTER. **The VIA Survey.** Disponível em: http://www.viacharacter.org/www/Character-Strengths-Survey. Acesso em 12 abr 2016.

Capítulo 10 - Mulheres na Liderança: percepção e práticas do uso de forças de caráter em ambiente organizacional (Claudia R. G. Valenzuela Vianna)

ACHOR, S. **O jeito Harvard de ser feliz: o curso mais concorrido de uma das melhores universidades do mundo.** São Paulo: Saraiva, 2012.

BRDAR, I.; PETRA, A.; RIJAVEC, M. **Character strengths and well being: Are there gender differences?** In: BRDAR, I. (Ed). The Human Pursuit of Well-Being: A Cultural Approach. Dordrecht, NL: Springer, p. 145-156, 2011. Disponível em: <https://www.researchgate.net/publication/226476882>.

BUCKINGHAM, M. **Destaque-se.** Rio de Janeiro: Sextante, 2012.

EY. Women Fast Forward. **The time for gender parity is now.** 2016. Disponível em: <www.ey.com>. Acessado em: out 2016.

HARALALKA, A.; LEONG, C. T. **Why strengths matter in training.** *Business Journal.* 3 abr. 2012. Disponível em: <http://www.gallup.com/businessjournal/153341/why-strengths-matter-training.aspx>. Acesso em: ago 2015.

LATU, I.; MAST, M.; LAMMERS, J.; BOMBARI, D. **Successful female leaders empower women's behavior in leadership tasks.** *Journal of Experimental Social Psychology*, 49, p. 444–448, 2013. Disponível em: <https://www.researchgate.net/publication/236895227>. Acesso em: jan. de 2016.

NIEMIEC, R. **What Do We Know about Signature Strengths? Positive Psycology News Daily.** 2015. Disponível em: <http://positivepsychologynews.com/news/ryan-niemiec/2015042831514>. Acesso em: abr. de 2016.

Park, N.; Peterson, C. **Does it matter where we live? The urban psychology of character strengths.** American Psychologist, 65, 535-547, 2010.

Referências Bibliográficas

Peterson, C.; Park, N. **Classifying and measuring strengths of character.** In: LOPEZ S. J.; SNYDER C. R. (Eds.). Oxford handbook of positive psychology, ed. 2. New York: Oxford University Press. p. 25-33, 2009. www.viacharacter.org

Peterson, C.; Seligman, M.E.P. **Character strengths and virtues: A handbook and classification.** New York: Oxford University Press and Washington, DC: American Psychological Association, 2004. www.viacharacter.org

SANDBERG, S. **Faça Acontecer – Mulheres, trabalho e vontade de liderar.** São Paulo: Companhia das Letras, 2013.

SELIGMAN, M. **Felicidade autêntica: usando a psicologia positiva para a realização permanente.** Rio de Janeiro: Objetiva, 2004.

SNYDER, C. R.; LOPEZ, S. J. **Psicologia positiva: uma abordagem científica e prática das qualidades humanas.** Porto Alegre: Artmed, 2009.

SNYDER, P. **Super Women Lawyers: a study of character strengths.** 2012. Dissertação de Mestrado do curso Master of Applied Positive Psychology (MAPP). University of Pennsylvania. Disponível em: <http://repository.upenn.edu/mapp_capstone/38>. Acesso em: 5 jan. de 2016

ZENGER, J.; FOLKMAN, J. **Are women better leaders than men?** Harvard Business Review. 2012. Disponível em: https://hbr.org/2012/03/a-study-in-leadership-women-do. Acesso em: fev. de 2016

Capítulo 11 - Potencialização Coletiva das Forças de Caráter no Ambiente Organizacional (Claudia Napolitano)

BIODANZARIO. **O que é biodanza.** Disponível em: <http://biodanzario.bio.br/>. Acesso em: 10 jan. 2016.

FREDRICKSON, B. L. **Positividade.** Rio de Janeiro: Rocco, 2009.

INSTITUTO NACIONAL DA PROPRIEDADE NACIONAL. **O INPI.** Disponível em: <www.inpi.gov.br>. Acesso em: 15 dez. 2015.

LYUBOMIRSKY, S.; SHELDON, K. M.; SCHKADE, D. **Pursing Happines: The Architecture of Sustainable Change.** Review of General Psychology, vol. 9, n. 2, 111-131. Education Publishing Foundation, 2005.

PETERSON, C.; SELIGMAN, M. E.P. **Character Strengths and Virtues. A Handbook and Classification.** New York: Oxford University Press, American Psychology Association, 2004.

SELIGMAN, M. **Foreword: The past and future of positive psychology.** In: C. L. M. KEYES, C. L. M.; HAIDT J. (Eds.). Flourishing: Positive psychology and the life well lived. p. 11-20). Washington, DC: American Psychological Association, 2003.

SOARES, D.H.P.; COSTA, A. B. **Aposentação: Aposentadoria para ação.** São Paulo: Vetor, 2011.

LYUBOMIRSKY, S.; SHELDON, K. M.; SCHKADE, D. **Pursing Happines: The Architecture of Sustainable Change.** Review of General Psychology, vol. 9, n. 2, 111-131. Education Publishing Foundation, 2005.

TAMAYO, A. Introdução. In: TAMAYO, A. Cultura e saúde nas organizações. Porto Alegre: Artmed, 2004.

Capítulo 12 - Talentos Humanos e Pontos Fortes aplicados ao processo de Coaching. Ser feliz é o que se quer, mas será que sabemos por onde começar? (Christiane Barros)

BUCKINGHAM, M.; CLIFTON, O. D. **Descubra Seus pontos fortes.** Rio de Janeiro: Sextante, 2008.

BUCKINGHAM, M. **O poder das mulheres fortes.** Rio de Janeiro: Sextante, 2014.

GALLUP. **What Job-Hopping Employees Are Looking For.** Disponível em: http://www.gallup.com/businessjournal/186602/job-hopping-employees. Acesso em: 11 out. 2015.

GALLUP. **Employees Who Use Their Strengths Outperform Those Who Don't.** Disponível em: http://www.gallup.com/businessjournal/186044/employees-strengths-outperform. Acesso em: 9 de out. 2015.

Parte V - Organizações Positivas (Andréa Perez Corrêa)

CAMERON, K. S.; DUTTON, J. E.; QUINN, R.E. **Foudantion of Positive Organizational Scholarship.** In: CAMERON, K. S.; DUTTON, J. E.; QUINN, R.E. (Eds.). **Positive Organizational Scholarship: Foundation of a new discipline.** p. 3–13. San Francisco: Berret-Koehler, 2003.

CAMERON, K.; SPREITZER, G. M. **Introduction.** In: CAMERON, K.; SPREITZER, G. M. The Oxford handbook of Positive Organizational Scholarship. New York: Oxford University Press, 2003.

CSIKSZENTMIHALY, M.; SELIGMAN, M. E. P. **Positive Psychology: An Introduction.** In: American Psychologist: Special Issue on Happiness, Excellence, and Optimal Human Functioning. Washington,DC. American Psychological Association. 2000.

DONALDSON, S. I.; KO, I. **Positive Organizational Psychology, behavior and scholarship: A review of emerging literature and evidence bas.** *Journal of Positive Psychology*, 2010.

GARCEA, N.; LINLEY, P. A. **Creating Positive Sosial Change Through Building Positive Organizations: Four Levels of Interventions.** In: BISWAS-DIENER, R. Positive Psychology as Social Change. Milwaukie: Springer, 2011.

KO, I.; DONALDSON, S. I. **Applied Positive Organizational Psychology: The State of the Science and Practice.** In: DONALDSON, S. I.; CSIKSZENTMIHALYI, M.; NAKAMURA, J. Applied Positive Psychology. Improving Every Day Life, Health, Schools, Work, and Society. New York: Routledge, 2011.

Capítulo 13 - Encontrando a Carreira Ideal (Mônica Pannain Bonhôte)

G1. **72% das pessoas estão insatisfeitas com o trabalho, aponta pesquisa.** Disponível em: <http://g1.globo.com/concursos-e-emprego/noticia/2015/04/72-das-pessoas-estao-insatisfeitas-com-o-trabalho-aponta-pesquisa.html>. Acesso em: 29 abr. 2015.

BOYATZIS, R. E.; AKRIVOU, K. **The ideal self as the driver of intencional change.** *Journal of Management Development*: 2006.

BOYATZIS, R. E. **An overview of intentional change from a complexity perspective.** *Journal of Management Development:* 2006.

FREDRICKSON, B. L. **The value of positive emotions: The emerging science of positive psychology is coming to understand why it's good to feel good.** *American scientist*, v. 91, n. 4, p. 330-335, 2003.

FREDRICKSON, B. L. **What good are positive emotions?** *Review of general psychology,* v. 2, n. 3, p. 300-319, 1998.

LOPEZ, S. J.; SNYDER, C. R. **Psicologia Positiva: Uma Abordagem Científica e Prática das Qualidades Humanas.** São Paulo: Artmed, 2009.

SELIGMAN, M. E.P. **Florescer: uma nova compreensão sobre a natureza da felicidade e do bem-estar.** Rio de Janeiro: Objetiva, 2011.

Capítulo 14 - Foco nas Qualidades Humanas Positivas em Programas de Capacitação e Desenvolvimento Profissional (Rita Amorim)

ACHOR, S. **O Jeito Harvard de Ser Feliz.** São Paulo: Saraiva, 2012.

BUCKINGHAM, M.; CLIFTON, D. O. **Descubra Seus Pontos Fortes.** Rio de Janeiro: Sextante, 2008.

Referências Bibliográficas

CSIKSZENTMIHALY, M.; SELIGMAN, M. E. P. **Positive Psychology: An Introduction.** In: American Psychologist: Special Issue on Happiness, Excellence, and Optimal Human Functioning. Washington, DC. *American Psychological Association,* 2000.

FREDRICKSON, B. **Positividade: Descubra a força das emoções positivas, supere a negatividade e viva plenamente.** Rio de Janeiro: Rocco, 2009.

GUIMARÃES, G. **Liderança Positividade: para atingir resultados excepcionais.** São Paulo: Évora, 2012.

LYUBOMIRSKY, S. **A Ciência da Felicidade: Como Atingir a Felicidade Real e Duradoura.** Rio de Janeiro: Elsevier, 2008.

PETERSON, C.; PARK, N. **Positive Psychology as the Evenhanded Positive Psychologist Views It.** University of Michigan, Ann Arbor, MI, USN, 2003.

PETERSON, C.; SELIGMAN, M. E. P. **Character Strengths and Virtues. A Handbook and Classification.** New York: Oxford University Press, American Psychology Association, 2004.

SELIGMAN, M. E. P. **Building Human Strength: Psychology's Forgotten Mission.** In: APA Monitor, American Psychological Association, 1998.

SNYDER, C.R.; LOPEZ, S. J. **Psicologia Positiva. Uma abordagem Científica e Prática das Qualidades Humanas.** Porto Alegre: Artmed, 2009.

Capítulo 15 - Investigação Apreciativa aplicada ao Coaching nas Organizações (Sônia Ramos)

COOPERRIDER, D. L., WHITNEY, D. **Investigação Apreciativa: uma abordagem positiva para a gestao de mudanças.** Rio de Janeiro: Qualitymark, 2006.

COOPERRIDER, D. L.; WHITNEY, D.; STAVROS, J. M. **Manual da Investigação Apreciativa para Líderes da Mudança.** Rio de Janeiro: Qualitymark, 2006.

GOLDSMITH, M.; Lyons, L.; Freas, A. **Coaching: O Exercício da Liderança.** Rio de Janeiro: Elsevier, 2003.

INTERNATIONAL COACHING FEDERATION – ICF. **O que é Coaching?** Disponível em: <www.lcfbrasil.org>. Acesso em: 22 dez. 2015.

RAMOS, S. M. Silva. **A similaridade do Continuum do Wellness com a Potencialização da Escala Subjetiva de Bem-Estar favorecendo o uso das Forças de Caráter para o Coaching em Bem-Estar.** Trabalho de Pós-Graduação, AVM Faculdade Integrada, Universidade Cândido Mendes, Rio de Janeiro, RJ, Brasil. 2014.

WHITMORE, J. **Coaching para Performance. Aprimorando Pessoas, Desempenhos e Resultados. Competências Pessoais para Profissionais.** Rio de Janeiro: Qualitymark, 2010.

Capítulo 16 - Liderança Positiva (Livia L. Lucas Carlomagno)

BAKER, W.; CROSS, R.; WOOTEN, M. **Positive organizational network analisys and energy relationships.** In: CAMERON, K. S.; DUTTON, J. E.; QUINN, R. E. (Eds.). Positive Organizational Scholarship. San Francisco: Berret-Koehler, 2003.

BISWAS-DIENER, R. **Practicing positive psychology coaching: assessment, activities and strategies for success.** San Francisco: Wiley, 2010.

BUCKINGHAM, M.; CLIFTON, D. O. **Now discover your strengths.** New York: Simon and Schuster, 2001.

CAMERON, K. S. **Positive Leadership.** San Francisco: Berrett-Koehlercameron, 2008.

CAMERON, K. S. **Practicing positive leadership: Tools and techniques that create extraordinary results.** San Francisco: Barrett-Koehler, 2013.

CAMERON, K. S. **Building relationships by communicating supportively.** In: WHETTEN, D. A.; CAMERON, K. S. (Eds.). *Developing managiment skills.* Upper Saddle River: Prentice Hall, 2011.

CAMERON, K. S.; CAZA, A. **Organizational and leadership virtues and the role of forgiveness.** In: *Journal of Leadership and Organizational Studies,* 2002.

DUTTON, J. E.; WORKMAN, K. M.; HARDIN, A. E. **Compassion at work.** *Annual Review of Organizational Psychology and Organizational Behavior,* 2014.

DUTTON, J. E.; SPREITZER, G. M.; HEAPHY, E. D.; QUINN, R. **Composing the reflected best-self portrait: Building pathways to becoming extraordinary in work organizations.** In: Academy of Management Review. October, 2005.

EMMONS, R. A. **Acts of gratitude in organizations.** In: CAMERON, K. S.; DUTTON, J. E.; QUINN, R. E. (Eds.). *Positive Organizational Scholarship.* San Francisco: Berret-Koehler, 2003.

PETERSON, C.; PARK, N. **Classifying and measuring strengths of character.** In: LOPEZ, S.J.; SNYDER, C.R. (Eds.). *Oxford handbook of positive psychology.* New York: Oxford University Press, 2nd. p. 25-33, 2009. www.viacharacter.org

PETERSON, C.; SELIGMAN, M.E.P. **Character strengths and virtues: A handbook and classification.** New York: Oxford University Press and Washington, DC: American Psychological Association, 2004. www.viacharacter.org

Capítulo 17 - O Sentido: Construindo Instituições Positivas (Poliana Landin)

BATTHYANY, A.; RUSSO-NETZER, P. **Psychologies Of Meaning.** In: BATTHYANY, A.; RUSSO-NETZER, P. (Eds.). *Meaning in existential and positive psychology.* New York, NY: Springer, 2014.

CAMERON, K. **Positive Leadership: Strategies for Extraordinary Performance.** San Francisco-CA: BK, 2008.

FRANKL, V. **Em busca de sentido: um psicólogo no campo de concentração.** Petrópolis-RJ: Vozes, 2008.

GUIMARÃES, G. **Liderança Positiva.** São Paulo-SP: Évora, 2012.

GPTW. Disponível em: <http://www.greatplacetowork.com.br/>. Acesso em: 10 abr. de 2016.

IPOG. Disponível em: <http://www.ipog.edu.br/home>. Acesso em: 10 abr. de 2016.

_____ E-book. Disponível em: <http://ipoggo.com.br/ebook/>. Acesso em: 10 abr. de 2016.

REYMAN, J. **Propósito: porque ele engaja colaboradores, constrói marcas fortes e empresas ponderosas.** São Paulo-SP: HSM, 2013.

SELIGMAN, M. E. P. **Florescer. Uma Nova Compreensão sobre a Natureza da Felicidade e do Bem-estar.** Rio de Janeiro: Objetiva, 2011.

STEGER, M. F.; DIK, B. J. **Work as meaning: individual and organizational benefits of engaging in meaningful work.** In: P. ALEX Linley et al. (Eds.). Oxford handbook of positive psychology and work. Oxford: Oxford University Press, 2010

Wong, P. T. P. **Viktor Frankl's meaning seeking model and positive psychology.** In: BATTHYANY, A.; RUSSO-NETZER, P. (Eds.). *Meaning in existential and positive psychology.* New York, NY: Springer, 2014.

Referências Bibliográficas

Capítulo 18 - Uma nova abordagem no Processo de Recrutamento e Seleção por Forças Pessoais (Helma Paiva Neves)

BANCO MUNDIAL. **Relatório Anual de 2015.** Washington, DC: Banco Mundial, 2015.

BUCKINGHAM, M.; CLIFTON, D. O. **Descubra Seus pontos fortes.** Rio de Janeiro: Sextante, 2008.

GRAMIGNA, M. R. **Modelo de Competências e Gestão dos Talentos.** 2. ed. Brasil: Prentice Hall, 2007.

IBGE. **Pesquisa Nacional por Amostra de Domicílios Contínua.** Brasil, 2016. Disponível em: <http://www.ibge.gov.br/>. Acesso em: 20 abr. 2016.

PETERSON, C.; PARK, N. **Classifying and measuringstrengths of character.** In: LOPEZ, S.J.; SNYDER, C.R. (Eds.). Oxford handbook of positive psychology. 2nd ed. p.25-33. New York: Oxford University Press. www.viacharacter.org, 2009.

PETERSON, C.; SELIGMAN, M. E. P. **Character strengths and virtues: A handbook and classification.** New York: Oxford University Press and Washington, DC: American Psychological Association, 2004.

POLLY, S.; BRITTON, K. H. (Ed.). **Character Strengths Matter: How to Live a Full Life.** *Positive Psychology News*, 2015.

SCORSOLINI-COMIN, F.; FONTAINE, A. M. G. V.; KOLLER, S. H.; SANTOS, M. A. **From authentic happiness to well-being: The flourishing of positive psychology.** Psicologia: Reflexão e Crítica. 26(4), p. 663-670, 2013.

SNYDER, C. R.; LOPEZ, S. J. **Psicologia positiva: Uma abordagem científica e prática das qualidades humanas.** Tradução de R. C. Costa. São Paulo, SP: Artmed, 2009.

SELIGMAN, M. E.; CSIKSZENTMIHALYI, M. **Positive Psychology: An introduction.** American Psychologist Association. 55(1), p. 5-14, 2000.

SELIGMAN, M. E. P. **Felicidade autêntica: Usando a nova psicologia positiva para a realização permanente.** Rio de Janeiro, RJ: Objetiva, 2004.

Parte VI - Intervenções e Práticas Positivas (Andréa Perez Corrêa)

BISWAS-DIENER, R. **Applied Positive Psychology: progress and Challenges.** The European Health Psychologist, 2011. Disponível em: <http://bit.ly/1WdBXw3>. Acesso em: 6 mai. 2016.

BISWAS-DIENER, R.; DEAN, B. **Positive Psychology Coaching. Putting Science of Happiness to Work for your Clients.** Hoboken, NJ: John Wiley&Sons, Inc., 2007.

BOLIER, L.; HAVERMAN, M.; WESTERHOF, G. J.; RIPER, H.; SMIT, F.; BOHLMEIJER, E. **Positive Psychology Interventions: a meta-analysis of randomized controlled studies.** BMC Public Health, 13:119. Disponível em: http://bit.ly/1rz1mny. Acesso em: 2013.

BRYANT, F. B.; VEROFF, J. **Savoring. A New Model of Positive Experience.** Mahwah: Lawrence Erlbaum, 2007.

BRYANT, F. B. **Savoring Beliefs Inventory (SBI): A Scale for measuring beliefs about savouring.** Journal of Mental Healt, vol. 12, p. 175-196, 2003.

CSIKSZENTMIHALYI, M. **Finding Flow: The Psychology of Engagement with Everyday Life.** New York: Basic Books, 1997.

CSIKSZENTMIHALYI, M. **Flow: The Psychology of Optimal Experience.** New York: Harper & Row, 1990.

EMMONS, R. A. **Gratitude Works. A 21-Day program for Creating Emotional Prosperity.** San Francisco: Jossey Bass, 2013.

EMMONS, R. A.; McCULLOUGH, M. E. **Counting blessings versus burdens: An experimental investigation of gratitude and subjective well-being in daily life.** *Journal of Personality and Social Psychology*, 84, 377-389, 2003.

FORDYCE, M. W. **Development of a program to increase personal happiness.** *Journal of Counseling Psychology.* Vol. 24, p. 511-520, 1977.

FREDRICKSON, B. **Positividade: Descubra a força das emoções positivas, supere a negatividade e viva plenamente.** Rio de Janeiro: Rocco, 2009.

GREEN, L.S.; OADES, L.G.; GRANT, A.M. **Cognitive-behavioral, solution-focused life coaching: enhancing goal striving, well-being, and hope.** *Journal of Positive Psychology.* Vol. 1, 142–149, 2006.

HOWELLS, A.; IVTZAN, I.; EIROA-OROSA, F. J. **Putting the 'app' in Happiness: A Randomised Controlled Trial of a Smartphone-Based Mindfulness Intervention to Enhance Wellbeing.** *Journal of Happiness Studies*, 17(1), p. 163-185, 2016.

KABAT-ZIN, J. **Mindfulness en la vida cotidiana. Donde quiera que vayas, ahí está.** Buenos Aires: Paidós, 2015.

KAUFFMAN, C.; BONIWELL, I.; SILBERMAN, J. **The Positive Psychology Approach to Coaching.** In: Sage Handbook of Coaching. COX, E.; BACHKIROVA, T.; CLUTTERBUCK, D. (Eds.) Institute of Coaching. Harvard Medical School McLean Hospital. Disponível em: <http://bit.ly/1rIOZVO>. Acesso em: 12 mar. 2014.

KING, L. A. **The Health Benefits of Writing About Life Goals.** Personality and Social Psychology Bulletin, vol. 27, p. 798-807, 2001.

LAYOUS, K.; NELSON, S. K.; LYUBOMIRSKY, S. **What is The Optimal Way to Deliver a Positive Activity Intervention? The case of Writing About One's Best Possible Selves.** *Journal of Happiness Studies*, 2012.

LYUBOMIRSKY, S. **A Ciência da Felicidade: Como Atingir a Felicidade Real e Duradoura.** Rio de Janeiro: Elsevier, 2008.

SELIGMAN, M. E. P. ; PARKS, A. C.; STEEN, T. **A balanced psychology and a full life.** The Royal Society, Phil. Trans. R. Soc. Lond. B, 359, p. 1379-1381, 2004. Disponível em: <http://bit.ly/1TwPLvF>. Acesso em: 7 mai. 2016.

MEYER, M. C.; WOERKOM, M. van; BAKKER, A. B. **The added value of the positive: a literature review of positive psychology interventions in organizations.** *European Journal of Work and Organization Psychology*, v. 22, no. 5, p. 618-632, 2012.

MITCHELL, J.; VELLA-BRODRICK, D.; KLEIN, B. **Positive psychology and the internet: a mental health opportunity.** *Electronic Journal of Applied Psychology*, vol. 6 (2), p. 30–41, 2010. Disponível em: <http://bit.ly/1WP3T8C>. Acesso em: 6 mai. 2016.

OTAKE, K.; SHIMAI, S.; TANAKA-MATSUMI, J.; OTSUI, K.; FREDRICKSON, B. L. **Happy people become happier through kindness: A counting kindnesses intervention.** *Journal of Happiness Studies*, 7, 361-375, 2006.

PARKS, A. C.; BISWAS-DIENER, R. **Positive interventions: Past, present, and future.** In: KASHDAN, T.; CIARROCHI, J. (Eds.). Mindfulness, Acceptance, and Positive Psychology: The Seven Foundations of WellBeing. Oakland, CA: Context Press, 2013. p. 140-165.

PARKS, A. C.; BISWAS-DIENER, R. **Positive Interventions: Past, Present and Future.** In: KASHDAN, T.; CIARROCHI, J. Bridging Acceptance and Commitment Therapy and Positive Psychology: A practioner Guide to Unifying Framework, 2013.

PROYER, R. T.; GANDER, F.; WELLENZOHN, S.; RUCH, W. **Strengths-based positive psychology interventions: a randomized placebo-controlled online trial on long-term effects for a signature strengths-vs. a lesser strengths-intervention. Personality and Psychology. Frontiers in Psychology, 2015.

SCOPUS. Busca: Positive Psychology Intervention. Article Title, Abstract, Keywords. Disponível em: <http://bit.ly/1WRKjbQ>. Acesso em: 6 mai. 2016.

SELIGMAN, Martin E. P. **Felicidade Autêntica – Usando a Psicologia Positiva para a Realização Permanente.** Rio de Janeiro: Objetiva, 2009.

SELIGMAN, M. E. P. **Florescer. Uma Nova Compreensão sobre a Natureza da Felicidade e do Bem-estar.** Rio de Janeiro: Objetiva, 2011.

SELIGMAN, M. E. P.; PARKS, A. C.; STEEN, T. **A balanced psychology and full life.** In: HUPPERT, F.; BAYLIS, N.; KEVERNE, B. (Eds.). The Science of Well-being. New York: Oxford University Press. p. 275-283, 2005.

SELIGMAN, M. E. P.; RASHID, T.; PARKS, A. C. **Positive Psychotherapy.** American Psychologist, vol. 60, p. 410-12, 2005.

SELIGMAN, M. E. P.; STEEN, T. A.; PARK, N.; PETERSON, C. **Positive psychology progress: Empirical validation of interventions.** American Psychologist, vol. 60, p. 410- 421, 2005.

SHELDON, K. M.; KASSER, T.; SMITH, K.; SHARE, T. **Personal goals and psychological growth: testing an intervention to enhance goal attainment and personality integration.** Journal of Personality S2 - Character & Personality; A Quarterly for Psychodiagnostic & Allied Studies vol. 70, p. 5–31, 2002.

SHELDON, K. M.; LYUBOMIRSKY, S. **How to increase and sustain positive emotion: the effects of expressing gratitude and visualizing best possible selves.** Journal of Positive Psychology, vol. 1, p. 73–82, 2006.

SHELDON, K. M.; LYUBOMIRSKY, S. **How to increase and sustain positive emotion: The effects of expressing gratitude and visualizing best possible selves.** Journal of Positive Psychology, 1, 73-82. Disponível em: http://bit.ly/1ULr83w. Acesso em: 2006.

SHUELLER, S. M.; KASHDAN, T. B.; PARKS, A. C. **Synthesing positive psychologigal interventions. Suggestions for conducting and interpreting meta-analyses.** International Journal of Wellbeing, vol. (1) p. 91-98, 2014.

SIN, N. L.; LYUBOMIRSKY, S. **Enhancing well-being and alleviating depressive symptoms with positive psychology interventions: a practice-friendly meta-analysis.** Journal of Clinical Psychology, vol. 65, p. 467–487, 2009.

Capítulo 19 - Estabeleça metas para uma vida em flow (Claudia Pedroso e Rafael Garcia)

ACHOR, S. **O jeito Harvard de ser feliz: o curso mais concorrido de uma das melhores universidades do mundo.** São Paulo: Saraiva, 2012.

BEN-SHAHAR, T. **Seja mais feliz: aprenda os segredos da alegria de cada dia e da satisfação permanente.** São Paulo: Editora Academia de Inteligência, 2008.

BEN-SHAHAR, T. **Choose the Life You Want: The Mindful Way to Happiness.** New York: Experiment, 2014.

BUCKINGHAM, M.; CLIFTON, D. O. **Descubra Seus pontos fortes.** Rio de Janeiro: Sextante, 2008.

CSIKSZENTMIHALYI, M. **Optimal experience: psychological studies of flow in consciousness.** Nova York: Cambridge University Press, 1990

CSIKSZENTMIHALYI, M. **Finding Flow: The Psychology os Engagement with Everyday Life.** New York: Basic Books, 1997.

KAMEI, H. **Mihaly Csikszentmihalyi: O Autor da Teoria do Flow.** In: KAMEI, H.; MARQUES, J. R. Flow e Psicologia Positiva. Estado de Fluxo, Motivação e Alto Desempenho. Goiânia: Editora IBC, 2014.

PETERSON, C.; SELIGMAN, M. E. P. **Character Strengths and Virtues.** A Handbook and Classification. New York: Oxford University Press, American Psychology Association, 2004.

SNYDER, C.R.; LOPEZ, S. J. **Psicologia Positiva: uma abordagem científica e prática das qualidades humanas.** Porto Alegre: Artmed, 2009.

Capítulo 20 - Gratidão e Generosidade: Uma Abordagem Prática aplicada ao Bem-Estar (Renata Abreu)

EMMONS, R. **Agradeça e Seja Feliz.** Rio de Janeiro: Bestseller, 2009.

EMMONS, R. **Gratitude Works: A 21 Day Program for Creating Emotional Prosperity.** San Francisco: Jossey-Bass, 2013.

EMMONS, R.; McCULLOUGH, M. **The Psychology of Gratitude.** New York: Oxford University Press, 2004.

FOX, G.; KAPLAN, J.; DAMASIO, H.; DAMASIO, A. **Neural Correlates of Gratitude.** Frontiers in Psychology. Vol. 6, 2015.

FREDRICKSON, B. **Positividade.** Rio de Janeiro: Editora Roxo, 2009.

KINI, P.; WONG, J.; MCINNIS, S.; GABANA, N.; BROWN, J. **The Effects of Gratitude Expression on Neural Activity.** Bloomington: Indiana University, 2015.

LYUBOMIRSKY, S. **The How of Happiness.** New York: Penquin Group, 2007.

MCCULLOUGH, M.; KIMELDORF, M.; COHEN, A. **An Adaptation for Altruism.** Coral Gables: University of Miami, 2008.

NEW YORK TIMES. **The Selfish Side of Gratitude.** Disponível em: <http://www.nytimes.com/2016/01/03/opinion/sunday/the-selfish-side-of-gratitude.html?_r=0>. Acesso em: 5 jan. 2016.

PARK, N.; PETERSON, C.; SELIGMAN, M. **Strengths of Character and Well–Being.** *Journal of Social and Clinical Psychology*, vol. 23, No. 5, 2004

SELIGMAN, M. **Felicidade Autêntica.** Rio de Janeiro: Objetiva, 2004.

SCIENTIFIC AMERICAN. **Which Character Strengths Are Most Predictive of Well-Being?** Disponível em: http://blogs.scientificamerican.com/beautiful-minds/which-character-strengths-are-most-predictive-of-well-being/. Acesso em: 5 jan. 2016.

VIA INSTITUTE ON CHARACTER. **Character Strengths.** Disponível em: <http://www.viacharacter.org>. Acesso em: 5 jan. 2016.

Capítulo 21 - Mindfulness e Psicologia Positiva (Renata Gomes Netto)

DEMARZO, M.; CAMPAYO, J. G. **Manual prático Mindfulness: curiosidades e aceitação.** São Paulo: Palas Athena, 2015.

FREDRICKSON, B. L.; GARLAND, E. L. **Mindfulness broadens awareness and builds meaning at the attentio-emotion interface.** In: KASHDAN, I. B.; CIARROCHI, J. (Eds). Mindfulness, acceptance and positive psychology. Oakland: New Harbinger Publications, 2013.

GERMER, C. K. **Mindfulness: O que é? Qual é a sua importância?** In: GERMER, C. K.; SIEGEL, R. D.; FULTON, P. R. Mindfulness e Psicoterapia. Porto Alegre: Artmed, 2015.

KABAT-ZINN, J.; WILIANS, M.; TEASDALE, J.; SEGAL, Z. **The mindful way through depression: freeing yourself from chronic unhappiness.** New York: Guilford Press, 2007.

KABAT-ZINN, J. **Mindfulness para principiantes.** Barcelona: Kairós, 2013.

Referências Bibliográficas

LANGER, E. **Well-being: Mindfulness versus positive evaluation.** In: SNYDER, C. R.; LOPEZ, S. J. (Eds.). The Oxford Handbook of Positive Psychology, New York: Oxford University Press, 2002.

MARLATT, G. A.; CHAWLA, N.; BOWEN, S. **Prevenção de recaída baseada em Mindfulness para comportamentos aditivos: um guia para o clínico.** Rio de Janeiro: Editora Cognitiva, 2015.

SELIGMAN, M. E. P. **Florescer: uma nova e visionária interpretação da felicidade e do bem-estar.** Rio de Janeiro: Objetiva, 2011.

SHAPIRO, S. **Meditation and Positive Psychology.** In: SNYDER, C. R.; LOPEZ, S. J. The Oxford handbook of Positive Psychology, 2009. (online publication)

SNYDER, C. R.; LOPEZ, S. J. **Psicologia Positiva: Uma abordagem científica e prática das qualidades humanas.** Porto Alegre: Artmed, 2009.

Capítulo 22 - Otimismo – Ajustando as lentes (Lilian Coelho)

SELIGMAN, M. E. P. **Felicidade autêntica: usando a nova psicologia positiva para a realização permanente.** Tradução de Neuza Capelo. Rio de Janeiro: Objetiva, 2009.

SELIGMAN, M. E. P. **Florescer: uma nova compreensão sobre a natureza da felicidade e do bem-estar.** Tradução de Cristina Paixão Lopes. Rio de Janeiro: Objetiva, 2011.

SELIGMAN, M. E. P. **Aprenda a ser otimista.** Tradução de Alberto Lopes. 5. ed. Rio de Janeiro : Nova Era, 2014.

Capítulo 23 - Savoring e a Escrita: A arte de apreciar as experiências positivas (Gabriele de Oliveira Ribas)

BRYANT, F. B.; VEROFF, J. **Savoring: a new model of positive experience.** New Jersey: Lawrence Erlbaum Associates Publishers, 2007.

KING, L. A.; MINER, K. N. **Writing about the perceived benefits of traumatic events: Implications for physical health.** Personality and Social Psychology Bulletin, 26(2), p. 220–230, 2000.

LANGER, E. **Well-beingmindfulnesss versus positive evaluation.** In: SNYDER, C. R.; LOPEZ, S.J. The handbook of positive psychology. New York Oxford University Press, 2002.

LYUBOMIRSKY, S.; SOUSA, L.; DICKERHOOF, R. **The Costs and Benefits of Writing, Talking, and Thinking About Life's Triumphs and Defeats.** Journal of Personality and Social Psychology, Vol. 90, n. 4, p. 692–708, 2006.

NAKAMURA J.; CSIKSZENTMIHALYI, M. **The concept of flow.** In: SNYDER, C.R.; LOPEZ, S. J. The handbook of positive psychology. New York Oxford University Press. 2002.

PENNEBAKER, J. W.; EVANS, J. F. **Expressive writing: words that heal.** 2014.

PENNEBAKER, J.W.; KIECOLT-GLASER, J.; GLASER, R. **Disclosure of traumas and immune function: Health implications for psychotherapy.** Journal of Consulting and Clinical Psychology, 56, p. 239-245, 1988.

SELIGMAN, M. **Florescer: uma nova compreensão sobre a natureza da felicidade e do bem-estar.** Rio de Janeiro: Objetiva, 2011.

Parte VII - Psicologia Positiva Aplicada
Capítulo 24 - A empatia como recurso facilitador das relações humanas (Fernanda A. Medeiros)

ACHOR, S. **O jeito Harvard de ser feliz.** São Paulo: Saraiva, 2012.

BUCKINGHAM, M.; CLIFTON, D. O. **Descubra Seus Pontos Fortes.** Rio de Janeiro: Sextante, 2008.

COHEN, A. **Empathy and What It Teaches Us.** Disponível em: <http://positivepsychologynews.com/news/aren-cohen/200912126410>. Acesso em: 2 jan. 2016.

DEL PRETTE, A.; DEL PRETTE, Z. A. P. **Psicologia das relações interpessoais: vivências para o trabalho em grupo.** Petrópolis: Vozes, 2001.

DUAN, C.; HILL, C. E. **The current state of empathy research.** Journal of Counseling Psychology, v. 43, n. 3, p. 261 274, jul. 1996.

FALCONE, E. **A avaliação de um programa de treinamento da empatia com universitários.** Revista Brasileira de Terapia Comportamental e Cognitiva, São Paulo, v. 1, n. 1, p. 23-32, jun. 1999. Disponível em: <http://pepsic.bvsalud.org/scielo.php?script=sci_arttext&pid=S1517-55451999000100003&lng=pt&nrm=iso>. Acesso em: 2 jan. 2016.

FALCONE, E. M. O.; RAMOS, D. M. **A atribuição como componente cognitivo das habilidades sociais e seu impacto na satisfação conjugal.** In: GUILHARDI, H. J.; AGUIRRE, N. C. (Orgs.). Sobre Comportamento e Cognição: Expondo a variabilidade, vol. 15. Santo André: ESETec. p. 182-191, 2005.

FREDRICKSON, B. **Positividade: descubra a força das emoções positivas, supere a negatividade e viva plenamente.** Rio de Janeiro: Rocco, 2009.

GOLEMAN, D. **Inteligência emocional.** Rio de Janeiro: Objetiva, 1995.

GOLEMAN, D. **Inteligência social: o poder das relações humanas.** Rio de Janeiro: Elsevier, 2011.

GRAÇA, J.; PALMA, M.; MENDONÇA, C.; CARGALEIRO, I.; MELO, J.C. **Empatia – Ferramenta Pró-Social Explorada num Grupo Terapêutico.** Revista do Serviço de Psiquiatria do Hospital Prof. Doutor Fernando Fonseca, EPE., v.11, n. 2, p. 57-69, dez. 2013. Disponível em: <http://revistas.rcaap.pt/psilogos/article/view/4105>. Acesso em: 1 de mar. 2016.

LYUBOMIRSKY, S. **A Ciência da Felicidade: Como Atingir a Felicidade Real e Duradoura.** Rio de Janeiro: Elsevier, 2008.

MAGYAR-MOE, J.L. **Therapist's guide to positive psychological interventions.** San Diego, CA: Elsevier Academic Press, 2009.

NICHOLS, M. P. **The Lost Art of Listening.** New York: Guilford, 1995.

PAVARINO, M. G.; DEL PRETTE, A.; DEL PRETTE, Z. A. P. **O desenvolvimento da empatia como prevenção da agressividade na infância.** Psico PUC/RS, v. 36, n. 2, p. 127 134, maio/ago. 2005a.

_____. **Agressividade e empatia na infância: um estudo correlacional com pré-escolares. Interação em Psicologia**, v. 9, n. 2, p. 215 225, jul./dez. 2005b.

Peterson, C.; Park, N. **Classifying and measuring strengths of character.** In: LOPEZ, S.J.; SNYDER, C.R. (Eds.). Oxford handbook of positive psychology, 2nd edition (pp.25-33). New York: Oxford University Press, 2009. www.viacharacter.org

PETERSON, C.; SELIGMAN, M.E.P. **Character strengths and virtues: A handbook and classification.** New York: Oxford University Press and Washington, DC: American Psychological Association, 2004. www.viacharacter.org

PORTELLA, M. et al. **Temas em Terapia Cognitivo-Comportamental.** Volume I. Rio de Janeiro: CPAF-RJ, 2010.

PORTELLA, M. **Relaxamento: uma proposta aplicada de qualidade de vida.** Rio de Janeiro: II Psi+, 2015.

SELIGMAN, M. E. P. **Authentic Happiness: Using the New Positive Psychology to Realize Your Potential for Lasting Fulfillment.** New York: Free Press, 2002.

SELIGMAN, M.E.P.; STEEN, A.T.; PARK, N.; PETERSON, C. **Positive Psychology Progress: Empirical Validation of Interventions.** American Psychologist, v. 60, n. 5, p. 410-421, jul./ago. 2005.

SNYDER, C. R.; LOPEZ, S. J. **Psicologia Positiva: Uma abordagem científica e prática das qualidades humanas.** Porto Alegre: Artmed, 2009.

SUDAK, D. M. **Terapia cognitivo-comportamental na prática.** Porto Alegre: Artmed, 2008.

TANGANELLI, M. S. **Você me estressa, eu estresso você.** In: M. Lipp (Org.). O stress está dentro de você. São Paulo: Contexto, 2003. p.155-168., 1999.

Capítulo 25 - Coaching de Psicologia Positiva nas Organizações (Daniela Levy)

ACHOR, S. **The Happiness Advantage: The Seven Principles That Fuel Success and Performance at Work.** New York: Random House. 2010

BISWAS-DIENER, R. **Practicing Positive Psychology Coaching: Assessment, Diagnosis, and Intervention.** New York: John Wiley & Sons, 2010.

BISWAS-DIENER, R.; DEAN, B. **Positive Psychology Coaching: Putting the Science of Happiness to Work for Your Clients.** New York: John Wiley & Sons, 2007.

BISWAS-DIENER, R.; T. K. **The Upside of Your Dark Side: Why Being Your Whole Self : Not Only Your Good Self Drives Success and Fulfillment.** New York: Hudson Street Press, 2015.

BRYANT, F.; VEROFF, J. **Savoring: A New Model of Positive Experience.** East Sussex, UK: Psychology Press. 2007

CAMERON, K. **Positive Leadership: Strategies for Extraordinary Performance.** San Francisco: Berret-Koehler Publishers, 2012.

CSIKSZENTMIHALYI, M. **Flow: The Psychology of Optimal Experience.** New York: Harper Perenial Modern Classics, 2008.

DUTTON, J.; RAGINS, B. R. **Exploring Positive Relationships at Work: Building a Theoretical and Research Foundation.** New York: L.E. Associates, 2007.

EMMOMS, R. A. **Gratitude Works!: A 21-Day Program for Creating Emotional Prosperity.** San Francisco: Jossey-Bass, 2013.

EMMONS, R. A. **Thanks!: How Practicing Gratitude Can Make You Happier.** New York: Mariner Books, 2008.

FREDRICKSON, B. **Positivity: Groundbreaking Research to Release Your Inner Optimism and Thrive.** New York: One World, 2009.

HAIDT, J. **The Happiness Hypothesis: Finding Modern Truth in Ancient Wisdom.** Phyladelphia: Basic Books, 2006.

KILPATRCICK, L.A et al. **Impact of mindfulness-based stress reduction training on intrinsic brain connectivity.** NeuroImage, 56(1), p.290-298, May, 2011.

LYUBOMIRSKY, S. **The How of Happiness: A Practical Guide to Getting what you want.** London: Piatkus, 2007.

SELIGMAN, E. P. M. **Felicidade Autêntica: Usando a Psicologia Positiva Para a Realização Permanente.** Rio de Janeiro: Objetiva, 2002.

SELIGMAN, M. E. P.; STEEN, T. A. ; PARK, N.; PETERSON, C. **Positive Psychology progress: Empirical validation interventions.** American Psychologist, 60, p 410-421, 2005.

SMART, C. et al. **Using the past to enhance the present: Boosting happiness through positive reminiscence.** Journal of Happiness Studies, vol. 6, Issue 3, sep., 2005, p. 227-260.

KILPATRCICK, L.A et al. **Impact of mindfulness-based stress reduction training on intrinsic brain connectivity.** NeuroImage, 56(1): may, 201, p. 290-298.

Capítulo 26 - Esperança na Psicoterapia (Marcia Cristina Oliveira Fernandes)

CSIKSZENTMIHALYI, M. **Flow: The Psychology of Optimal Experience.** Harper perennial modern classic, 2008.

PETERSON, C.; SELIGMAN, M. E.P. **Character Strengths and Virtues. A Handbook and Classification.** New York: Oxford University Press, American Psychology Association, 2004.

SELIGMAN, M. E. P. **Learned Optimism: How to change your mind and your life.** New York: Vintage Books, 2006.

SELIGMAN, M. E. P. **Felicidade autêntica: usando a nova psicologia positiva para a realização permanente.** Tradução de Neuza Capelo. Rio de Janeiro: Objetiva, 2009.

SELIGMAN, M. E. P. **Florescer: uma nova compreensão sobre a natureza da felicidade e do bem-estar.** Tradução de Cristina Paixão Lopes. Rio de Janeiro: Objetiva, 2011.

____ Florescer: uma nova compreensão sobre a natureza da felicidade e do bem-estar. Tradução de Cristina Paixão Lopes. Rio de Janeiro: Objetiva, 2011,

SNYDER, C. R. **Handbook of hope: Theory, measures e applications.** Londres: Academic Press, 2000.

SNYDER, C. R.; LOPEZ, S. J. **Psicologia positiva: uma abordagem científica e prática das qualidades humanas.** Tradução de Roberto Cataldo Costa. Porto Alegre: Artmed, 2009.

____ Psicologia positiva: uma abordagem científica e prática das qualidades humanas. Tradução de Roberto Cataldo Costa. Porto Alegre: Artmed, 2009.

____ Psicologia positiva: uma abordagem científica e prática das qualidades humanas. Tradução de Roberto Cataldo Costa. Porto Alegre: Artmed, 2009.

Capítulo 27 - Gratidão - Intervenções e Práticas Clínicas e Terapia Cognitivo-comportamental (Yone Fonseca)

ALGOE, S. B.; FREDRICKSON, B.; GABLE, S. L. **The Social Functions of the Emotion of Gratitude via Expression.** Emotion. 2013 Aug;13(4):605-9. Disponível em: <http://1.usa.gov/1VEIgbY>. Acesso em: 5 jan. 2016.

ALGOE, S. B.; STANTON, A. L. **Gratitude When It Is Needed Most: Social Functions of Gratitude in Women With Metastatic Breast Cancer.** Emotion. 2012 Feb; 12(1):163-8. Disponível em: <http://1.usa.gov/1SaZivZ>. Acesso em: 5 jan. 2016.

BONO, G.; E MCCULLOUGH, M. E. **Positive Responses to Benefit and Harm: Bringing Forgiveness and Gratitude Into Cognitive Psychotherapy.** Journal of Cognitive Psychotherapy: An International Quarterly, Volume 20, Number 2, 2006. Disponível em: <http://bit.ly/1nuGMlB>. Acesso em: 5 jan. 2016.

CHAN, D. W. **Gratitude, gratitude intervention and subjective well-being among Chinese school teachers in Hong Kong.** Educational Psychology, vol. 30, n. 2, mar. 2010, 139–153. Disponível em: <http://bit.ly/22NPCsF>. Acesso em: 5 jan. 2016.

CHENG, S-T.; TSUI, P. K.; LAM, John H. M. **Improving Mental Health in Health Care Practitioners: Randomized Controlled Trial of a Gratitude Intervention.** J Consult Clin Psychol. 2015 Feb; 83(1):177-86. Disponível em: <http://1.usa.gov/20XqAll>. Acesso em: 5 jan. 2016.

DAVIS, Don E.; CHOE, E.; MEYERS, J.; WADE, N.; VARJAS, K.; GIFFORD, A.; QUINN, A.; HOOK, J. N.; TONGEREN, D. R. Van; GRIFFIN, B. J.; WORTHINGTON, Jr., E. L. **Thankful for the little things: A**

Referências Bibliográficas

meta-analysis of gratitude interventions, J Couns Psychol. 2016 Jan; 63(1):20-31 Epub 2015 Nov 16. Disponível em: <http://1.usa.gov/1XIGm7Y>. Acesso em: 5 jan. 2016.

EMMONS, R. A.; STERN, R. **Gratitude as a Psychotherapeutic Intervention.** *Journal of clinical psychology:* IN SESSION, vol. 69(8), 846–855, 2013. Disponível em: <http://bit.ly/1VFEXBl>. Acesso em: 5 jan. 2016.

FERREIRA, N. S. de A. **As pesquisas denominadas "estado da arte".** Educ. Soc., Campinas, v. 23, n. 79, p. 257-272, ago. 2002. Disponível em: <http://bit.ly/1NlhRNC>. Acesso em: 3 abr. 2016.

FROH, J. J.; FAN, J.; EMMONS, R. A.; BONO, G.; HUEBNER, E. S.; WATKINS, P. **Measuring gratitude in youth: assessing the psychometric properties of adult gratitude scales in children and adolescents.** Psychol Assess. 2011 Jun; 23(2): 311-24. Disponível em: <http://1.usa.gov/1StwqOc>. Acesso em: 5 jan. 2016.

GORDON, A. M.; IMPETT, E. A.; KOGAN, A.; OVEIS, C.; KELTNER, D. **To Have and to Hold: Gratitude Promotes Relationship Maintenance in Intimate Bonds.** *Journal of Personality and Social Psychology,* 2012, Vol. 103, n. 2, 257–274. Disponível em: <http://1.usa.gov/1uvWkq4>. Acesso em: 5 jan. 2016.

KRAUSE, N.; HAYWARD, R. D. **Humility, compassion, and gratitude to God: Assessing the relationships among key religious virtues.** Psychology of Religion and Spirituality, vol. 7(3), aug. 2015, 192-204. Disponível em: <http://bit.ly/1YHrFlV>. Acesso em: 5 jan. 2016.

KRYSINSKA, K.; LESTER, D.; LYKE, J.; CORVELEYN, J. **Trait Gratitude and Suicidal Ideation and Behavior An Exploratory.** Study Crisis. 2015; 36(4):291-6. Disponível em: <http://1.usa.gov/1U6Gcbv>. Acesso em: 5 jan 2016.

LAMBERT, N. M.; FINCHAM, F. D. **Expressing gratitude to a partner leads to more relationship maintenance behavior.** Emotion. 2011 feb.; 11(1):52-60. Disponível em: <http://1.usa.gov/1Qn5n2G>. Acesso em: 5 jan. 2016.

LEE, L.-N.; TONG, E. M. W..; SIM, D. **The dual upward spirals of gratitude and basic psychological needs.** Motivation Science, vol. 1(2), jun. 2015, 87-97. Disponível em: <http://bit.ly/1VENhBa>. Acesso em: 5 jan. 2016.

MILLS, P. J.; REDWINE, L.; WILSON, K.; PUNG, M. A.; CHINH, K.; GREENBERG, B. H.; LUNDE, O.; MAISEL A.;, RAISINGHANI, A.; WOOD, A.; CHOPRA, D. **The Role of Gratitude in Spiritual Well-being in Asymptomatic Heart Failure Patients.** Spiritual Clin Pract (Wash DC). 2015 mar.; 2(1):5-17. Disponível em: <http://1.usa.gov/1SkJ2VE>. Acesso em: 5 jan. 2016.

MOYANO, Natalia C. **Gratitud en la Psicoterapia Cognitiva: elementos para su inclusion psicodebate.** Psicología, cultura, sociedade, ano XI, n. 11, vol. 1, jul., 2011. Disponível em: <http://bit.ly/1phk9SC>. Acesso em: 5 jan. 2016.

RAMÍREZ, E.; ORTEGA, A. R.; CHAMORRO, A.; COLMENERO, J. M. **A program of positive intervention in the elderly: memories, gratitude and forgiveness.** Aging & Mental Health, 2014, vol. 18, n. 4, 463–470. Disponível em: <http://bit.ly/1NBsC9l>. Acesso em: 5 jan. 2016.

REPPOLD, C. T.; GURGEL, L. G.; SCHIAVON, C. C. **Research in Positive Psychology: a Systematic Literature Review.** Psico-USF, Itatiba, v. 20, n. 2, p. 275-285, aug. 2015. Disponível em: <http://bit.ly/1WenZJ3>. Acesso em: 5 jan. 2016.

RUINI, C.; VESCOVELLI, F. **The Role of Gratitude in Breast Cancer: Its Relationships with Post-traumatic Growth, Psychological Well-Beingand Distress.** J Happiness Stud, (2013) 14:263–274. Disponível em: <http://bit.ly/1Vk4jVo>. Acesso em: 5 jan. 2016.

SACCO, S. J.; PARK, C. L.; SURESH, D. P.; BLISS, D. **Living with heart failure: psychosocial resources, meaning, gratitude and well-being.** Heart Lung. 2014 may-jun; 43(3):213-8. Disponível em: <http://1.usa.gov/1phkxAB>. Acesso em: 5 jan. 2016.

SELIGMAN, M. E. P.; STEEN, T. A.; PARK, N.; PETERSON, C. **Positive Psychology progress: Empirical validation interventions.** American Psychologist, 60, p 410-421, 2005.

SELIGMAN, M. E. **Florescer. Uma nova compreensão sobre a natureza da felicidade e do bem-estar.** Rio de Janeiro: Objetiva, 2011.

SNYDER, C. R.; LOPEZ, S. J. **Psicologia Positiva. Uma abordagem científica e prática das qualidades humanas.** Porto Alegre: Artmed, 2009.

VERDUYN, P.; MECHELEN I. V.; TUERLINCKX, F. **The relation between event processing and the duration of emotional experience.** Emotion. 2011 Feb;11(1):20-8. Disponível em: <http://1.usa.gov/1Vk4y2F>. Acesso em: 5 jan. 2016.

WRIGHT, J. H.; BASCO, M. R.; THASE, M. E. **Aprendendo a Terapia Cognitivo-Comportamental.** Porto Alegre: Artmed, 2008.

WORTHEN, V. E..; ISAKSON, R. L. **Therapeutic Value of Experiencing and Expressing Gratitude.** Religion and psychotherapy, 2007, vol. 31. Disponível em: <http://bit.ly/20XMtav>. Acesso em: 5 jan. 2016.

Capítulo 28 - O Perdão como facilitador do bem-estar subjetivo (Adriana Santiago)

CSIKSZENTMIHALY, M.; SELIGMAN, M. E. P. **Positive Psychology – An Introduction.** In: American Psychologist: Special Issue on Happiness, Excellence, and Optimal Human Functioning. Washington, DC: American Psychological Association, 2000.

CUNHA, A. **Dicionário Etimológico da Língua Portuguesa.** Rio de Janeiro: Ed. Lexicon, 2010.

ENRIGHT, R. D.; FITZGIBBONS, R. **Helping clients forgive: an empirical guide for resolving anger and restoring hope.** Washington, DC: American Psychology Association, 2000.

KONSTAN, D. **Before Forgivenes: The Origens of a Moral Idea.** Cambrige: Editora Cambrige University Press, 2010.

LUSKIN, F. **O Poder do Perdão.** São Paulo: Ed. Novo Paradigma, 2002.

LYUBOMIRSKY, S. **A Ciência da Felicidade: Como Atingir a Felicidade Real e Duradoura: Um Método Científico Para Alcançar a Vida que Você Deseja.** Rio de Janeiro: Elsevier, 2008.

PARK, N.; PETERSON, C; SELIGMAN, M. *Journal of Social and Clinical Psychology,* vol. 23, n. 5, p. 603–619, 2004.

PARKS, AC.; RASHID, T.; SELIGMAN, M. *Positive Psychotherapy,* 2006. Disponível em <http://www.ncbi.nlm.nih.gov/pubmed/17115810>. Acesso em: 25 nov. 2015.

PETERSON, C.; SELIGMAN, M. E. P. **Character Strengths and Virtues.** A Handbook and Classification. New York: Oxford University Press, American Psychology Association, 2004.

SELIGMAN, M. **Florescer: uma nova compreensão sobre a natureza da felicidade e do bem-estar.** Rio de Janeiro: Objetiva, 2011.

WITVLIET, C. **Granting Forgiveness or Harboring Grudges: Implications for Emotion, Physiology, and Health,** 2001. Disponível em <http://pss.sagepub.com/content/12/2/117.short>. Acesso: 20 nov. 2015.

Capítulo 29 - Otimismo, Esperança, Autoeficácia: uma tríade potencializadora das Emoções Positivas nos portadores de TDAH (Ana Clara Gonçalves Bittencourt)

ASSOCIAÇÃO BRASILEIRA DO DEFICIT DE ATENÇÃO (ABDA). **O que é TDAH.** www.tdah.org.br/a-abda. Rio de Janeiro: ABDA, 1999.

ACADEMIA AMERICANA DE PEDIATRIA. **TDAH - Estudo Americano mostra mudanças em relação a

Referências Bibliográficas

diagnóstico e tratamento no período de dez anos. Polka Dot/Trinkstock/Veja. Veja.Abril.com.br. São Paulo: Editora Abril, 2012.

AMERICAN PSYCHIATRIC ASSOCIATION (APA) – DSM-5. 5ª ed. Rio de Janeiro: Editora Artmed, 2013.

BANDURA, A. **Teoria da Aprendizagem Social.** Série Prentice-Hall, em Teoria da Aprendizagem Social. Rio de Janeiro: Editora Interamericana, 1977.

BANDURA, A. **Self-Efficacy.** In: RAMACHAUDRAN, V.S. Encyclopedia of human behavior, v. 4, p. 71-81. New York: Academic Press, 1994.

MATTOS, P.; GOMES, M.; PALMINI, A. L. F.; BARBIRATTO, F.; ROHDE, L. A. **Conhecimento sobre o Transtorno do Déficit de Atenção/Hiperatividade no Brasil.** Jornal Brasileiro de Psiquiatria, Vol. 56, n.2, p. 94- 101. On-line version ISSN 1982-0208. Rio de Janeiro, 2007.

MATTOS, P. **No mundo da lua: Perguntas e respostas sobre o Transtorno do Déficit de Atenção com Hiperatividade em Crianças, Adolescentes e Adultos.** Rio de janeiro: ABDA, 2007.

MATTOS, P.; ROHDE, L. A. **Princípios e Práticas em TDAH.** Rio de Janeiro: Editora Artmed, 2002.

MATTOS, P.; ROHDE, L. A. **Transtorno de Déficit de Atenção/hiperatividade.** Rio de Janeiro: Editora Artemed, 2002.

http://veja.abril.com.br/noticia/saude/numero-de-criancas-diagnosticadas-com-tdah-aumentou-66-em-dez-anos-nos-eua. Polka Dot/Thinkstock/VEJA, 2012.

SELIGMAN, M. E. P. **Learned optimism: How to change your mind and your life.** New York: Publishing the Free Press, 1998.

SELIGMAN, M. E. P. **Aprenda a ser Otimista.** Rio de Janeiro: Editora Nova Era, 2005.

SNYDER, C. R. **The psychology of hope.** New York: The Free Press, 1994.

SNYDER, C. R.; LOPEZ, S. J. **Psicologia Positiva: Uma abordagem científica e prática das qualidades humanas.** Porto Alegre: Editora Artemed, 2009.

Capítulo 30 - Psicologia Positiva a Serviço dos Educadores (Gilmar Carneiro)

ACHOR, S. **O jeito Harvard de ser Feliz.** São Paulo–SP: Editora Saraiva, 2012.

FEDERAÇÃO NACIONAL DAS ESCOLAS PARTICULARES (FENEP). Números do ensino privado, 2013. Disponível em: http://www.fenep.org.br/wp-content/uploads/2014/08/Numeros-do-ensino-privado-20131.pdf. Acesso em: fev.o de 2016.

FERREIRA, C. M. **Adoecimento Psíquico de Professores,** 2011. Disponível em: http://www.fpl.edu.br/2013/media/pdfs/mestrado/dissertacoes_2011/dissertacao_cristiane_ferreira_magalhaes_2011.pdf. Acesso em: fev. de 2016.

FREDRICKSON, B. **Positive Emotions,** 2009. Disponível em: <https://www.youtube.com/watch?v=Ds_9Df6dK7c>. Acesso em: fev. de 2016.

GADERNAL, I. Por que os professores adoecem, em Jornal da UNICAMP, 2009. Disponível em: <http://www.unicamp.br/unicamp/unicamp_hoje/ju/novembro2009/ju447_pag0607.php>. Acesso em: fev. de 2016.

GREEN, E. **Formando Mais que um Professor,** 2012, ed. 2015. São Paulo- SP: Editora Da Boa Prosa.

INSTITUTO NACIONAL DE ESTUDOS EDUCACIONAIS ANÍSIO TEIXEIRA (INEP). "Sinopse e Microdados do Censo 2014", 2014. Disponível em: http://portal.inep.gov.br/visualizar/-/asset_publisher/6AhJ/content/divulgados-sinopse-e-microdados-do-censo-de-2014?redirect=http%3a%2f%2fportal.inep.gov.br%2f. Acesso em: fev. de 2016.

JAYET, C. **Psychodynamique du travail au quotidien.** Paris: AleXitére, 1994.

LYUBOMIRSKY, S. **A ciência da Felicidade**, 2007. 2 ed. Rio de Janeiro: Editora Campus/Elsevier,.

MATTA, V. da. 5 fatores que podem ajudar a definir metas e objetivos, 2014. Disponível em: <https://www.sbcoaching.com.br/blog/atinja-objetivos/5-fatores-que-podem-te-ajudar-a-definir-metas-e-objetivos/>. Acesso em: abr. de 2016.

MINISTÉRIO DA EDUCAÇÃO. MEC, SEB, DICEI. Diretrizes Curriculares Nacionais da Educação Básica, 2013. Disponível em: <http://portal.mec.gov.br/index.php?option=com_docman&view=download&alias=15548-d-c-n-educacao-basica-nova-pdf&category_slug=abril-2014-pdf&Itemid=30192>. Acesso em: fev. de 2016.

PORTELLA, M. **A ciência do bem-viver.** 2 ed. Rio de Janeiro: CPAF-RJ, 2014.

PORTELLA, M. **Capital Psicológico Positivo.** Rio de Janeiro–RJ: IIPsi+, 2015.

SCHWITZGEBEL, Eric. "Belief". In: Stanford Encyclopedia of Philosophy, 2006 rev. 2010. Disponível em: http://plato.stanford.edu/entries/belief/. Acesso em: fev. de 2016.

SELIGMAN, M. E. P. **Florescer.** Rio de Janeiro–RJ: Editora Objetiva, 2011.

SELIGMAN, M. E. P. **Felicidade Autêntica.** 2002. Rio de Janeiro–RJ: Editora Objetiva, 2004.

SILVA, J. P. da. **Por que SST nas escolas?** 2014. Disponível em: http://www.fundacentro.gov.br/dia-10-de-outubro/por-que-sst-nas-escolas. Acesso em: abr. de 2016.

SINYOLO, D. **A recomendação da OTI UNESCO relativa ao estatuto dos professores**, 2008. Disponível em: <http://unesdoc.unesco.org/images/0016/001604/160495por.pdf,>. Acesso em: mar. de 2016.

SOLER, M. J. **Nuestra Propuesta**, 2014. Disponível em: ttp://www.jovenesfuertes.org/careers-1/. Acesso em: mar. de 2016.

Capítulo 31 - Resiliência, Psicologia Positiva e Crescimento Pós-traumático (Renata Livramento)

ARPAWONG, T.E; ROHRBACH, L.A.; MILAM, J.E.; UNGER, J.B.; LAND, H.; SUN, P.; SPRUIJT-METZ, D.; SUSSMAN,S. **Stressful life events and predictors of post-traumatic growth among high-risk early emerging adults.** *Journal of Positive Psychology*, v.11, n.1, p. 1-14, 2016.

CALHOUN, L.G.; TEDESCHI, R. G. **Posttraumatic growth: the positive lessons of loss.** In: NEYMEYER, R.A (Ed). Meaning reconstruction and the experience of loss. Washington: APA, 2001, p 157-172.

CECONELLO, A.M. **Resiliência e vulnerabilidade em famílias em situação de risco.** 2003. 320 f. Tese (doutorado). Instituto de Psicologia, Universidade Federal do Rio Grande do Sul, Porto Alegre, RS.

DE-HAAN, L.G.; HAWLEY, D.R.; DEAL, J.E. **Operationalizing family resilience as process: proposed methodological strategies.** In: BECVAR, D.S. (ed). Handbook of family resilience. New York: Springer, 2013, p. 17-29.

GROTBERG, E. *A guide to promoting resilience in children: strengthening the human spirit.* The Hague: The Bernard Van Leer Foundation, 1995.

HIEBBELER, R.C. **Resistência dos materiais.** 7. ed. São Paulo: Pearson Education BR, 2010.

JANOFF-BULMAN, R. **Posttraumatic growth: three explanatory models.** Psychological Inquiry, v. 15, n. 1, p. 30-34, 2004.

LUTHAR, S. S.; CICCHETT, D.; BECKER, B. **The construct of resilience: a critical evaluation and guideline for future work.** Child Development, v.71, n. 3, p. 543-562, 2000.

MASTEN, A. S. **Resilience in developing systems: progresse and promise as the fourth wave rises.** Development and Psychopathology, v. 19, p. 921-930, 2007.

NIQUICE, F.; POLETTO, M. **Resiliência: um conceito referência na Psicologia Positiva.** In: SEIBEL, B.

Referências Bibliográficas

L.; POLETTO, M.; KOLLER, S. Psicologia Positiva: teoria, pesquisa e intervenção. Curitiba: Ed. Juruá. p. 29-40, 2016.

NISHI, D.; MATSUOKA, Y.; KIM, Y. **Postttraumatic growth, posttraumatic stress disorder and resilience of motor vehicle accident survivors.** BioPsychoSocial Medicine, v.4, n.7, 2010. Disponível em: <http://bpsmedicine.biomedcentral.com/articles/10.1186/1751-0759-4-7>. Acesso em: 20 mar. 2016.

REIVICH, K.; SHATTÉ, A. *The resilience factor: seven essential skills for overcoming life's inevitable obstacles.* New York: Broadway Books, 2003.

RESILIÊNCIA IN; SARAIVA, F. R. S. **Novíssimo dicionário latino-português** (11ª. ed.). Rio de Janeiro: Livraria Garnier, 2000.

ROEPKE, A. M.; SELIGMAN, E.P. **Doors opening: a mechanism for growth after adversity.** *Journal of Positive Psychology*, v. 10, n. 2, p. 107-115, 2015.

SELIGMAN, M. **Building human strentgh: psychology's forgotten mission.** In: APA Monitor, January, p. 2, 1998.

_____ A felicidade autêntica: usando a nova Psicologia Positiva para a realização permanente. Rio de Janeiro: Objetiva, 2004.

TEDESCHI, R. G.; CALHOUN, L. G. The posttraumatic growth inventory: measuring the positive legacy of trauma. Journal of Traumatic Stress, v. 9, n. 3, 1996.

_____ Posttraumatic growth: conceptual foundations and empirical evidence. Psychological Inquiry, v. 15, n. 1, p1-18, 2004.

UNGAR, M. **Resilience across cultures.** British Journal of Social Work, v. 38, p. 218-235, 2008.

YUNES, M. A. M. *Psicologia Positiva e resiliência: o foco no indivíduo e na família.* Psicologia em Estudo, v. 8, p. 75-84, 2003.

ZOELLNER, T.; MAERCKER, A. **Posttraumatic growth in clinical psychology: a critical review and introduction of a two component model.** Clinical Psychology Review, n. 26, january, p. 626-653, 2006.

Capítulo 32 - Um Projeto Educativo Positivo Familiar (Flávia Villar)

BUCKINGHAM, M.; CLIFTON, D. **Descubra seus pontos fortes.** Rio de Janeiro: Sextante, 2008.

COROMINAS, F. **Educar Hoy.** Madrid: Ediciones Palabra, 2001.

CSIKSZENTMIHALYI, M. **Flow: The Psychology of Optimal Experience.** New York: Harper Perennial Modern Classics, 1990.

FREDRICKSON, B. Positividade. **Descubra a força das emoções positivas, supere a negatividade e viva plenamente.** Rio de Janeiro: Editora Rocco, 2009.

FREDRICKSON, B. **Positivity: Groundbreaking Research to Release Your Inner Optimist and Thrive.** Oxford: Oneworld, 2010.

MASTEN, A. S. **Ordinary magic: Resilience processes in development.** American Psychologist, 2001.

NORRISH, J. **Foreword by Martin Seligman. Positive Education. The Geelong Grammar School Journey.** United Kingdom: Orford University Press, 2015.

PETERSON, C.; SELIGMAN, M. E. P. **Character strengths and virtues: A handbook and classification.** New York: Oxford University Press and Washington, DC: American Psychological Association. www.viacharacter.org. 2004.

PETERSON, C.; SELIGMAN, M. **Character Strengths and Virtues: A classification and handbook.** Washington: American Psychological Association, 2004.

SELIGMAN, M. Florescer. **Uma nova compreensão sobre a natureza da felicidade e do bem-estar.** Rio de Janeiro: Objetiva, 2011.

SELIGMAN, M. E. P.; STEEN, T. A.; PARK, N.; PETERSON, C. **Positive psychology progress: Empirical validation for interventions.** American Psychologist, 60, p. 410-421, 2005.

SELIGMAN, M. **Felicidade Autêntica: Usando a nova Psicologia Positiva para a realização permanente.** Rio de Janeiro: Objetiva, 2004.

SELIGMAN, M.; CSIKSZENTMIHALYI, M. **Positive Psychology: An introduction.** American Psychologist, 55(1), 5-14, 2000.

SELIGMAN, M. E. P.; ERNST, R. M.; GILLMAN, J.; REIVICH, K.; KINKINS, M. **Positive Education: Positive Psychology and classroom interventions.** Oxford Review of Education, 2009.

Para as revisões sobre os muitos benefícios da espiritualidade, veja MYERS, D.G. The funds, Friends, and Faith of Happy People, American Psychologist 55 (2000): 56-67; MYERS, D. G. Religion and Human Flourishing. In: Eid M., LARSEN, R. J. 9 (Eds). The Science of Subjective Well-Being. Nova York: Guilford Press, 2008. p. 323-43; VAILLANT, G. E. Espiritual Evolution: A Scientific Defense of Faith. Nova York: Broadway Books, 2008.

Capítulo 33 - O Futuro da Psicologia Positiva (Profª. Drª. Lilian Graziano)

CHRISTOPHER, J. C. ;Howe, K. L. **Future directions for a more multiculturally competente (and humble) positive psychology.** In: Pedrotti, J.; Edwards, L. (Orgs.). Perspectives on the intersection of multiculturalism and positive psychology. New York: Springer, 243-266, 2014.

CSIKSZENTMIHALYI, M.; NAKAMURA, J. **Positive psychology: Where did it come from, where is it going?** In: SHELSON, K.; KASHDAN, T.; STEGER M. (Eds.). Designing the future of positive psychology: Taking stock and moving forward. Oxford University Press. p. 3-8, 2011.

DIENER, L.; OISHI. **Subjetive well-being: The science of happiness and life satisfaction.** In: SNYDER, C. R.; LOPEZ, S. (Orgs.). Handbook of Positive Psychology. New York: Oxford,p. 63- 73, 2002.

DIENER, E. **What is positive about positive psychology: The curmudgeon and Pollyanna.** Psychological Inquiry, 14, 115–120, 2003.

FERNANDES-RIOS, L. ;NOVO, M. **Positive Pychology: Zeigeist (or spirit of the times) or ignorance (or disinformation) of history?** *International Journal of Clinical and Health Psychology*, 12, 333-344, 2012.

FIANCO, A.; SARTORI, R. D. G.; NEGRI, L.; LORINI, S.; VALLE, G.; FAVE, A. D. **The relationship between burden and well-being among caregivers of Italian people diagnosed with severe neuromotor and cognitive disorders.** Research in Developmental Disabilities, 39, 43–54, 2015.

GOLEMAN, D. **Inteligência Emocional: A teoria revolucionária que redefine o que é ser inteligente.** Rio de Janeiro: Objetiva, 1995.

GRAZIANO, L. **A Felicidade Revisitada: Um estudo sobre bem-estar-subjetivo na visão da Psicologia Positiva.** Tese de doutorado. Instituto de Psicologia da Universidade de São Paulo, São Paulo, 2005.

HELD, B. **The negative side of positive psychology.** *Journal of Humanistic Psychology*, Vol. 44, N. 1, 9-46, 2004.

IVTZAN, I. et al. **Second Wave Positive Psychology: Embracing the dark side of life.** London: Routledge, 2016.

KEYES, C. L. M. **Promoting and protecting mental health as flourishing: A complementary strategy for improving national mental health.** American Psychologist, 62(2), 95–108, 2007.

LAZARUS, R. S. **Does the positive psychology movement have legs?** Psychological Inquiry, 14, 93–109, 2003.

Referências Bibliográficas

LINLEY, P. A. et al. **Positive psychology: Past, present, and (possible) future.** *The Journal of Positive Psychology,* 1(1): 3–16, 2006

LOMAS, T.; IVTZAN, I. **Second Wave Positive Psychology: Exploring the positive-negative dialectics of wellbeing.** *Journal of Happiness Studies,* 16, 3-18, 2015.

PETERSON, C.; SELIGMAN, M. **Character strengths and virtues: A handbook and classification.** New York: American Psychological Association, Oxford University Press, 2004.

SELIGMAN, M.; CSIKSZENTMIHALYI, M. **Positive Psychology: An introduction.** American Psychologist, 55, 5-14, 2000.

SELIGMAN, M. **Felicidade Autêntica: Usando a nova Psicologia Positiva para a realização permanente.** Rio de Janeiro: Objetiva, 2004.

TEDESCHI, R. G.; CALHOUN, L.G. **Trauma and Transformation: Growing in the aftermath of suffering.** Newbury Park, CA: Sage, 1995.

WONG, P. T. P. **Positive psychology 2.0: Towards a balanced interactive model of the good life.** Canadian Psychology, 52(2), 69-8, 2011.

Instituições que recebem o nosso apoio nesta obra

Associação Brasileira de Psicologia Positiva

A **Associação Brasileira de Psicologia Positiva** (ABP+) foi fundada em junho de 2013 em assembleia realizada durante o VI Congresso Brasileiro de Avaliação Psicológica promovido pelo Instituto Brasileiro de Avaliação Psicológica (IBAP) em Maceió. Anteriormente, em 2012, já havíamos decidido criar um grupo de trabalho na área na Associação Nacional de Pesquisa e Pós-Graduação em Psicologia (ANPEPP), congregando pesquisadores na área.

A ABP+ foi criada com o objetivo de promover a divulgação e o desenvolvimento da área da Psicologia Positiva, incentivar a pesquisa, visando a melhoria na formação em Psicologia e nos serviços psicológicos. A Associação visa também incentivar e realizar eventos técnicos e científicos, cursos e publicações para divulgar o conhecimento da área e facilitar a interação dos pesquisadores e profissionais interessados na pesquisa e aplicações da Psicologia Positiva. Outros objetivos previstos em seu estatuto incluem incentivar a formação de especialistas, prestar consultorias e assessorias em Psicologia Positiva e colaborar com outras entidades, nacionais e internacionais, interessadas no ensino e na pesquisa em psicologia positiva.

Em 2014, a ABP+ realizou seu primeiro congresso nacional em Porto Alegre, com cerca de 400 participantes de todo o País e vários do exterior (especialmente da Holanda e da Espanha). O congresso foi um sucesso e os anais estão disponíveis no site da Associação (http://psicologiapositiva.org.br). Em junho de 2016, realizaremos o segundo congresso nacional, em São Paulo. Informações sobre esse evento e anais estarão também disponíveis no site da Associação.

Visando divulgar material e informações úteis para interessados na área, começamos a disponibilizar algumas escalas, artigos e outras informações na área do associado no site da ABP+. Mas, ainda temos muito trabalho pela frente e todos são muito bem-vindos para participar ativamente da Associação.

Organizações

Associação de Psicologia Positiva da América Latina

A **Associação de Psicologia Positiva da América Latina – APPAL** – é uma associação sem fins lucrativos, fundada em outubro de 2010.

Constituída com o objetivo de difundir a Psicologia Positiva, visa fazer com que os profissionais contemporâneos adotem uma visão mais apreciativa dos potenciais, motivações e capacidades humanas.

A **APPAL** tem diversas missões:

✔ Propiciar meios para o estudo da Psicologia Positiva, aproximando o poder público, o meio acadêmico, parceiros privados e o público em geral.

✔ Sistematizar e disseminar a Psicologia Positiva, fomentando a produção de conhecimento sobre a mesma, adotando outras iniciativas educacionais.

✔ Promover a ciência e prática da Psicologia Positiva na América Latina, assim como facilitar a comunicação, a colaboração de pessoas interessadas em desenvolver pesquisas na área.

✔ Compartilhar achados em Psicologia Positiva pela publicação de livros.

✔ Auxiliar a construir padrões científicos rigorosos para a Psicologia Positiva, de maneira que a área represente os melhores níveis do conhecimento atual em ensino, pesquisa e aplicação.

A **APPAL** se dedica a articular o trabalho de pessoas, instituições e organizações nacionais, latino-americanas e internacionais, coordenando ações e criando diálogo entre pesquisadores e profissionais que trabalham no campo da Psicologia Positiva.

Conheça a APPAL: www.appal.org.br

Celappa — Centro Latinoamericano de Psicología Positiva Aplicada

O **Centro Latinoamericano de Psicologia Positiva Aplicada – CELAPPA**, é uma instituição acadêmica fundada no Chile com o objetivo de prestar serviços de consultoria profissional, da investigação e da educação, na educação organizacional, clínica e desportiva.

O **CELAPPA** baseia a sua formação na América Latina tendo em vista o viés que pode existir em uma entidade acadêmica sem uma integração cultural latino-americana, como visto em inúmeras intervenções sem instrumentos específicos para cada grupo de formação ou ferramentas de comunidade, consultoria. É por essa razão que os profissionais são agrupados em consultores nacionais e internacionais, a fim de oferecer ao especialista um bom desempenho na graduação de ensino universitário e de pós-graduação, caracterizados pela sua ciência aplicada ao local de trabalho.

O **CELAPPA** tem uma base epistemológica sólida, baseada na Filosofia aristotélica de virtude e felicidade que, hoje, são investigadas e amplamente usadas para resolver muitas intervenções positivas. Conforme argumentado no parágrafo anterior, eliminar o preconceito quanto à unidereccionalidad e ao reducionismo psicológico das correntes ortodoxas, formando o SupraParadigma Welfare (CABEZAS, 2014), que é a integração de todo o conhecimento científico e de negócios, caminhos válidos, apontando para aumentar o bem-estar e reduzir o sofrimento humano, bem como para desenvolver e promover a produtividade e o desempenho do trabalho em qualquer cenário.

Conheça: http://celappa.com/

Organizações

INSTITUTO BRASILEIRO
PSICOLOGIA POSITIVA

O **Instituto Brasileiro de Psicologia Positiva** – IBRPP, nasceu da união de profissionais e corações apaixonados pelo desenvolvimento humano, pela ciência e pela vontade de colaborar na construção de um mundo melhor. E, assim, encontramos na Psicologia Positiva a junção dessas forças e a concretização dessa paixão.

Para contribuir de forma legítima com esta proposta, o IBRPP tem como missão a disseminação do estudo da Psicologia Positiva tanto do ponto de vista teórico quanto prático. E, para isso, desenvolve a formação e a qualificação de profissionais com um diferencial no mercado, além de prestar serviços ao público em geral, com base nesse estudo em áreas como educação, liderança, saúde, recursos humanos, carreira, entre outros.

Apostando nessa formação de novos profissionais sensíveis e congruentes com a Psicologia Positiva, dedicamos nossa atenção não apenas aos aspectos teóricos e práticos em nossos eventos, mas também a nutrir os participantes com a sensibilidade necessária para favorecerem pessoas para a potencialização do bem-estar.

Entre nossos valores, destacamos a seriedade com o arcabouço teórico da Psicologia Positiva, a qualidade da prestação de serviços e do atendimento aos clientes, a generosidade embasando nossos projetos e relacionamentos com o público e com os clientes, o respeito aos profissionais e instituições de Psicologia Positiva que atuam de forma séria e a importância do compartilhamento do conhecimento.

Isso porque o IBRPP acredita que, potencializando o que pessoas e instituições têm de melhor e favorecendo a melhoria do bem-estar, construiremos uma sociedade mais empática, produtiva e feliz. Dessa forma, disseminamos a Psicologia Positiva em prol do florescimento de mais pessoas e do desenvolvimento de organizações, para que se tornem mais comprometidas com o bem-estar de seus membros, colaboradores, fornecedores e comunidade.

Por meio de um atendimento humano e altamente qualificado em bases teóricas e com a expertise de sua equipe, desenvolvemos serviços e eventos para fomentar o estudo e as pesquisas sobre a Psicologia Positiva no Brasil.

Se é isso que você procura, conheça o IBRPP: www.ibrpp.com.br

IPOG, há quase 15 anos inspirando vidas

O **Instituto de Pós-Graduação e Graduação** (IPOG) foi fundado em 3 de setembro de 2001. Com sede em Goiânia (GO), o instituto está presente em todos os estados brasileiros. Em 2015, o IPOG completou 14 anos de existência, tempo em que vem inovando com a oferta de cursos que atendem à demanda do mercado por mão de obra cada vez mais qualificada.

Desde que foi reconhecido como Instituição de Ensino Superior (IES) pelo MEC, em 2009, o instituto já certificou milhares de especialistas nas áreas de Gestão e Negócios, Engenharia e Arquitetura, Saúde, Direito, Tecnologia da Informação, Educação, Meio Ambiente, Marketing e Comunicação.

Mesmo jovem, o IPOG já ganhou a confiança da sociedade. Referência em qualidade nos cursos oferecidos, em 2014, o instituto recebeu importantes reconhecimentos que consolidam ainda mais esse caminho de sucesso.

Um deles foi a nota 4 (na escala de 1 a 5) do MEC para o curso de graduação em Administração, o que é considerado pelo ministério como "muito bom". A avaliação veio logo depois da formatura da 1ª turma de Administração, o que reforça o compromisso do IPOG com a qualidade do ensino oferecido e o investimento em graduação.

Em 2014, dois reconhecimentos vieram do prêmio Great Place to Work (GPTW): o de 3ª Melhor Empresa para Trabalhar no Centro-Oeste e o de 15ª Melhor Empresa para Trabalhar no Brasil, na categoria média nacionais, que contempla empresas cujo quadro de funcionários fica entre 100 e 999 pessoas. E, em 2015, o instituto recebeu o título de 32ª melhor empresa para se trabalhar na América Latina, prêmio concedido pelo GPTW. Em junho, o IPOG foi eleito em 7º lugar como a melhor empresa para trabalhar no Centro-Oeste.

Como parte do propósito do instituto, que é "Inspirar Vidas", também são desenvolvidas ações de responsabilidade social que envolvem alunos, professores e colaboradores: Dia D, em que são intensificadas as atividades de responsabilidade social, comemoração do Dia das Crianças, com programação voltada a crianças carentes, mobilização para arrecadação de roupas e alimentos para instituições carentes no Natal da Alegria, entre outras iniciativas.

Dentre os programas de especialização, o IPOG oferece o MBA Executivo em Desenvolvimento Humano e Psicologia Positiva, pois cresce, a cada dia, a expectativa de que os profissionais da área de gestão tenham habilidades para lidar com a dimensão humana, compreendendo melhor suas potencialidades e auxiliando para que esta seja transformada em resultados organizacionais. Olhar o potencial humano com capacidade de focar nos aspectos positivos possibilita ao profissional descobrir e promover os fatores que favoreçam o indivíduo a encontrar o seu funcionamento no melhor estágio. Essa nova forma de olhar o ser humano é a visão científica advinda da Psicologia Positiva, foco desse MBA. Informações sobre o curso pelo site ipog.edu.br.

Organizaçõesw

ippc
instituto de
psicologia positiva
& comportamento

A história do **Instituto de Psicologia Positiva e Comportamento** (IPPC) começa em 2003, quando eram raras as pessoas que, no Brasil, conheciam a Psicologia Positiva. Inicialmente dedicado de forma exclusiva à prestação de serviços em educação corporativa, o IPPC tinha o objetivo de disseminar a Psicologia Positiva por meio de consultoria em gestão de pessoas, treinamentos e programas de desenvolvimento corporativo, tendo sido a primeira empresa de treinamento brasileira especializada em Psicologia Positiva. Poucos anos mais tarde, com o aumento do interesse do mercado pelo tema e diante da absoluta ausência de instituições especializadas que oferecessem cursos na área, o IPPC começou a oferecer cursos abertos, voltados ao público em geral. Hoje, mantém também um curso de formação de longa duração, totalmente voltado para a aplicação prática da Psicologia Positiva nos mais variados contextos.

Além disso, fiel ao compromisso de disseminar a Psicologia Positiva, o IPPC lançou a revista de divulgação científica Make it Positive, uma publicação eletrônica, bilíngue, e gratuita, voltada ao público em geral e obtida via aplicativo disponível na AppleStore ou Google Play.

Sendo assim, hoje, o instituto atua em diversas frentes: Coaching & Atendimento Clínico, Pesquisa & Divulgação Científica, Consultoria & Desenvolvimento Empresarial e Educação.

Os profissionais do IPPC têm perfis e formações variadas, mas todos compartilham de uma sólida filosofia: o trabalho aplicado a partir das evidências científicas mais recentes no campo da Psicologia Positiva, das Neurociências e das Ciências da Gestão.

O IPPC está localizado na cidade de São Paulo e é dirigido por seus fundadores: a Prof.ª Dr.ª Lilian Graziano e o Prof. Dr. Fabio Appolinário.

Para saber mais acesse www.psicologiapositiva.com.br

ISCSP
INSTITUTO SUPERIOR DE CIÊNCIAS SOCIAIS E POLÍTICAS
UNIVERSIDADE DE LISBOA

O ISCSP, uma das dezoito Escolas da Universidade de Lisboa, promove a formação dos seus alunos nas áreas das Ciências Sociais e Políticas, oferecendo ensino graduado (licenciatura) e pós graduado, de segundo e terceiro nível, correspondente aos graus de Mestre e de Doutor. Na matriz do ensino incluem-se as áreas científicas da Sociologia, da Administração Pública e das Políticas Públicas, da Ciência Política, das Relações Internacionais, da Política Social, da Antropologia, da Gestão de Recursos Humanos e da Comunicação Social.

Em estreita ligação com o ensino, o ISCSP promove a investigação científica através dos seus centros de investigação reconhecidos pela Fundação para a Ciência e a Tecnologia (FCT) – Centro de Administração e Políticas Públicas (CAPP) e Instituto do Oriente (IO) e de outros centros na área da Ciência Política e Relações Internacionais, Sociologia e Antropologia.

O ISCSP desenvolve uma política de prestação de serviços à comunidade, contribuindo para o desenvolvimento social e económico do país e para a valorização das qualificações e da organização do tecido económico, e da sociedade civil, bem como com o reforço das condições funcionais e organizativas do sector público. No âmbito internacional destaca-se a sua participação em projectos no mundo lusófono e em áreas geoestratégicas de protagonismo emergente.

Vocacionado para valorizar pessoas e inovar, mantendo a tradição, o ISCSP serve de casa à única formação Pós-graduada em Psicologia Positiva existente em Portugal, com um Executive Master em Psicologia Positiva Aplicada, que abriu as portas a esta ciência em 2012. Sendo um curso marcadamente internacional, com mais de 10 professores de topo na área, oriundos de vários países, tem permitido a publicação de variados livros e artigos – científicos e de divulgação – e a implementação de inúmeros projetos práticos sobre psicologia positiva – aplicados às empresas e ao mundo do trabalho, à educação, à saúde, à intervenção comunitária e à felicidade como processo coletivo. Em consequência, o ISCSP tem desde o ano transato uma Plataforma para a Felicidade Pública, que pretende ser um motor de investigação e promoção da felicidade, não apenas como um projeto intra-individual, mas sobretudo como um projeto relacional e, portanto, de todos.